리눅스 활용과 프로그래밍

- 오픈소스 SW개발 -

윤상균 지음

도서출판 홍릉

저자소개

윤상균

연세대학교 미래캠퍼스 소프트웨어학부 교수
서울대학교 전자공학과 학사
KAIST 전기및전자공학과 석사, 박사

오픈소스 SW개발

리눅스 활용과 프로그래밍

인　쇄: 2022년 12월 21일 초판 1쇄
발　행: 2022년 12월 30일 초판 1쇄

저　자: 윤상균
발행인: 송 준
발행처: 도서출판 홍릉
주　소: 01093 서울시 강북구 인수봉로 50길 10
등　록: 1976년 10월 21일 제5-66호

전　화: 02-999-2274~5, 903-7037
팩　스: 02-905-6729
e-mail: hongpub@hongpub.co.kr
http://www.hongpub.co.kr
ISBN: 979-11-5600-086-0(93000)

정　가: 32,000원

• 본 교재는 과학기술정보통신부와 정보통신기획평가원에서 지원하는 "소프트웨어중심대학" 사업의 결과물입니다.
• 본 교재의 내용은 전재할 수 없으며, 인용할 때에는 반드시 과학기술정보통신부와 정보통신기획평가원에서 지원하는 "소프트웨어중심대학" 사업의 결과물이라는 출처를 밝혀야 합니다.

머리말

컴퓨터는 운영체제와 사용자 인터페이스를 통해서 사용하게 되며, 우리가 컴퓨터를 사용하게 될 때에 처음으로 배우는 것이 운영체제에서 제공하는 사용자 인터페이스와 사용자가 필요로 하는 응용 프로그램 사용법이다. 컴퓨터를 처음으로 접할 때에 많은 사용자들은 마이크로소프트 윈도우 계열의 운영체제가 설치된 컴퓨터를 사용하며, 일부 사용자들은 애플의 매킨토시를 사용한다. 소수의 사용자만이 유닉스나 리눅스가 설치된 컴퓨터를 첫 컴퓨터로 사용한다. 그동안 유닉스와 리눅스는 전문가를 위한 운영체제로 생각되어 왔지만 컴퓨터를 전문적으로 다루는 사용자들은 유닉스나 리눅스에 대해서 익숙해질 필요가 있다.

이 책은 리눅스 운영체제를 활용하기 위한 지침서이다. 리눅스의 모태가 되는 유닉스 운영체제는 1970년대 초에 미국 벨연구소에서 개발되었는데 구조가 단순하고, C언어로 작성되어 이식성이 우수하였고, 소스코드를 공개하여 지속적으로 발전하여 다양한 종류의 컴퓨터에 광범위하게 사용되었으며, POSIX라고 하는 운영체제 인터페이스 표준의 기반이 되었다. 유닉스는 개인용 보다는 기업용, 연구용 컴퓨터의 운영체제로 주로 사용되었다.

1991년 리눅스 토발즈가 유닉스와 호환성을 갖는 리눅스 운영체제를 발표하였다. 소스코드를 무료로 공개하여 많은 개발자들의 참여로 급속한 발전을 이루었으며 현재에는 유닉스를 능가하는 점유율을 보이고 있다. 리눅스는 소형 임베디드 시스템부터 슈퍼컴퓨터에 이르기까지 거의 모든 종류의 컴퓨터에 설치되어 사용되고 있다. 안드로이드와 타이젠과 같은 임베디드용 운영체제도 리눅스 커널을 기반으로 개발되었으며, 최근 관심이 증대되고 있는 사물 인터넷 시스템도 리눅스를 기반으로 하고 있는 것들이 많다. 많은 수의 무료 리눅스 배포판이 나와서 사용자들이 무료로 쉽게 설치하여 사용할 수 있게 되었고, 일반 사용자들이 쉽게 사용할 수 있는 윈도우 데스크톱 환경이 제공되어 마이크로소프트 윈도우와 매킨토시와 비슷한 방식으로 리눅스를 사용할 수 있어서 개인 사용자도 증가하고 있다.

다양한 컴퓨팅 환경을 사용하기 위해서는 유닉스와 리눅스를 사용할 수 있어야 한다. 리눅스의 중요성은 점점 증대되고 있으며 오픈소스 소프트웨어 개발 측면에서도 그러하다. 윈도우 데스크톱 환경에서 리눅스를 쉽게 사용할 수 있을지라도, 리눅스를 제대로, 다양하게 사용하기 위해서는 명령어 기반의 사용이 필요하다. 리눅스의 윈도우 데스크톱 환경은 데스크톱 종류와 버전에 따라서 차이가 있고, 직관적으로 사용할 수 있기 때문에 이 책에서는 다루지 않고, 명령어 기반 사용에 필요한 내용에 집중한다. 명령어 기반으로 사용할 때에는 리눅스와 유닉스 간에 큰 차이가 없다. 따라서 이 책의 내용은 리눅스는 물론 유닉스나 유닉스에 기반을 둔 매킨토시 OS-X에서 명령어 기반으로 컴퓨터를 사용할 때 그대로 적용될 수 있다.

이 책은 리눅스의 초중급 사용자와 프로그래머가 알아야할 사항들을 다룬다. 1장에서 리눅스 및 유닉스와 오픈소스 소프트웨어에 대해서 소개를 하고, 2장부터 4장까지에서 리눅스를 사용하기 위해서 기본적으로 알아야할 기본 명령어, 파일 시스템, 편집기 사용에 대한 사항을 다룬다. 5장에서는 명령어 사용자 인터페이스인 셸의 다양한 기능을 소개하여 리눅스를 효과적으로 사용할 수 있는 기반 지식을 제공한다. 리눅스를 여러 용도로 잘 사용하기 위해서는 다양한 유틸리티에 대한 지식을 갖추고, 이를 잘 활용하는 것이 필요하다. 이를 위해 6장에서 유용하게 사용될 수 있는 많은 유틸리티 프로그램에 대해서 소개한다. 7장은 통신과 네트워크를 활용하기 위한 기초 지식과 명령어를 소개한다. 그리고 오픈소스 소프트웨어 개발에 널리 사용되는 네트워크 기반의 Git 분산 버전 관리를 다룬다. 여기까지가 일반 사용자에게 필요한 내용들이다. 8장부터 10장까지는 프로그래머에게 필요한 내용을 소개한다. 그렇지만 프로그래밍 자체를 중심으로 다루는 것은 아니다. 8장은 셸 프로그램에 대해서 소개하고, 9장은 프로그램 기능이 포함된 유틸리티인 awk, bc와 인터프리터 방식으로 처리되는 대표적인 언어인 Perl과 Python을 소개한다. 그리고 10장은 C 프로그래밍에 필요한 프로그래밍 도구들을 다룬다. 11장에서 리눅스 시스템 관리를 위한 기본적인 사항을 소개하고, 마지막으로 12장에서 기본적인 리눅스 시스템 프로그래밍에 대해서 소개한다.

리눅스에 대한 많은 서적이 출간되었지만 리눅스의 다양한 유틸리티들과 프로그래머를 위해 필요한 내용들을 함께 소개한 책들은 찾기 힘든 실정이어서 이 책을 준비하여 출간하게 되었습니다. 나름대로 많은 노력을 하였으나, 미비한 점이 많으리라고 생각됩니다. 이 책이 출간되기까지 많은 수고를 하여주신 도서출판 홍릉 관계자들께 감사를 드립니다.

2022년 12월
윤상균

차 례

CHAPTER
05 셸 95

CHAPTER
06 유틸리티 활용 159

CHAPTER 11 시스템 관리 391

CHAPTER 12 시스템 프로그래밍 419

chapter 01

리눅스 소개

1.1 컴퓨터와 운영체제

컴퓨터 사용자들은 운영체제를 통하여 컴퓨터 시스템을 사용한다. 컴퓨터는 프로세서, 메모리 및 다양한 종류의 입출력 장치로 구성되며, 운영체제는 이러한 장치들을 효율적으로 사용할 수 있도록 통합하고 제어하며, 응용 프로그램이 이러한 장치들을 사용할 수 있도록 서비스를 제공하는 소프트웨어이다. 많은 운영체제들이 여러 개의 프로그램들과 여러 사용자들이 컴퓨터를 동시에 사용할 수 있도록 하는 기능도 제공한다. 그리고 사용자가 컴퓨터를 쉽게 사용할 수 있도록 하는 사용자 인터페이스도 제공한다. 일반 사용자들이 컴퓨터를 사용하기 위해서는 운영체제의 사용자 인터페이스와 유틸리티 프로그램 활용에 대한 지식을 갖출 필요가 있다.

컴퓨터 시스템의 종류에 따라서 다양한 운영체제가 존재한다. 일반 사용자들이 가장 쉽게 접하게 되는 운영체제는 PC(Personal Computer)용 운영체제인 마이크로소프트 윈도우(Microsoft Windows)이다. PC용 운영체제는 MS-DOS에서 시작하여 그래픽 사용자 인터페이스를 지원하는 윈도우로 발전하였으며, 윈도우는 현재의 윈도우 10에 이르기까지 계속하여 발전하고 있다. 앞서 언급한 PC는 IBM이 설계한 규격을 따르는 개인용 컴퓨터이기 때문에 IBM 호환 PC라고 부른다. 또 다른 개인용 컴퓨터로는 애플의 매킨토시를 들 수 있다. 매킨토시는 초기에 MacOS라는 그래픽 사용자 인터페이스를 기본적으로 제공하는 자체의 운영체제를 사용하였으나, 현재에는 유닉스를 기반으로 한 OS-X(X는 10을 의미하며 ten이라고 읽음)를 사용한다. 여러 중대형 컴퓨터들이 자체의 운영체제를 보유해 왔으나, 전통적인 중대형 컴퓨터의 쇠퇴와 함께 이러한 운영체제의 사용자가 감소하고 있다. 다양한 종류의 컴퓨터 시스템에서 널리 사용되고 있는 대표적인 운영체제가 유닉스(Unix)와 리눅스(Linux)이다. 특히 리눅스는 소형 임베디드 시스템에서부터 고성능 슈퍼 컴퓨터에 이르기까지 거의 모든 종류의 컴퓨터에서 사용되고 있다. 리눅스는 유닉스와 같은 환경을 제공하도록 설계되었으며 유닉스와 유사한 사용자 인터페이스를 제공한다. 이 책에서는 사용자가 리눅스를 활용하는 데 필요한 내용들을 소개하지만 이 책에서 다루는 내용은 유닉스에서도 거의 그대로 사용될 수 있다.

1.2 유닉스와 리눅스

유닉스

유닉스는 미국의 Bell 연구소에서 켄 톰슨(Ken Thompson) 등이 1969년에 개발한, 여러 사람들이 동시에 사용할 수 있는 다중 사용자 운영체제이다. 1965년에 개발된 MULTICS 운영체제가 많은 기능을 가지고 있었지만 복잡하였기 때문에 원하는 만큼의 성능을 보이지 못하였다. 이러한 MULTICS에 대한 대안으로 빠른 응답시간을 제공할 수 있는 간단한 운영체제를 PDP-7 컴퓨터에서 개발하였으며 MULTICS의 'MULTI'가 많은 일을 수행함을 나타내는 것에 대비하여 한 가지 일을 잘 수행한다는 뜻으로 'UNI'를 붙여서 UNIX라고 운영체제 이름을 붙였다.

초기의 유닉스는 어셈블리 언어로 작성되었다. 1972년에 Bell 연구소의 데니스 리치(Dennis Ritchie)가 B언어를 개선한 C 언어를 개발했는데, C 언어가 시스템 프로그램에 적합한 기능을 갖고 있었기 때문에 1973년에 유닉스 운영체제를 C 언어를 사용하여 재작성하여 극히 일부분만 어셈블리 언어로 남았다. 고급 언어로 운영체제를 작성한 것은 운영체제 발전에 커다란 이정표가 되었다. 고급언어로 작성되었기 때문에 다른 종류의 컴퓨터에 운영체제를 이식하는 것과 운영체제의 기능 확장 및 개선이 쉬워졌다. 그리고 나중에 유닉스의 소스코드가 대학에 무상으로 제공되어 유닉스에 대한 연구가 폭넓게 이루어졌다. 특히 미국 캘리포니아 버클리 대학교에서는 네트워크 처리 기능과 메모리 관리 기능의 개선한, Bell 연구소의 유닉스 버전과 차이가 있는 BSD(Berkeley Software Distribution)라고 하는 독자적인 버전을 공개하였다.

유닉스는 Bell 연구소에서 개발한 System V(V는 5를 의미하며 five라고 읽음)와 BSD 버전의 두 흐름으로 지속적으로 발전을 하였다. System V 기반의 대표적인 상용 유닉스 운영체제로 IBM의 AIX, Oracle의 Solaris와 HP의 HP-UX를 들 수 있다. BSD 버전은 초기의 Sun-OS에서 사용하였으며, 현재 FreeBSD와 OpenBSD와 같은 오픈 소스 유닉스 운영체제로 발전하였다. 애플 OS-X의 기반이 되는 운영체제도 FreeBSD 계열의 다윈(Darwin)이라고 하는 유닉스이다. 대문자로 나타내는 UNIX는 상표권이 등록된 명칭으로 현재 산업 연합체로서 표준 등을 제정하는 역할을 수행하는 오픈그룹(the Open Group)이 소유하고 있다. 유닉스 계열 운영체제를 나타내는 일반적인 유닉스는 Unix로 나타낸다. 그림 1.1은 유닉스 계열 운영체제의 발전에 대한 계통도이다.

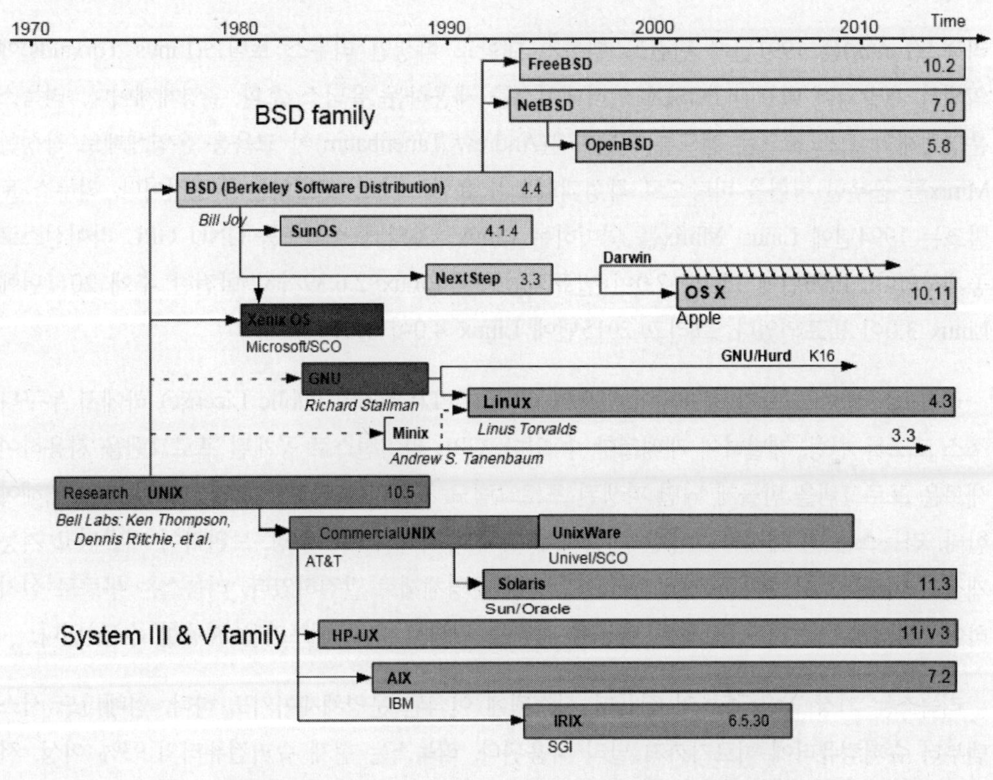

그림 1.1 유닉스 계열 운영체제의 계통도 [위키피디아]

운영체제 인터페이스 표준

유닉스가 발전함에 따라서 다양한 버전의 유닉스가 발표되었는데, 각 버전의 유닉스가 제공하는 응용 프로그램 인터페이스에 차이가 있었기 때문에 응용 프로그램의 동작이 유닉스 버전에 영향을 받아서 응용 프로그램 호환성에 문제점이 발생하였다. 이를 해결하기 위하여 운영체제 버전에 관계없이 이식성이 높은 유닉스 응용프로그램을 개발할 수 있도록 운영체제 인터페이스 표준의 제정이 추진되어, UNIX System V의 응용 프로그램 인터페이스를 기반으로 하여 POSIX(portable operating system interface)라고 부르는 운영체제 인터페이스와 셸 및 유틸리티 표준이 제정되었다.

이러한 POSIX 운영체제 인터페이스 표준에 따라서 작성된 응용 프로그램들은 유닉스 운영체제가 아니더라도 POSIX 인터페이스를 지원하는 운영체제에서 그대로 사용할 수 있다. 이처럼 운영체제 인터페이스 표준을 준수하여 개발된 운영체제는 이미 작성된 많은 수의 유틸리티 프로그램을 그대로 사용할 수 있는 혜택을 가질 수 있다.

리눅스

리눅스(Linux)는 1991년에 핀란드 헬싱키 대학교 학생인 리누스 토발즈(Linus Torvalds)에 의해서 개발되어 발표된 POSIX 인터페이스를 제공하는 유닉스 호환 운영체제이다. 리눅스 운영체제의 소스 코드는 앤드류 타넨바움(Andrew Tanenbaum)이 교육용 운영체제로 작성한 Minix를 공부한 경험을 바탕으로 작성되었으며 유닉스 소스 코드와는 독립적이다. 리누스 토발즈는 1994년에 Linus' Minix를 의미하는 Linux 1.0의 소스코드를 GNU GPL 라이선스로 공개하였다. 1996년에 Linux 2.0이 발표되었으며 Linux 2.6.39까지 발전한 후에 2011년에 Linux 3.0이 발표되었다. 그리고 2015년에 Linux 4.0이 발표되었다.

리눅스는 소스 코드가 공개되어 있으며 GNU GPL(General Public License) 하에서 누구나 소스 코스를 변형, 개발하여 재배포할 수 있다. GPL 라이선스로 공개된 프로그램을 사용하여 새로운 프로그램을 만들게 되면 파생된 프로그램도 저작권을 인정하지 않고 GPL로 공개해야 한다. 리눅스는 전 세계의 수많은 개발자에 의해서 지속적으로 수정, 보완하여 개발되고 기능 개선이 이루어져서 현재는 안정적이고 강력한 운영체제로 발전하였다. 리눅스는 무료로 설치하여 사용할 수 있지만, 안정된 사용과 지원을 위해서 유료 배포판을 사용할 수도 있다.

리눅스는 가장 많은 종류의 컴퓨터 시스템에 이식된 운영체제이기도 하다. 임베디드 시스템부터 슈퍼컴퓨터에 이르기까지 널리 사용된다. 리눅스는 현재 슈퍼컴퓨터의 95% 이상, 서버용 운영체제의 60% 정도를 차지하고 있다. 그렇지만 일반인들이 사용할 수 있는 응용프로그램이 상대적으로 부족하여 윈도우나 OS-X에 비해서는 데스크탑용으로는 많이 사용되지 못하고 있는 실정이지만, 최근에 VMware나 VirtualBox와 같은 가상머신을 사용하여 다수의 운영체제를 쉽게 설치할 수 있는 환경이 제공됨에 따라서 가상머신에 리눅스 데스크탑을 설치하여 기존 운영체제와 함께 사용하는 사용자가 증가하는 추세이다. 최근에 급격히 발전을 하고 있는 스마트 폰을 포함한 소형 임베디드 시스템용 운영체제도 리눅스를 기반으로 하고 있다. 안드로이드(Android)와 타이젠(Tizen)은 리눅스를 기반으로 하고 있으며, 사물 인터넷을 위한 운영체제도 대개 리눅스를 기반으로 개발되고 있는 것이 많다. 컴퓨터 사용자들은 이러한 컴퓨터 환경에 맞추어서 리눅스 운영체제를 잘 사용하는 능력을 갖추는 것이 필요하다.

배포판

사용자가 운영체제를 사용하기 위해서는 운영체제의 핵심기능을 제공하는 커널(kernel) 뿐 만 아니라 유틸리티 프로그램과 라이브러리들이 함께 필요하다. 리눅스 운영체제는 커널과 많은 수의 유틸리티, 라이브러리를 패키지 형태로 모아서 설치하기 쉬운 형태로 제공하는 다양한 배포판(distribution)이 있다. 배포판에 따라서 데스크톱 환경이나 시스템 관리 방법에 차이가 있을 수 있다. 대부분의 유틸리티는 자유 소프트웨어 재단(Free Software Foundation)에서 개발된 무료로 배포할 수 있는 유틸리티들을 사용한다.

현재 많이 사용되고 있는 배포판으로 우분투(Ubuntu), 데비안(Debian), 레드햇(Red Hat), 페도라(Fedora), CentOS, 오픈수세(OpenSuse), 리눅스민트(Linux Mint) 등이 있다. 레드햇은 상업용 배포판이고 나머지는 무료 배포판이다. 주요 무료 리눅스 배포판들의 홈페이지 주소는 다음과 같다.

배포판	홈페이지 주소
우분투	http://www.ubuntu.com
데비안	https://www.debian.org/
페도라	https://getfedora.org/
CentOS	https://www.centos.org/
오픈수세	https://www.opensuse.org/
리눅스민트	http://www.linuxmint.com/

리눅스 뿐 만 아니라 솔라리스와 BSD 계열의 유닉스들도 무료로 배포되고 있어서 다운로드 받아서 설치하여 사용할 수 있다. 이에 대한 홈페이지 주소는 다음과 같다.

이름	홈페이지 주소
솔라리스	http://www.oracle.com/solaris
FreeBSD	https://www.freebsd.org/
OpenBSD	http://www.openbsd.org/
NetBSD	https://www.netbsd.org/

1.3 리눅스의 특징

리눅스의 모태가 되는 유닉스는 다음과 같은 특징을 갖고 있다.

- **이식성 :** 고급언어인 C언어로 작성되어 다양한 컴퓨터 기종에 쉽게 이식되어 사용될 수 있다.
- **다중 사용자 다중 프로세스 지원 :** 처음 개발될 때부터 여러 사용자들이 컴퓨터를 동시에 사용할 수 있도록 하였으며 사용자들이 여러 개의 프로그램을 동시에 실행시킬 수 있는 기능도 제공하였다.
- **단순성 :** 운영체제 기능을 단순화하여 운영체제 커널은 최소한으로 필요한 기능을 제공하게 하였으며 사용자 인터페이스를 포함한 나머지 기능은 운영체제 밖에서 지원하도록 하였다. 그리고 컴퓨터 자원에 대해서 일관성 있는 접근 방법을 제공하여, 주변장치들을 보통의 파일과 같은 방식으로 접근하여 사용할 수 있도록 하였다.
- **개방성 :** 초기에 소스코드를 공개하여 유닉스 계열의 운영체제가 양적으로, 질적으로 모두 발전하는 계기가 되었다. 그리고 응용 프로그램 인터페이스(API)와 라이브러리 등에 대해서 POSIX로 표준화하여 공표하여 응용프로그램의 호환성에도 기여하였다.
- **셸과 셸 스크립트 :** 셸(shell)이라고 부르는 사용자 인터페이스를 그림 1.2와 같이 유닉스 내부에 포함시키지 않고 유틸리티 프로그램으로 제공하였다. 셸은 유틸리티들을 결합하여 다양한 복잡한 작업을 수행할 수 있도록 프로그램 기능도 제공하며 셸이 수행하는 프로그램을 셸 스크립트라고 한다. 그래픽 사용자 인터페이스(GUI)도 셸과 같이 운영체제 바깥에 위치한 프로그램이 제공한다. 이러한 방식은 다양한 종류의 사용자 인터페이스를 가능하게 한다.
- **네트워킹 :** 현재 사용되고 있는 많은 인터넷 기능들이 유닉스를 기반으로 하여 개발되었으며, 서버를 편리하게 운영할 수 있다.

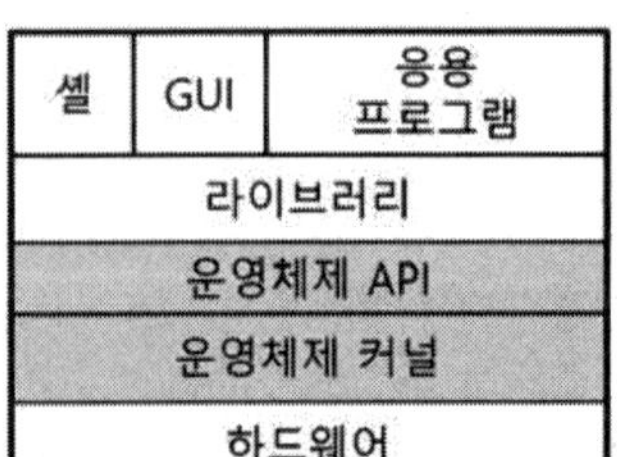

그림 1.2 유닉스 운영체제 환경의 계층 구조

리눅스는 유닉스의 특징을 모두 갖고 있으며 다음과 같은 특징도 갖고 있다.

- **유닉스 호환 운영체제 :** 소스코드는 유닉스와 독립적으로 작성되었지만 POSIX를 지원하여 유닉스와 호환되게 하여 많은 유닉스용 유틸리티를 그대로 사용할 수 있다
- **공개 소스 :** 소스코드가 무료로 공개되어 누구나 소스코드를 변형, 개선하여 재배포 할 수 있다. 이러한 특징은 수많은 개발자들이 리눅스 발전에 기여하게 만들어서 매우 강력한 운영체제로 발전하게 하고 있다.
- **빠른 업그레이드 :** 상용 운영체제와는 달리 전 세계의 많은 개발자들이 리눅스 기능 개선 및 추가에 참여하여 업그레이드 속도가 빠르다.
- **저비용 및 빠른 성장 :** 무료 또는 낮은 가격으로 배포판을 사용할 수 있어서 유닉스에 비해서 저렴하게 시스템을 운영할 수 있다. 가격이 저렴할 뿐 만 아니라 성능, 안정성도 강화되어 기존의 유닉스를 능가하는 빠른 성장을 보이고 있다.
- **다양한 플랫폼 지원 :** 리눅스는 30 종류 이상의 CPU 아키텍쳐를 지원하여 현재 많이 사용되는 거의 대부분의 시스템에서 사용가능하다. 그리고 다중 프로세서도 지원하고, 다른 운영체제에 비해서 많은 종류의 파일 시스템을 지원한다.

1.4 리눅스 사용자

유닉스와 리눅스는 운영체제 커널, 라이브러리, 사용자 인터페이스 및 유틸리티 프로그램들로 구성되어 있다. 사용자들은 운영체제 커널보다는 그 위에서 제공되는 셸과 같은 사용자 인터페이스와 유틸리티 프로그램을 통하여 컴퓨터를 사용하게 된다. 따라서 리눅스 사용자가 리눅스 시스템을 최대한 활용하기 위해서는 셸의 다양한 기능과 여러 유틸리티 기능에 대해서 알아야 한다. 특히 GUI 환경은 직관적으로 사용하는 것이 어느 정도 가능하지만, 셸에서 명령어 기반으로 사용할 때에는 기본적인 유틸리티 이름은 알고 있어야 한다.

유닉스의 설계 철학은 유틸리티 프로그램은 많은 복잡한 작업을 하는 것 대신에 한 가지 작업을 잘 수행하도록 작성하고, 복잡한 작업은 이러한 간단한 유틸리티들을 결합하여 수행하도록 하는 것이다. 이를 위해서 셸은 파이프(pipe)와 같은 프로세스들의 결합 방식을 제공하였고 더 복잡한 유틸리티 프로그램의 결합을 위하여 셸 프로그램 기능을 제공하였다. 리눅스도 이러한 유닉스 설계 철학을 공유한다. 이처럼 리눅스에서 여러 유틸리티를 이용하여 다양한 작업을 하기 위해서는 이러한 결합 방식에 대해서 알아야 한다.

리눅스 사용자들은 사용 목적과 범위에 따라서 다음과 같이 분류할 수 있다.

- **일반 사용자 :** 사용자가 필요로 하는 몇 가지의 유틸리티 프로그램을 주로 사용한다.
- **셸 사용자 :** 표준입출력 방향전환, 파이프, 백그라운드 작업이나 간단한 셸 스크립트 작성과 같은 셸의 기본 기능을 알고 이를 활용한다. 그리고 vi와 같은 문서 편집기를 사용하여 문서도 편집하며, 기본적인 유틸리티 프로그램을 사용한다.
- **고급 셸 사용자 :** 다양한 유틸리티를 사용할 수 있으며, 셸 프로그램을 작성하여 유틸리티들을 결합하여 필요한 작업을 수행한다. 그리고 기본적인 시스템 관리 작업도 수행한다.
- **프로그램 개발자 :** 기본적으로 제공되는 유틸리티에 필요한 기능이 없는 경우에 고급 언어를 사용하여 직접 프로그램을 작성한다. 프로그램 작성에 C나 C++ 언어와 같은 컴파일러를 필요로 하는 언어나 Python이나 Perl과 같은 인터프리터 방식의 언어를 사용할 수 있다. 그리고 웹을 통하여 서비스를 제공하는 웹 프로그램도 작성할 수 있다.
- **시스템 관리자 :** 리눅스 시스템 관리 방법을 이해하고, 여러 가지 시스템 관리용 유틸리티를 사용하여 관리 작업을 수행한다.
- **시스템 개발자 :** 사용자들을 위하여 리눅스 시스템 커널, 라이브러리, 기본 유틸리티들을 개발한다.

이 책은 기본적으로 고급 셸 사용자와 프로그램 개발자를 최종 목표로 하여 이에 필요한 사항을 다룬다. 2장에서 5장까지는 파일시스템, 편집기, 셸 기능, 기본적인 명령어 등과 같이, 셸 사용자가 알아야 할 기본적인 사항을 다룬다. 6장과 7장에서 다양한 유틸리티와 네트워크 활용에 대해서 소개하고 8장에서 셸 프로그래밍을 소개한다. 여기까지 배우면 고급 셸 사용자가 될 수 있다. 9장은 셸 프로그램 이외의 스크립트 프로그래밍을, 10장은 프로그래밍 도구를 소개한다. 프로그램 개발자는 이 내용을 숙지할 필요가 있다. 마지막으로 11장은 시스템 관리자에 필요한 기본적인 사항을 다룬다. 관리 작업에 대한 더 자세한 내용은 별도의 자료를 참조할 필요가 있다. 이 책에서는 윈도우 데스크탑 환경과 같은 GUI와 GUI 기반의 유틸리티에 대해서는 소개하지 않는다. GUI 환경은 리눅스 배포판과 데스크탑 종류에 따라서 다소 차이가 있으며, 직관적으로 사용할 수 없는 부분은 별도의 자료를 참조하기 바란다.

1.5 오픈소스 소프트웨어

오픈소스 소프트웨어

오픈소스 소프트웨어(Open Source Software: OSS)란 수정 가능한 소스코드와 함께 배포되는 컴퓨터 소프트웨어를 말한다. 리눅스 커널은 대표적인 오픈소스 소프트웨어이다. 오픈소스 소프트웨어에는 사용자가 원하는 방식으로 소프트웨어를 변경할 수 있는 라이선스(license)가 포함되며 사용자는 라이선스가 허용하는 범위에서 프로그램의 버그 수정, 기능 개선을 하거나 소프트웨어를 자신의 필요에 맞게 조정할 수 있다. 리눅스 커널뿐만 아니라 리눅스에서 사용되는 많은 응용 프로그램들이 오픈소스 소프트웨어로 제공되고 있다.

오픈소스 소프트웨어가 보편화되기 전에는 소프트웨어를 제품으로 판매하여 이익을 내는 것이 일반적이었으며 이를 상용 소프트웨어라고 한다. 소스 코드를 공개하면 다른 회사가 이를 사용하여 이익을 얻을 수 있었기 때문에 대부분의 회사가 소스 코드를 이를 공개하지 않았다.

UNIX 운영체제의 소스 코드가 교육기관과 일반 기업에 공개되고, 많은 개발자가 소스 코드를 수정하여 다양한 컴퓨터에서 동작할 수 있게 하고, 기능을 개선하여 발전시킴으로서 오픈소스 소프트웨어 발판이 되었다. 이같이 소스 코드를 공개하여 모든 개발자와 기술을 공유하고, 자유롭게 개발에 참여하게 하여, 소수의 폐쇄적인 개발자가 아닌 다수의 개방된 개발자들이 소프트웨어를 발전시키도록 하는 것이 오픈소스 소프트웨어의 기본 철학이다.

오픈소스 소프트웨어의 기준으로 1998년에 설립된 Open Source Initiative(OSI)의 웹 사이트 "https://opensource.org/osd" 에서 제시한 다음과 같은 정의를 참고할 수 있다.

- 무료 재배포
- 소스 코드 공개
- 2차 저작물 허용
- 소스 코드 무결성
- 개인이나 단체에 대한 차별 금지
- 사용 분야에 대한 제한 금지

- 라이선스의 배포
- 라이선스 적용에 동일성 유지
- 다른 라이선스의 포괄적 수용
- 라이선스의 기술 중립성

대표적인 오픈소스 소프트웨어

리눅스 커널을 포함하여 현재 널리 사용되고 있는 많은 소프트웨어가 오픈소스 기술을 기반으로 개발되었다. 다음은 대표적인 오픈소스 소프트웨어의 예이다.

- **응용 소프트웨어 :** 7-Zip(압축), Eclipse(통합개발환경), GIMP(이미지 편집), Chromium(웹브라우저), Blender(3차원 그래픽스), Mozilla Firefox(웹브라우저), Open Office(오피스), Apache HTTP 서버(웹서버), MariaDB(데이터베이스) 등
- **프로그래밍 언어, 컴파일러 :** Perl, Python, Ruby(스크립트언어), PHP(웹프로그래밍), GNU GCC(C/C++, object-C, Fortran, Ada, Go, D, 관련 라이브러리 등을 포함한 컴파일러 집합), GNU Prolog(논리형 언어) 등
- **운영체제 :** Linux, Android, FreeBSD, ReacOS, FreeDOS, Chromium OS 등
- **라이브러리 :** Node.js, jQuery.js, React.js, Angular.js(Javascript 라이브러리), 구글 Guava (자바 라이브러리), Numpy, Pandas, Keras, TensorFlow, PyTorch(파이썬 라이브러리) 등

오픈소스 소프트웨어 라이선스 ○

오픈소스 소프트웨어 라이선스(license)는 오픈소스 소프트웨어 개발자와 이용자 간에 이용 방법과 조건의 범위를 명시한 계약이다. 오픈소스 소프트웨어를 사용하기 위해서는 개발자가 규정한 라이선스를 지켜야 하며, 이 범위 내에서 사용자의 자유로운 사용을 보장한다.

오픈소스 소프트웨어 라이선스의 기능은 소프트웨어를 수정하거나 개선하는 경우에 일부 예외가 있기는 하지만 소스코드 공개를 강제하고, 재배포하는 경우에 동일한 라이선스로 재배포하는 것을 강제한다. 그리고 라이선스를 위반하는 경우에는 오픈소스 소프트웨어에 대한 저작권 침해로 간주한다.

OSI가 승인한 주요 라이선스는 다음과 같다.

- GNU General Public License(GPL)

- GNU Library or "Lesser" General Public License(LGPL)
- Apache License 2.0
- BSD 3-Clause "New" or "Revised" license
- BSD 2-Clause "Simplified" or "FreeBSD" license
- MIT license
- Mozilla Public License 2.0
- Common Development and Distribution License
- Eclipse Public License version 2.0

이러한 라이선스는 특성에 따라서 크게 방임형(permissive)과 카피레프트(copyleft)의 2가지 방식으로 구분된다. 방임형 라이선스로 배포된 소프트웨어는 소프트웨어를 수정한 2차 저작물을 재배포할 때 다른 라이선스로 전환하여 제공할 수 있으며, 해당 라이선스가 적용된 오픈소스를 공개하지 않아도 된다. 이처럼 방임형 라이선스는 2차 저작물을 배포할 때 개발자에게 융통성을 준다. BSD, Apache와 MIT 라이선스가 이에 속한다.

카피레프트 라이선스는 2차 저작물을 새로운 제약을 가하여 더 제약이 있는 형태로 재배포하지 않도록 보호하여 원래의 자유를 유지할 수 있도록 보호한다. 이처럼 개발자의 2차 저작물이 다른 카피레프트 라이선스 저작물의 혜택을 받았다면, 2차 저작물을 사용하는 다른 사람도 같은 혜택을 보아야 하는 호혜적 라이선스이다. GNU GPL, LGPL 라이선스가 이에 속한다.

상용 소프트웨어와 자유 소프트웨어

오픈소스 소프트웨어가 아닌 소프트웨어는 상용 소프트웨어와 프리웨어로 분류할 수 있다. 상용 소프트웨어는 판매를 목적으로 개발된 소프트웨어로서 사유(proprietary) 소프트웨어, 독점(close source) 소프트웨어라고도 한다. 상용 소프트웨어는 대개 유료로 구입하여 사용하며, 자유롭게 복제하거나 배포할 수 없다. 그리고 지적 재산이므로 소스 코드에 접근할 수 없다.

프리웨어(freeware)는 무상으로 자유롭게 사용할 수 있도록 배포되는 무료 소프트웨어이다. 그렇지만 오픈소스 소프트웨어와는 다르게 소스 코드에 접근하거나 수정할 수 없다. 일부 프리웨어는 개인 사용자에게만 무료이거나 상업적으로 사용할 수 없다. 프리웨어는 이와 같이 사용할 수 있는 사용자나 사용 목적에 제한을 두는 경우가 있기 때문에 구체적인 허용 범위를 확인할 필요가 있다.

자유 소프트웨어(Free Software)는 무료로 다운받아서 사용할 수 있고 수정이 가능하다는 점에서 오픈소스 소프트웨어와 비슷하게 사용되지만 의미는 약간 다르다. 자유 소프트웨어 재단(Free Software Foundation: FSF)에서 다음과 같이 4가지 종류의 자유를 가지면 자유 소프트웨어라고 정의하였다.

- 프로그램을 어떤 목적을 위해서도 실행할 수 있다.
- 프로그램을 자신의 필요에 맞게 수정할 수 있으며, 소스 코드에 대한 접근이 선행되어야 한다.
- 이웃을 위해 프로그램 사본을 재배포할 수 있다.
- 자신이 수정한 사본을 타인에게 배포할 수 있다.

GNU GPL와 GNU LGPL 라이선스

GNU GPL 라이선스와 LGPL 라이선스는 카피레프트형 라이선스이다. GNU GPL 라이선스는 자유 소프트웨어 재단(Free Software Foundation: FSL)이 만든 일반 공중 사용 허가 라이선스로 1989년 GPL 1이 발표되었고, 1992년 GPL 2가, 2007년 GPL 3이 발표되었다. GPL 라이선스 코드의 일부라도 사용하여 개발된 프로그램은 GPL 라이선스 적용을 받는 라이선스로서 GPL 라이선스의 주요 특징은 다음과 같다.

- 어떠한 목적으로도 사용할 수 있다.
- 프로그램의 소스 코드를 수정할 수 있다.
- 유료 판매가 가능하지만 판매하거나 배포 시에 요청하면 전체 소스 코드를 제공해야 한다.
- 수정된 2차 저작물의 소스 코드도 요청하면 제공해야 한다.
- 2차 저작물도 똑같이 GPL 라이선스로 제공되어야 한다.

배포하려는 프로그램의 특정 부분이 GPL 코드에서 파생된 것이 아닌 독립적인 저작물인 경우에 독립 저작물 모듈의 개별적인 배포에는 GPL이 적용되지 않는다. 그렇지만 GPL 2차 저작물 모듈과 독립 저작물 모듈을 포함하는 프로그램 전체를 배포하는 경우에는 GPL 라이선스가 적용된다. GPL 라이선스가 적용된 대표적인 예로 리눅스 커널, 모질라 Firefox v2.0, Git, 워드프레스 등이 있다.

GPL LGPL(Lesser GPL) 라이선스는 GPL 라이선스보다 훨씬 완화된 조건의 라이선스로서 다음과 같은 특징을 갖는다.

- LGPL 라이선스가 적용된 정적 또는 동적 라이브러리를 사용하여 프로그램을 개발하여 판매/배포하는 경우에 소스 코드를 공개하지 않아도 되며, LGPL 라이선스 코드를 사용했음을 명시만 하면 된다.
- LGPL 라이선스의 코드를 수정하거나, 파생된 라이브러리를 개발/배포하는 경우에 전체 코드를 공개해야 한다.

주로 라이브러리에 적용되기 때문에 원래의 명칭은 Library GPL 라이선스였으며, 독립된 프로그램에도 사용가능하다. 대표적인 예로 모질라 Firefox v2.1와 아파치 Open Office가 있다.

BSD, MIT, Apache 라이선스

BSD, MIT, Apache 라이선스는 대표적인 방임형 라이선스이다. BSD 라이선스는 미국 캘리포니아 버클리 대학에서 만든 버클리 소프트웨어 배포(Berkeley Software Distribution) 라이선스로서 대표적인 예로 FreeBSD와 같은 BSD계열 UNIX 운영체제와 Nginx 웹서버가 있다. BSD-2 라이선스는 다음과 같은 2가지 조항이 있다.

- BSD 라이선스 소프트웨어를 재배포할 때, 저작권자 이름과 BSD 라이선스 정보를 함께 고지해야 한다.
- BSD 라이선스 소프트웨어로 인하여 피해가 발생하더라도 그 책임을 저작권자에게 물을 수 없다.

BSD-3 라이선스는 다음 조항이 추가되었다.

- BSD 라이선스 소프트웨어의 저작권자 이름을 2차 저작물을 보증하거나 홍보하는 데 사용할 수 없다.

BSD 라이선스 소프트웨어는 위의 조항과 같이 소스 코드는 수정이 가능하고 수정본의 재배포도 가능하지만 소스 코드 공개 의무는 없다. 상업적 이용에 제한받지 않아서 상용 소프트웨어에서 사용 가능하다.

MIT 라이선스는 MIT에서 학생들을 지원하기 위해서 만든 라이선스로 라이선스와 저작권 관련 명시만 하면 되며, 소스 코드의 공개 의무가 없다. 대표적인 예로 X-윈도우 시스템, 부트스트랩, Angular.js, Backbone.js, jQuery 등이 있다. MIT 라이선스의 특징은 다음과 같이 요약된다.

- MIT 라이선스의 소프트웨어를 사용, 복제, 변경, 통합, 게시, 배포, 판매를 제약 없이 무상으로 취급해도 좋다. 단, 저작권 표시 및 허가 표시를 소프트웨어의 모든 복제물 또는 중요한 부분에 기재해야 한다.
- 저자 또는 저작권자는 소프트웨어에 관해서 아무런 책임을 지지 않는다.

Apache 라이선스 2.0은 아파치 소프트웨어 재단(Apache Software Foundation)에서 만든 라이선스로서 프로그램을 수정하거나 배포하는 경우 Apache 라이선스 명시하면 되고 소스 코드 공개 의무가 없다. Apache 라이선스는 특허 출원된 프로그램에 대해서 특허의 로열티가 없는 무제한적 사용을 허가한다. 대표적인 예로 Android, Hadoop 등이 있다.

오픈소스 소프트웨어의 장점

오픈소스 소프트웨어는 다음과 같은 장점이 있다.

- **비용 절감 :** 오픈소스 소프트웨어는 무료 또는 적은 비용으로 이용할 수 있다. 그리고 소스 코드가 공개되어 이를 수정하거나 확장하여 사용할 수 있으므로 개발 비용이 새로 직접 개발하는 것보다 적게 든다.
- **빠르고 유연한 개발 :** 오픈소스 커뮤니티가 많은 참여자들이 최신 기술 정보와 문제점의 해결책을 공유하여 운영되기 때문에 상용 프로그램에 비해 기술의 발전 속도가 빠른 편이다.
- **호환성, 유연성 :** 오픈소스 소프트웨어는 주로 개방형 형식이나 표준을 사용하기 때문에, 다른 소프트웨어 간의 연동이 쉽고, 다른 플랫폼과의 상호 연동도 가능하다. 그리고 특정 기기, 운영체제에 종속되지 않고 사용할 수 있는 것이 많아서 여러 기기들이 네트워크를 통해 하나로 연결하여 사용하는 용도에 적합하다.
- **신뢰성, 안정성 :** 전 세계의 많은 개발자들이 오픈소스 소프트웨어의 개발에 참여하기 때문에 폐쇄적으로 개발되는 상용 프로그램에 비해 안정적으로 동작하는 것이 많이 있다. 그렇지만 신뢰성과 안정성은 모든 오픈소스 소프트웨어에 해당되는 것이 아니므로 사용하고자 하는 오픈소스 소프트웨어의 평판과 개발 과정을 주의 깊게 살펴보아야 한다.
- **지속성 :** 많이 사용되는 오픈소스 소프트웨어는 지속적으로 업데이트되며, 소스 코드가 공개되므로 업데이트가 중단하더라도 필요시에 직접 업그레이드를 할 수 있다. 이 점은 장기 프로젝트에 중요한 이점이다.

오픈소스 소프트웨어는 이러한 장점에도 불구하고 공급업체가 없기 때문에 문제가 발생했을 때 이를 해결하기 위한 비용이 발생할 수 있다. 그리고 사용자 매뉴얼 등의 문서가 부족하고, 기술 지원 체계가 미비하다. 필요시에 오픈소스 커뮤니티에 도움을 요청할 수 있지만 의무가 아니므로 빠른 해결을 어려울 수 있다. 오픈소스 소프트웨어는 악의적인 개발자가 포함되거나 소스 코드가 공개되어 보안 취약점이 노출될 수 있기 때문에 보안에 취약할 수 있다.

오픈소스 소프트웨어 개발자

오픈소스 소프트웨어 프로젝트는 개발자에게 개발 현장에서 기술을 향상시키고 다른 개발자와 관계를 구축할 수 있는 협업 기회를 제공한다. 오픈소스 개발자는 작업을 위해서 다음과 같은 도구를 많이 사용한다.

- **통신 도구 :** 아이디어 도출 및 문제해결을 위해 이메일, 실시간 메시징, 포럼, 위키 등을 많이 활용한다.
- **분산 버전 관리 시스템 :** 다른 곳에 있는 개발자들과 수정된 코드에 대한 버전 및 업데이트 관리를 위하여 git과 같은 분산 버전 관리 시스템을 사용한다.
- **버그 추적 및 일감 목록 :** 대규모 프로젝트에서 사용자 요구사항 만족이나 소프트웨어 문제점 해결 등과 같은 이슈(issue) 목록을 관리하기 위해 버그 추적 시스템이나 이슈 추적 시스템을 사용한다.
- **테스팅 및 디버깅 도구 :** 소프트웨어의 문제점을 찾기 위한 테스팅과 문제점을 해결하기 위한 디버깅은 소프트웨어 개발 및 유지보수에 중요하다. 시스템 통합 동안 테스팅을 자동화하고, 프로그램의 디버깅을 수행하기 위하여 테스팅 도구와 디버깅 도구를 사용한다.

오픈소스 소프트웨어 개발용 도구

오픈소스 소프트웨어(OSS)는 소스코드가 공개되지 않은 독점 소프트웨어의 대안으로 역할을 하면서, 소프트웨어의 발전에 커다란 기여를 하고 있다. 이러한 오픈소스 소프트웨어 프로젝트에 참여하는 것은 소프트웨어 개발 분야에 대한 경력 수립의 통로가 되며, 대규모 커다란 소프트웨어 개발 작업에 참여하여 다양한 기술을 연마할 수 있는 기회를 제공한다. 구글, 페이스북 등을 포함한 대형 소프트웨어 기업에서 오픈소스 소프트웨어를 배포하고 있다. 이렇게 개발된 소프트웨어를 오픈소스 소프트웨어로 배포하면 여러 개발자가 지식을 공유하고, 혁신적인 해결책을 도출하여 안정되게 동작하는 소프트웨어를 만드는 데 기여할 수 있다.

오픈소스 소프트웨어 개발자는 다음과 같은 단계로 구분할 수 있다.

- **오픈소스 소프트웨어 사용자 :** 오픈소스 소프트웨어를 다운로드해서 설치하여 사용한다. 그리고 필요하면 소스 코드를 분석한다.
- **오픈소스 소프트웨어 기여자 :** 오픈소스 소프트웨어 개발자 커뮤니티에 참여하여 코드나 문서등에 대한 궁금한 사항에 대해서 질문하고, 개선점을 찾아서 수정한 사항을 보낸다. 이것을 받아주면 기여자가 된다.
- **오픈소스 소프트웨어 유지관리자 :** 오픈소스 소프트웨어 프로젝트에서 진행 중인 작업을 추적하여 검토하고 적시에 병합하여 코드를 배포한다. 직접 개발과 검토를 하기도 하며, 커뮤니티에 참여하는 코드 개발자와 검토자들의 의견을 종합하여 유지보수에 최종 책임을 진다.

Linux 복습문제

1. 유닉스는 어느 기관에서 누구에 의해서 개발되었는가?

2. 유닉스의 현재 사용되는 다양한 버전의 근간이 되는 두 가지 버전의 이름은 무엇인가?

3. UNIX와 Unix의 차이점은 무엇인가?

4. POSIX란 무엇인가?

5. 매킨토시 운영체제 이름과 이 운영체제의 기반이 되는 운영체제는 각각 무엇인가?

6. 리눅스를 개발한 사람은 누구인가?

7. GNU GPL 라이선스란 무엇인가?

8. 리눅스 배포판이란 무엇인가?

9. 리눅스가 소스코드는 유닉스와는 독자적으로 작성되었지만 사용자 입장에서 비슷하게 사용할 수 있는 이유는 무엇인가?

10. 유닉스의 주요 특징은?

11. 유닉스와 차별화되는 리눅스의 주요 특징은?

12. 방임형 라이선스와 카피레프트 라이선스의 가장 큰 차이점은 무엇인가?

chapter 02

리눅스 시작하기

2.1 사용자 등록

리눅스 시스템을 사용하려면 리눅스 운영체제가 설치된 컴퓨터에서 계정을 가지고 있어야 한다. 이를 위하여 리눅스 운영체제가 설치된 컴퓨터의 관리자에게 계정을 신청하여 자신의 계정을 얻는다. 사용자 등록을 할 때에 다른 사용자 이름과 구별되는 자신만의 사용자 이름을 사용한다. 최근에는 개인용 컴퓨터에 쉽게 설치할 수 있는 무료 리눅스 배포판이 많이 있으므로 이를 구하여 자신의 컴퓨터에 설치하여 사용할 수도 있다. 이렇게 하는 경우에는 설치한 사용자가 리눅스 시스템의 관리자 역할도 해야 하므로 시스템 관리를 위해서 더 많은 사항에 대해서 알 필요가 있으며 11장을 참고하기 바란다.

2.2 로그인

사용자 등록을 하여 사용자 계정을 발급 받았으면 리눅스 시스템을 사용할 수 있다. 리눅스 시스템은 다음과 같은 여러 방법으로 로그인을 한 후에 사용한다.

첫째, 리눅스 시스템에 직접 연결된 콘솔을 사용하여 로그인하는 경우에는 대개 그래픽 사용자 인터페이스(GUI) 기반의 로그인 화면에서 로그인을 한다.

둘째, 리눅스 시스템에 직렬 케이블로 직접 연결된 전용 터미널을 사용하거나 직접 연결된 PC에서 터미널 이뮬레이터(emulator) 프로그램을 실행하여 나타나는 텍스트 기반 화면에서 로그인을 한다.

셋째, 거의 모든 리눅스 시스템은 네트워킹 기능이 포함되어 있으며 네트워크에 연결되어 있다. 사용하려는 리눅스 시스템이 제공하는 원격 접속 기능을 사용하여 로그인을 할 수 있다. 이 경우에는 대부분 텍스트 기반의 화면에서 로그인을 한다.

위의 세 가지 방법 중에서 텍스트 기반 인터페이스에서 사용하는 로그인 방법에 대해서 먼저 소개하기로 한다.

터미널을 이용한 접속

터미널을 사용하면 다음과 같은 로그인 화면이 나타나며 여기에 사용자 이름과 패스워드를 입력하여 로그인을 한다. 이 책에서 예로 사용한 리눅스 배포판은 CentOS이다.

```
CentOS release 6.2 (Final)
Kernel 2.6.32-220.7.1.el6.x86_64 on an x86_64
login: gdhong
Password:
Last login: Wed Jul  4 14:06:32 from 165.132.xxx.xxx
[gdhong@magics ~]$ _
```

처음에 화면에 login: 까지 출력되며 "login:" 다음에 사용자 이름을 입력하고 [Enter]를 누른다. 그 다음에 "Password:" 가 출력되면 패스워드를 입력한다. 패스워드를 입력할 때에는 보안상의 이유로 화면에 아무것도 출력하지 않는다. 리눅스는 알파벳의 대문자와 소문자를 구분한다. 그러므로 사용자 이름과 패스워드를 입력할 때에 대소문자를 정확하게 구분하여 입력해야 한다.

패스워드를 정확하게 입력하였으면 가장 최근에 로그인을 한 일시와 접속한 터미널 이름(예: zeta) 또는 시스템의 주소(예: 165.132.xxx.xxx)가 출력되고 $ 또는 %로 끝나는 프롬프트가 출력되면서 로그인이 성공된다. 접속 시간과 접속 장소에 대한 정보를 제공하는 이유는 다른 사람이 본인의 계정으로 로그인을 한 것을 쉽게 확인할 수 있도록 하기 위함이다. 만약에 다른 사람이 본인의 계정으로 로그인을 했다고 의심이 되면 패스워드를 바꾸어야 한다.

프롬프트가 출력되면 리눅스 시스템은 사용자가 명령어를 입력하기를 기다린다. 프롬프트는 [gdhong@magics ~]$ 와 같이 [사용자이름@호스트이름 현재디렉토리]와 같은 형식 다음에 $ 또는 %를 표기하는 방법을 가장 많이 사용하며 기본적으로 이와 같이 설정되어 있다.

telnet 명령어를 사용한 접속

리눅스 시스템에 대한 원격 접속은 telnet이나 ssh를 사용하여 이루어진다. 윈도우 운영체제에서 telnet을 사용하여 원격 접속하는 방법은 다음과 같다.

01 cmd 명령어를 실행하여 나타난 cmd 명령어 실행 창에서 다음과 같이 telnet 명령어를 원격 접속할 Linux 시스템의 주소와 함께 입력한다.

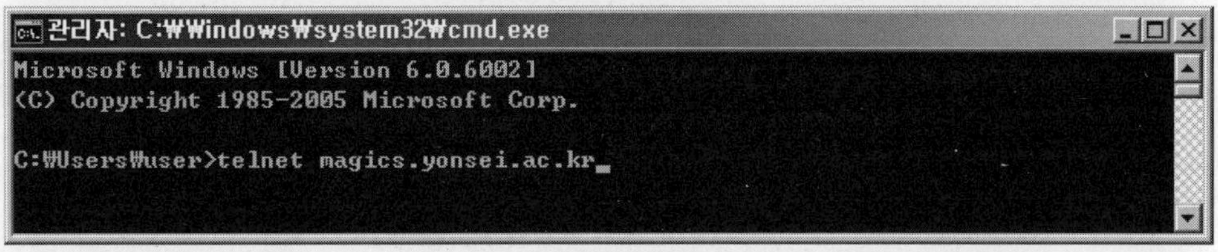

02 그러면 다음과 같이 로그인 화면이 나타난다. 이후의 과정은 앞에서 설명한 터미널을 이용한 접속 방법과 같다.

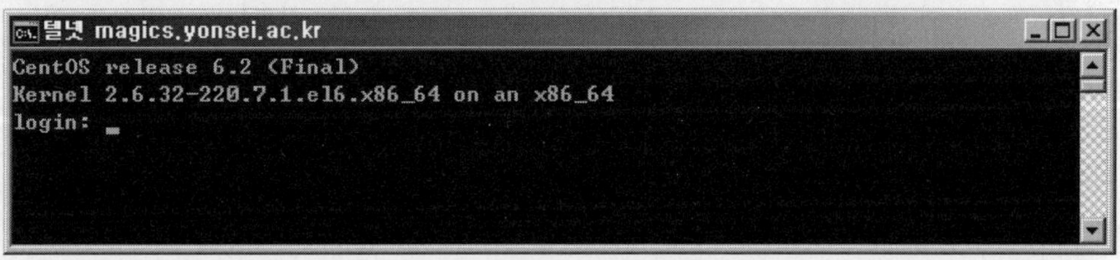

▶ 참고

윈도우 7에서는 telnet이 기본적으로 설치되어 있지 않다. [제어판] - [프로그램] - [프로그램 및 기능] - [Windows 기능 사용/사용 안함]을 순서대로 선택하여 나타난 창에서 맨 아래 부분의 [텔넷 클라이언트]를 체크하고 확인을 누르면 telnet 명령어를 사용할 수 있다.

터미널 프로그램을 이용한 telnet 접속

현재 윈도우용 터미널 접속 프로그램이 많이 있으며 이들 중 무료로 사용할 수 있는 프로그램도 제법 있다. 터미널 접속 프로그램들은 대개 COM 포트를 통한 직접 접속과 TCP/IP 네트워크를 통한 접속을 모두 지원한다. COM 포트를 통한 접속은 앞에서 설명한 터미널을 이용한 접속과 같은 환경이 제공되며, 네트워크를 통한 접속은 telnet이나 ssh 프로토콜을 사용하여 원격으로 리눅스 시스템에 접속한다. ssh 프로토콜은 보안을 제공하는 접속으로서 일부 프로그램에서만 지원한다. telnet과 ssh에 대한 자세한 내용은 7장에서 다룬다.

많이 사용하는 터미널 프로그램 중 하나인 TeraTerm이라고 하는 프로그램을 사용하여 리눅스 시스템에 접속하는 방법을 소개한다. 이 프로그램은 일본에서 개발한 공개소스 프로그램으로서 telnet과 ssh 접속 모두를 지원한다.

01 윈도우에서 TeraTerm 프로그램을 실행시키면 다음 그림과 같은 화면이 나타난다. 여기에서 먼저 Host에 Linux 호스트 시스템의 주소를 입력한다. Service를 Telnet으로 선택하고 OK를 누르면 telnet으로 접속되고, Service를 SSH로 선택하고 OK를 누르면 ssh를 사용하여 접속된다.

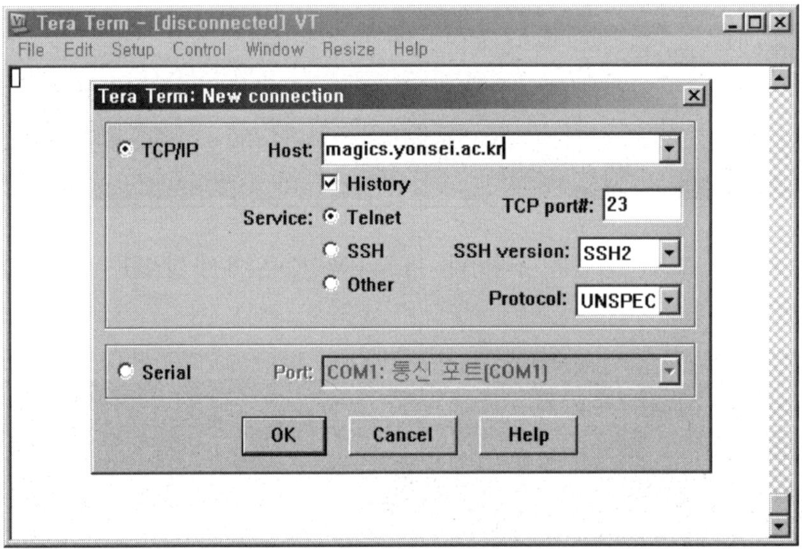

02 다음은 접속된 후 나타난 화면이다. 이 화면은 앞에서 telnet을 이용한 접속화면과 같으며 사용자 이름과 패스워드를 입력하여 로그인을 한다.

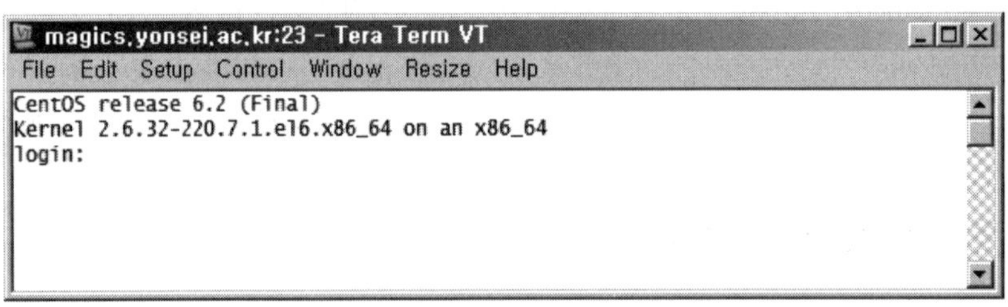

터미널 프로그램을 이용한 SSH 접속

보안 문제로 많은 Linux 시스템에서 telnet 접속을 허용하지 않고 ssh만 사용하도록 설정되어 있다. 이 경우에 TeraTerm의 SSH 접속 기능을 이용할 수 있다. TeraTerm에서 Telnet대신에 SSH를 선택하여 접속을 하면 다음과 같은 창이 나타난다. 여기에서 User name에 사용자 이름을 PassPhrase에 비밀번호를 입력하고 [OK]를 누르면 로그인이 되고, 터미널 화면에 프롬프트가 출력된다.

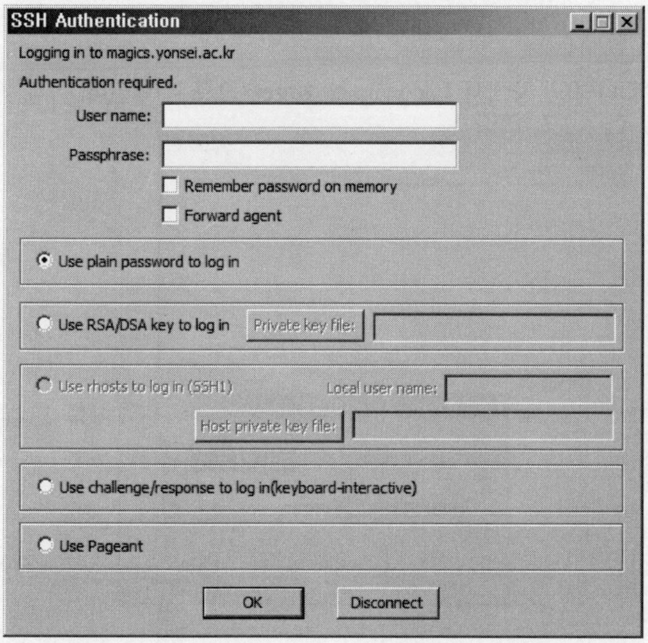

잘못된 로그인

사용자 이름이나 패스워드를 잘못 입력하면 시스템은 다음과 같이 메시지를 출력하고 다시 login 프롬프트를 출력하여 다시 로그인을 하도록 한다. 로그인이 잘못 되었을 때에 보안상의 이유로 사용자 이름과 패스워드 중에서 어느 것이 틀렸는지에 대해서 알려주지 않는다.

```
login: gdhong
Password:
Login incorrect

login:
```

터미널의 한글 코드 설정

리눅스에서 한글을 표현하는 데에 사용하는 한글 코드는 리눅스 버전에 따라서 한글 완성형 표준코드(euc-kr로 표기) 또는 유니코드(utf-8로 표기)를 사용한다. 한글 완성형 코드는 영어 이외의 외국 문자를 함께 표현하는 데 어려움이 있으며, 유니코드(unicode)는 모든 문자들을 함께 표현할 수 있다.

터미널 프로그램을 이용하는 경우에 리눅스 시스템에서 사용하는 한글 코드에 따라서 터미널 설정을 달리 해야 한다. 한글 코드 설정이 올바르게 되어 있지 않으면 한글이 제대로 표시되지 않는다. TeraTerm은 두 가지 한글 코드를 모두 표시할 수 있으며, 한글 코드를 설정하는 방법은 다음과 같다.

01 [Setup] - [General]을 선택하여 나타난 창에서 Language를 Korean으로 선택한다.

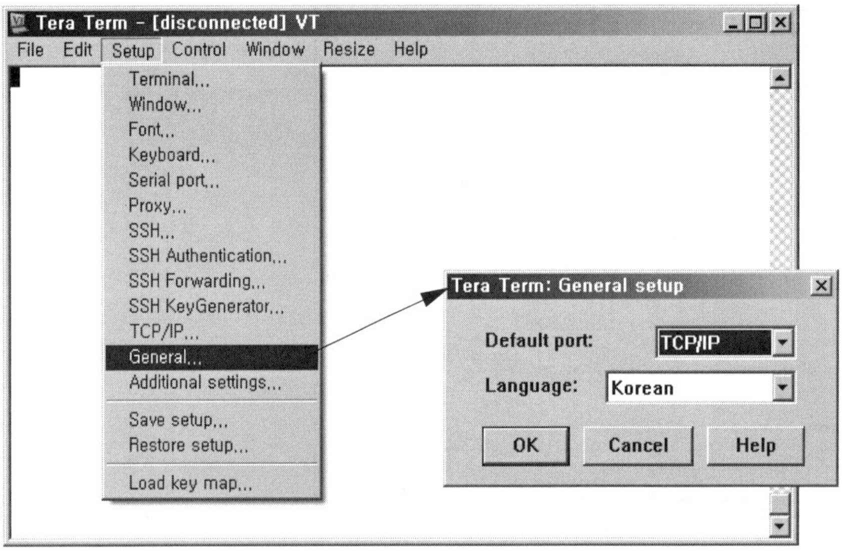

02 [Setup] - [Terminal]을 선택하여 나타난 창에서 locale을 korean으로, CodePage를 949로 입력한다. 그리고 유니코드에 대해서는 Coding(receive)과 Coding(transmit)을 모두 UTF-8로 선택하고, 완성형 한글 코드에 대해서는 두 Coding을 모두 KS5601로 선택한다.

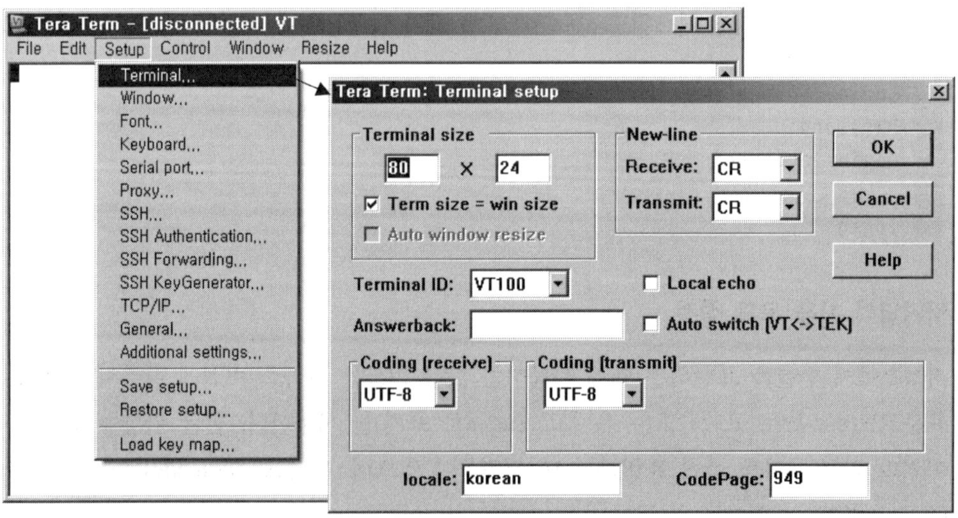

윈도우 데스크탑에서 터미널 사용

그래픽 콘솔을 사용하거나 가상머신에 리눅스를 설치한 경우에는 리눅스의 GUI 기반의 윈도우 데스크탑에서 로그인을 한다. 로그인 후에 터미널 프로그램을 실행시키면 터미널 환경이 출력된다.

예를 들어 CentOS 데스크탑에서는 오른쪽 버튼을 누르면 팝업 메뉴가 나타나며 여기서 "Open in Terminal"을 선택하면 다음과 같이 터미널 창이 만들어진다.

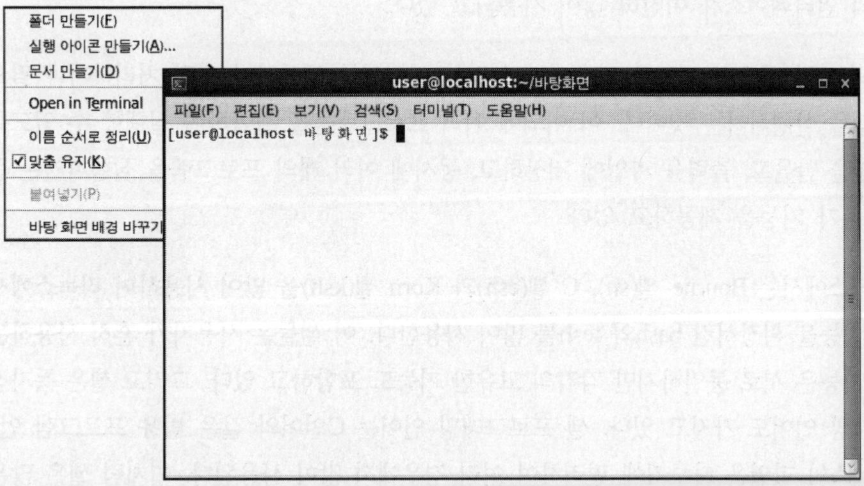

Ubuntu 데스크탑에서는 터미널이 메뉴에 직접 포함되어 있지 않다. 첫 번째 메뉴를 선택하거나 윈도우 키(⊞)를 눌러서 나타난 검색 창에 term을 입력하면 Terminal 아이콘이 나타나며 이것을 선택하면 터미널 창이 만들어진다. 더 간단한 방법은 단축키 Ctrl-Alt-T를 사용하는 것이다. 이 단축키를 누르면 곧바로 다음과 같은 터미널 창이 만들어진다.

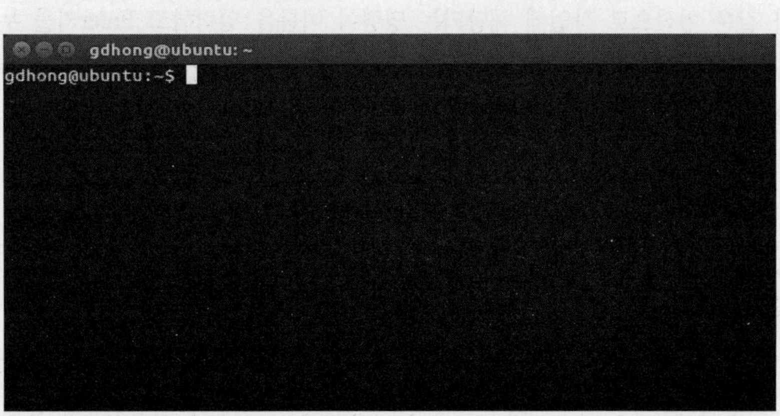

2.3 셸

터미널이나 터미널 프로그램을 사용하여 로그인을 할 때에 실행되어 프롬프트와 함께 화면에 나타나는 프로그램은 셸(shell)이라고 불리는 사용자와 운영체제 간의 인터페이스 역할을 하는 프로그램이다. GUI를 사용하여 로그인 한 경우에는 터미널 프로그램을 추가로 실행시켜 셸이 실행되는 터미널 창을 만들 수 있다. GUI가 보편화된 현재에도 셸로 대표되는 명령어 기반의 인터페이스가 여전히 많이 사용되고 있다.

셸의 가장 중요한 기능은 사용자가 입력한 명령어를 해석하여 직접 처리하거나 필요한 프로그램을 실행시키는 것이다. 이 이외에 여러 프로그램들을 결합하여 실행할 수 있도록 파이프라인을 만들고, 출력을 파일에 저장하고, 동시에 여러 개의 프로그램을 실행시키는 등의 다양한 부가 기능을 제공하고 있다.

유닉스에서는 Bourne 셸(sh), C 셸(csh)과 Korn 셸(ksh)을 많이 사용하며 리눅스에서는 이 셸의 기능을 확장시킨 bash와 tcsh를 많이 사용한다. 이 셸들은 사용자가 흔히 사용하는 기본적인 기능은 서로 동일하지만 각각의 고유한 기능도 포함하고 있다. 그리고 셸은 독자적인 프로그래밍 언어도 가지고 있다. 셸 프로그래밍 언어는 C언어와 같은 범용 프로그램 언어보다 프로세스와 파일을 다루기에 편리하여 여러 경우에서 많이 사용된다. 이처럼 셸은 많은 기능을 가지고 있으나 이 장에서는 가장 기본적인 기능인 명령어를 해석하여 처리하는 기능을 소개하도록 하고 셸에 대한 나머지 기능들은 5장과 8장에서 다룬다.

명령어 실행

셸의 가장 중요한 기능은 명령어를 실행하는 것이다. 셸에서 어떠한 작업을 수행하기 위해서는 다음과 같은 형식으로 작업에 해당되는 명령어 이름을 입력하고 Enter키를 누르면 된다. 따라서 다양한 작업을 수행하기 위해서는 많은 명령어들을 알고 있어야 한다. 대부분의 유닉스와 리눅스에서 많은 동일한 명령어를 제공하지만 일부 명령어들은 동작에 차이가 있거나 제공되지 않을 수도 있다.

```
$ command                       ... 명령어 이름을 입력
실행 결과 출력                  ... 명령어의 실행 결과 출력
$ _                             ... 다음 명령어 입력을 위한 프롬프트 출력
```

명령어는 위와 같이 명령어 이름만 입력하여 실행할 수도 있으나 일반적으로 다음과 같은 명

령어 행 형식을 사용하여 실행한다.

```
$ command [-options] [argument]
```

command는 명령어의 이름이고, -와 함께 제공되는 options은 옵션으로서 명령어의 세부 동작을 지정하는 데 사용된다. 옵션이 지정되어 있지 않으면 기본적으로 지정된 동작이 수행된다. 각 옵션은 대개 단일 문자로 지정되며 여러 옵션에 대한 문자를 연속하여 사용하여 여러 개의 옵션을 한꺼번에 지정할 수도 있다. argument는 인수로서 명령어 실행에 필요한 정보를 제공하는 데에 사용된다.

2.4 기본 명령어

명령어 실행을 연습할 수 있도록 간단하게 사용할 수 있는 몇 가지 기본적인 명령어를 소개한다.

날짜와 시간 출력 : date

현재의 날짜와 시간을 알고 싶으면 다음과 같이 인수 없이 date 명령어를 사용한다.

```
$ date
2016. 01. 21. (목) 13:29:17 KST
$ _
```

이 명령어는 다음과 같이 인수를 사용하여 현재의 날짜와 시간을 조정할 수 있다. 인수의 형식은 MMDDhhmm[YY]과 같이 월, 일, 시, 분, 연도 순서로 두 자리씩 나타내며 [YY]의 대괄호 표기는 연도를 변경하지 않을 경우에 생략할 수 있음을 의미한다.

```
$ date 0203135616
date: cannot set date: 명령을 허용하지 않음  ... 관리자 계정은 나타나지 않음
2016. 02. 03. (수) 13:56:00 KST              ... 인수에 해당하는 날짜와 시간
```

날짜와 시간을 조정하는 동작은 관리자 계정에서만 실행될 수 있으므로 일반 사용자가 실행하면 날짜와 시간은 조정되지 않고 위와 같이 명령을 허용하지 않는다는 메시지가 출력된다. 그렇지만 인수에 해당하는 날짜와 시간은 정해진 형식으로 출력하며, 특정한 날짜의 요일을 확인하고자 할 때에 간편하게 사용할 수 있다.

화면 지우기 : clear

화면을 깨끗하게 지우려면 clear 명령어를 사용한다.

```
$ date
2016. 01. 21. (목) 13:37:17 KST
$ clear
```

clear 명령어를 입력하면 다음과 같이 화면이 지워지고 프롬프트가 터미널 상단에 커서와 함께 나타난다.

```
$ _                                  ... 터미널 상단
```

달력 출력 : cal

cal 명령어는 달력을 출력한다. 인수를 사용하지 않으면 이번 달의 달력을 출력하며 인수를 사용하여 올해의 달력이나 지정된 연, 월의 달력을 출력할 수 있다. 다음은 cal 명령어의 여러 가지 사용 예이다.

```
$ cal                                ... 이번 달의 달력
     1월 2016
일 월 화 수 목 금 토
                1  2
 3  4  5  6  7  8  9
10 11 12 13 14 15 16
17 18 19 20 21 22 23                 ... 오늘 날짜가 반전됨
24 25 26 27 28 29 30
31
$ cal 3 2016                         ... 2016년 3월 달력
     3월 2016
일 월 화 수 목 금 토
       1  2  3  4  5
 6  7  8  9 10 11 12
13 14 15 16 17 18 19
20 21 22 23 24 25 26
27 28 29 30 31
$ cal 2017                           ... 2017년 달력
                               2017

        1월                     2월                     3월
일 월 화 수 목 금 토   일 월 화 수 목 금 토   일 월 화 수 목 금 토
 1  2  3  4  5  6  7             1  2  3  4             1  2  3  4
 8  9 10 11 12 13 14    5  6  7  8  9 10 11    5  6  7  8  9 10 11
```

```
15 16 17 18 19 20 21  12 13 14 15 16 17 18  12 13 14 15 16 17 18
22 23 24 25 26 27 28  19 20 21 22 23 24 25  19 20 21 22 23 24 25
29 30 31              26 27 28              26 27 28 29 30 31

        4월                   5월                   6월
일 월 화 수 목 금 토  일 월 화 수 목 금 토  일 월 화 수 목 금 토
                   1      1  2  3  4  5  6            1  2  3
 2  3  4  5  6  7  8   7  8  9 10 11 12 13   4  5  6  7  8  9 10
 9 10 11 12 13 14 15  14 15 16 17 18 19 20  11 12 13 14 15 16 17
16 17 18 19 20 21 22  21 22 23 24 25 26 27  18 19 20 21 22 23 24
23 24 25 26 27 28 29  28 29 30 31           25 26 27 28 29 30
30
        7월                   8월                   9월
일 월 화 수 목 금 토  일 월 화 수 목 금 토  일 월 화 수 목 금 토
                   1         1  2  3  4  5                  1  2
 2  3  4  5  6  7  8   6  7  8  9 10 11 12   3  4  5  6  7  8  9
 9 10 11 12 13 14 15  13 14 15 16 17 18 19  10 11 12 13 14 15 16
16 17 18 19 20 21 22  20 21 22 23 24 25 26  17 18 19 20 21 22 23
23 24 25 26 27 28 29  27 28 29 30 31        24 25 26 27 28 29 30
30 31
       10월                  11월                  12월
일 월 화 수 목 금 토  일 월 화 수 목 금 토  일 월 화 수 목 금 토
 1  2  3  4  5  6  7            1  2  3  4                  1  2
 8  9 10 11 12 13 14   5  6  7  8  9 10 11   3  4  5  6  7  8  9
15 16 17 18 19 20 21  12 13 14 15 16 17 18  10 11 12 13 14 15 16
22 23 24 25 26 27 28  19 20 21 22 23 24 25  17 18 19 20 21 22 23
29 30 31              26 27 28 29 30        24 25 26 27 28 29 30
                                            31
```

패스워드 변경 : passwd

리눅스 시스템의 사용자 계정을 발급받을 때에 관리자로부터 초기 패스워드를 부여받았다면 처음으로 로그인하는 경우에 패스워드를 변경하는 것이 바람직하다. 패스워드는 passwd 명령어를 사용하여 변경할 수 있다.

```
$ passwd
Changing password for user gdhong.
Changing password for gdhong
(current) UNIX password:                              ... 입력이 보이지 않음
New UNIX password:                                    ... 입력이 보이지 않음
Retype new UNIX password:                             ... 입력이 보이지 않음
passwd: all authentication tokens updated successfully.
```

passwd 명령어는 사용자에게 현재 패스워드의 입력과 두 번의 새로운 패스워드의 입력을

요구한다. 패스워드 입력은 화면에 나타나지 않으므로 입력 오류를 눈으로 확인할 수 없지만 현재 패스워드가 오류이면 다음 단계로 진행되지 않으며, 새 패스워드의 두 번의 입력이 서로 다르면 새 패스워드를 다시 입력하도록 한다.

패스워드에 대해서 요구하는 규칙은 시스템에 따라서 다를 수 있지만 적어도 6자 이상으로 숫자를 포함해야 한다. 변경하려는 패스워드가 사용자 이름과 비슷하거나 이전 패스워드와 비슷하다면 passwd 명령어에 의해서 받아들여지지 않을 수도 있다.

보안을 위해서 패스워드는 종이에 적어놓지 않고 기억하도록 하라. 패스워드는 단방향 암호화되어 저장되므로 관리자도 알 수 없으며, 만일 패스워드를 잊어버린 경우에는 유일한 해결책은 관리자에게 새로운 패스워드를 만들어주도록 요청하는 것이다.

사용자 확인 : whoami, who, users, w

whoami 명령어는 현재의 터미널에 로그인 중인 사용자 이름을 출력한다.

```
$ whoami
gdhong
```

이 명령어는 사용자가 시스템 사용을 종료하지 않고 사용 중인 상태로 자리를 비웠을 때에 사용자가 누구인지 확인하는 용도로 사용할 수 있다.

who 명령어는 시스템에 현재 로그인 중인 모든 사용자의 이름을 터미널 번호, 로그인 날짜와 시간 등과 함께 출력한다. 한 사용자가 여러 개의 터미널을 사용하면 출력에 여러 번 나타난다.

```
$ who
gdhong   pts/0        2016-01-22 13:22 (116.124.149.24)
gdhong   pts/4        2016-01-22 13:23 (116.124.149.24)
skyun    pts/1        2016-01-22 11:54 (165.132.221.150)
s11053   pts/2        2016-01-22 12:11 (165.132.221.114)
```

who 명령어를 am i 인수와 함께 사용하면 현재의 터미널에 로그인 중인 사용자에 대해서만 출력을 한다.

```
$ who am i
gdhong    pts/0        2016-01-22 13:22 (116.124.149.24)
```

who 명령어는 여러 개의 옵션을 가지고 있으나 여기서는 첫 번째 줄에 각 열에 대한 헤더 라인을 출력하는 -H 옵션의 예를 소개한다.

```
$ who -H
NAME     LINE         TIME             COMMENT              ... 헤더 출력
gdhong   pts/0        2016-01-22 13:22 (116.124.149.24)
gdhong   pts/4        2016-01-22 13:23 (116.124.149.24)
skyun    pts/1        2016-01-22 11:54 (165.132.221.150)
s11053   pts/2        2016-01-22 12:11 (165.132.221.114)
```

users 명령어는 시스템에 현재 로그인 중인 모든 사용자의 이름을 빈칸으로 구분하여 출력한다.

```
$ users
gdhong gdhong skyun s11053
```

w 명령어는 현재 로그인 중인 사용자에 대한 정보를 수행중인 작업과 함께 출력한다.

```
$ w
 09:53:06 up 16 days, 17:39,  2 users,  load average: 0.00, 0.00, 0.00
USER     TTY      FROM              LOGIN@   IDLE   JCPU   PCPU WHAT
gdhong   pts/0    116.124.149.24    09:49    0.00s  0.01s  0.00s w
s11053   pts/1    165.132.221.114   09:52   11.00s  0.00s  0.00s -bash
```

로그아웃 : logout

시스템의 사용을 종료하려면, 즉 로그아웃하려면 logout 명령어를 사용하면 된다.

```
$ logout

CentOS release 6.2 (Final)
Kernel 2.6.32-220.7.1.el6.x86_64 on an x86_64
login: gdhong
```

로그아웃을 하면 터미널에서는 위와 같이 다시 로그인 화면이 나타나지만, 터미널 프로그램을 사용한 경우에는 리눅스 시스템과의 연결이 끊어지고 프로그램이 종료된다.

로그아웃은 logout 명령어를 사용하는 방법 이외에도 Control-D를 입력하거나 exit 명령어를 사용해도 된다.

```
$ ^D                              ... control-D 입력
또는
$ exit
```

2.5 도움말 얻기

리눅스에서 작업을 하기 위해서는 명령어의 이름과 명령어에 대한 대략적인 기능을 기억을 해야 하지만, 자세한 기능을 모두 기억하기는 힘들다. 리눅스는 명령어의 사용법을 온라인으로 확인하는 방법을 제공하기 때문에, 온라인 설명서를 확인한 후에 명령어를 사용하면 된다.

도움말 옵션 : --help

많은 명령어들은 --help 옵션과 함께 실행하면 명령어의 사용법을 간단히 출력한다. 일부 명령어들은 --help 대신에 -h, -? 또는 -help 옵션을 사용하기도 한다.

```
$ passwd --help
Usage: passwd [OPTION...] <accountName>
  -k, --keep-tokens      keep non-expired authentication tokens
  -d, --delete           delete the password for the named account (root only)
  -l, --lock             lock the named account (root only)
  -u, --unlock           unlock the named account (root only)
  -f, --force            force operation
... 이하 생략 ...
```

그리고 많은 명령어들은 잘못된 옵션을 사용했을 때에도 다음과 같이 간단한 사용법을 출력하기도 한다.

```
$ cal -h
cal: invalid option -- 'h'
usage: cal [-13smjyV] [[[day] month] year]
```

매뉴얼 보기 : man

도움말 옵션을 사용하면 각 옵션의 용도를 간단히 확인할 수 있지만 명령어의 자세한 사용법을 소개하지는 않는다. 각 명령어에 대한 자세한 설명서(매뉴얼)는 man 명령어를 사용하여 얻을 수 있다.

다음은 앞에서 소개한 passwd에 대한 사용법을 보기위해서 man을 실행한 예이다.

```
$ man passwd
```

man이 제공하는 명령어의 매뉴얼은 많은 경우에 길어서 한 화면에 표시될 수 없으며, 인수로 사용된 passwd의 사용법이 다음과 같이 화면 단위로 출력된다.

```
PASSWD(1)                    User utilities                    PASSWD(1)

NAME
       passwd - update user' s authentication tokens

SYNOPSIS
       passwd  [-k]  [-l]  [-u  [-f]]  [-d] [-e] [-n mindays] [-x maxdays] [-w
       warndays] [-i inactivedays] [-S] [--stdin] [username]

DESCRIPTION
       The passwd utility is used to update user' s authentication token(s).

       This task is achieved through calls to the Linux-PAM and  Libuser  API.
       Essentially, it initializes itself as a "passwd" service with Linux-PAM
       and utilizes configured  password  modules  to  authenticate  and  then
       update a user' s password.

       A simple entry in the global Linux-PAM configuration file for this ser-
       vice would be:

        #
        # passwd service entry that does strength checking of
        # a proposed password before updating it.
:
```

화면 맨 아래의 : 다음에 커서가 위치하여 입력을 기다린다. <Space>나 f를 입력하면 다음 페이지가 화면에 나타나고 q를 입력하면 man의 실행이 종료된다. 마지막 페이지에 도달하면 화면 맨 아래에 "(END)"가 출력되어 마지막 페이지임을 알려준다. 마지막 페이지에서도 q를 입력해야 man이 종료된다. 이러한 화면 단위 출력은 내부적으로 뒤에서 소개할 less 명령어를 이용한다.

매뉴얼 구성

리눅스 매뉴얼은 다음과 같이 여러 개의 섹션으로 나뉘어 관리되며 명령어에 대해서 뿐 만 아니라 리눅스 전반에 대한 다양한 내용의 문서가 제공된다.

1. 사용자 명령어
2. 시스템 호출
3. C 라이브러리 함수
4. 특수 파일(장치)
5. 파일 형식
6. 게임 등
7. 기타
8. 시스템 관리 명령어
9. 커널 내부 함수와 변수

두 개 이상의 섹션에 동시에 존재하는 단어에 대해서는 특별한 옵션이 없으면 앞에 있는 섹션의 내용이 출력된다. 이 경우에 뒤의 섹션의 내용을 보고 싶으면 다음과 같이 섹션 번호를 첫째 인수로 지정하면 된다.

```
$ man 5 passwd               ... 첫째 인수로 섹션 번호 5를 사용
PASSWD(5)            Linux Programmer's Manual                PASSWD(5)

NAME
       passwd - password file

DESCRIPTION
       Passwd  is a text file, that contains a list of the system's accounts,
       giving for each account some useful information like  user  ID,  group
       ID, home directory, shell, etc.  Often, it also contains the encrypted
       passwords for each account.  It should have  general  read  permission
       (many utilities, like ls(1) use it to map user IDs to user names), but
       write access only for the superuser.
    ... 이하 생략 ...
```

위에 출력된 passwd 내용은 passwd 파일의 파일 형식에 대한 설명서이다. man은 이 외에도 여러 옵션이 제공되며 자세한 사용법은 man 명령어를 이용하여 확인하기 바란다.

키워드 검색을 통한 명령어 찾기 : apropos, whatis

특정한 작업을 수행하는 데 필요한 명령어의 이름을 모를 때에, apropos 명령어를 사용하면 명령어 정보에 대한 데이터베이스를 키워드로 검색하여 필요한 명령어를 찾을 수 있다. 키워드가 포함된 이름 또는 설명에 해당하는 명령어나 이름을 찾아서 출력한다. 다음은 apropos를 사용한 예이다.

```
$ apropos passwd
SSL_CTX_set_default_passwd_cb (3ssl)  - set passwd callback for encrypted PE M
file handling
    ... 중략 ...
lppasswd             (1)  - add, change, or delete digest passwords
pam_localuser        (8)  - require users to be listed in /etc/passwd
pam_passwdqc         (8)  - Password quality-control PAM module
passwd               (1)  - update user's authentication tokens
passwd               (5)  - password file
passwd [sslpasswd]   (1ssl)  - compute password hashes
    ...  이하생략 ...
```

위의 예는 출력의 일부만 보여준 것으로서 passwd로 검색된 명령어가 생각보다 많이 출력된다. whatis 명령어는 apropos와 유사하지만 키워드와 정확히 일치하는 명령어나 이름만 찾

는다.

```
$ whatis passwd
passwd               (1)  - update user's authentication tokens
passwd               (5)  - password file
passwd [sslpasswd]   (1ssl)  - compute password hashes
```

그리고 man 명령어를 -k 옵션과 함께 사용하면 apropos 명령어와 같은 동작을, -f 옵션과 함께 사용하면 whatis 명령어와 같은 동작을 수행한다.

```
$ man -k passwd              ... apropos passwd와 같음
$ man -f passwd              ... whatis passwd와 같음
```

상세한 설명서 보기 : info

info 명령어는 메뉴 기반의 하이퍼텍스트 시스템으로서 GNU 프로젝트로 개발된 많은 프로그램들에 대한 문서를 보여준다. man에 비해서 사용법이 다소 복잡하지만 대개 man보다 자세한 정보들을 제공한다. man을 사용하여 매뉴얼을 출력해보면 자세한 사항은 info를 참조하라고 하는 경우도 많이 있다. 다음은 info의 기본적인 사용 예이다.

```
$ info who                   ... 명령어 이름을 인수로 사용
```

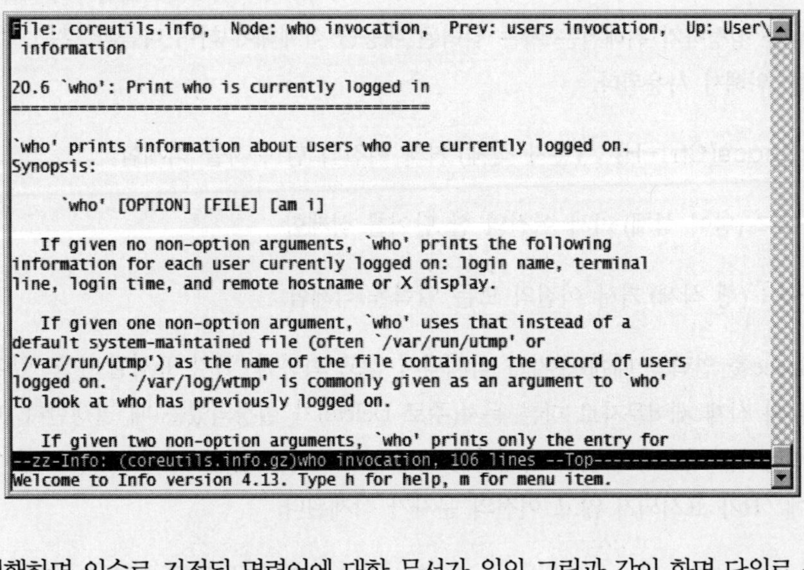

info를 실행하면 인수로 지정된 명령어에 대한 문서가 위의 그림과 같이 화면 단위로 출력된다. info 내에서 화면 이동 및 종료에 사용되는 기본적인 키는 다음과 같으며 자세한 사용법에 대한 도움말은 ?를 눌러서 확인할 수 있다.

키	동작
Space	다음 쪽으로 이동
Delete	이전 쪽으로 이동
b	처음으로 이동
e	마지막으로 이동
q 또는 Ctrl-C	종료
?	info에 대한 도움말을 보여줌 (x를 누르면 도움말이 닫힘)

2.6 터미널 제어 문자

셸에서 명령어를 입력하는 동안 잘못 입력하는 경우에 이를 정정할 필요가 있다. 명령어 행은 Enter를 입력해야 시스템에 전달되므로 Enter를 입력하기 전에 잘못을 바로 잡아야 한다. 터미널의 제어 문자들이 입력 오류를 정정하는 데 사용한다. 제어 문자는 Ctrl과 함께 키보드를 눌러서 입력되는 문자이다. 제어 문자는 입력 오류 정정 이외에도 화면 제어, 프로세스 제어 등의 용도로 사용된다.

입력 오류 정정

입력 오류를 정정하기 위해서는 기존 입력된 내용을 삭제해야 하며 다음과 같은 제어 문자들이 삭제를 위해서 사용된다.

- **BackSpace(Ctrl-H) :** (문자 삭제) 커서 이전의 한 문자를 삭제함
- **Ctrl-W :** (단어 삭제) 커서 이전의 한 단어를 삭제함
- **Ctrl-U :** (행 삭제) 커서 이전의 모든 입력을 삭제함

BackSpace를 입력할 때에 문자가 삭제되지 않고 화면에 ^H가 표시될 수도 있다. 이러한 경우는 문자 삭제 제어문자로 다른 문자(주로 Delete)가 설정되었을 때 발생한다. 다음과 같이 stty 명령어를 사용하여 문자 삭제키를 BackSpace 키로 변경하면 BackSpace를 입력할 때에 화면에 ^H가 표시되지 않고 이전의 문자가 삭제된다.

```
$ date^H^H^H              ... BackSpace 키를 눌렀을 때에 ^H 표시
$ stty erase ^H           ... ^과 H를 연속하여 입력하며 Ctrl-H를 의미함
$ _
```

프로그램 수행 취소 : Ctrl-C

프로그램을 수행할 때에 작업이 완료되기 이전에 중단시키기를 원할 수 있다. 이러한 경우에 Ctrl-C를 입력하면 프로그램이 즉시 중단되어 셸 프롬프트가 출력된다.

sleep 명령어는 인수로 지정된 초 단위의 시간동안 대기 상태에 있다가 종료하는 동작을 한다. 다음 예에서 지정된 시간 이전에 Ctrl-C를 입력하면 sleep 명령어의 동작이 즉시 종료되고 셸 프롬프트가 출력된다.

```
$ sleep 60
^C                                  ... 60초 이전에 입력
$ _
```

입력 끝 : Ctrl-D

많은 프로그램들이 키보드에서 입력을 받는다. 이때에 입력 끝을, 즉 입력이 더 이상 없음을 프로그램에 알려줄 필요가 있다. 리눅스에서는 Ctrl-D가 입력 끝(End of File)을 알려주는 데 사용된다. Ctrl-D의 사용 예는 3장에서 소개한다.

명령어

이 장에서는 다음과 같은 명령어를 소개하였다.

date	clear	cal	passwd	who	whoami	users	w
logout	exit	man	apropos	whatis	info	stty	sleep

Linux 복습문제

1. 사용자와 운영체제 간의 인터페이스 역할을 하는 프로그램을 무엇이라고 부르는가?

2. 명령어에서 옵션은 대개 어떤 문자를 함께 사용하여 나타내는가?

3. 현재 화면을 지우고자 할 때에 사용하는 명령어는?

4. 패스워드를 잊었을 때에 관리자도 알 수 없다. 그 이유는 무엇인가?

5. 시스템에 로그인한 사용자들을 확인하는 데 사용하는 명령어들은?

6. 로그아웃을 수행하는 여러 가지 방법은?

7. 명령어의 사용법을 출력해주는 두 개의 명령어는?

8. BackSpace를 눌렀을 때에 이전 문자가 삭제되지 않고 ^H가 표시되는 경우에 어떤 명령어를 입력해야 BackSpace를 문자 삭제용 제어문자로 사용할 수 있는가?

9. 키보드에서 입력을 할 때에 입력의 끝을 나타내기 위해서 사용되는 제어문자는?

10. 프로그램의 수행을 중단시킬 때에 사용되는 제어문자는?

Linux 연습문제

1. 자신의 계정에 대한 패스워드를 변경하고, 로그아웃 한 다음에 다시 로그인하여 보시오.

2. 현재 터미널 사용자의 로그인 일시를 확인하려면 어떠한 명령어를 사용해야 하는가? 해당 명령어를 사용하여 자신의 로그인 일시를 확인하시오.

3. 올해 12월의 달력을 출력하는 명령어를 실행하시오.

4. passwd 명령어가 아니라 passwd 파일의 형식에 대한 설명서를 보기위한 명령어를 실행하시오.

5. 셸에서 명령어와 몇 개의 인수들을 입력하고 입력 오류를 정정하기 위한 문자 삭제, 단어 삭제, 행 삭제 제어 문자들을 사용하여 각 제어문자의 기능을 확인하시오.

6. 셸에서 입력 끝 제어문자를 입력하면 어떤 동작을 하는 지 확인하시오.

7. 다음을 각각 실행하고 두 명령어의 출력을 비교해 보시오.

   (1) man who와 info who

   (2) man man과 info man

chapter 03

파일 시스템 사용

3.1 계층적 파일 시스템

파일(file)은 일반적으로 디스크에 저장되는 자료들의 모음을 말한다. 그렇지만 특수한 경우에는 파일이 이러한 자료들의 모음이 아닐 수도 있다. 리눅스를 포함한 일반적인 운영체제는 자료들이 디스크에 저장되는 구체적인 형태를 숨겨주고 파일이름을 사용하여 자료들을 간편하게 다룰 수 있게 한다.

여러 종류의, 여러 사용자의 파일을 체계적으로 관리할 수 있도록 하기 위해서 리눅스는 그림 3.1과 같은 계층적인 구조의 파일 시스템을 제공한다. **디렉토리(directory)**는 포함하고 있는 파일이나 디렉토리의 이름과 관련 정보를 보관한다. 디렉토리가 하위 디렉토리를 가리킬 수 있기 때문에 파일시스템의 구조는 트리 형태로 구성되며, 각 디렉토리에 파일들을 위치시켜서 파일들을 계층적으로 관리할 수 있다.

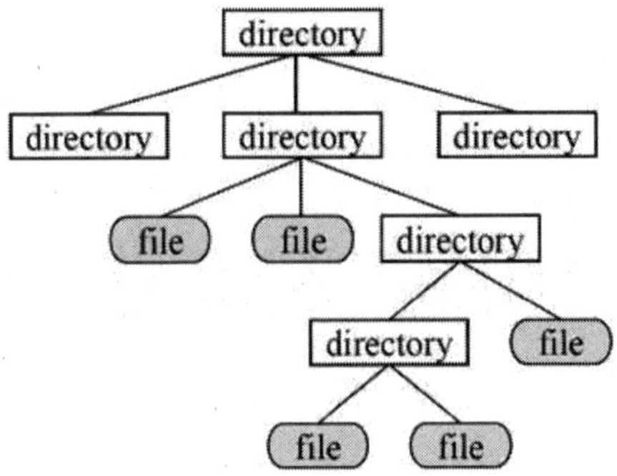

그림 3.1 계층적 파일 시스템의 구조

파일의 유형

리눅스에서 파일은 특별한 구조를 갖지 않는 연속된 바이트들의 모음으로 구성된다. 리눅스는 다음과 같이 세 종류의 파일을 갖고 있다.

- **일반 파일 :** 프로그램, 데이터, 텍스트 등을 보관하는 용도로 사용하는 파일
- **디렉토리 파일 :** 다른 파일이나 디렉토리의 이름과 관련 정보를 보관하는 용도로 사용되는 파일이며, 운영체제에서 정의된 특별한 형식으로 이러한 자료들을 저장한다.
- **특수 파일 :** 입출력 장치들에 대한 정보를 보관하는 용도로 사용하는 파일이며 장치 파일(device file)이라고도 부른다. 특수 파일에 대한 입출력은 해당 입출력 장치에 대한 입출력 동작을 수행하게 된다.

파일 이름

디렉토리와 특수 파일을 포함하여 모든 파일은 파일 이름을 갖는다. 파일 이름의 최대 길이는 파일 시스템의 종류에 따라서 차이가 있다. 대부분의 파일 시스템은 255자까지의 이름을 가지는 것을 허용하지만, 일부 시스템에서는 더 짧은 길이로 제한되기도 한다.

파일 이름은 / 를 제외한 모든 출력가능한 문자를 사용할 수 있다. 그렇지만 다음과 같은 많은 문자들이 셸에서 특수한 용도로 사용되기 때문에 이 문자들을 사용하지 않는 것을 권장한다.

< > ( ) [ ] { } * ? " ' - $ ^

파일 이름은 다음 문자들 중에서 선택하여 구성하는 것이 바람직하다.

• 알파벳 문자(A ~ Z, a ~ z)

• 숫자(0 ~ 9)

• 밑줄문자(_), 마침표(.)

다만 "."과 ".." 같은 이름은 특수한 용도로 사용되므로 일반 사용자가 파일이름으로 사용할 수 없다. 리눅스는 파일 이름의 대소문자를 구분한다. 예를 들어, MyFile, MYFILE, myfile은 모두 서로 다른 파일 이름이다.

많은 경우에 파일의 종류를 구분하기 위하여 **파일이름 확장자**를 사용한다. 확장자는 마침표(.) 뒤로 이어지는 파일이름의 끝부분을 말한다. 예를 들어서 report.c에서 .c가 확장자이다. report.01.doc와 같이 마침표가 여러 개 있는 경우는 마지막 마침표에서부터 이어지는 부분이 확장자가 된다. 리눅스 운영체제 자체는 파일의 종류를 구분하기 위해서 파일 이름에 특정한 확장자를 사용할 것을 요구하지 않는다. 그렇지만 응용 프로그램들이 특정 파일이름 확장자를 요구할 수 있으며 사용자가 파일의 종류를 구분하기 위해서 확장자를 사용할 수도 있다.

절대 경로 이름

계층적 파일 시스템의 꼭대기를 **루트(root)** 디렉토리라고 부르며 /로 나타낸다. 모든 파일은 계층적 파일 시스템에서 어떠한 디렉토리에 위치하며 루트 디렉토리에서부터 경로를 추적하여 파일 시스템에서의 위치와 함께 파일이름을 나타낼 수 있다. 이러한 이름을 **절대 경로 이름**이라고 한다.

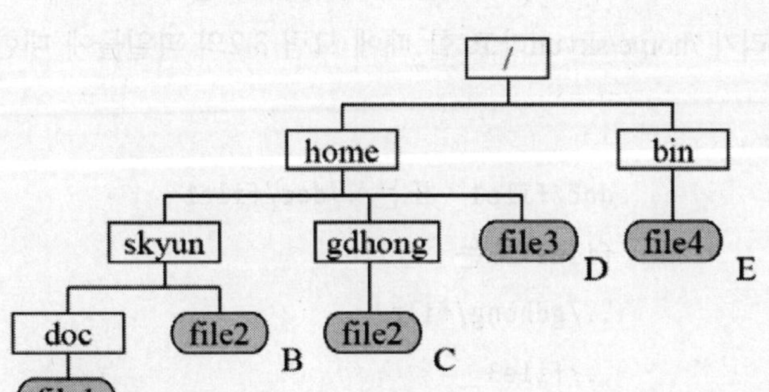

그림 3.2 계층적 파일 시스템의 여러 위치에 있는 파일들

절대 경로 이름은 "/home/skyun/doc/file1"과 같이 /로 시작하며 파일이 위치한 곳까지의 경로에 위치한 디렉토리의 이름을 /로 구분하여 나타낸 후에 마지막에 파일 이름을 나타낸다. 그림 3.2의 파일들에 대한 절대 경로 이름은 다음과 같다.

파일 A　　/home/skyun/doc/file1
파일 B　　/home/skyun/file2
파일 C　　/home/gdhong/file2
파일 D　　/home/file3
파일 E　　/bin/file4

같은 디렉토리에는 같은 이름의 서로 다른 파일이 존재할 수 없지만 다른 디렉토리에는 같은 이름의 파일이 존재할 수 있다. 그림 3.2에서 파일 B와 파일 C가 이러한 예이다. 두 파일은 파일 이름이 같지만 절대 경로 이름이 다르므로 서로 구분할 수 있다.

작업 디렉토리와 상대 경로 이름

리눅스의 프로세스는 파일 시스템의 계층 구조 중에서 한 디렉토리에 위치하며, 이 디렉토리를 **현재 작업 디렉토리** 또는 간단히 **작업 디렉토리**라고 부른다. pwd 명령어를 사용하여 현재 사용 중인 셸의 작업 디렉토리 위치를 출력할 수 있다.

```
$ pwd
/home/skyun
```

파일의 경로 이름은 루트 디렉토리에서부터 대신에 작업 디렉토리에 상대적인 위치로 나타낼 수 있으며 이러한 이름을 **상대 경로 이름**이라고 한다. 상대 경로 이름은 / 대신에 작업 디렉토리에 속한 파일이나 서브 디렉토리 이름, 현재 디렉토리를 나타내는 "." 또는 부모 디렉토리를 나타내는 ".."으로 시작하며 경로 이름 부여 방법은 절대 경로 이름의 경우와 유사하다. 현재 작업 디렉토리가 /home/skyun라고 할 때에 그림 3.2의 파일들에 대한 상대 경로 이름은 다음과 같다.

파일 A　　doc/file1 또는 ./doc/file1
파일 B　　file2 또는 ./file2
파일 C　　../gdhong/file2
파일 D　　../file3
파일 E　　../../bin/file4

홈 디렉토리

사용자가 시스템에 계정을 얻으면 사용자에게 홈 디렉토리가 부여된다. 사용자는 이 디렉토리에서부터 디렉토리를 계층적으로 구성하며 자신의 파일들을 체계적으로 관리하게 된다. 사용자가 로그인했을 때에 나타나는 셸의 작업 디렉토리가 사용자의 홈 디렉토리로 지정된다. 리눅스 사용자의 홈 디렉토리는 대개 /home 디렉토리 아래의 위치한다.

```
login: skyun
Password:
Last login: Wed Jul  4 14:06:32 from 165.132.xxx.xxx
$ pwd
/home/skyun
```

파일의 경로 이름을 나타낼 때에 작업 디렉토리 대신에 홈 디렉토리에 상대적인 위치로 나타낼 수 있으며 경로 이름이 홈 디렉토리를 나타내는 "~" (tilde)로 시작된다. 경로 이름을 다른 사용자의 홈 디렉토리에 상대적인 위치로도 나타낼 수 있으며 경로 이름이 사용자 user의 홈 디렉토리를 나타내는 "~user"와 같은 형식으로 시작된다. 현재 사용자가 skyun일 때에 그림 3.2의 파일 A, B, C의 경로 이름은 다음과 같이 나타낼 수 있다.

파일 A	`~/doc/file1`
파일 B	`~/file2`
파일 C	`~gdhong/file2`

다음은 이 절에서 소개한 디렉토리 이름의 특수 표기에 대해서 정리한 것이다.

디렉토리 이름	의미
.	현재 작업 디렉토리
..	부모 디렉토리
~	홈 디렉토리
~user	사용자 user의 홈 디렉토리

전체 디렉토리 구조

리눅스의 파일 시스템 계층 구조는 유닉스 운영체제의 계층 구조 형태와 유사하며 파일 시스템 계층 구조 표준(filesystem hierarchy standard: FHS)에 의하여 정의되어 있다. 그림 3.3은 FHS 기반의 전형적인 리눅스 파일 시스템 계층 구조를 보여준다.

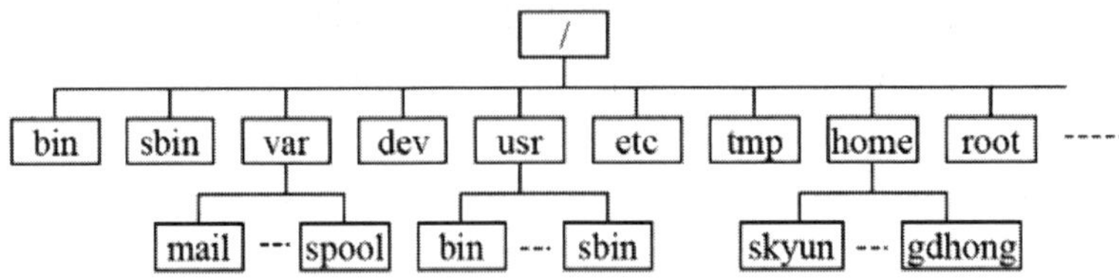

그림 3.3 FHS 기반의 리눅스 파일 시스템 계층 구조

다음은 파일 시스템 계층 구조의 각 디렉토리의 용도에 대한 설명이다.

디렉토리	설명
/	파일 시스템 계층의 최상위 레벨에 있는 루트 디렉토리
/bin/	단일 사용자 모드에서 사용가능한 기본적인 명령어 실행파일
/boot/	부트로더 파일
/dev/	장치 파일
/etc/	시스템 설정 파일(Editable Text Configuration)
/home/	사용자들의 홈 디렉토리
/lib/	/bin/과 /sbin/에 있는 이진 파일에 필요한 라이브러리
/media/	CD-ROM과 같은 이동식 매체의 마운트 지점
/mnt/	임시로 마운트되는 파일 시스템의 마운트 지점
/opt/	선택적으로 추가되는 응용 소프트웨어 패키지
/proc/	커널과 프로세스 정보 제공을 위한 가상 파일 시스템
/root/	root 사용자의 홈 디렉토리
/sbin/	부팅에 필수적인 시스템 실행 파일
/sys/	디바이스 유사파일 시스템
/tmp/	임시파일. 시스템이 재부팅되면 삭제된다.
/usr/	시스템이 사용하는 자주 변경되지 않는 유틸리티 및 데이터
/usr/bin/	대부분의 사용자 실행 파일
/usr/include/	표준 include 파일
/usr/lib/	/usr/bin/과 /usr/sbin/에 있는 이진 파일용 라이브러리.
/usr/local/	지역 계층 구조. 표준에 포함되지 않은 파일이나 디렉토리 포함
/usr/sbin/	덜 중요한 시스템 관리 실행파일
/usr/src/	커널 소스 코드
/usr/share/	아키텍쳐 독립적인 공유 데이터
/usr/share/man/	온라인 매뉴얼
/var/	자주 변경되는 파일
/var/log/	로그 파일
/var/mail/	사용자의 메일박스
/var/spool/	스풀링 데이터

3.2 파일과 디렉토리 관련 유틸리티

파일 생성

파일은 대개 vi와 같은 편집기를 사용하여 생성하지만, 편집기의 사용법을 배우기에 앞서서 cat 명령어를 사용하여 간단하게 파일을 만들어 보고, 이를 사용하여 다양한 파일 시스템 관련 명령어를 소개하기로 한다.

다음과 같이 cat 명령어를 "> filename"과 함께 사용하면 키보드 입력을 파일에 저장할 수 있다. 파일이 없으면 파일이 생성되어 저장되고, 파일이 존재하면 파일의 기존 내용을 덮어쓴다.

```
$ cat > lyrics                          ... 키보드 입력을 lyrics 파일에 저장함
Why does the sun go on shining?
Why does the sea rush to shore?
Don't they know it's the end of the world
'Cause you don't love me anymore?
^D                                      ... 파일 끝 입력, 화면에 보이지 않음
$ _
```

디렉토리 목록 보기 – ls

생성된 파일이 현재 디렉토리에 존재하는 지 확인하려면 ls 명령어를 사용한다. ls 명령어는 현재 작업 디렉토리에 있는 파일과 디렉토리의 목록을 알파벳 순서로 출력한다. 앞의 cat 명령어를 실행하였다면 디렉토리의 목록에 다음과 같이 lyrics가 포함될 것이다.

```
$ ls                                    ... 현재 디렉토리의 파일 목록 출력
lyrics
```

ls 명령어는 다음과 같이 인수로 디렉토리를 지정하여 현재 디렉토리가 아닌 다른 디렉토리에 대한 파일 목록을 출력하는 데에도 사용할 수 있다.

```
$ ls /usr                               ... 지정된 디렉토리의 파일 목록 출력
bin  etc  games  include  lib  lib64  libexec  local  sbin  share  src  tmp
```

그리고 다음과 같이 파일이름을 인수로 사용하여 파일이 존재하는지 여부를 확인할 수 있다. 파일이 존재하지 않으면 에러 메시지를 출력한다.

```
$ ls lyrics                          ... lyrics: 존재하는 파일
lyrics
```

```
$ ls xyz                             ... xyz: 존재하지 않는 파일
ls: cannot access xyz: 그런 파일이나 디렉토리가 없습니다
```

ls 명령어는 여러 옵션을 가지고 있으며 주요 옵션의 동작은 다음과 같다.

옵션	기능
-l	파일 목록을 출력할 때에 파일 이름 뿐 만 아니라 파일 유형, 허가권, 소유자, 그룹 이름, 파일 크기, 파일 수정일자 등과 같은 파일 속성도 함께 출력한다.
-F	파일 유형을 나타내는 문자를 파일 이름 뒤에 추가한다. /는 디렉토리를, *는 실행 파일을, @는 심볼릭 링크 파일을, =는 소켓(socket)을, 그리고 | 는 FIFO 파일을 나타내며 일반 파일은 문자가 추가되지 않는다.
-a	파일 이름이 . 으로 시작하는 숨김 파일을 포함한 모든 파일들의 목록을 출력한다.
-s	파일 크기를 1KB 단위로 나타낸다.
-d	인수가 디렉토리인 경우에 디렉토리의 파일 목록 대신에 디렉토리 자체의 정보를 출력한다.
-t	파일 이름 순서 대신에 파일 수정일이 최근인 순서로 출력한다.
-m	파일 목록을 가로 방향으로 컴마로 구분하여 출력한다.
-R	디렉토리와 서브디렉토리의 파일 목록을 재귀적으로 출력한다.

다음은 -l 옵션을 사용한 예이다. 출력에 파일의 최근 수정일시가 포함되어 있음을 확인할 수 있다.

```
$ ls -l
합계 4
-rw-r--r--    1 gdhong student  140 2015-07-26 13:27 lyrics
```

그리고 다음과 같이 - 다음에 여러 개의 옵션을 함께 사용할 수 있다

```
$ ls -la
합계 40
drwx------     4 gdhong student 4096 2015-07-26 13:27 .
drwxr-xr-x. 163 root    root    4096 2015-07-26 13:14 ..
-rw-------     1 gdhong student   23 2015-07-26 13:15 .bash_history
... 중략 ...
-rw-r--r--     1 gdhong student  140 2015-07-26 13:27 lyrics
```

위의 출력에는 파일 이름이 . 으로 시작하는 숨김 파일이 나타났다. ls 명령어는 기본적으로

숨김 파일을 출력하지 않지만, -a 옵션을 사용할 때에 출력에 숨김 파일을 포함시킨다. 모든 디렉토리의 파일 목록에는 현재 디렉토리 . 와 부모 디렉토리 ..가 항상 포함되며 두 디렉토리는 숨김 파일이므로 -a 옵션을 사용해야 위와 같이 출력이 된다.

파일 내용 보기 – cat

생성된 파일의 내용은 cat 명령어를 사용하여 확인할 수 있다. cat 명령어는 인수로 사용된 모든 파일의 내용을 순서대로 화면에 출력한다. 인수를 하나 만 사용하는 경우에 한 파일의 내용이 화면에 출력된다. 다음은 앞에서 작성했던 lyrics 파일의 내용을 출력한다.

```
$ cat lyrics
Why does the sun go on shining?
Why does the sea rush to shore?
Don't they know it's the end of the world
'Cause you don't love me anymore?
$ _
```

다음은 두 개의 파일의 내용을 출력하는 예이다. 출력에서 두 파일의 경계가 구분되지 않고 인수에 있는 파일 이름 순서대로 내용이 출력된다.

```
$ cat lyrics /etc/resolv.conf
Why does the sun go on shining?              ... lyrics 내용 시작
Why does the sea rush to shore?
Don't they know it's the end of the world
'Cause you don't love me anymore?
# Generated by NetworkManager                ... /etc/resolv.conf 내용 시작
search yonsei.ac.kr
nameserver 165.132.237.21
```

cat 명령어는 concatenate의 약어로서 여러 개의 파일의 내용을 연결하여 화면에 출력한다는 의미를 가지고 있다. cat 명령어는 인수가 주어지지 않거나 인수가 - 이면 키보드 입력을 화면에 출력한다. 앞에서 파일을 생성할 때에 이 방법을 사용한 것이다. -n 옵션을 사용하면 다음과 같이 파일 내용을 줄 번호와 함께 출력한다.

```
$ cat -n lyrics                              ... 줄 번호 출력
     1  Why does the sun go on shining?
     2  Why does the sea rush to shore?
     3  Don't they know it's the end of the world
     4  'Cause you don't love me anymore?
```

파일 내용을 화면 단위로 보기 – more, less

cat 명령어는 파일 내용 전체를 한 번에 보여주기 때문에 파일의 내용이 긴 경우에는 내용이 너무 빨리 지나가고 화면에는 마지막 내용만 남게 되어 파일 내용을 제대로 확인할 수 없게 된다. more 명령어를 사용하면 파일 내용을 화면 단위로 출력하므로 이러한 문제를 해결할 수 있다. 이처럼 cat 명령어는 작은 파일의 내용을 보기에 적합하며, more 명령어는 큰 파일의 내용을 확인하는 데 적합하다.

비교적 긴 텍스트 파일인 /etc/protocols의 내용을 more 명령어를 사용하여 읽어 보자.

```
$ more /etc/protocols
```

이 때 처음부터 한 화면 크기의 내용이 다음과 같이 화면에 출력되며 화면 맨 아래에 현재까지 화면에 출력된 비율이 --More--와 함께 출력된다. 마지막 내용이 출력되면 more가 종료된다.

```
# /etc/protocols:
# $Id: protocols,v 1.9 2009/09/29 15:11:55 ovasik Exp $
#
# Internet (IP) protocols
#
#       from: @(#)protocols     5.1 (Berkeley) 4/17/89
#
# Updated for NetBSD based on RFC 1340, Assigned Numbers (July 1992).
# Last IANA update included dated 2009-06-18
#
# See also http://www.iana.org/assignments/protocol-numbers

ip      0       IP              # internet protocol, pseudo protocol number
hopopt  0       HOPOPT          # hop-by-hop options for ipv6
icmp    1       ICMP            # internet control message protocol
igmp    2       IGMP            # internet group management protocol
ggp     3       GGP             # gateway-gateway protocol
ipencap 4       IP-ENCAP        # IP encapsulated in IP (officially ``IP'')
st      5       ST              # ST datagram mode
tcp     6       TCP             # transmission control protocol
cbt     7       CBT             # CBT, Tony Ballardie <A.Ballardie@cs.ucl.ac.uk>
egp     8       EGP             # exterior gateway protocol
igp     9       IGP             # any private interior gateway (Cisco: for IGRP)
bbn-rcc 10      BBN-RCC-MON     # BBN RCC Monitoring
--More--(13%)
```

more를 실행하는 동안에 화면 이동 등의 동작을 수행하기 위하여 사용하는 주요 키는 다음과 같으며, 추가적인 사항은 h 또는 ? 를 입력하여 나타내는 도움말을 참조할 수 있다.

키	동작
Space 또는 z	다음 페이지 출력(페이지는 한 화면 크기)
Enter	다음 줄 출력
b	이전 페이지 출력(backward)
d	다음 반 페이지 출력(down)
q 또는 Ctrl-C	종료
f	다음 페이지를 건너 뛰고 그 다음 페이지 출력
/문자열	지정한 문자열 검색
=	현재 위치의 줄 번호를 화면 맨 아래에 출력
h 또는 ?	도움말

less 명령어도 more와 마찬가지로 화면 단위로 파일의 내용을 출력한다. more 명령어는 처음 만들었을 때에는 앞으로만 이동하고 뒤로는 이동할 수 없었다. less 명령어는 뒤로도 이동할 수 있게 한 명령어로 more의 반대되는 의미로 less라는 이름을 부여했다. man 명령어는 화면 단위 출력을 위해서 내부적으로 less를 사용한다.

less 명령어 실행 동안 화면 이동 등의 동작을 수행하는 사용하는 주요 키는 다음 표와 같으며 이 키는 man 명령어에도 그대로 적용된다. 추가적인 사항은 h를 입력하여 나타내는 도움말을 참조할 수 있다. less는 more와는 달리 마지막에 도달해도 자동으로 종료하지 않으며 q를 입력해야 종료된다.

키	동작
Space 또는 f	다음 페이지 출력(페이지는 한 화면 크기)
Enter, e 또는 j	다음 줄 출력
y 또는 k	이전 줄 출력
b	이전 페이지 출력(backward)
d	다음 반 페이지 출력(down)
u	이전 반 페이지 출력(up)
q	종료
f	다음 페이지를 건너 뛰고 그 다음 페이지 출력
/문자열	지정한 문자열을 순방향 검색
?문자열	지정한 문자열을 역방향 검색
=	현재 화면의 줄 번호, 바이트 범위와 출력 비율을 화면 아래에 출력

more와 less 명령어 모두 +line_number 옵션을 사용하여 처음이 아닌 지정된 줄 번호부터 출력되게 할 수 있다.

```
$ more +20 /etc/protocols          ... 20번째 줄부터 출력
tcp     6       TCP               # transmission control protocol
cbt     7       CBT              # CBT, Tony Ballardie <A.Ballardie@cs.ucl.ac
egp     8       EGP               # exterior gateway protocol
... 이하 생략 ...
```

파일 내용의 일부 보기 – head, tail

head 명령어는 파일의 앞부분 만 출력하며, tail 명령어는 파일의 뒷부분 만 출력한다. 출력되는 줄 수는 기본적으로 10줄이며 -number 옵션을 사용하여 출력되는 줄 수를 지정할 수 있다. 다음은 두 명령어를 실행시킨 예이다.

```
$ head /etc/protocols              ... 맨 앞의 10줄을 출력
# /etc/protocols:
# $Id: protocols,v 1.9 2009/09/29 15:11:55 ovasik Exp $
#
# Internet (IP) protocols
#
#       from: @(#)protocols     5.1 (Berkeley) 4/17/89
#
# Updated for NetBSD based on RFC 1340, Assigned Numbers (July 1992).
# Last IANA update included dated 2009-06-18
#
```

```
$ tail /etc/protocols              ... 맨 뒤의 10줄을 출력
#       135                       # Mobility Header
udplite 136     UDPLite
mpls-in-ip      137     MPLS-in-IP
manet   138     manet             # MANET Protocols   [RFC5498]
hip     139     HIP               # Host Identity Protocol
shim6   140    Shim6          #Shim6 Protocol                       [RFC5533]
#   141-252 Unassigned                                      [IANA]
#   253     Use for experimentation and testing          [RFC3692]
#   254     Use for experimentation and testing          [RFC3692]
#   255             Reserved                                [IANA]
```

```
$ head -2 /etc/protocols           ... 맨 앞의 2줄을 출력
# /etc/protocols:
# $Id: protocols,v 1.9 2009/09/29 15:11:55 ovasik Exp $
```

그리고 tail 명령어는 -f 옵션을 사용하면 파일에 다른 프로그램에 의해서 추가되는 내용을 실시간으로 계속하여 출력한다. 이 옵션은 주로 로그(log) 파일을 읽는 데에 사용되는 데, 로그 파일은 관리자만 읽을 수 있다.

```
# tail -f /var/log/messages           ... 이 파일은 관리자만 읽을 수 있음
... 마지막 10줄의 메시지 출력
... 추가적인 메시지를 실시간 출력
^C                                    ... Ctrl-C를 입력하여 종료
```

디렉토리 생성 – mkdir

사용자는 기본적으로 홈 디렉토리에서 작업을 수행한다. 사용자가 많은 파일을 가지고 있을 때에 홈 디렉토리 아래에 서브디렉토리를 생성하여 파일들을 내용에 따라서 서로 다른 디렉토리에 구분하여 저장하는 것이 바람직하다.

mkdir 명령어는 새로운 디렉토리를 만드는 동작을 수행한다. 생성하고자 하는 디렉토리가 이미 존재한다면 에러 메시지가 출력된다. 다음은 동작 예이다.

```
$ mkdir music                 ... 현재 디렉토리 아래에 music 디렉토리를 생성
$ ls -F                       ... 현재 디렉토리의 파일 목록 출력
lyrics  music/                ...  -F 옵션은 파일 종류 표시 (/는 디렉토리)
$ mkdir music/note            ... ./music 디렉토리 아래에 note 디렉토리를
생성
$ ls -F music                 ... music 디렉토리의 파일 목록 출력
note/                         ...  music 아래 note 디렉토리가 존재함
```

ls 명령어를 -F 옵션과 함께 사용하면 파일이름 다음에 파일의 종류를 나타내는 문자를 함께 출력하며 /는 디렉토리를 나타낸다. 위의 예와 같이 ls -F 명령어를 입력하여 디렉토리가 생성되었음을 확인할 수 있다.

위의 두 번째 예와 같이 경로 이름을 사용하면 현재 디렉토리 뿐 만 아니라 다른 디렉토리에도 새 디렉토리를 만들 수 있다. 그렇지만 다음과 같이 존재하지 않는 디렉토리 아래에 새 디렉토리를 만들고자 하면 디렉토리는 생성되지 않고 에러 메시지가 출력된다.

```
$ mkdir music2/note
mkdir: `music2/note' 디렉토리를 만들 수 없습니다: 그런 파일이나 디렉토리가
없습니다
```

mkdir 명령어를 -p 옵션과 함께 사용하면 인수로 지정된 경로 이름 중간에 있는 디렉토리가 존재하지 않는 경우에, 이 디렉토리도 함께 생성하는 동작을 수행한다.

```
$ mkdir -p music2/note              ... -p 옵션을 사용하므로 디렉토리가 생성됨
$ ls -F music2
note/                               ... music2 아래 note 디렉토리가 존재함
```

디렉토리 이동 – cd

경로 이름을 사용하여 다른 디렉토리의 파일을 접근할 수 있지만 해당 디렉토리의 파일에 대해서 많은 작업을 해야 한다면 작업 디렉토리를 이동하는 것이 바람직하다.

cd 명령어는 셸의 작업 디렉토리를 인수로 지정된 디렉토리로 이동한다. pwd 명령어를 이용하면 새로운 디렉토리 위치를 확인할 수 있다.

```
$ pwd
/home/gdhong
$ cd music                  ... music 디렉토리로 이동
$ pwd
/home/gdhong/music
```

서브디렉토리로 이동한 후에 다음과 같이 ".."를 인수로 사용하여 부모 디렉토리로 다시 이동할 수 있다.

```
$ cd ..                     ... 부모 디렉토리로 이동
```

cd 명령어는 인수를 사용하지 않으면 홈 디렉토리로 이동한다.

```
$ cd                        ... 홈 디렉토리로 이동
```

파일 복사 – cp

cp 명령어는 파일을 현재 디렉토리 또는 다른 디렉토리로 복사한다. cp 명령어의 첫 번째 형식은 다음과 같이 파일을 다른 파일로 복사하는 것이다.

cp *sourceFile targetFile*

여기서 targetFile이 단순한 파일 이름인 경우에 현재 디렉토리에 복사되고 sourceFile과 같은 파일이름을 사용할 수 없다. targetFile이 다른 디렉토리에 위치한 경로 이름인 경우에는 다른 디렉토리로 복사되며 같은 파일이름을 사용할 수 있다. 다음은 cp의 사용 예이다.

```
$ cp lyrics lyrics2         ... lyrics을 현재 디렉토리의 lyrics2 파일로 복사
$ cp lyrics music/lyrics    ... lyrics을 music 디렉토리의 lyrics 파일로 복사
```

cp 명령어의 두 번째 형식은 다음과 같이 한 개 이상의 파일들을 다른 디렉토리로 복사하는 것이다. 복사된 파일 이름은 원본의 파일 이름과 같게 된다.

cp source1 source2 ... directory

다음은 두 번째 형식의 사용 예이다. 두 파일이 music2 디렉토리에 같은 이름으로 복사된 것을 확인할 수 있다.

```
$ cp lyrics lyrics2 music2
$ ls music2
lyrics  lyrics2  note
```

다음의 두 명령어는 같은 동작을 수행하며 파일을 다른 디렉토리에 같은 이름으로 복사하는 경우에는 파일이름을 입력하지 않아도 된다.

```
$ cp lyrics music/lyrics
$ cp lyrics music
```

cp 명령어는 targetFile이 이미 존재한다면 기존의 내용에 덮어쓰기를 하여 기존 내용은 없어진다. 의도하지 않은 덮어쓰기를 방지하려면 다음과 같이 -i 옵션(interactive)을 함께 사용해야 한다. 존재하는 파일로 복사를 한다면 덮어쓰기(overwrite) 여부를 질문하여 y(yes)를 응답받으면 복사를 하고 n(no)를 응답받으면 복사를 하지 않는다.

```
$ cp -i lyrics lyrics2                   ... 덮어쓰기 확인 질문
cp: overwrite `lyrics2'? y
$ _
```

cp 명령어는 디렉토리 파일을 복사할 수는 없지만 다음과 같이 -r 옵션을 함께 사용하여 디렉토리 내용을 다른 디렉토리로 재귀적으로 복사할 수 있다. 재귀적인 복사는 복사할 디렉토리의 모든 하위 디렉토리까지 모두 복사하는 것을 의미한다.

cp -r sourceDir targetDir

다음은 디렉토리를 복사하고 내용을 확인하는 예이다.

```
$ cp music music3                        ... 디렉토리 자체는 복사 불가
cp: omitting directory `music'
$ cp -r music music3                     ... 디렉토리의 재귀적 복사
$ ls -R music3                           ... 디렉토리 내용 재귀적 확인
music3:
lyrics  note
```

```
music3/note:
$ _
```

cp 명령어에 의하여 복사된 파일의 생성 시간은 현재 시간이다. -p 옵션(preserve)을 사용하면 복사된 파일의 생성 시간을 포함한 모든 속성이 원본 파일과 같게 유지된다. 다음은 이에 대한 사용 예이다.

```
$ cp lyrics lyrics2
$ cp -p lyrics lyrics3        ... 복사 파일의 수정시간을 원본 파일과 같게 함
$ ls -l
합계 20
-rw-r--r-- 1 gdhong student  140 2015-07-26 13:27 lyrics
-rw-r--r-- 1 gdhong student  140 2015-07-26 15:13 lyrics2       ... 최신 시간
-rw-r--r-- 1 gdhong student  140 2015-07-26 13:27 lyrics3       ... 원본 시간
... 이하 생략 ...
```

파일 이름 및 위치 변경 – mv

mv 명령어는 파일 이름을 변경하는 데 사용한다. mv 명령어의 첫 번째 형식은 다음과 같이 파일 이름을 새로운 이름으로 바꾸는 것이다.

mv sourceFile targetFile

여기서 targetFile은 단순한 파일 이름인 경우에는 현재 디렉토리에서 파일 이름만 변경되며, targetFile이 다른 디렉토리에 위치한 경로 이름인 경우에는 파일의 위치도 다른 디렉토리로 이동된다. 다음은 사용 예이다.

```
$ mv lyrics2 new-lyrics                ... 파일 이름 변경
$ ls
lyrics  lyrics3  music  music2  new-lyrics
```

```
$ mv lyrics3 music/lyrics              ... 파일 위치와 이름 변경
$ ls
lyrics  music  music2  new-lyrics      ... 현재 디렉토리에 lyrics3가 없음
$ ls music
lyrics  note                           ... music 디렉토리에 lyrics가 존재
```

mv 명령어의 두 번째 형식은 다음과 같이 한 개 이상의 파일들을 다른 디렉토리로 이동시키는 것이다. 이동된 파일 이름은 원본의 파일 이름을 유지한다.

mv source1 source2 ... directory

mv 명령어의 세 번째 형식은 첫 번째 형식을 디렉토리에 대해 적용하는 것으로서 targetDir이 존재하지 않으면 sourceDir 디렉토리의 이름이 targetDir로 변경되며 targetDir이 존재하면 sourceDir 디렉토리가 targetDir 디렉토리의 서브 디렉토리로 이동된다.

```
mv sourceDir targetDir
```

mv 명령어도 cp 명령어와 마찬가지로 targetFile이 이미 존재하거나 targetDir에 이동시킬 파일과 같은 이름의 파일이 존재한다면 덮어쓰기를 하여 파일의 기존 내용은 없어진다. 의도하지 않은 덮어쓰기를 방지하려면 cp 명령어와 같이 -i 옵션을 함께 사용한다. 다음은 사용 예이다.

```
$ mv -i lyrics music
mv: overwrite `music/lyrics'? n       ... n 입력: 덮어 쓰기를 허용하지 않음
$ _
```

파일 삭제 – rm

rm 명령어는 인수로 지정된 파일들을 삭제한다. -i 옵션을 사용하면 파일을 삭제하기 전에 사용자에게 확인을 요구하므로 의도하지 않은 삭제를 방지할 수 있다. 다음은 사용 예이다.

```
$ rm new-lyrics                      ... 파일 삭제
$ rm xyz                             ... 존재하지 않는 파일 삭제
rm: cannot remove `xyz': 그런 파일이나 디렉토리가 없습니다
$ ls                                 ... 파일이 삭제되었는지 확인
lyrics  music  music2
```

존재하지 않는 파일을 삭제하고자 할 때에 위와 같이 에러 메시지가 출력된다. -f 옵션을 사용하면 이러한 에러 메시지가 출력되지 않는다.

디렉토리 삭제 – rmdir, rm

rmdir 명령어는 인수로 지정된 비어 있는 디렉토리들을 삭제한다. 그렇지만 비어 있지 않는 디렉토리는 삭제할 수 없다.

```
$ mkdir music3                       ... 빈 디렉토리 생성
$ rmdir music3                       ... 빈 디렉토리 삭제
$ rmdir music2                       ... 비어있지 않은 디렉토리 삭제
rmdir: failed to remove `music2': 디렉토리가 비어있지 않음
```

비어 있지 않은 디렉토리는 rm 명령어를 -r 옵션과 함께 사용하여 삭제할 수 있다. -r 옵션을

사용한 rm 명령어는 디렉토리의 모든 파일과 서브디렉토리를 재귀적으로 삭제한 후에 디렉토리를 삭제한다.

```
$ rm -r music2                    ... 디렉토리를 재귀적으로 모두 삭제
```

리눅스에서 rm 명령어를 사용하여 삭제된 파일은 휴지통으로 이동되는 것이 아니라서 복구가 어려우므로 삭제에 주의를 요한다. 특히 -r 옵션을 사용하는 재귀적 삭제는 많은 파일들이 삭제될 수 있으므로 더욱 주의해야 하며, 필요한 경우 -i 옵션을 함께 사용한다.

파일의 단어 수 세기 – wc

wc 명령어(word count)는 인수로 지정된 파일들에 포함된 문자, 단어 및 줄 수를 세어서 파일 이름과 함께 출력한다. 옵션을 지정하면 지정된 수만 출력한다. -l 옵션은 줄 수를, -w 옵션은 단어 수를, -c 옵션은 문자 수를 출력하며 옵션이 없으면 모두 출력한다. 사용 예는 다음과 같다.

```
$ wc lyrics                  ... 줄, 단어, 문자 수를 출력
  4  29 140 lyrics
$ wc -w lyrics               ... 단어 수를 출력
29 lyrics
```

3.3 파일 속성 및 관련 명령어

파일 속성

ls 명령어를 -l 옵션과 함께 사용하면 다음과 같이 파일의 여러 속성들이 함께 출력된다.

```
$ ls -l
합계 8
-rw-r--r-- 1 gdhong student  140 2015-07-26 13:27 lyrics
drwxr-xr-x 3 gdhong student 4096 2015-07-26 15:19 music
    ①      ② ③       ④       ⑤         ⑥            ⑦
```

위의 출력의 각 필드의 내용은 다음과 같다: ① 파일의 유형과 허가권 ② 하드링크 수 ③ 파일 소유자 ④ 파일 그룹 ⑤ 파일 크기(B) ⑥ 파일 수정 시간 ⑦ 파일 이름

파일의 속성값을 나타내는 각 필드에 대해서 자세히 알아보자.

최근 파일 수정 시간

필드 6은 파일 수정 시간을 보여준다. 최근 파일 수정 시간은 단순한 정보로서도 의미가 있지만 make와 find 등의 여러 유틸리티에 의해서 이용된다. 프로그램 개발에 사용되는 make 명령어는 10장에서 소개되며, 6장에서 소개되는 find 명령어도 최근 파일 수정 시간을 기초로 하여 파일을 찾도록 할 수 있다.

파일 소유자와 그룹

모든 사용자는 계정을 발급받을 때에 사용자 이름과 함께 그룹도 부여받으며, 이 정보를 사용하여 파일에 대한 접근 제어를 한다. 리눅스는 파일의 접근 제어를 위하여 파일의 **소유자**와 **그룹**을 지정한다. 필드 3과 4가 이에 해당한다. 모든 프로세스도 소유자와 그룹을 가지며, 파일의 소유자와 그룹은 파일을 생성한 프로세스의 소유자와 그룹과 같다. 사용자가 로그인할 때 생성되는 셸의 소유자와 그룹은 사용자와 사용자가 속한 그룹이 되므로 셸에서 생성한 모든 파일의 소유자와 그룹 역시 사용자와 사용자의 그룹이 된다.

앞의 예에서 사용자 이름과 그룹 이름이 gdhong과 student와 같이 문자열로 출력되었지만 내부적으로는 **사용자 ID**와 **그룹 ID**라고 불리는 정수 값으로 표현된다. ls 명령어를 -n 옵션과 함께 실행하면 파일의 소유자와 그룹이 다음과 같이 사용자 이름과 그룹 이름 대신에 사용자 ID와 그룹 ID으로 표시된다.

```
$ ls -n
합계 8
-rw-r--r-- 1 659 600  140 2015-07-26 13:27 lyrics
drwxr-xr-x 3 659 600 4096 2015-07-26 15:19 music
```

파일 유형

필드 1의 첫 번째 문자는 다음과 같이 파일의 유형을 나타낸다. 참고로 -F 옵션의 파일 이름 뒤의 출력문자도 함께 표시하였다. 앞의 예에서 lyrics는 일반 파일이고 music은 디렉토리이다.

첫째 문자	파일 유형	-F 옵션의 출력문자
-	일반 파일	없음 (실행 파일은 *)
d	디렉토리 파일	/
b	블록 특수(장치) 파일	없음
c	문자 특수(장치) 파일	없음
l	심볼릭 링크 파일	@
p	FIFO 파일 (기명 pipe)	|
s	소켓	=

파일 접근 권한

리눅스에서 파일의 접근 허가는 소유자, 같은 그룹의 사용자, 나머지 사용자에 따라서 구분하여 부여한다. 필드 1의 나머지 9개의 문자는 파일의 허가권을 표시하는 데, 첫 번째 3개 문자는 소유자의 허가권을, 두 번째 3개 문자는 그룹의 허가권을, 세 번째 3개 문자는 나머지 사용자의 허가권을 나타낸다. 3개 문자는 순서대로 읽기(r), 쓰기(w), 실행(x) 허가권을 나타내는데 해당 권한이 있는 경우 해당 문자를 표시하고, 해당 권한이 없는 경우에 해당 위치에 -를 표시한다. 앞의 예의 "rw-r--r--"는 다음과 같은 의미를 갖는다.

소유자(사용자)	그룹 (같은 그룹의 사용자)	일반 사용자
rw-	r--	r--
읽기, 쓰기 허가 실행 거부	읽기 허가 쓰기, 실행 거부	읽기 허가 쓰기, 실행 거부

파일에 대한 읽기, 쓰기, 실행 허가는 일반 파일 뿐 만 아니라 디렉토리와 특수 파일에 대해서도 지정되며 파일의 유형에 따라서 다음과 같은 의미를 갖는다.

허가권	일반 파일	디렉토리	특수 파일
읽기(r)	파일의 내용을 읽을 수 있음	디렉토리를 읽을 수 있음 (ls 수행 가능)	read()를 호출하여 장치에서 입력을 할 수 있음
쓰기(w)	파일의 내용을 변경할 수 있음	디렉토리 내용을 변경할 수 있음 (파일 생성 및 삭제 가능)	write()를 호출하여 장치로 출력을 할 수 있음
실행(x)	파일을 실행할 수 있음 (실행 파일)	디렉토리로 이동하여 디렉토리에 있는 파일에 접근할 수 있음 (cd 가능)	의미 없음

하드 링크 수

필드 2는 파일에 대한 하드 링크 수를 나타낸다. 하드 링크는 파일에 대한 포인터이다. 파일을 생성할 때에 디스크에 파일이 만들어지고 디렉토리에 파일이름과 파일에 대한 포인터 등이 저장된다. 파일은 디렉토리와 파일이름으로 구성된 경로 이름을 사용하여 접근할 수 있는데, 하나의 파일에 여러 개의 하드 링크가 존재하면 이 파일은 여러 개의 경로 이름이 부여된 것이다.

앞의 예에서 디렉토리 music의 하드 링크 수가 3인데, 이 디렉토리에 대해서 부모 디렉토리, 자신, 그리고 1개의 자식 디렉토리에서 링크가 존재하기 때문에 3이다. 자식 디렉토리가 없다면 디렉토리의 하드 링크 수는 2가 된다. 링크와 관련된 명령어는 다음 절에서 소개한다.

파일 소유자 변경 – chown

chown 명령어는 파일들의 소유자를 변경하는 데 관리자만이 실행시킬 수 있다. -R 옵션을 사용하면 디렉토리 내의 모든 파일과 서브디렉토리에 대해서 재귀적으로 소유자를 변경한다.

```
$ chown kim lyrics lyrics2 ... 파일 lyrics, lyrics2의 소유자를 kim으로 변경
$ chown -R kim music       ... music 디렉토리 이하의 모든 파일의 소유자를
                               재귀적으로 kim으로 변경
```

그룹 목록 보기 – groups

groups 명령어는 사용자가 속한 그룹을 출력한다. 대부분의 사용자는 기본 그룹이 지정되며, 관리자가 보조 그룹을 추가적으로 지정하여 한 사용자가 여러 그룹에 속하게 할 수 있다.

```
$ groups
student cte
```

파일 그룹 변경 – chgrp

chgrp 명령어는 파일의 그룹이름을 변경한다. 일반 사용자는 자신이 소유한 파일을 자신이 속한 다른 그룹으로만 변경할 수 있으며, 관리자는 임의의 파일을 임의의 그룹으로 변경할 수 있다.

```
$ chgrp cte lyrics2        ... 파일 lyrics2의 그룹을 cte로 변경
$ chgrp -R cte music       ... music 디렉토리 이하의 모든 파일의 그룹을 재귀적
                               으로 cte로 변경
```

셸의 그룹 변경 – newgrp

사용자가 여러 그룹에 속하여 있을지라도 한 순간에는 하나의 그룹에 속한다. 로그인을 할 때에 셸은 기본 그룹에 속하게 되며 셸에서 생성된 파일 그룹은 이 그룹 이름이 된다. newgrp 명령어는 새로운 그룹에 속하는 새로운 셸을 생성하여 사용자가 다른 그룹에서 작업을 수행하게 한다. 새로운 셸에서 exit 명령어를 입력하면 기본그룹에 속한 원래의 셸로 되돌아간다. 다음은 사용 예이다.

```
$ cp lyrics lyrics1
$ newgrp cte                  ... 새로운 그룹에 속한 셸 생성
$ cp lyrics lyrics2
$ exit                        ... 새로운 셸 종료
exit
$ cp lyrics lyrics3
$ ls -l
합계 20
-rw-r--r-- 1 gdhong student  140 2015-07-26 13:27 lyrics
-rw-r--r-- 1 gdhong student  140 2015-07-27 10:59 lyrics1
-rw-r--r-- 1 gdhong cte      140 2015-07-27 10:59 lyrics2
-rw-r--r-- 1 gdhong student  140 2015-07-27 10:59 lyrics3
...
```

위의 예에서 lyrics2는 새로운 그룹에 속한 셸에서 생성되었기 때문에 lyrics1과 lyrics3과 파일 그룹이 다른 것을 확인할 수 있다.

자세한 파일 유형 보기 – file

ls 명령어를 -l 또는 -F 옵션과 함께 실행시키면 파일 유형의 정보를 출력하지만 파일 유형에 대한 더 자세한 정보를 얻으려면 file 명령어를 사용할 수 있다. file 명령어는 인수로 제공된 파일들의 파일 시스템, 매직 번호와 사용한 언어를 검사하여 파일의 유형을 분류하고 그 결과를 출력한다. 다음은 사용 예이다.

```
$ file lyrics music /bin/ls /bin/view
lyrics:    ASCII English text
music:     directory
/bin/ls:   ELF 64-bit LSB executable, x86-64, version 1 (SYSV), dynamically
linked (uses shared libs), for GNU/Linux 2.6.18, stripped
/bin/view: symbolic link to `vi'
```

파일 허가권 변경 – chmod

리눅스에서 파일 허가권은 소유자, 같은 그룹의 사용자, 일반 사용자로 구분하여 지정한다고 앞에서 설명하였다. chmod 명령어는 파일의 소유자가 파일의 파일 허가권을 변경하여 지정할 수 있게 하며 다음 형식을 사용한다.

```
chmod mode file1 ...
```

여기서 mode 인수는 심볼 형식 또는 8진수 형식을 사용한다. **심볼 형식**은 다음과 같은 표현 방식을 사용한다.

cluster + perm	cluster에게 perm의 허가권 추가
cluster - perm	cluster에게 perm의 허가권 제거
cluster = perm	cluster에게 perm의 허가권 지정

위에서 cluster는 u(user, 소유자), g(group, 그룹), o(other, 일반 사용자), a(all, 모든 사용자)의 네 문자의 조합을 사용한다. 그리고 perm은 r(read, 읽기 허가), w(write, 쓰기 허가), x(execute, 실행 허가) 등의 문자의 조합을 사용한다. +, -는 기존의 허가권을 일부 변경할 때에 사용하며, =는 새로운 절대적 허가권을 지정할 때에 사용한다. 그리고 여러 개의 표현 방식을 컴마로 구분하여 나열할 수 있다. 다음은 mode 인수의 몇 가지 심볼 형식의 예이다.

g+w	그룹 쓰기 허가권 추가
u-rw	소유자 읽기, 쓰기 허가권 제거
a+x	모든 사용자(소유자, 그룹, 일반 사용자)에게 실행 허가권 추가
go-r	그룹과 일반 사용자의 읽기 허가권 제거
u=rw,g=r	소유자 읽기/쓰기 허가권, 그룹 읽기 허가권만 부여 (나머지 허가권은 부여하지 않음)

다음은 그룹과 일반 사용자에게 읽기 허가권을 제거하는 사용 예이다.

```
$ ls -l lyrics3
-rw-r--r-- 1 gdhong student 140 2015-07-27 10:59 lyrics3
$ chmod go-r lyrics3
$ ls -l lyrics3
-rw------- 1 gdhong student 140 2015-07-27 10:59 lyrics3
```

심볼 형식에서 =를 사용하면 파일에 대해서 절대적 허가권을 부여할 수 있다. **8진수 형식**의 mode 인수는 이러한 절대적 허가권을 8진수로 나타낸 것이다. 세 유형의 사용자에 대한 r, w, x 허가권을 해당 허가권이 있으면 1로, 없으면 0으로 나타내어 9비트 2진수로 나타낼 수 있는데 이를 8진수로 나타낸 것이다. 예를 들어서 파일 허가권이 rwxr-xr--라면 다음과 같이 2진수로 111 101 100로 나타내며 8진수 754로 표기된다.

```
허가권  rwx  r-x  r--
2진수   111  101  100
8진수    7    5    4
```

다음은 8진수 형식의 mode 인수를 사용하여 파일 허가권을 수정하는 예이다.

```
$ chmod 754 lyrics3
$ ls -l lyrics3
-rwxr-xr-- 1 gdhong student 140 2015-07-27 10:59 lyrics3
```

다음 명령어도 앞의 chmod 명령어와 같은 동작을 수행하지만 파일 허가권을 절대적으로 지정할 때에는 8진수 형식의 표기가 더 간편하다.

```
$ chmod u=rwx,g=rx,o=r lyrics3
```

setuid, setgid 및 sticky 허가권

실행 허가권을 가진 실행 파일이 실행되면 프로세스가 생성된다. 생성되는 프로세스의 소유자 및 그룹은 해당 실행 파일을 실행시킨 부모 프로세스(대개 셸)의 소유자 및 그룹과 같게 된다. 그런데 셸의 사용자나 그룹의 권한으로 접근할 수 없는 파일을 사용해야 하는 프로그램이 존재한다. 대표적인 예가 passwd 명령어이다. passwd 명령어는 새로 입력된 사용자의 비밀번호를 시스템이 관리하는 파일에 수정하여 저장해야 하므로 관리자 권한을 가지고 실행할 필요가 있다. 리눅스는 이와 같이 특정한 작업 수행을 위해서 셸이 생성하는 프로세스의 소유자나 그룹을 일시적으로 변경하여 실행시킬 수 있는 다음과 같은 특별한 실행 허가권을 제공한다.

- **setuid 허가권 :** 이 허가권이 부여되면 실행 파일이 실행될 때에 생성된 프로세스의 소유자를 부모 프로세스의 소유자 대신에 실행 파일의 소유자로 설정한다.

- **setgid 허가권 :** 이 허가권이 부여되면 실행 파일이 실행될 때에 생성된 프로세스의 그룹을 부모 프로세스의 그룹 대신에 실행 파일의 그룹으로 설정한다.

root가 소유자인 프로그램 파일이 setuid 허가권을 가지고 있다면, 어떤 사용자가 이 프로그램을 실행시켰을 때에 프로세스는 root의 권한으로 작업을 수행할 수 있게 된다. setuid 허가권과 setgid 허가권은 대개 상승된 권한을 가지고 프로그램을 실행시키므로 이 권한을 갖는 프로그램은 보안에 취약하지 않도록 작성되어야 한다. 다음은 passwd 명령어 파일에 대한 속성을 출력한 것이다.

```
ls -l /usr/bin/passwd
-rwsr-xr-x. 1 root root 25980 Feb 22  2012 /usr/bin/passwd
```

여기서 소유자 파일허가권에 있는 s는 setuid 허가권을 나타내며 passwd를 실행할 때에 이 파일의 소유자인 root의 권한으로 이 명령어를 실행하게 된다.

두 가지 특수한 실행 허가권은 chmod 명령어에서 실행 허가권이 있는 파일에 대해서 소유자와 그룹에게 s를 사용하여 부여할 수 있다. 다음은 사용 예이다. (여기서 lyrics3 파일은 실제로 프로그램 파일은 아니며 허가권 변화를 보기 위한 용도로만 사용한 것이다.)

```
$ ls -l lyrics3                              ... 실행 허가권이 있는 파일
-rwxr-xr-- 1 gdhong student  140 2015-07-27 10:59 lyrics3
$ chmod u+s lyrics3                          ... setuid 허가권 설정
$ ls -l lyrics3
-rwsr-xr-- 1 gdhong student 140 2015-07-27 10:59 lyrics3
$ chmod g+s lyrics3
$ ls -l lyrics3                              ... setgid 허가권 설정
-rwsr-sr-- 1 gdhong student 140 2015-07-27 10:59 lyrics3
```

그리고 setuid와 setgid 허가권을 가진 파일이 실행 허가권이 있으면 ls -l 출력에서 x속성 위치에 s로 표시되지만 실행 허가권이 없으면 S로 표시된다.

리눅스는 일반 사용자에게 부여되는 sticky 허가권이라는 특별한 허가권도 제공한다. sticky 허가권은 주로 디렉토리에 부여되며 sticky 허가권이 부여된 디렉토리는 대개 일반 사용자에 대한 쓰기 허가권도 함께 부여되는 데, 이러한 디렉토리에 일반 사용자들이 파일을 쓸 수 있지만 파일의 삭제나 이름 변경은 파일의 소유자, 디렉토리의 소유자나 관리자에 의해서만 가능하다. 만약에 디렉토리에 sticky 허가권이 없이 일반 사용자에 대한 쓰기 허가권만 부여된다면 이 디렉토리에 누구든지 파일을 만들 수 있지만, 파일의 소유자가 아니라도 누구든지 파일의 삭제가 가능하다. sticky 허가권은 공유 디렉토리 설정에 매우 유용하며 /tmp가 이 속성을 갖는 대표적인 디렉토리이다. 다음은 /tmp의 속성을 출력한 것이다.

```
$ ls -ld /tmp                    ... /tmp 디렉토리의 속성 출력
drwxrwxrwt. 22 root root 4096 2015-07-26 09:31 /tmp
```

sticky 허가권은 chmod 명령어에서 일반 사용자에 대해서 t 허가권을 추가하여 부여한다. 다음은 music 디렉토리에 sticky 허가권을 부여하는 예이다.

```
$ ls -ld music                          ... 디렉토리 자체의 속성을 출력
drwxr-xr-x 3 gdhong student 4096 2015-07-26 15:19 music
$ chmod o+t music
$ ls -ld music                          ... x가 t로 바뀌었음
drwxr-xr-t 3 gdhong student 4096 2015-07-26 15:19 music
```

ls -l 명령어 출력에서 sticky 허가권을 가진 파일이 실행 허가권을 가지면 t로 표시되지만 실행 허가권이 없으면 T로 표시된다. setuid, setgid와 sticky 허가권은 실행 허가권을 가진 파일에 부여해야 의미가 있다.

setuid, setgid와 sticky 허가권은 chmod 명령어의 8진수 형식에서는 기존의 9비트 앞에 3비트를 추가하여 각 허가권을 순서대로 표시한다. setuid 허가권은 8진수로 4000으로, setgid 허가권은 8진수로 2000으로, 그리고 sticky 허가권은 8진수로 1000으로 표시된다. setuid와 setgid 허가권을 동시에 부여하려면 8진수로 6000으로 표시한다. 다음은 8진수 형식으로 setuid 허가권을 부여하는 예이다.

```
$ chmod 4755 file1
```

umask 명령어

umask 명령어는 프로세스가 생성하는 파일의 허가권을 미리 지정하는 데 사용한다. umask 명령어를 인수 없이 실행시키면 현재의 umask 값을 4자리 8진수로 출력한다.

```
$ umask
0022
```

umask 값은 앞에서 소개한 허가권과 대응되며 해당 비트가 1인 허가권을 제한한다. 위의 출력에서 0022는 2진수로 000 000 010 010이므로 그룹과 일반 사용자의 쓰기 허가권의 설정을 제한한다. chmod 명령어에서는 해당 비트가 1이면 허가권을 부여하지만 umask 값은 해당 비트가 1이면 이와는 반대로 허가권 설정을 제한한다. 우리가 파일을 생성할 때에 그룹과 일반 사용자에 대해서 쓰기 허가권이 부여되지 않는 것은 umask 값 때문이다.

umask 명령어를 8진수 인수와 함께 사용하면 umask 값을 새로이 지정한다.

```
$ umask 002
$ umask
0002                                    ... umask 값이 변경되었음을 확인
```

chmod 명령어에서 허가권 부여 대상을 지정하지 않고 +, -를 사용하여 허가권을 변경하는

경우에 umask에 의해서 제한되지 않은 허가권만 추가 또는 제거되며, 제한되는 허가권은 변화가 없다. 다음은 umask 값이 chmod 명령어 동작에 미치는 영향을 보여주는 예이다.

```
$ umask 002
$ chmod 444 lyrics3                        ... 읽기 허가권만 허용
$ ls -l lyrics3
-r--r--r-- 1 gdhong student 140 2015-07-27 10:59 lyrics3
$ chmod +w lyrics3                         ... 쓰기 허가권 부여
$ ls -l lyrics3                            ... 일반사용자 쓰기허가권 변동 없음
-rw-rw-r-- 1 gdhong student 140 2015-07-27 10:59 lyrics3
```

```
$ umask 022
$ chmod 444 lyrics3                        ... 읽기 허가권만 허용
$ chmod +w lyrics3                         ... 쓰기 허가권 부여
$ ls -l lyrics3                            ... 그룹, 일반사용자 쓰기허가권 변동 없음
-rw-r--r-- 1 gdhong student 140 2015-07-27 10:59 lyrics3
```

접근 제어 목록(ACL)

전통적인 유닉스와 리눅스 허가권은 소유자, 그룹, 기타 사용자의 3단계 파일 접근 제어를 사용한다. 특정 사용자에 대한 미세한 파일 접근 제어가 필요한 경우가 종종 있다. 이러한 접근 제어는 접근 제어 목록(Access Control List: ACL) 기능을 사용하면 가능하다. 이를 위해서는 이와 관련된 acl 소프트웨어 패키지를 설치해서 사용해야 한다. 리눅스에서는 일부 파일 시스템에서만 이 기능을 사용할 수 있다. ACL에 대한 자세한 사항은 별도 자료를 참조하기 바란다.

3.4 파일 링크

하드 링크와 심볼릭 링크

링크는 기존의 파일에 새로운 파일 이름을 추가로 부여하는 것이다. 링크는 같은 파일에 대해서 다른 이름을 사용하도록 하거나, 다른 디렉토리에서 사용하도록 할 때에 유용하다. 링크는 하드 링크(hard link)와 심볼릭 링크(symbolic link)의 두 종류가 있다.

하드 링크는 앞에서 설명한 바와 같이 기존 파일에 대한 포인터를 직접 가지고 있으며, **심볼릭 링크**는 원본 파일에 대한 경로 이름을 포함하는 링크 파일로서 윈도우의 바로가기와 비슷하다. 심볼릭 링크는 소프트 링크라고도 하는 데 파일에 대한 포인터를 가지고 있지 않기 때문에 원본 파일을 경유하여 파일을 참조한다.

하드 링크 생성 – ln

ln 명령어는 기존 파일에 추가적인 하드 링크를 생성한다. 파일에 대한 하드링크를 같은 디렉토리에 생성하려면 다른 파일이름을 가져야 하며, 다른 디렉토리에 생성할 때에는 이러한 제약이 없다. 다음은 ln 명령어는 다음과 같은 형식을 사용한다.

```
ln [option] org_file target_file
ln [option] org_file target_dir
```

다음은 같은 디렉토리에 파일 file1에 대한 하드링크를 생성하는 예이다.

```
$ cat file1                    ... 링크할 원본 파일
This is a test file.
$ ls -l file1                  ... 하드링크 수가 1임을 확인
-rw-rw-r--. 1 user user 20 2016-01-22 10:00 file1
$ ln file1 file2               ... 현재 디렉토리의 파일의 하드링크 생성
$ ls -l file1 file2            ... 하드링크 수가 2이고, 파일정보가 같음을 확인
-rw-rw-r--. 2 user user 20 2016-01-22 10:02 file1
-rw-rw-r--. 2 user user 20 2016-01-22 10:02 file2
$ cat file2                    ... 파일내용이 같음을 확인
This is a test file.
```

다음은 여러 가지 하드링크 파일을 생성하는 예이다.

```
$ mkdir sub
$ ln file1 sub                 ... 대상파일이 디렉토리이면 디렉토리에 같은 이름의
                                   하드링크 파일 생성
$ ln file1 sub/file3           ... 지정된 경로명 파일로 하드링크 파일 생성
$ ln sub/file3 file4           ... 현재 디렉토리에 다른 디렉토리의 파일에 대한
                                   하드링크 생성
```

하드링크는 같은 파티션에 있는 파일 시스템의 파일에 대해서만 생성할 수 있는 제약이 있다. 다음에 소개할 심볼릭 링크는 이러한 제약이 없다.

심볼릭 링크 생성 – ln –s

ln 명령어를 -s 옵션과 함께 사용하면 하드링크 대신에 심볼릭 링크가 생성된다. 심볼릭 링크 파일은 파일에 대한 포인터를 저장하는 것 대신에 파일에 대한 경로명을 저장하여 원본 파일을 경유하여 간접적으로 파일을 접근할 수 있게 한다. 하드링크는 같은 파일 시스템에 있는 파일에 대해서만 생성할 수 있지만 심볼릭 링크는 다른 파일 시스템에 있는 파일에 대해서도 가능하다. 다음은 file1에 대한 심볼릭 링크 파일을 생성하는 예이다. ls -l 명령어 링크되는

원본 파일의 경로명을 확인할 수 있다.

```
$ ln -s file1 file3             ... 심볼릭 링크
$ ls -l file1 file3
-rw-rw-r--. 2 user user 20 2016-01-22 10:02 file1
lrwxrwxrwx. 1 user user  5 2016-01-22 10:03 file3 -> file1
```

링크 파일 삭제

원본 파일을 삭제하면 하드 링크 파일과 심볼릭 링크 파일의 차이점을 확인할 수 있다. 다음과 같이 file1을 삭제해도 파일의 내용은 하드 링크 파일 file2를 통해서 접근할 수 있지만 심볼릭 링크 파일 file3은 원본 파일이 없으므로 접근할 수 없다.

```
$ rm file1                                   ... 원본 파일 삭제
$ ls -l
합계 4
-rw-rw-r--. 1 user user 20 2016-01-22 10:02 file2
lrwxrwxrwx. 1 user user  5 2016-01-22 10:03 file3 -> file1
$ cat file2                                  ... 하드 링크 파일 읽기
This is a test file.
$ cat file3                                  ... 심볼릭 링크 파일 읽기
cat: file3: 그런 파일이나 디렉토리가 없습니다
```

명령어

이 장에서는 다음과 같은 명령어를 소개하였다.

pwd	cat	ls	more	less	head	tail	mkdir
cd	cp	mv	rm	rmdir	wc	chown	groups
chgrp	newgrp	file	chmod	umask	ln		

Linux 복습문제

1. 파일 이름에서 대소문자를 구분하는가?

2. 파일 이름으로 빈칸(공백문자)을 사용할 수 있는가?

3. 다음 중에서 절대 경로 이름, 상대 경로 이름, 단순 파일 이름은 각각 무엇인가?

(1) /home/gdhong/file (2) my_file

(3) ../guest/file2 (4) doc/file3

(5) letter.txt (6) /bin/ls

4. 디렉토리는 일반 파일과 어떻게 다른가? 그리고 디렉토리는 ls 명령어에서 어떤 옵션을 사용하여 어떻게 확인할 수 있는가?

5. 유틸리티 프로그램 파일들이 많이 있는 2개의 디렉토리는 무엇인가?

6. 리눅스에서 숨김 파일은 어떻게 만들며, 어떻게 확인할 수 있는가?

7. 두 파일의 내용을 연결하여 화면에 출력할 때 사용하는 명령어는?

8. 파일을 복사하거나 파일이름을 변경할 때에 기존의 파일을 덮어쓰기로부터 보호하려면 cp 또는 mv 명령어를 어떻게 사용해야 하는가?

9. setuid 허가권은 어떠한 경우에 유용하며, 이러한 권한을 가진 프로그램은 어떤 문제가 발생할 수 있는가?

10. 하드 링크와 심볼릭 링크의 차이점을 설명하고, 하드 링크를 할 수 없는 경우에 대해서

말하시오.

Linux 연습문제

1. 다음 위치로 작업 디렉토리를 순서대로 이동하고 이동할 때마다 디렉토리 위치를 출력하라.

(1) 부모 디렉토리로 (2) /tmp 디렉토리로

(3) 친구(예를 들어 guest)의 홈디렉토리 (4) 자신의 홈디렉토리

2. 1번 문제에서 친구의 홈디렉토리로 이동할 수 없는 경우가 발생할 수 있다. 어떤 경우인가?

3. /etc/passwd는 등록된 사용자 정보가 있는 파일이다.

(1) cat이나 more를 사용하여 읽고, 어떤 문자를 사용하여 필드를 구분하는지 말하시오.

(2) wc를 사용하여 얼마나 많은 사용자가 이 시스템에 등록되어 있는지 출력하시오.

4. cat 등을 사용하여 임의의 파일을 생성한 후 다음을 수행하시오.

(1) ls -l을 사용하여 생성한 파일의 접근 권한을 확인하시오.

(2) umask를 실행하여 출력하고, 생성된 파일의 접근 권한과의 관계를 말하시오.

(3) 이 파일을 같은 그룹이 아닌 사용자가 읽고 쓰지 못하게 파일 허가권을 변경하시오.

(4) 생성되는 파일이 기본적으로 같은 그룹이 아닌 사용자가 읽고 쓰지 못하게 생성되도록 umask를 적절한 인수를 사용하여 실행하시오. 그리고 파일을 생성한 후, 파일의 접근 권한을 확인하시오.

chapter 04 파일 편집기

4.1 편집기

텍스트 편집기(text editor)는 문자들로 구성된 파일을 생성하고 이들을 수정하는데 사용되는 프로그램이다. 텍스트 편집기는 워드 프로세서에서 제공하는 글꼴이나 문단 모양과 같은 인쇄와 관련된 기능은 가지고 있지 않다. 우리는 앞으로 텍스트 편집기를 편집기라고 간단히 부를 것이다..

유닉스에서는 전통적으로 다음과 같은 두 종류의 편집기가 사용되었다.

- **라인 편집기 :** 줄 단위로 편집하는 편집기로서 화면 전체를 사용하지 않고 줄 단위로 명령어를 사용하여 내용을 편집한다. 내용을 한 줄씩 보면서 편집하거나 명령어로 지시하여 편집을 해야 하기 때문에 사용하기 어렵다. ed가 전통적인 유닉스 라인 편집기이며, 여기에 기능을 추가하여 확장한 것이 ex이다.

- **화면 편집기 :** 터미널 화면(screen) 전체를 사용하는 편집기로서 한 번에 한 화면 분량의 내용을 보면서 편집한다. 화면 내에서 커서를 이동하거나 화면 단위로 움직여서 편집 위치를 이동할 수 있다. 라인 편집기에 비해서 사용하기가 쉽다. vi가 대표적이며 vi의 기능을 확장한 여러 화면 편집기가 나왔으며 리눅스에서는 현재 vim를 사용하고 있다. 그리고 또 다른 대표적인 화면 편집기로 emacs가 있다.

vi와 emacs 편집기는 메뉴 기반이 아니기 때문에 편집을 위한 명령키를 기억하고 있어야 하는 단점이 있으나, 익숙해지면 손을 움직여서 마우스를 사용하지 않아도 되기 때문에 오히려 빠른 편집이 가능할 수 있다. vi 대신에 view를 사용하면 vi 편집기를 읽기 전용으로 파일 내용을 보기위한 용도로 사용할 수 있다.

4.2 vi 편집기의 기본 사용

vi는 visual editor의 약자이다. 리눅스에서는 전통적인 vi 대신에 vi를 개선한 vim (vi improved) 편집기가 대신 사용되며, vi는 vim으로 심볼릭 링크가 되어 있다. vi의 사용법은 그래픽 기능이 없고, 특수한 키가 없는 터미널 환경에서도 사용하도록 만들어졌기 때문에 GUI 기반의 편집기와는 사용법에 있어서 다소 차이가 있으며 처음 사용하는 사용자는 생소함을 느낄 수 있다. GUI를 사용할 수 없는 환경에서도 vi는 대개 제공되기 때문에 리눅스 사용자라면 vi 편집기 사용법을 익힐 필요가 있다.

vi 시작하기

vi 명령어는 인수가 없이도 실행이 가능하지만 대개는 다음과 같이 편집할 파일 이름을 인수로 사용하여 실행시킨다.

```
$ vi heart
```

위의 명령어를 입력하면 명령어는 화면에서 사라지고 다음 그림과 같이 화면 전체가 편집기 화면으로 바뀐다. 편집할 파일이 존재하지 않으면 파일을 새로 생성한 후 편집을 시작하며 화면 맨 아래에 "새 파일"(New File)이라는 메시지가 나타나며 초기화된 화면의 내용이 입력되지 않은 빈 줄은 줄 앞에 ~ (tilde) 문자가 표시된다.

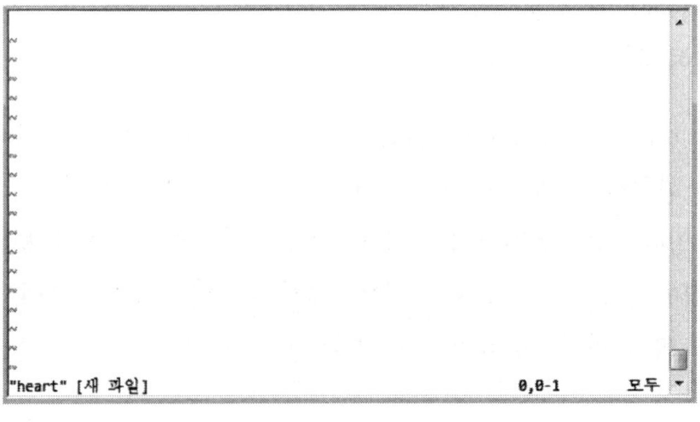

터미널 설정이 제대로 되어 있지 않으면 vi를 실행하였을 때에 화면이 위와 같이 나타나지 않고 깨어질 수가 있다. 이때에는 터미널 설정을 사용하는 터미널에 맞도록 수정해야 한다. 터미널 설정에 대해서는 뒤에서 소개하도록 하다.

vi의 동작 모드

vi는 명령 모드(command mode)와 입력 모드(input mode)의 두 가지 동작 모드가 있다. vi를 실행시킬 때에 vi 편집기는 명령 모드에서 시작한다. 내용을 입력하기 위해서는 입력 모드로 전환해야 한다. 그리고 입력 이외의 동작을 수행하기 위해서는 명령 모드로 전환해야 한다.

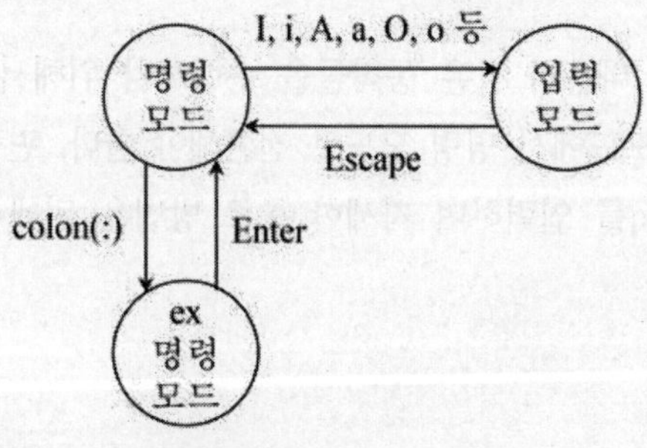

그림 4.1 vi의 동작 모드

명령 모드에서 : 를 입력하면 화면 맨 아래에 입력내용이 나타나며 명령어를 입력한 후 Enter를 누르면 입력한 명령어가 실행된다. 이 명령어는 대개 ex 명령어에서 제공되는 것과 같으며 그림 4.1과 같이 이 동작 모드를 명령 모드와 구분하여 ex 명령 모드라고 부르기도 한다.

입력 모드

명령 모드에서 입력 모드로 전환하기 위해서는 다음 표와 같은 키 중 하나를 누른다.

명령키	동작
i	(insert) 커서 앞에서 부터 입력 문자를 삽입함
I	(Insert) 커서가 있는 줄 시작부터 입력 문자를 삽입함
a	(append) 커서 뒤에서 부터 입력 문자를 삽입함
A	(Append) 커서가 있는 줄 마지막부터 입력 문자를 삽입함
o	(open line) 커서가 있는 줄 아래에 빈 줄을 만들고 입력 문자를 삽입함
O	(Open line) 커서가 있는 줄 위에 빈 줄을 만들고 입력 문자를 삽입함

입력 모드 전환에 사용한 문자에 따라서 위의 표와 같이 입력 문자가 삽입되는 위치가 정해지며, 이해를 돕기 위하여 입력이 시작되는 위치를 그림 4.2와 같이 그림으로 나타내었다. 입력 모드로 전환한 후에 입력되는 문자들은 모두 입력되어 화면에 나타날 것이다.

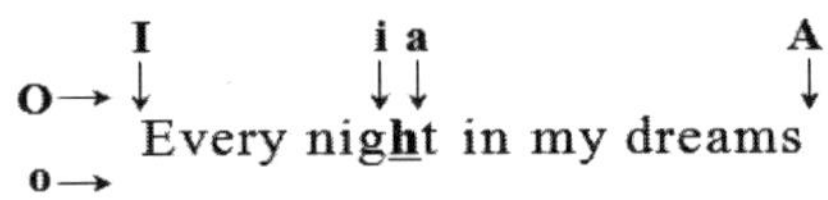

그림 4.2 입력 모드에서의 삽입 시작 위치

명령 모드

텍스트 입력을 마친 후에 다음과 같은 동작들을 수행하기 위해서는 먼저 키보드 왼쪽 위의 Esc 문자를 눌러서 삽입 모드에서 명령 모드로 전환해야 한다. 편집한 내용을 저장하고 종료하려면 명령 모드에서 :wq를 입력하며 자세한 종료 방법은 뒤에서 소개한다.

- 커서 이동
- 삭제, 치환/변경
- 복사, 붙이기
- 탐색, 바꾸기
- 파일 저장, 불러오기
- 종료

커서 이동

이미 입력된 텍스트 입력을 수정 또는 삭제하거나, 중간에 새로운 텍스트 입력을 삽입하려면 명령 모드로 전환한 후에 먼저 텍스트를 수정, 삭제 또는 삽입할 위치로 커서를 이동해야 한다. 커서 이동에 사용되는 키는 다음과 같다.

명령키	커서 이동 위치
h 또는 ←	한 문자 왼쪽으로 이동
j 또는 ↓	한 줄 아래로 이동
k 또는 ↑	한 줄 위로 이동
l 또는 →	한 문자 오른쪽으로 이동

^ 또는 0 또는 Home	줄의 시작으로 이동
$ 또는 End	줄의 끝으로 이동
w	한 단어 다음으로 이동(word)
b	한 단어 이전으로 이동(back word)
e	단어의 끝으로 이동(end)
Enter 또는 +	다음 줄 시작으로 이동
-	이전 줄 시작으로 이동
^D	반 화면 아래로 이동(down)
^U	반 화면 위로 이동(up)
^F 또는 PgDn	한 화면 아래로 이동(forward)
^B 또는 PgUp	한 화면 위로 이동(backward)
번호G 또는 :번호	지정된 줄 번호의 줄로 이동(go)
G 또는 :$	마지막 줄로 이동
H, M, L	화면의 첫째, 가운데, 마지막 줄로 각각 이동
(	문장의 시작으로 이동
)	문장의 끝으로 이동
4h	4 문자 왼쪽으로 이동(h를 4번 반복 실행)
5w	5 단어 다음으로 이동(w를 5번 반복 실행)

커서를 좌우상하로 이동시키는 키로 그림 4.3과 같이 키보드의 오른손 위치에 나란히 있는 h j k l의 네 개의 키가 사용된다. 그리고 줄의 시작, 끝으로 이동, 단어 단위 이동, 화면 단위 이동키를 적절히 사용하면 커서를 원하는 위치로 빠르게 이동시킬 수 있다. 방향키 등이 있는 키보드에서는 커서 이동에 방향키 등도 사용할 수 있다.

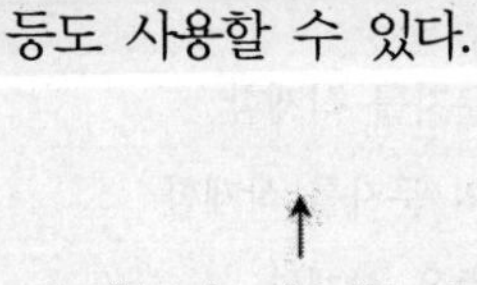

그림 4.3 좌우상하 커서이동 키

: 다음에 줄 번호를 입력하거나 줄 번호 다음에 G를 입력하면 지정된 줄 번호의 줄로 이동한다. : 으로 시작하는 명령어는 ex 명령으로서 : 를 입력하면 다음과 같이 화면 아래에 : 가 나타나며 여기에 명령을 추가적으로 입력하고 Enter를 누르면 ex 명령이 동작한다. 줄의 끝으로 이동하는 데 사용하는 $는 마지막 줄 번호를 나타내는 데에도 사용된다.

```
Every night in my dreams I see you, I feel you,
That is how I know you go on,
Far across the distance and spaces between us
You have come to show you go on

Near, far, wherever you are,
I believe that the heart does go on.
Once more, you open the door
And you're here in my heart,
And my heart will go on and on
~
~
~
~
~
~
~
~
~
:
```

명령키 반복

명령 모드에서 명령 키 입력 앞에 숫자를 입력하면 해당되는 명령이 숫자만큼 반복하여 적용된다. 예를 들어서 "4h"라고 입력하면 커서가 네 문자 왼쪽으로 이동하며 "5w"라고 입력하면 커서가 다섯 단어 다음으로 이동한다. 이러한 반복 동작은 커서 이동 키 뿐 만 아니라 다른 기능의 명령키에도 적용된다.

텍스트 삭제

입력 모드에서 내용을 입력하는 도중에 직전에 틀린 글자를 삭제하려면 BackSpace 키를 사용하면 된다. 다른 위치에 있는 텍스트를 삭제하려면 명령 모드로 전환하여 커서를 삭제할 위치로 이동한 후에 다음과 같은 키를 사용하여 텍스트를 문자, 단어, 또는 줄 단위로 삭제한다. 커서 이동과 마찬가지로 삭제 키 앞에 숫자를 입력하면 삭제 동작이 반복 적용된다.

명령키	동작
x	커서 위치의 문자를 삭제함
X	커서 위치 앞의 문자를 삭제함
dd	커서 위치의 줄을 삭제함
dw	커서부터 다음 단어 직전까지의 단어를 삭제함
D	커서 위치부터 줄 끝까지 삭제함
4x	커서 위치부터 4 문자를 삭제함
3dd	커서 위치부터 3 줄을 삭제함
:범위 d	주어진 범위의 줄을 삭제함
:3,5d	3행부터 5행까지의 줄을 삭제함
:.,$d	현재 행부터 마지막 행까지의 줄을 삭제함

: 으로 시작하는 d 명령어를 사용하여 지정된 범위의 줄을 삭제할 수 있다. 줄의 범위는 다음과 같은 형식으로 지정하며 :으로 시작하는 다른 ex 명령에 대해서도 같은 형식이 적용된다. 현재 행 위치는 . 으로, 마지막 행 위치는 $로 나타낸다.

형식	범위
:5	5행 (1줄)
:5,10	5행부터 10행까지의 줄 (6줄)
:$	마지막 줄
:1,$	전체 줄
:%	전체 줄
:.	현재 줄
:	범위가 지정되지 않으면 대부분의 ex 명령에서 현재 줄을 나타냄

삭제된 텍스트는 버퍼에 저장되어 다른 곳에 붙여넣기를 하는 데 사용될 수 있다.

텍스트 수정

텍스트를 다른 텍스트로 수정하려면 커서를 수정할 위치로 이동하고 텍스트를 삭제한 후에 입력을 해도 되지만 다음과 같은 키를 사용하여 텍스트를 문자, 단어, 또는 줄 단위로 수정할 수 있다. ~ (tilde)는 대소문자를 서로 변환하는 동작을 수행한다. r과 ~를 제외한 텍스트 수정 명령은 여러 개의 문자들을 입력할 수 있기 때문에 동작 모드를 입력 모드로 전환한다.

명령키	동작
r	(한 글자 수정) 커서 위치의 문자를 한 개의 입력 문자로 수정
cw	(단어 수정) 커서 위치부터의 한 단어를 입력 텍스트로 수정
cc, S	(줄 수정) 커서 위치의 줄을 입력 텍스트로 수정
R	커서 위치부터 줄 끝까지의 텍스트를 입력 문자 수 만큼 순서대로 수정
C	커서 위치부터 줄 끝까지의 텍스트를 입력 텍스트로 수정
s	커서 위치의 문자를 입력 텍스트로 수정
~	(대소문자 변경) 커서 위치의 문자가 대문자이면 소문자로, 소문자이면 대문자로 변경
3r	커서 위치부터 3 문자를 3개의 입력 문자로 수정
4cw	커서 위치부터 4 단어를 입력 텍스트로 수정
5cc	커서 위치부터 5 줄을 입력 텍스트로 수정

텍스트 복사 및 붙이기

파일의 일부 내용을 다른 위치로 복사하려면 다음과 같이 3단계로 작업을 해야 한다.

1. **복사하기 :** 복사할 내용을 복사하여 버퍼에 저장한다.
2. **커서 이동 :** 커서를 복사할 위치로 이동한다.
3. **붙이기 :** 버퍼에 저장된 내용을 커서 위치에 붙여 넣는다.

복사와 붙이기에 대한 명령키는 다음과 같다. 여기서 y는 yank의 약자이고, p는 put 또는 paste의 약자이다. :pu 명령을 사용한 붙이기는 커서 이동이 필요 없으므로 붙이기를 할 위치를 정확히 알고 있는 경우에 편리하게 사용할 수 있다.

명령키	동작
yy	(줄 복사) 커서 위치의 줄을 복사
yw	(단어 복사) 커서 위치부터 다음 단어 직전까지의 단어를 복사
Y	커서 위치부터 줄 끝까지의 텍스트를 복사
10yy	커서 위치부터 10줄을 복사
:1,20y	1행부터 20행까지 20줄을 복사
:y	커서 위치의 현재 줄을 복사(yy와 같음)
p	복사 또는 삭제되어 버퍼에 저장된 내용을 커서 다음(아래)에 붙이기
P	버퍼에 저장된 내용을 커서 앞(위)에 붙이기
:5pu	버퍼에 저장된 내용을 5행 다음에 붙이기
:0pu	버퍼에 저장된 내용을 맨 앞에 붙이기

삭제된 텍스트도 복사된 텍스트와 같이 버퍼에 저장된다. 복사 후 붙이기 대신에 삭제 후 붙이기를 하면 파일의 일부 내용을 다른 위치로 이동시킬 수 있다.

편집 취소 및 반복

텍스트를 입력하거나, 삭제하거나 치환하는 등의 편집 명령을 통하여 변경된 내용을 취소하고자 하는 경우 다음과 같은 취소키를 사용할 수 있다. 원래의 vi는 최근의 편집 명령만 취소할 수 있었으나 리눅스의 vi는 히스토리 기능이 있어서 u를 반복 입력하거나 반복횟수를 함께 사용하면 최근의 편집 명령부터 시작하여 차례대로 취소할 수 있다.

명령키	동작
u	가장 최근의 텍스트 편집 명령을 취소함
U	현재 줄에 대한 텍스트 편집 명령을 취소함
3u	가장 최근의 3개의 텍스트 편집 명령을 취소함
:e!	마지막으로 저장된 이후에 편집된 내용을 버리고 마지막 저장내용으로 작업
.	가장 최근의 텍스트 편집 명령을 반복함

그리고 명령 모드에서 "."을 누르면 최근에 수행한 편집 명령을 반복하여 수행한다. 다른 위치에서 같은 편집 명령을 반복하고자 할 때에 매우 유용하다. 단, 커서 이동키는 반복 수행되지 않는다.

찾기와 바꾸기

현재 편집 중인 문서에서 특정 문자열을 검색하는 기능을 다음과 같이 제공한다. 문자열 검색에 정규표현식 패턴을 사용한다. 정규표현식에 대해서는 6.4절에서 소개한다. 문자열도 정규표현식 패턴이다.

명령키	동작
/패턴	커서 위치 다음에서 패턴과 일치하는 문자열을 검색
?패턴	커서 위치 이전에서 패턴과 일치하는 문자열을 검색
n	이전 검색과 같은 방향으로 문자열 검색을 반복
N	이전 검색과 반대 방향으로 문자열 검색을 반복

문자열을 검색하기 위하여 / 또는 ?를 입력하면 다음과 같이 화면 아래에 / 또는 ?이 나타난다. 검색 패턴을 입력한 후 Enter를 누르면 현재 문서에서 패턴과 일치하는 문자열을 찾아서 문자열 앞으로 커서를 이동한다. n또는 N은 이전과 같은 문자열을 반복하여 검색한다. 문자열 검색에서 대문자와 소문자는 구분하여 검색하며 구분하지 않고 검색하는 방법은 다음 절에서 소개한다.

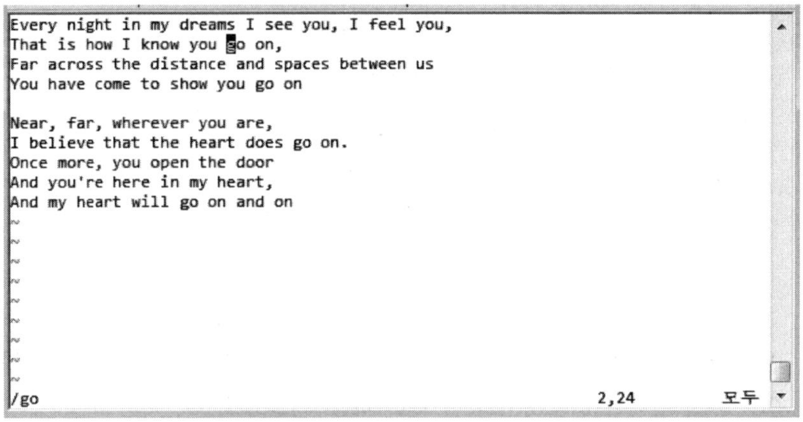

문자열 검색에서 단어에 포함된 문자열도 검색이 된다. 단어의 부분으로 포함된 문자열이 아니라 단어로 된 문자열만 찾으려면 다음과 같이 패턴 앞뒤에 \<과 \>를 에워싸서 패턴을 입력한다.

```
/\<and\>
```

그리고 특정 패턴의 문자열을 다른 문자열로 바꾸는 기능도 다음과 같이 제공한다. 여기서 사용하는 패턴은 문자열 검색과 같이 정규표현식을 사용할 수 있다.

명령키	동작
:범위 s/패턴/문자열/	주어진 범위의 줄에서 패턴과 일치하는 각 줄의 첫째 문자열을 지정된 문자열로 치환
:범위 s/패턴/문자열/g	주어진 범위의 줄에서 패턴과 일치하는 모든 문자열을 지정된 문자열로 치환
:1,$s/패턴/문자열/	문서 전체에서 패턴과 일치하는 각 줄의 첫째 문자열을 지정된 문자열로 치환
:1,10s/패턴/문자열/g	1행과 10행 사이에서 패턴과 일치하는 모든 문자열을 지정된 문자열로 치환

문자열 치환 명령 s에서 마지막에 위의 g와 같은 옵션을 사용할 수 있다. g(global)는 모든 문자열을 치환하게 하며, i(ignore case)는 대소문자 구분 없이 패턴을 검색하며, c(confirm)는 문자열을 바꿀 때에 치환 여부를 묻는다. 이 옵션들은 서로 함께 사용할 수 있다.

파일의 저장 및 종료

파일 편집한 후 저장하거나 종료할 때에는 다음과 같은 키를 사용한다.

명령키	동작
:w	현재 편집 파일에 저장
:w *file*	지정된 이름의 파일로 저장
:q	종료하기 (수정한 것을 저장하지 않으면 종료되지 않음)
:q!	수정한 것을 저장하지 않고 종료
:wq 또는 ZZ	저장하고 종료

편집 내용을 저장하고 종료하는 키로 :wq 뿐만 아니라 ZZ를 추가로 제공하는 데, 왼쪽 shift를 누르고 바로 옆에 있는 z를 누르면 되므로 :wq를 사용하는 것보다 간편하게 사용할 수 있다.

저장하는 w 명령은 범위를 지정하여 파일의 일부만 저장할 수 있는 등 다음과 같이 다양하게 사용할 수 있다.

명령키	동작
:1,10 w *file*	1행부터 10행까지를 지정된 이름의 파일에 저장
:w! *rofile*	지정된 이름의 읽기 전용 파일에 강제로 저장
:w %.c	현재 파일이름에 지정된 확장자(.c)를 붙인 파일이름으로 저장

행 연결

한 줄을 두 줄로 만들려면 줄을 나누려는 곳에서 <Enter>를 입력하면 된다. 두 줄을 한 줄로 만들려면 보통의 편집기에서는 줄의 맨 앞에서 <BackSpace>로 앞 글자를 삭제하면 현재 줄이 앞의 줄과 연결된다. 그렇지만 vi에서는 줄의 맨 앞에서 앞 글자 삭제 키인 X를 누르면 아무 변화가 없다. 두 줄을 한 줄로 연결하기 위해서는 다음과 같이 명령키 "J" (join line)를 사용한다.

명령키	동작
J (대문자)	현재 행을 다음 행과 연결하여 한 줄로 만든다.

4.3 vi 편집기의 고급 사용

파일 읽어오기

현재 작업 중인 파일 편집을 마친 후 다른 파일을 읽어서 편집을 하고자 할 때에는 vi를 종료하지 않고 수행할 수 있다. 그리고 다른 파일의 내용을 읽어서 현재 편집 중인 파일에 끼워 넣을 수도 있다. 다음과 같은 파일 읽기와 관련된 명령을 제공한다.

명령키	동작
:r *file*	(끼워넣기) 지정된 파일을 입력하여 현재 커서 위치에 삽입
:e *file*	(불러오기) 지정된 파일을 읽어서 편집 수행 (수정된 현재 파일이 저장되지 않으면 수행되지 않음)
:e! *file*	현재 파일을 저장하지 않았더라고 지정된 파일의 편집 수행
:n	vi를 시작할 때 여러 파일을 인수로 지정한 경우에 다음 파일로 이동

vi를 시작할 때에 다음과 같이 인수로 여러 개의 파일을 사용할 수 있다.

```
$ vi a.txt b.txt c.txt
```

이렇게 하였을 때에 파일 편집은 인수 순서대로 수행되며, 편집한 파일을 저장한 후에 :n 명령을 사용하면 다음 인수의 파일 편집이 시작된다.

셸 명령어 실행

vi에서 편집을 하는 도중에 셸 명령어를 수행하고자 할 때에 다음 명령키를 사용하여 vi를 종료하지 않고 수행할 수 있다.

명령키	동작
:! 명령어	명령어를 실행. Enter를 입력하면 vi로 되돌아 옴
:sh	셸을 실행하여 프롬프트 출력. exit를 입력하면 vi로 되돌아 옴
:r! 명령어	현재 커서 위치에 명령어를 실행한 결과를 삽입
!! 명령어	현재 커서 위치에 명령어를 실행한 결과를 삽입

버퍼 사용

복사하거나 삭제하는 내용은 버퍼에 저장된다. 새로운 내용이 복사 또는 삭제되면 이전에 저장되었던 버퍼의 내용은 없어진다. 그러므로 최근에 저장된 내용만 붙이기가 가능하다.

vi는 복사 또는 삭제할 때에 알파벳 문자로 버퍼의 이름을 지정하면 버퍼 이름을 중복하여 사용하지 않는다면 저장된 내용을 보존하여 붙이기에 사용할 수 있다. 이름을 지정하여 버퍼에 복사하려면 다음과 같이 큰 따옴표와 알파벳 문자를 연속하여 입력한 후에 복사 또는 삭제 명령을 입력한다.

```
"a3yy                   ... 3줄을 복사하여 버퍼 a에 저장
"ap                     ... 버퍼 a의 내용을 붙이기
```

옵션 설정

vi에서는 줄 번호가 표시되게 하거나, 탭 간격을 조정하는 것과 같이 내부 동작에 영향을 주기 위하여 옵션 변수를 사용할 수 있다. vi에서 옵션은 set 명령을 사용하여 설정한다. set 명령은 se를 사용해도 된다. 다음은 줄 번호가 표시되게 하는 옵션 설정이다.

```
:set number                 ... 줄 번호 표시 (약어: se nu)
```

줄 번호를 표시되지 않게 하려면 다음과 같이 옵션이름 앞에 no를 붙인 이름을 설정한다.

```
:set nonumber               ... 줄 번호 없음 (약어: set nonu)
```

앞의 number 옵션은 설정 여부를 지정하는 데, 일부 옵션 변수는 숫자 또는 문자열 값을 갖는다. 탭 위치 간격을 나타내는 tabstop(약어 ts)가 이러한 옵션 변수로서 다음은 탭 위치 간격을 4문자로 설정한 것이다.

```
:set ts=4
```

여러 개의 옵션들을 다음과 같이 한 번에 설정할 수도 있다.

```
:set number autoindent ts=4
```

set 명령을 옵션 없이 사용하면 기본 설정과 모든 옵션 설정 정보를 출력하며 all을 사용하면 모든 설정 정보를 출력한다.

```
:set                        ... 기본 설정과 다른 옵션 정보 출력
:set all                    ... 모든 옵션 정보 출력
```

다음은 주요 vi 옵션 변수이다. 값을 지정하지 않는 변수는 옵션 설정을 해제하려면 :set noai와 같이 옵션 이름 앞에 no를 붙인 옵션을 설정한다.

set 변수	약어	기능
number	nu	행 번호를 표시
autoindent	ai	자동 들여쓰기
cindent	cin	C언어 들여쓰기
ignorecase	ic	문자열 검색을 할 때에 대소문자 구분 무시
list		탭, 개행 문자를 ^I와 $로 표시
cursorline	cul	현재 커서가 있는 줄에 밑줄 표시
hlsearch	hls	검색 문자열을 highlight 표시
showmode	smd	화면의 왼쪽 아래에 현재 동작 모드 표시
wrap		긴 줄은 화면의 다음 줄로 이어서 표시
tabstop	ts	(값 지정) 탭 위치 간격 문자 수 설정
shell	sh	(값 지정) vi에서 사용하는 셸의 경로이름 설정
wrapmargin	wm	(값 지정) 자동적으로 줄을 바꾸는 오른쪽 여백 문자 수 설정

초기화 파일

vi의 옵션 설정을 기본값과 다르게 설정하고자 한다면 vi의 설정 초기화 파일에 저장해 놓는다. 원래의 vi는 홈 디렉토리에 있는 .exrc 파일을 초기화 파일로 사용하지만 리눅스의 vim은 홈 디렉토리에 있는 .vimrc를 대신 사용한다.

다음은 초기화 파일의 한 예이다.

```
$ cat .vimrc
set ts=4
set nu
set nohls
```

기타 유용한 기능

vi에서 제공하는 기타 유용한 기능들은 다음과 같다.

- **화면 다시 그리기(^L) :** 편집기 작업 중에 다른 프로그램에 의해서 화면에 편집과 관계없는 내용이 표시될 수 있다. 이러한 경우에는 ^L을 입력하면 화면이 다시 표시되어 편집과 관계없는 내용이 없어진다.

- **괄호 짝 찾기(%)** : %를 입력하면 괄호 ( ) 또는 { }의 서로 짝이 되는 괄호를 찾아서 커서가 이동한다. 프로그램을 작성할 때에 괄호의 범위를 찾는 데 유용하다.

- **빠른 문자열 탐색(* 또는 #)** : 찾으려는 문자열에 커서를 두고 * 또는 #을 입력하면 /\<문자열\> 또는 ?\<문자열\> 명령을 입력한 것과 같게 되며, 해당 문자열의 단어를 위 또는 아래로 탐색한다.

4.4 emacs 편집기

Emacs는 Editor MACroS의 약어로 Lisp 언어로 작성되었던 편집기로서 자유 소프트웨어 재단에 의해서 발전을 거듭했다. emacs는 많은 확장성을 가지고 있어 상당히 강력한 기능을 가지고 있으나 사용법이 다소 어려워서 이러한 기능에 익숙해지려면 시간이 소요되는 단점을 갖고 있다. 여기서는 emacs의 기본적인 사용법을 소개하고자 한다.

emacs도 vi와 마찬가지로 편집 기능에 대한 명령키를 미리 알고 사용해야 한다. emacs는 입력 모드와 명령 모드를 구분하지 않으며, 명령키는 Control이나 Alt(또는 Esc)를 사용한 키로 시작된다. 명령키 설명에서 다음과 같은 표기법을 사용할 것이다.

표기법	입력 명령 키
C-a	Ctrl-a
C-A	Ctrl-Shift-a
M-a	Alt-a (동시에 누름) 또는 Esc a (연속하여 누름)
M-A	Alt-Shift-a 또는 Esc Shift-a
C-M-a	Ctrl-Alt-a

시작 및 종료하기

emacs 편집기는 다음과 같이 편집할 파일을 인수로 사용하여 시작한다.

```
$ emacs heart2
```

위의 명령어를 입력하면 터미널 화면 전체가 화면 아래에 파일 이름과 같은 버퍼 이름이 표시된 다음과 같은 편집 화면으로 바뀐다.

여기서 문자를 입력하면 현재의 커서 위치에 그대로 입력되며 커서 위치의 문자는 뒤로 이동한다. 파일 편집을 끝냈으면 버퍼에 저장된 편집 내용을 파일에 저장하고 종료해야 한다. emacs의 명령키는 연속적으로 키를 입력하는 것이 많이 있다. 편집 내용을 파일에 저장하고 종료하는 명령키는 다음과 같이 연속적인 제어키 입력으로 이루어진다.

명령키	동작
C-x C-s	저장
C-x C-c	종료

명령키가 연속적인 키 입력으로 구성되는 경우에는 먼저 입력한 키(여기서는 C-x-)는 다음과 같이 화면 아래에 표시된다.

문자 입력 및 삭제

키보드에서 문자를 입력하면 현재의 커서 위치에 그대로 입력된다. 제어코드와 같이 화면에 출력되지 않는 특수한 문자는 다음과 같이 C-q 명령을 사용하여 입력한다.

명령키	동작
C-q C-x	문자 x에 대해서 Ctrl-X가 입력되어 화면에 ^X로 표시
C-q 8진수코드 Enter	8진수 코드에 해당하는 문자가 입력됨

입력을 잘못한 경우에 BackSpace 또는 Delete 키를 사용하여 글자를 삭제할 수 있다. BackSpace는 커서 앞의 글자를 삭제하고, Delete는 커서 위치의 글자를 삭제한다. 터미널의 삭제키가 Delete(^?)로 설정되어 있는 경우에는 Delete가 커서 앞 글자를, C-d가 커서 위치의 글자를 삭제할 수도 있다.

터미널의 폭보다 긴 줄이 입력되면 계속되는 입력은 다음 줄로 넘어가서 표시되며 현재 줄 끝에 역슬래시(\)가 표시된다.

커서 이동

커서 이동에 사용되는 명령키는 다음과 같으며, 키보드의 방향키와 Home, End, PgUp, PgDn 키도 커서 이동에 사용할 수 있다.

명령키	동작
C-p	(previous) 커서를 위로 이동
C-n	(next) 커서를 아래로 이동
C-b	(backward) 커서를 뒤로(왼쪽으로) 이동
C-f	(forward) 커서를 앞으로(오른쪽으로) 이동
C-a	커서를 줄의 시작으로 이동
C-e	커서를 줄의 끝으로 이동
M-b	한 단어 뒤로 이동
M-f	한 단어 앞으로 이동
M-a	문장의 시작으로 이동
M-e	문장의 끝으로 이동
C-v	한 화면 다음으로 이동
M-v	한 화면 이전으로 이동
M-<	문서의 처음으로 이동
M->	문서의 끝으로 이동

삭제와 제거

emacs에서 편집 중인 텍스트를 지우는 경우에 지워지는 텍스트를 저장하고 지우는 것을 삭제(kill)한다고 하고, 저장하지 않고 지우는 것을 제거(delete)한다고 말한다. 앞에서 소개한 문자 삭제는 저장되지 않는 제거 동작을 한다.

텍스트 삭제에 사용되는 주요 키는 다음과 같다. 그리고 텍스트 삭제는 동작을 취소하여 복원할 수 있다.

명령키	동작
C-k	줄의 커서 이후의 부분을 삭제
M-d	단어 삭제(커서 이후)
M-k	문장 삭제(커서 이후)
C-x u	최근의 명령을 취소한다. 최근의 삭제를 복원하는 데 사용할 수 있다.

찾기와 바꾸기

문자열 검색 및 바꾸기에 사용되는 키는 다음과 같다. 문자열을 처음 검색을 할 때에 명령키 다음에 문자열을 입력하면 처음으로 찾은 문자열을 가리킨다. 명령키를 반복 입력하면 다음 위치의 문자열을 찾는다. Esc를 누르면 찾기가 종료된다.

명령키	동작
C-s	커서 이후의 부분에서 문자열 검색
C-r	커서 이전의 부분에서 문자열 검색
M-%	문자열을 새로운 문자열로 바꿈

특정 문자열을 다른 문자열로 바꾸고자 하면 "ESC %" 를 입력한 다음에, 프롬프트에서 바꿀 문자열과 새로운 문자열을 차례대로 입력하여 수행한다.

영역 삭제, 복사 및 붙이기

영역을 지정하여 삭제 또는 복사하여 버퍼에 저장한 후에 다른 곳에 붙여넣기를 할 수 있다. 영역을 지정하고자 하는 곳의 시작 위치에 커서를 이동하고 C-space(또는 C-@)를 누르면 영역 지정이 시작된다. 영역의 마지막 위치로 커서를 이동한 후에 삭제하거나 복사한 후 커서를 원하는 위치로 이동하여 붙이기를 한다. 다음은 이와 관련된 명령키이다.

명령키	동작
C-w	지정된 영역(마크부터 현재 커서 위치까지)을 삭제
M-w	지정된 영역을 복사
C-y	마지막으로 삭제/복사된 텍스트를 붙이기
C-space 또는 C-@	마크를 지정

기타 명령

emacs에서 유용하게 사용되는 기타 명령키는 다음과 같다.

명령키	동작
C-g	현재 명령 종료
C-x 1	현재 창을 제외한 나머지 창을 닫음
C-x 0	현재 창을 닫음
C-h	안내문 사용 (추가적인 옵션 입력이 필요)
C-x C-f	새로운 파일 편집을 시작 (프롬프트에서 파일이름 입력)
C-l	화면을 다시 표시

명령 종료 키 C-g는 연속적인 명령키 입력을 취소하고자 할 때에 유용하다. C-x C-f는 emacs을 종료하지 않고 다른 파일을 편집할 때 사용한다. C-h는 안내문을 볼 때에 사용하는데 터미널의 삭제키가 ^H로 되어 있는 경우에 emacs에서 삭제키로 동작할 수도 있다. 이 경우에는 다음과 같이 삭제키를 Delete키로 설정해야 C-h를 안내문을 보는 데 사용할 수 있다.

```
$ stty erase ^?
```

명령어

이 장에서는 다음과 같은 명령어를 소개하였다.

vi   view   vim   emacs

Linux 복습문제

1. vi에서 입력모드로 전환하는 여러가지 방법들을 알아보시오.

2. vi에서 다음을 수행하기 위한 방법을 적으시오.

(1) 길이가 세 글자인 단어를 수정한다.
(2) 최근에 수정한 내용을 원래대로 되돌린다.
(3) 10행부터 40행 사이에 있는 모든 unix를 linux로 변경한다.
(4) 현재 커서 위치에 input이라는 이름의 파일 내용을 삽입한다.
(5) 4행부터 6행까지의 내용을 8행 뒤로 옮긴다.
(6) 현재 편집파일을 저장하고 종료한다.
(7) 행 번호를 표시한다.
(8) 현재부터 4행을 다른 행 뒤로 복사한다.
(9) 현재부터 2행을 다른 행 뒤로 옮긴다.
(10) 현재 행과 다음 행을 하나의 행으로 합친다.
(11) 문자열 set을 찾는다. set을 포함한 단어도 탐색 대상이다.
(12) 단어 set을 찾는다.

3. vi에서 편집중인 파일을 저장하고 종료하는 명령어를 2개 이상 적으시오.

Linux 연습문제

1. 홈 디렉토리에서 .vimrc 파일을 자신이 선호하는 vi 초기화 설정을 하도록 작성하여 저장하고, vi를 다시 실행시켜서 초기화 설정을 확인하시오.

2. 영문으로 된 서적이나 인터넷 자료를 참고하여 문장을 입력하면서 vi의 다양한 기능을 확인하고, 확인한 기능을 적어보시오.

3. 2번에서 작성한 내용 중 일부를 다른 이름의 파일로 저장하시오.

4. 2번에서 작성한 내용 중 두 영역(연속된 줄 또는 단어)을 각각 이름이 지정된 버퍼로 복사하고 문서의 다른 곳에 붙이기를 하시오. 이 방법은 이름이 지정되지 않은 보통의 버퍼에 저장하여 복사하는 것에 비해서 어떠한 장점이 있는가?

5. emacs 편집기로 문장을 입력하면서 emacs의 기본 기능을 확인하시오.

chapter
05 셸

5.1 셸의 기능과 종류

셸의 개요

셸(shell)은 운영체제에 대한 사용자 인터페이스 역할을 하는 프로그램으로서 사용자가 명령어를 입력하면 이를 해석하여 실행시키는 명령어 해독기(command interpreter) 역할을 수행한다. 셸은 명령어 해독기 기능 이외에도 셸 스크립트라고 불리는 프로그램 기능, 표준 입출력 방향전환, 파이프 등의 다양한 기능을 제공한다.

셸은 유닉스의 최초의 셸인 본셸(sh - Bourne Shell)부터 현재 리눅스의 기본 셸로 사용되는 배쉬 셸(bash - Bourne Again Shell)까지 다양한 셸들이 있으며, 이들 중에서 기본 셸을 지정하여 사용한다. 이 책에서는 리눅스의 기본 셸인 bash를 중심으로 소개한다.

셸의 기본 동작

셸이 시작되면 프롬프트를 표시하고 사용자가 명령어를 입력하기를 기다린다. Control-D가 입력되면 입력의 끝으로 해석하여 셸을 종료시키고, 그렇지 않은 경우에는 입력받은 사용자 명령어를 실행한 후 프롬프트를 출력하여 다음 명령어를 기다리면서 앞의 과정을 반복한다. exit 명령어도 셸을 종료시키며, 로그인할 때 호출된 로그인 셸은 logout 명령어에 의해서도 종료된다.

셸의 종류

리눅스에서 사용가능한 셸은 다음과 같은 여러 종류가 있다. 이들은 명령어를 실행하는 기능을 포함한 기본적인 기능들은 비슷하지만 프로그램 문법과 기타 기능에 약간 씩 차이가 있다.

- **본셸(Boure shell – sh) :** 유닉스에서 최초로 사용한 셸로서 개발자의 이름 Stephen Bourne을 따서 붙여진 이름이다. 명령어 이름은 sh이다. 현재 사용하는 많은 시스템 관리를 위한 셸 스크립트는 대부분 sh을 기반으로 한다. 그렇지만 작업제어, 히스토리, 별명 등과 같은 사용자 편의 기능이 부족하여 본셸의 기능을 개선한 여러 종류의 셸이 등장하였다.
- **C셸(C shell – csh) :** 미국 UC버클리 대학에서 개발한 셸로서 UNIX BSD 버전에 포함되어 발표되었다. 프로그램 구문 형식이 C 언어와 유사하여 C셸이라는 이름을 사용하였으며 명령어 이름은 csh이다. C셸은 작업제어, 히스토리, 별명 등과 같은 사용자 편의 기능도 추가하여 유닉스에서 sh 대신에 기본 로그인 셸로서 사용되기도 했다.
- **콘셸(Korn shell – ksh) :** 80년대 중반에 벨 연구소의 David Korn이 개발하였으며 UNIX SVR 4에 포함되어 발표되었다. 명령어 이름은 ksh이다. 본셸(sh)과 호환성을 유지하면서 작업제어, 히스토리, 별명 등의 C셸의 특징을 모두 제공하여 sh의 확장된 버전이라고 할 수 있다.
- **배쉬 셸(Bourne Again shell – bash) :** 본셸을 기반으로 88년에 Brain Fox에 의해서 GNU 프로젝트에 의해서 개발된 셸로서 본셸과 호환성을 유지하면서 csh과 ksh의 사용자 편의 기능을 모두 가지고 있다. 현재 리눅스의 기본 로그인 셸로 사용되고 있다.
- **개선된 C셸(Enhanced C shell – tcsh) :** csh의 기능을 강화시킨 셸로서 현재 리눅스에서 csh 대신에 사용하고 있다.
- **데비안 셸(Debian Almquist shell – dash) :** bash가 복잡하여 다소 느린 단점을 보완하기 위하여 개발된 본셸과 호환성을 갖는 셸이다. 우분투 리눅스의 기본 셸로 사용되며 간단한 셸을 필요로 할 때에 유용하다.

기본 로그인 셸 변경 – chsh

계정이 만들어질 때에 리눅스에서는 로그인할 때 사용하는 기본 셸로 대개 bash를 사용한다. 기본 로그인 셸을 바꾸어 사용하고자 할 경우에 다음과 같이 chsh 명령어를 사용하여 변경할 수 있다.

```
$ chsh
Changing shell for gdhong.
암호:                                   ... 로그인 암호를 입력
New shell [/bin/bash]: /bin/tcsh        ... 새로운 셸의 절대경로 이름 입력
Shell changed.
```

```
$ chsh -s /bin/bash                     ... -s 옵션 다음에 새로운 셸 지정
Changing shell for gdhong.
암호:                                   ... 로그인 암호 입력
Shell changed.
```

새로 사용할 셸은 설치되어 사용할 수 있어야 하며, 절대 경로 이름을 입력해야 한다. 로그아웃 후에 다시 로그인을 하면 로그인 셸이 변경된 것을 확인할 수 있다.

사용가능한 로그인 셸들의 절대경로 목록은 다음과 같이 -l 옵션을 함께 사용하여 확인할 수 있다. 여기서 /sbin/nologin은 로그인을 거절하는 동작을 하며 로그인을 허용하지 않도록 하는데 사용된다.

```
$ chsh -l                               ... 사용가능한 셸 확인
/bin/sh
/bin/bash
/sbin/nologin
/bin/tcsh
/bin/csh
/bin/dash
```

서브셸 실행

잠깐 동안 다른 셸을 사용하고자 할 경우에는 로그인 셸을 변경하는 것 대신에 다른 셸의 명령어를 입력하여 **서브셸(subshell)**을 생성하여 사용할 수 있다.

```
$ csh
%                            ... csh 서브셸 시작
... 생략 ...
% exit                       ... csh 서브셸 종료
$
```

5.2 실행파일과 내장 명령어

셸은 자체적으로 처리할 수 있는 명령어를 갖고 있다. 이러한 명령어를 **내장 명령어**라고 한다. 셸이 명령어를 처리할 때에 내장 명령어이면 자체적으로 처리하여 실행하고, 내장 명령어가 아니면 명령어 이름의 실행 파일을 찾아서 실행시킨다. 실행 파일로 제공되는 명령어를 **외부 명령어** 또는 **유틸리티**라고도 한다. 명령어의 실행이 종료되면 셸은 다시 프롬프트를 출력한다. 명령어 이름의 파일을 찾지 못하거나 명령어 파일이 실행 허가권을 갖고 있지 않으면 명령어는 실행될 수 없으며 셸은 에러 메시지를 출력한다.

내장 명령어

셸이 제공하는 내장 명령어는 셸에 따라서 차이가 있지만 공통적으로 제공하는 내장 명령어도 많이 있다. 디렉토리를 변경하는 명령어인 cd가 대표적인 내장 명령어이다. 대부분의 내장 명령어는 man 명령어를 사용하면 다음과 같이 출력되어 내장 명령어임을 확인할 수 있다.

```
$ man cd
BASH_BUILTINS(1)                                              BASH_BUILTINS(1)

이름
       bash,  :, ., alias, bg, bind, break, builtin, case, cd, command, continue,
       declare, dirs, disown, bash-echo, enable, eval, exec,  exit,  bash-export,
       fc,  fg,  for,  getopts,  hash,  help,  history, if, jobs, bash-kill, let,
       local, logout, popd, pushd, bash-pwd, read, readonly, return, set,  shift,
       shopt,  source,  suspend,  bash-test,  times, trap, type, typeset, ulimit,
       umask, unalias, unset, until, wait, while -  bash  built-in  명 령 어 들,
       bash(1)를 참고하라.
...
```

그렇지만 일부 내장 명령어는 같은 이름의 유틸리티 프로그램이 존재하기도 한다. 이러한 명령어는 man 명령어를 사용할 때에 위와 같은 출력 대신에 유틸리티 프로그램의 매뉴얼이 출력된다.

내장 명령어 echo

echo는 인수를 출력하는 내장 명령어이다. 기본적으로 마지막에 개행 문자를 출력하여 줄을 바꾼다. -n 옵션을 함께 사용하면 줄을 바꾸지 않는다. 주로 셸 프로그램에서 정보를 출력을 할 때에 사용하지만, 셸의 다양한 기능을 확인하기 위한 출력을 하는 데 사용할 수 있다.

```
$ echo Hello Linux
Hello Linux                    ... 인수를 출력하고 줄 바꿈
$ echo -n Hello Linux
Hello Linux$                   ... 줄 바꿈을 하지 않아서 프롬프트가 같은 줄에 출력
```

echo 명령어는 유틸리티 프로그램(/bin/echo)으로도 존재한다. 그렇지만 유틸리티 프로그램은 내장 명령어와 약간의 기능 차이가 있을 수 있다.

외부 명령어 printf

printf도 echo와 마찬가지로 인수를 출력하는 명령어로서 외부 명령어이다. printf 명령어는 C 언어의 printf 함수와 비슷하게 첫째 인수에 출력 형식을 지정하며 자동 줄 바꿈을 하지 않으므로 \n을 출력하여 명시적으로 줄 바꿈을 해야 한다. 빈칸이나 \n과 같이 역슬래시로 시작되는 문자를 포함하는 출력 문자열은 따옴표를 사용해야 한다.

```
$ printf "Hello Linux\n"                ... 문자열 출력
Hello Linux
$ printf "%d + %d = %d\n" 10 20 30      ... 출력 형식 지정
10 + 20 = 30
```

실행파일 경로

셸이 명령어를 처리할 때에 내장 명령어가 아닌 경우에 명령어가 /bin/ls와 같은 절대 경로 이름이나 ./hello와 같은 상대 경로 이름으로 되어 있으면 해당 위치의 실행파일을 실행시킨다. 경로가 지정되지 않은 명령어는 실행파일 경로에 설정된 디렉토리들을 순서대로 검색하여 해당 이름의 실행파일을 찾아서 실행시킨다. 파일을 찾지 못하거나 실행허가권이 없는 경우에는 명령어를 처리할 수 없다.

실행파일의 경로는 환경변수 PATH에 디렉토리들이 : 로 구분된 문자열로 저장되어 있다. 환경변수에 대해서는 뒤에서 자세히 소개하기로 한다. 현재의 실행파일 경로는 다음과 같이 출력할 수 있다. $PATH는 환경변수 PATH의 값을 나타낸다.

```
$ echo $PATH
/usr/local/bin:/usr/bin:/bin:/usr/sbin:/sbin
```

5.3 셸의 메타 문자

셸에서 특수한 용도로 사용되는 문자들이 있으며 이를 메타 문자(metacharacter)라고 부른다. 다음 표는 셸에서 사용하는 메타 문자들과 용도를 정리한 것으로 자세한 사용법은 앞으로 소개하도록 한다.

문자	의미
>	(출력 방향전환) 표준출력을 파일에 저장
>>	(출력 방향전환 - 추가) 표준출력을 파일에 추가하여 저장
<	(입력 방향전환) 파일에서 표준입력을 읽음
<<	(입력 방향전환 - here document) 명령어 행에 포함된 지정된 부분에서 표준입력을 읽음
*	(파일이름 대치) 0개 이상의 문자
?	(파일이름 대치) 한 문자
[...]	(파일이름 대치) 대괄호 안의 임의의 문자
~	홈 디렉토리
`cmd`	(명령어 대치) 명령어 *cmd*의 출력으로 대치
|	(파이프) 이전 명령어의 표준출력을 다음 명령어의 표준입력으로 전달
;	(명령어 열) 하나의 명령어 행에서 제공된 여러 명령어들을 순서대로 실행
||	(조건부 명령어 열) 이전 명령어가 실패하면 다음 명령어 실행
&&	(조건부 명령어 열) 이전 명령어가 성공하면 다음 명령어 실행
(...)	(명령어 그룹) 표준 입출력을 공유하는 명령어 그룹 형성
&	(후면처리) 셸이 다음 명령어를 바로 처리할 수 있도록 명령어를 후면처리
$	(변수값 대치) 변수 접근을 위해서 변수 값으로 대치
#	(주석) 줄 끝까지는 주석으로서 무시
\	(탈출문자) 다음 문자의 특수 용도 사용 금지

메타 문자로 사용되는 문자를 특수한 용도로 사용하지 않고 문자 그대로 사용하려면 "\"를 앞에 함께 사용해야 한다. 다음은 메타 문자를 특수 용도로 사용하는 경우와 그렇지 않은 경우에 대한 예이다.

```
$ echo hello > world                ... echo 출력을 파일 world에 저장
$ cat world
```

```
hello

$ echo hello \> world                    ... >도 출력
hello > world
```

5.4 표준 입출력 방향전환

Linux

많은 명령어들이 표준 입력과 표준 출력을 사용하여 입출력을 수행한다. 표준 입출력 장치는 기본적으로 사용자가 접속한 터미널의 키보드와 화면을 사용한다. 명령어의 출력을 화면 대신에 파일에 저장하거나, 명령어의 입력을 키보드 대신에 미리 준비한 파일로부터 읽을 필요가 있다. 이를 위하여 셸은 표준 입력과 표준 출력 장치를 파일이나 다른 장치로 바꾸어 지정하는 **표준 입출력 방향전환**(redirection) 기능을 제공한다.

표준 출력 방향전환

표준 출력을 파일로 변경하기 위해서 >와 >>를 사용한다. >과 >>는 명령어의 표준 출력을 화면 대신에 > 또는 >> 다음에 지정된 파일로 변경한다.

>는 지정된 파일에 저장하는 데 파일이 이미 존재하면 덮어쓰기를 하고, 없으면 새로 만들어서 저장한다. 기존 파일이 쓰기 허용을 하지 않으면 에러가 된다.

```
$ date                                   ... 출력을 화면에 표시
2015. 09. 10. (목) 13:38:48 KST
```

```
$ date > stamp                           ... 출력을 파일에 저장
$ cat stamp                              ... 파일 내용 보기
2015. 09. 10. (목) 13:38:53 KST
```

>>는 지정된 파일의 끝에 추가(append)하여 저장한다. 파일이 없으면 새로 만들어서 저장한다. >와 마찬가지로 기존 파일이 쓰기 허용을 하지 않으면 에러가 된다.

```
$ date >> stamp                          ... 출력을 파일에 추가
$ cat stamp                              ... 파일 내용 보기
2015. 09. 10. (목) 13:38:53 KST
2015. 09. 10. (목) 13:40:15 KST          ... 추가된 내용
```

사용자가 원하는 내용을 파일로 저장할 수 있는 가장 간단한 방법은 3.2절에서 소개했던 cat 명령어를 사용하는 것이다. cat 명령어를 인수 없이 사용하면 표준 입력을 읽어서 표준 출

력으로 출력하는 동작을 한다.

```
$ cat
Hello Linux                     ... 입력
Hello Linux                     ... 출력
Redirection                     ... 입력
Redirection                     ... 출력
^D                              ... 입력 끝 - 화면에 보이지는 않음
$ _
```

위의 예에서 다음과 같이 표준출력을 파일로 방향전환하면 키보드 입력을 간단하게 파일로 저장할 수 있다

```
$ cat > output                  ... 출력을 파일에 저장
Hello Linux
Redirection
^D
$ cat output                    ... 파일 내용 보기
Hello Linux
Redirection
```

표준 입력 방향전환

표준 입력을 파일로 변경하기 위해서는 <를 사용한다. <는 표준 입력을 키보드 대신에 < 다음에 지정된 파일로 변경한다. 표준 입력으로 방향전환을 할 파일은 입력할 내용을 미리 준비해야 하며 읽기 허용이 되어 있어야 한다.

인수가 없이 사용하는 cat 명령어에서 다음과 같이 표준입력을 파일로 변경하면 파일을 내용을 화면에 출력시킬 수 있다.

```
$ cat < output                  ... 표준입력 방향전환 - 파일에서 입력
Hello Linux
Redirection
```

이 예는 표준입력 방향전환 동작을 간단히 보여주기 위한 것으로서 cat 명령어는 파일이름을 인수로 지정하면 파일 내용을 출력하기 때문에 대개는 위와 같이 사용할 필요는 없다.

```
$ cat output                    ... 파일 output 내용을 출력
Hello Linux
Redirection
```

표준 입력 방향전환 – Here Document

<<를 사용하면 표준 입력을 명령어 행에 포함되는 인라인 텍스트(inline text)로 변경할 수 있다. 이 기능은 표준 입력이 명령어 행에 포함되기 때문에 here document라고 부르며, 셸 스크립트에서 명령어를 수행할 때에 표준 입력으로 사용할 내용을 별도의 파일로 준비하는 것 대신에 명령어 행에 포함시켜서 사용하고자 할 때에 유용하다.

다음은 2줄의 인라인 텍스트를 표준입력으로 사용하는 here document의 사용 예이다.

```
$ cat << MARK          ... MARK는 인라인 텍스트 시작을 표시
> Hello Linux          ... >는 2차 프롬프트
> Redirection
> MARK                 ... MARK는 인라인 텍스트 끝을 표시 (시작과 같음)
Hello Linux            ... 출력
Redirection
$ _
```

>> 다음의 단어 MARK는 인라인 텍스트의 시작과 끝을 나타내는 데 사용하며, 같은 단어로 명령어 행을 종료한다. 이 단어는 임의의 단어를 사용할 수 있다. 위의 예에서 줄의 앞에 출력되는 >는 셸의 **2차 프롬프트**로서 현재 명령어가 추가 입력이 필요함을 알려주는 데 사용된다. 인라인 텍스트의 시작을 표시하는 단어가 다시 입력되면 명령어 행의 입력이 종료되어 명령어가 실행된다.

표준 출력을 없애기

명령어의 표준 출력이 출력되는 것을 원하지 않는 경우에 표준 출력을 /dev/null 이라는 장치로 방향전환하여 재지정하면 된다. 특수 장치 파일인 /dev/null을 출력으로 사용하는 경우에는 출력을 소멸시키는 동작을 하며 이 파일을 읽는 경우에는 즉시 파일 끝(EOF)을 리턴하여 입력을 종료하게 한다.

```
$ echo Hello Linux > /dev/null       ... 출력이 표시되지 않음
$ _
```

5.5 파이프

셸은 한 명령어의 표준 출력을 다른 명령어의 표준 입력에 연결시키는 기능을 제공한다. 이러한 기능을 **파이프**(pipe)라고 하며 두 명령어를 연결하는 데 | 가 사용된다. 파이프도 표준입

출력 방향전환 기능 중 하나라고 할 수 있다. 그림 5.1은 파이프 동작을 설명한 것이다.

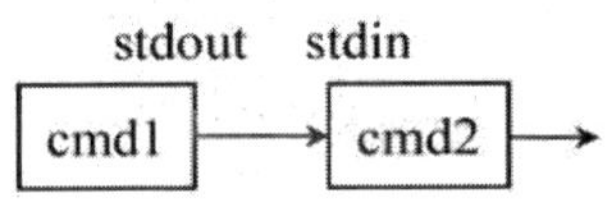

그림 5.1 파이프 동작

wc 명령어는 인수가 없이 사용되면 표준입력에 대한 단어 개수 등을 세어 출력한다. ls는 지정된 디렉토리에 있는 파일들의 목록을 출력하는 데 다음과 같이 wc 명령어와 파이프로 결합하여 사용하면, ls 명령어의 출력의 단어 개수를 세어서 파일의 개수를 출력할 수 있다.

```
$ ls                                    ... 현재 디렉토리 파일 목록
file1  file2  output  stamp  sub
$ ls | wc -w                            ... 파일 개수 출력
5
$ ls /bin | wc -w                       ... 다른 디렉토리의 파일 개수 출력
122
```

파이프를 많이 사용하는 경우 중 하나가 more와 결합하여 사용하는 것이다. more도 인수가 없이 사용되면 표준입력을 화면 단위로 출력을 한다. 어떤 명령어의 출력이 길어서 한 화면에 볼 수 없는 경우에는 more와 파이프로 결합하여 사용하면 화면 단위로 볼 수 있다. 다음은 이에 대한 사용 예이다.

```
$ ls -l /bin | more
합계 8040
-rwxr-xr-x  1 root root     123 2015-01-27 01:22 alsaunmute
-rwxr-xr-x  1 root root   27776 2014-10-15 13:51 arch
lrwxrwxrwx  1 root root       4 2015-01-13 14:58 awk -> gawk
-rwxr-xr-x  1 root root   26264 2014-10-15 13:51 basename
... 중간 생략 ...
-rwxr-xr-x  1 root root  109672 2015-10-17 16:48 dash
-rwxr-xr-x  1 root root   59392 2014-10-15 13:51 date
-rwxr-xr-x  1 root root   12600 2015-04-22 19:52 dbus-cleanup-sockets
--More--
```

파이프는 세 개 이상의 명령어들도 결합하여 사용할 수 있다. 유닉스와 리눅스에서는 많은 명령어들이 표준 입력을 처리하여 표준 출력으로 결과를 제공하는 기능을 포함하는 데 이러한 명령어들을 파이프로 결합하여 사용하면 더 복잡한 작업을 간편하게 수행할 수 있다.

파이프와 tee 유틸리티

tee 명령어는 표준 입력을 읽어서 표준 출력과 파일에 동시에 출력하는 동작을 수행한다. tee를 다음과 같이 다른 명령어와 파이프로 결합하여 사용하면 결과를 화면으로 봄과 동시에 파일에 저장할 수 있다.

```
$ date | tee out1
2015. 09. 14. (월) 12:21:53 KST
$ cat out1              ... 파일에 저장된 내용 출력
2015. 09. 14. (월) 12:21:53 KST
```

tee 명령어는 다음 그림과 같이 두 명령어의 파이프 중간에 사용하면 첫 번째 명령어의 출력을 저장함과 동시에 두 번째 명령어로도 전달하는 역할을 수행한다. tee 명령어의 동작은 그림 5.2에서와 같이 영문자 T 모양과 같다.

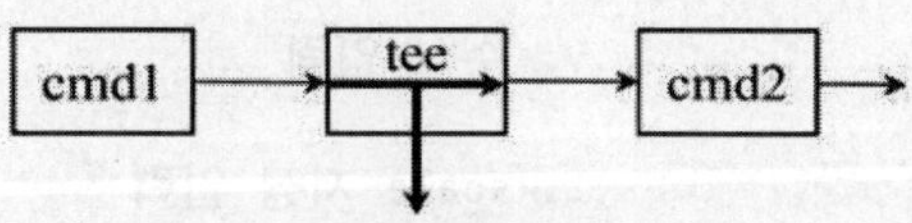

그림 5.2 tee 명령어 동작

다음은 두 명령어의 파이프 중간에 tee 명령어를 사용한 예이다. tee가 중간에 포함되어 세 명령어가 파이프로 연결되었다.

```
$ ls | tee out2 | wc -w                    ... 세 명령어의 파이프 연결
7
$ cat out2                                 ... tee가 저장한 파일 내용
file1
file2
out1
out2
output
stamp
sub
```

파이프는 입력을 변환하거나, 주어진 조건을 만족하는 내용을 선택하여 출력하는 필터 동작을 수행하는 명령어와 결합하여 많이 사용된다. 이러한 명령어들에 대해서는 뒤에 다시 보기로 한다.

계산기 명령어 – bc

bc 명령어는 basic calculator의 약어로서 무한 정밀도를 갖는 계산기 명령어이다. 대화형으로 수식을 입력받아서 계산 결과를 제공하며, scale을 지정하지 않으면 기본적으로 정수 범위에서 계산을 수행한다. 인수로 파일이 주어지는 경우에는 파일의 수식을 먼저 처리한 후에 표준 입력을 사용한다. bc는 간단한 수식 이외에도 수학 라이브러리 함수를 사용할 수 있으며 프로그래밍 언어 구문도 지원한다. bc에 대한 자세한 내용은 9.4절에서 다룬다. 다음은 bc 계산기의 사용 예이다.

```
$ bc
bc 1.06.95
Copyright 1991-1994, 1997, 1998, 2000, 2004, 2006 Free Software Foundation, Inc.
This is free software with ABSOLUTELY NO WARRANTY.
For details type `warranty'.
10+20                       ... 수식 입력
30
40000*50/222                ... 수식 입력
9009
scale=3                     ... scale 지정 입력
1/3                         ... 수식 입력
.333
^D                          ... 종료 - 화면에 표시 안 됨
$ _
```

bc 명령어는 다음과 같이 echo 명령어로 수식을 출력한 후에 파이프를 사용하여 전달받아서 비대화형으로 실행할 수 있다.

```
$ echo 100 + 200 - 50 | bc
250
```

5.6 파일 이름 대치 - wildcard

셸은 파일 이름의 패턴을 사용하여 파일들을 나타낼 수 있는 기능을 제공한다. 패턴을 나타내는 데 사용되는 메타 문자들을 **와일드카드(wildcard)**라고 부른다. 셸은 와일드카드 문자를 포함한 파일 이름 패턴을 이 패턴과 매칭되는 파일 이름들의 정렬된 목록으로 바꾸어주는 **파일 이름 대치** 동작을 수행한다.

셸에서 와일드카드로 사용되는 문자들과 의미는 다음과 같다.

문자	의미
*	임의의 길이의 문자열과 매칭됨 (빈 문자열 포함)
?	임의의 한 문자와 매칭됨
[..]	대괄호 [ ] 내의 문자들 중 한 문자와 매칭됨, 연속적인 문자들은 시작 문자와 마지막 문자 사이에 하이픈 -를 사용하여 문자의 범위로 나타낼 수 있다.

다음은 여러 가지 와일드카드 문자들을 사용하는 예이다.

```
$ ls                            ... 현재 디렉토리의 파일 목록
file1  file2  out1  out2  output  stamp  sub
$ echo f*                       ... f로 시작하는 파일 이름으로 대치
file1 file2
$ echo f\*                      ... *는 앞의 \때문에 와일드카드로 사용되지 않음
f*
$ ls out?                       ... out과 한 문자가 결합된 파일이름으로 대치
out1 out2
$ echo *[12]                    ... 1 또는 2로 끝나는 파일 이름으로 대치
file1 file2 out1 out2
$ ls -l /bin/[x-z]*             .../bin 디렉토리의 x부터 z사이의 문자로 시작
                                   하는 파일 이름으로 대치하여 ls 실행
lrwxrwxrwx 1 root root  8 2015-01-13 15:00 /bin/ypdomainname -> hostname
-rwxr-xr-x 1 root root 62 2014-03-18 05:00 /bin/zcat
$ echo a*                       ... 매칭되는 파일이 없으면 그대로 사용
a*
$ ls a*                         ... 파일 a*가 없으므로 ls 실행 에러
ls: cannot access a*: 그런 파일이나 디렉토리가 없습니다
```

위의 예에서 셸은 현재 디렉토리의 파일 목록을 검색하여 f*는 file1 file2로, out?는 out1 out2로, [os]*는 out1 out2 output stamp sub로 바꾸어서 명령어를 실행시킨다. 그리고 /bin/[x-z]*는 /bin 디렉토리를 검색하여 /bin/ypdomainname /bin/zcat으로 대치된다.

중괄호 사용한 문자열 대치

파일 이름 대치와 유사한 기능으로 **중괄호 확장** 기능을 들 수 있다. 이 기능은 원래 csh에서 제공된 기능이다. 명령어의 인수로 다음과 같이 중괄호를 사용하면 공통의 접두어와 접미어를 갖는 두 문자열로 대치된다.

```
abc{def,pqr}xyz    →    abcdefxyz abcpqrxyz
```

다음은 인수에 중괄호 확장을 사용한 예이다. 중괄호 안에 와일드카드 문자도 사용할 수 있으며 와일드카드 문자는 매칭되는 파일이름으로 대치된다.

```
$ echo /usr/include/{stdio,signal}.h          ... 단순한 중괄호 확장
/usr/include/stdio.h /usr/include/signal.h
$ echo /usr/include/{std*,signal}.h           ... 와일드카드 파일이름 대치 포함
/usr/include/stdint.h /usr/include/stdio.h /usr/include/stdio_ext.h
/usr/include/stdlib.h /usr/include/signal.h
```

5.7 백그라운드 처리

셸에서 명령어를 입력하면 명령어를 실행하여 결과를 화면에 출력하고 종료한 다음에 프롬프트를 출력하고 다음 명령어의 입력을 기다린다. 이렇게 명령어를 실행하면 한 터미널에서 한 번에 한 개의 작업만 수행할 수 있다. 이렇게 수행되는 작업은 현재의 터미널 입출력을 직접 제어할 수 있으며 **포그라운드(foreground)** 작업 또는 **전면** 작업이라고 한다.

셸은 명령어를 기본적으로 포그라운드 작업으로 수행시키지만, &를 함께 사용하여 실행시키면 명령어 실행이 종료되지 않더라도 프롬프트를 바로 출력한다. 이러한 방식으로 명령어를 실행시키면 한 터미널에서 여러 개의 작업을 동시에 실행시킬 수 있다. &를 사용하여 수행되는 작업은 **백그라운드(background)** 작업 또는 **후면** 작업이라고 한다. 백그라운드 작업은 터미널 입력을 사용할 수 없다. 이 때문에 백그라운드 작업은 대화형 작업에는 사용할 수 없고, 실행시간이 오래 걸리는 명령어를 실행시킬 때에 주로 사용된다. 그리고 메뉴 선택에 의해서 종료되는 GUI 기반의 응용프로그램을 터미널에서 실행시킬 때에도 사용될 수 있다.

현재까지 실행시간이 오래 걸리는 복잡한 명령어를 배우지 않았기 때문에, sleep 명령어를 사용하여 백그라운드 처리를 설명하고자 한다. sleep 명령어는 인수로 주어진 시간만큼 대기한 후에 종료한다. 시간은 기본적으로 초 단위이고 s, m, h, d를 초, 분, 시간, 일의 단위로 사용할 수 있다.

```
$ sleep 100                 ... 100초 동안 지연시킴
$ _                         ... 100초 후에 프롬프트가 출력됨

$ sleep 1m                  ... 1분 동안 지연시킴
$ sleep 1m 20s              ... 1분20초 동안 지연시킴
```

명령어를 백그라운드로 실행시키면 다음과 같이 작업번호와 프로세스 번호를 알려주고 곧 바로 프롬프트를 출력하여 다음 명령어를 입력받을 수 있게 한다. 백그라운드로 처리되는 명령어는 다음 명령어와 동시에 처리된다.

```
$ sleep 100 &
[1] 13050                    ... 작업번호(1)과 프로세서 번호(13050) 출력
$ _                          ... sleep이 종료되지 않아도 곧바로 프롬프트를 출력
```

백그라운드 작업의 실행이 종료되면 즉시 알려주지 않고, 셸에서 Enter가 입력될 때에 다음과 같이 종료되었음을 알려준다.

```
$ command                    ... 명령어 입력, 빈 명령어도 됨
...
[1]+  Done          sleep 100     ... 백그라운드 작업 종료 알림
```

백그라운드 작업과 표준입출력 방향전환

백그라운드 작업은 터미널 입력을 사용할 수 없기 때문에 터미널 입력을 사용하려고 하는 경우에는 실행이 일시 중지(stop)된다. 다음은 이에 대한 예이다.

```
$ bc &
bc 1.06.95
Copyright 1991-1994, 1997, 1998, 2000, 2004, 2006 Free Software Foundation, Inc.
This is free software with ABSOLUTELY NO WARRANTY.
For details type `warranty'.

↵                                    ... 입력
[1]+  Stopped               bc    ... 백그라운드 작업중인 bc가 stop 상태임
$
```

따라서 표준입력을 사용하는 백그라운드 작업은 반드시 표준입력을 미리 준비된 입력 파일로 전환하여 실행시켜야 한다. 다음은 bc를 사용하여 원주율을 소수점이하 10000자리까지 계산하는 예로서 bc가 처리할 수식을 미리 파일 bc_pi에 저장하여 사용하였다. 이 예는 실행시간이 제법 소요되는 작업이며 수학 함수를 사용하기 위하여 옵션 -l을 사용하였다.

```
$ cat bc_pi
scale=10000                  ... 소수점이하 10000자리까지 계산
4 * a(1)                     ... a(1)는 arctan(1)이며 이 값은 π/4임
$ bc -l < bc_pi &            ... 옵션 -l : 라이브러리 함수 사용
[1] 19169
$ ... 다른 작업 진행

3.141592653589793238462643383279502884197169399375105820974944592307\
81640628620899862803482534211706798214808651328230664709384460955058\
... 중간 생략 ...
793106579229552498872758461012648369998922569596881592056001016552563\
375676
```

```
[1]+  Done                    bc -l < bc_pi
```

백그라운드 작업은 터미널 입력을 받을 수 없지만 터미널 화면에 출력하는 것은 위와 같이 가능하다. 그렇지만 백그라운드 작업의 출력이 현재의 포그라운드 작업이 사용하는 화면을 망가뜨릴 수 있기 때문에 표준출력도 파일로 전환하여 실행하는 것이 바람직하다. 다음은 위의 예를 표준출력도 파일로 방향전환 하도록 바꾸어 실행한 예이다.

```
$ bc -l < bc_pi > out_pi &           ... 표준입출력 모두 파일로 방향전환
[1] 19536
$ ...

[1]+  Done                    bc -l < bc_pi > out_pi
$ cat out_pi
3.141592653589793238462643383279502884197169399375105820974944592307\
816406286208998628034825342117067982148086513282306647093844609550582\
... 중간 생략 ...
793106579229552498872758461012648369998922569596881592056001016552563\
375676
```

위의 예는 간단한 입력을 사용하기 때문에 다음과 같이 echo와 파이프로 연결하여 echo로부터 필요한 입력을 전달받아서 사용할 수도 있다.

```
$ echo "scale=10000; 4*a(1)" | bc -l > out_pi2  &
$ cat out_pi2
3.141592653589793238462643383279502884197169399375105820974944592307\
81640628620899862803482534211706 76
```

5.8 명령어 시퀀스와 명령어 그룹

명령어 시퀀스

셸은 여러 개의 명령어들을 세미콜론 ; 으로 구분을 하여 한 행에 입력하면 순서대로 처리하는 명령어 시퀀스 기능을 제공한다. 다음은 이에 대한 예이다.

```
$ ls; pwd; date
file1  file2  out1  out2  output  stamp  sub          ... ls 출력
/home/gdhong/                                         ... pwd 출력
2015. 09. 15. (화) 09:33:49 KST                        ... date 출력
```

명령어 시퀀스에 사용되는 각 명령어는 파이프나 입출력 방향전환을 함께 사용할 수 있다. 입출력 방향전환은 명령어 별로 개별적으로 적용된다.

```
$ ls > ls.txt; pwd; date > date.txt
/home/gdhong
$ cat ls.txt                    ... ls의 회면 출력은 ls -C를 수행한 것임
file1
file2
ls.txt
out1
out2
output
stamp
sub
$ cat date.txt
2015. 09. 15. (화) 09:52:40 KST
```

명령어가 백그라운드로 처리되는 경우에는 ; 대신에 &를 그대로 사용하여 명령어 시퀀스를 나타낸다. 다음은 백그라운드 작업을 포함한 여러 가지 명령어 시퀀스 예이다.

```
$ sleep 100 & sleep 60 &            ... 모두 백그라운드 처리
[1] 22168
[2] 22169
$ sleep 100 & pwd                   ... sleep 백그라운드 처리 후 pwd 실행
[1] 22217
/home/gdhong
$ pwd ; sleep 100 &                 ... pwd 실행 후 sleep 백그라운드 처리
/home/gdhong
[2] 22245
```

명령어 그룹

명령어 시퀀스에서 표준입출력 방향전환은 명령어 별로 개별적으로 이루어진다. 명령어 그룹 기능을 사용하면 명령어 시퀀스의 입력 또는 출력을 한꺼번에 방향전환 할 수 있다. 명령어 그룹은 명령어 시퀀스를 괄호로 묶어서 만든다. 명령어 그룹을 만들면 괄호 안의 명령어들은 현재 셸에서 실행되는 것이 아니라 서브셸을 생성한 후 서브셸에서 실행된다. 다음 예와 같이 서브셸에서 현재 디렉토리가 이동되어도 현재 셸에는 영향이 없다.

```
$ pwd
/home/gdhong
$ (cd /bin; pwd)                    ... 서브셸에서 디렉토리 이동
/bin
$ pwd                               ... 현재 셸의 디렉토리는 그대로임
/home/gdhong
```

명령어 그룹에 속한 명령어들의 방향전환 되지 않은 표준입출력은 명령어 그룹의 괄호 바깥에서 한꺼번에 표준입출력 방향 전환 또는 파이프 연결을 할 수 있다. 다음은 이에 대한 예이다.

```
$ ls -C > ls.txt; pwd; date > date.txt    ... 명령어 시퀀스 - 개별적 방향전환
/home/gdhong
```

```
$ (ls -C; pwd; date) > out.txt            ... 명령어 그룹 표준출력 방향전환
$ cat out.txt
date.txt file1  file2  ls.txt  out.txt  out1  out2  output  stamp  sub
/home/gdhong
2015. 09. 15. (화) 10:12:34 KST
```

다음과 같이 명령어 그룹을 백그라운드로 실행시키면 cmd1와 cmd2가 백그라운드로 실행되는데 cmd2는 cmd1이 끝난 후에 실행된다.

```
$ (cmd1; cmd2) & cmd3
```

이에 비해서 다음 명령어 시퀀스에서는 cmd1을 백그라운드로 실행시키고, 곧이어 cmd2를 백그라운드로 실행시켜서, cmd1과 cmd2는 동시에 실행될 수 있다.

```
$ cmd1 & cmd2 & cmd3
```

여러 개의 명령어를 백그라운드로 실행시킬 때 백그라운드로 실행되는 명령어들 간에 실행 순서가 정해지는 경우에는 앞의 예와 같이 명령어 그룹을 백그라운드 처리하면 된다.

다음 예는 cmd1, cmd2, cmd3, cmd4 명령어를 모두 백그라운드로 처리하되 cmd2는 cmd1이 종료된 다음에, cmd4는 cmd3가 종료된 다음에 실행된다.

```
$ (cmd1; cmd2) & (cmd3; cmd4) &
```

중괄호를 사용한 명령어 그룹

명령어 그룹을 괄호 ( ) 대신에 중괄호 { }를 사용하여 만들 수 있다. 형식의 차이점은 마지막 명령어에도 ; 를 사용해야 하며 { 다음에 빈칸이 있어야 한다. 중괄호를 사용한 명령어 그룹도 입출력 방향전환을 한꺼번에 수행할 수 있지만 괄호를 사용한 명령어 그룹과는 달리 현재 셸에서 실행되어 디렉토리 이동과 같은 작업 결과가 현재 셸에 영향을 미친다.

```
$ { pwd; date; } > out2.txt              ... 중괄호 명령어 그룹 표준출력 방향전환
$ cat out2.txt
/home/gdhong
2015. 09. 15. (화) 10:34:23 KST
```

```
$ { cd /bin; pwd; }                    ... 디렉토리 이동을 하는 명령어 그룹
/bin
$ pwd                                  ... 현재 디렉토리가 변경됨
/bin
```

5.9 종료 코드와 조건부 명령어 시퀀스

종료 코드와 exit

모든 프로세스는 **종료 코드**(exit code)를 갖고 종료한다. 유닉스와 리눅스에서는 프로세스가 성공적으로 실행되면 종료 코드로 0을, 그렇지 않으면 0이 아닌 값을 제공한다. C언어로 작성된 프로그램에서 main 함수에서의 return 값이 종료 코드로 사용되며, exit 함수를 호출하여 종료된 경우에는 exit 함수의 인수가 종료 코드가 된다.

셸은 명령어 실행의 성공 여부에 따라서 다음 명령어의 실행 여부가 결정되는 조건부 명령어 시퀀스 기능을 제공한다. 셸이 이 기능을 사용할 때에 반환된 종료 코드 값에 따라서 명령어 실행의 성공 여부를 판단하므로, 사용자가 프로그램을 작성할 때에도 이러한 원칙에 맞도록 적절한 종료 코드를 반환하는 것이 필요하다.

셸에서 일부 종료코드 값들은 다음과 같이 특별한 의미를 갖고 있다. 이러한 의미가 아니라면 프로그래머는 이 값들을 피하여 종료 코드를 지정하는 것이 바람직하다.

종료코드	의미
0	성공
1	일반적 에러
2	셸 내장 명령어 에러
126	실행허가권이 없는 명령어 실행
127	존재하지 않는 명령어 실행
128	exit에 잘못된 인수 사용
128+n	n번 signal에 의해서 종료됨
130	Ctrl-C (2번 signal)에 의해서 종료됨

exit 명령어를 사용하면 현재 셸이 종료된다. exit 명령어는 인수를 사용하면 종료코드로 이 값을 반환하고, 인수를 사용하지 않으면 이전 명령어의 종료코드를 반환한다.

```
$ exit 1                                ... 종료코드 1로 현재 셸 종료
```

종료코드 보기 – $?

이전에 실행한 명령어의 종료 코드는 셸 변수 값 **$?**로 나타낼 수 있으며 이 값을 출력하여 종료코드를 확인할 수 있다. 셸 변수에 대해서는 5.11절에 소개한다. 다음은 여러 명령어들을 실행한 후의 종료코드를 출력한 예이다.

```
$ date
2015. 09. 17. (목) 18:04:33 KST
$ echo $?                       ... date 명령어의 종료 코드 출력 - 성공
0
$ date -k
date: 부적절한 옵션 -- 'k'
더 많은 정보를 보려면 `date --help' 하십시오.
$ echo $?                       ... date 명령어의 종료 코드 출력 - 에러
1
$ echo $?                       ... 이전의 echo 명령어의 종료 코드 출력 - 성공
0
```

```
$ data
-bash: data: command not found
$ echo $?                       ... 존재하지 않는 명령어에 대한 종료코드 출력
127
```

명령어 그룹의 종료코드로는 마지막에 실행한 명령어의 종료코드가 반환되며, exit 명령어를 사용하여 종료코드를 명시적으로 지정할 수도 있다. 다음은 이에 대한 예이다.

```
$ (echo hi; echo linux); echo $?
hi
linux
0                               ... 종료코드 0
$ (echo hi; echo linux; exit 10); echo $?
hi
linux
10                              ... 종료코드 10
$
```

조건부 명령어 시퀀스

셸은 연속된 명령어가 순서대로 실행되는 것 대신에 앞의 명령어 실행이 성공했는지 여부에 따라서 다음 명령어의 실행 여부가 정해지도록 하는 조건부 명령어 시퀀스 기능을 다음과 같

이 제공한다.

- **성공 조건부 시퀀스 :** &&는 앞의 명령어 실행이 성공했을 때에 다음 명령어를 실행시킨다.
- **실패 조건부 시퀀스 :** ||는 앞의 명령어 실행이 실패했을 때에 다음 명령어를 실행시킨다.

true 명령어는 항상 성공이며, false 명령어는 항상 실패인 명령어이다. 다음은 동작 확인을 위하여 이 두 명령어를 사용한 조건부 명령어 시퀀스의 예이다.

```
$ true && echo success                       ... 성공이므로 다음 명령어 실행
success
$ false && echo success                      ... 실패이므로 다음 명령어 실행하지 않음
```

```
$ true || echo fail                          ... 성공이므로 다음 명령어 실행하지 않음
$ false || echo fail                         ... 실패이므로 다음 명령어 실행
fail
```

cc는 C언어 컴파일러이며 인수로 제공된 소스 파일을 컴파일하여 a.out이라는 실행파일을 생성한다. 컴파일이 성공하는 경우에 생성된 실행 파일을 바로 실행하기 위하여 다음과 같이 &&를 사용한 성공 조건부 명령어 시퀀스를 사용할 수 있다. cc에 대한 자세한 사항은 10.1 절에서 소개한다.

```
$ cc prog.c && a.out
```

그리고 컴파일 에러가 발생한 경우에 에러 메시지를 출력하려면 다음과 같이 ||를 사용한 실패 조건부 명령어 시퀀스를 사용한다.

```
$ cc prog.c || echo compilation error
```

5.10 작업 제어

백그라운드 처리를 사용하면 하나의 터미널에서 여러 개의 작업을 동시에 실행시킬 수 있다. 이러한 작업들에 대한 제어 동작이 필요하며 셸에서는 이러한 기능을 제공한다. 작업 제어는 포그라운드 작업을 백그라운드 작업으로 또는 그 반대로 전환하거나, 작업의 일시 중시 및 작업 종료 동작을 포함한다. 작업 제어 명령을 보기에 앞서서 현재의 프로세스와 작업에 대한 목록과 상태를 보기 위한 명령어를 먼저 소개한다.

프로세스 상태 보기 – ps

ps는 process status의 약어로서 프로세스의 상태 정보에 대한 목록을 출력한다. ps는 기본적으로 현재 터미널에서 실행한 프로세스의 정보를 다음과 같은 형식으로 출력한다. 백그라운드 작업을 시작할 때 출력된 프로세스 번호(PID)가 ps 명령어의 출력으로 나타남을 확인할 수 있다.

```
$ sleep 500 &
[1] 20844
$ sleep 300 &
[2] 20845
$ ps
  PID TTY          TIME CMD
20061 pts/1    00:00:00 bash
20844 pts/1    00:00:00 sleep
20845 pts/1    00:00:00 sleep
20846 pts/1    00:00:00 ps
```

프로세스의 상세정보를 출력하려면 -f 옵션을 사용하면 된다. 상세정보를 출력하면 명령어는 인수까지 제공되어 같은 명령어를 다른 인수를 사용하여 실행시킨 프로세스들을 구분할 수 있다.

```
$ ps -f
UID        PID  PPID  C STIME TTY          TIME CMD
gdhong   20061 20060  0 15:31 pts/1    00:00:00 -bash
gdhong   20844 20061  0 16:09 pts/1    00:00:00 sleep 500
gdhong   20845 20061  0 16:09 pts/1    00:00:00 sleep 300
gdhong   20847 20061  0 16:09 pts/1    00:00:00 ps -f
```

ps 명령어 출력의 각 항목의 의미는 다음과 같다.

항목	의미	항목	의미
UID	사용자 ID	STIME	시작 시간 또는 날짜
PID	프로세스 ID	TTY	사용 중인 제어 터미널
PPID	부모 프로세스의 ID	TIME	실행 시간
C	CPU 사용 비율 (%)	CMD	프로세스의 명령어 이름

현재 터미널 뿐 만 아니라 전체 프로세스의 대한 목록을 출력하려면 -e 옵션을 사용하며, 전체 프로세스에 대한 상세 정보를 출력하려면 -ef 옵션을 사용한다. 이 출력에서 TTY가 ?인 프로세스는 사용 중인 제어 터미널이 없음을 나타낸다.

```
$ ps -ef | more                   ... 출력이 길어서 more와 함께 사용하는 것이 좋음
UID        PID  PPID  C STIME TTY          TIME CMD
root         1     0  0  2014 ?        00:13:07 /sbin/init
root         2     0  0  2014 ?        00:00:00 [kthreadd]
... 중간 생략 ...
root     26067     1  0 Jan13 ?        00:00:00 /usr/sbin/nss_pcache 3014658
root     26074     1  0 Jan13 ?        00:09:03 /usr/sbin/httpd
```

특정 사용자의 프로세스에 대한 목록을 출력하려면 -u 옵션을 사용한다. 사용자가 여러 개의 터미널을 동시에 사용하는 경우에 자신의 모든 프로세스들을 확인하는 데에 유용하게 사용할 수 있다.

```
$ ps -u gdhong                    ... 사용자 gdhong의 모든 프로세스 출력
  PID TTY          TIME CMD
18726 ?        00:00:00 sshd
18727 pts/0    00:00:00 bash
19938 pts/0    01:00:39 factor
20060 ?        00:00:00 sshd
20061 pts/1    00:00:00 bash
21163 pts/0    00:00:00 ps
```

ps 명령어는 BSD UNIX 버전에서 제공하는 옵션도 대개 함께 제공한다. a 옵션은 터미널에서 실행한 모든 프로세스들의 목록을, x 옵션은 제어 터미널이 없는 모든 프로세스의 목록을 출력하며 ax를 함께 사용하면 모든 프로세스의 목록이 출력된다. u 옵션은 -f 옵션과 비슷하지만 조금 더 상세한 정보를 출력한다.

```
$ ps axu
USER       PID %CPU %MEM    VSZ   RSS TTY      STAT START   TIME COMMAND
root         1  0.0  0.0  19400   808 ?        Ss    2014  13:07 /sbin/init
root         2  0.0  0.0      0     0 ?        S     2014   0:00 [kthreadd]
... 중간 생략 ...
root     26067  0.0  0.0  41632    40 ?        S    Jan13   0:00 /usr/sbin/n
root     26074  0.0  1.0 439656 60724 ?        Ssl  Jan13   9:03 /usr/sbin/h
```

ps 명령어의 u 옵션을 사용한 출력의 각 항목의 의미는 다음과 같다.

항목	의미	항목	의미
USER	사용자 ID	VSZ	사용 중인 가상메모리 크기(KB)
PID	프로세스 ID	RSS	사용 중인 물리메모리 크기(KB)
%CPU	CPU 사용량 비율(%)	STAT	프로세스의 상태
%MEM	메모리 사용량 비율(%)	START	시작 시간

프로세스 상태를 나타내는 항목 STAT의 출력에 사용되는 문자의 의미는 다음과 같다.

문자	의미	문자	의미
R	실행 중 또는 실행가능	s	세션 리더 프로세스
S	인터럽트 가능 대기(sleep)	+	포그라운드 프로세스 그룹
D	인터럽트 불가능 대기	l	멀티쓰레드
T	일시정지(stop)	<	높은 우선순위
Z	좀비(종료되었지만 남아있음)	N	낮은 우선순위

작업 목록 보기 – jobs

원래의 Bourne셸은 작업 제어 기능을 셸에서 제공하지 않았다. csh과 그 이후에 나온 bash를 포함한 대부분의 셸들은 작업 제어 기능을 제공한다. 백그라운드 작업에 대한 정보는 ps 명령어를 사용하여 얻을 수 있지만 jobs를 사용하는 것이 더 편리하다. jobs 명령어는 내장 명령어로서 모든 백그라운드 작업의 목록을 출력한다.

```
$ sleep 1000 &
[1] 23202
$ sleep 200 &
[2] 23205
$ bc -l < bc_pi &
[3] 23233
$ jobs                          ... 모든 백그라운드 작업 목록 출력
[1]   Running                    sleep 1000 &
[2]-  Running                    sleep 200 &
[3]+  Running                    bc -l < bc_pi &
```

jobs의 출력에서 대괄호 안의 숫자는 작업 번호로서 백그라운드 실행할 때 출력된 번호와 같으며, +는 마지막으로 참조된 작업을, -는 마지막에서 두 번째로 참조된 작업을 가리킨다. +와 -가 부여되는 작업은 변경될 수 있다. 작업 번호와 +, -는 작업을 명시하는 데 사용된다. 다음은 작업을 명시하는 여러 가지 방법을 나타낸 것이다.

형식	작업
%작업번호	작업번호의 작업(jobs 또는 백그라운드 실행 시 작업번호가 출력됨)
%+	마지막으로 참조된 작업(jobs 실행 시 +가 표기된 작업), 생략 가능
%%	마지막으로 참조된 작업(%+와 같음)
%-	마지막에서 두 번째로 참조된 작업(jobs 실행 시 -가 표시된 작업)
%prefix	prefix 이름으로 시작하는 작업(여러 개가 있는 경우에는 사용 불가)

작업 상태 전환하기

작업은 포그라운드로 실행하거나, 백그라운드로 실행하거나, 일시 정지 상태에 있을 수 있다. 작업의 상태는 여러 가지 작업제어 명령어를 사용하여 전환시킬 수 있다. 그림 5.3은 여러 가지 작업 상태 전환 동작과 관련 명령어들을 나타낸 것이다.

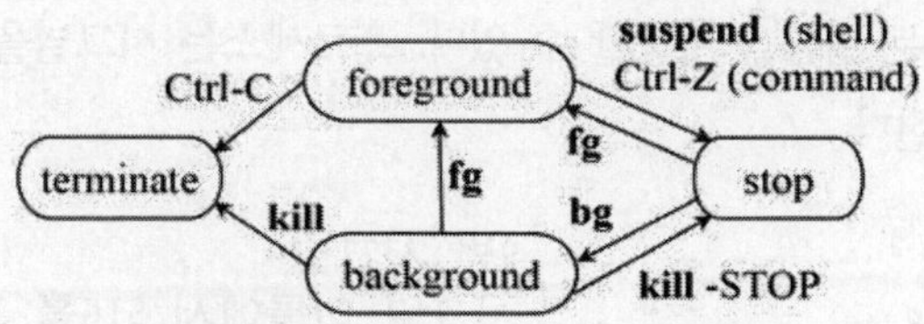

그림 5.3 프로세스 작업 상태 전환

종료하기 – kill

포그라운드 작업은 Ctrl-C를 입력하면 종료된다. 백그라운드 또는 일시 정지 상태에 있는 작업은 kill 명령어를 사용하여 종료시킬 수 있다. kill 명령어는 인수로 종료시킬 프로세스 번호 또는 작업 번호를 사용한다. 작업 번호는 %를 함께 붙여서 표기한다.

```
$ kill %2                       ... 작업 번호 사용
[2]+  종료됨                   sleep 200
$ kill 23202                    ... 프로세스 번호 사용
[1]+  종료됨                   sleep 1000
```

kill 명령어는 프로세스를 종료시키는 것 이외에도 프로세스에게 지정된 시그널(signal)을 보내는 동작을 수행한다. kill 명령어를 -l 옵션을 사용하여 실행하면 사용가능한 시그널 목록을 확인할 수 있다.

```
$ kill -l
 1) SIGHUP       2) SIGINT       3) SIGQUIT      4) SIGILL       5) SIGTRAP
 6) SIGABRT      7) SIGBUS       8) SIGFPE       9) SIGKILL     10) SIGUSR1
11) SIGSEGV     12) SIGUSR2     13) SIGPIPE     14) SIGALRM     15) SIGTERM
16) SIGSTKFLT   17) SIGCHLD     18) SIGCONT     19) SIGSTOP     20) SIGTSTP
21) SIGTTIN     22) SIGTTOU     23) SIGURG      24) SIGXCPU     25) SIGXFSZ
26) SIGVTALRM   27) SIGPROF     28) SIGWINCH    29) SIGIO       30) SIGPWR
31) SIGSYS      34) SIGRTMIN    35) SIGRTMIN+1  36) SIGRTMIN+2  37) SIGRTMIN+3
... 중간 생략 ...
58) SIGRTMAX-6  59) SIGRTMAX-5  60) SIGRTMAX-4  61) SIGRTMAX-3  62) SIGRTMAX-2
63) SIGRTMAX-1  64) SIGRTMAX
```

kill 명령어를 옵션이 없이 사용하면 종료(terminate) 동작을 하게 하는 15번 시그널(TERM)을 지정된 프로세스로 보내어 프로세스가 종료되게 한다. 그리고 터미널에서 Ctrl-C를 입력하면 포그라운드 작업에게 2번인 SIGINT 시그널을 보내게 되며 이 시그널을 받은 대부분의 포그라운드 작업은 종료된다.

kill 명령어는 다음과 같이 옵션으로 시그널 번호를 제공하여 특정 시그널을 보낼 수 있다. 시그널 번호는 숫자 또는 이름을 사용할 수 있다. 프로세스는 시그널을 받으면 시그널 번호에 해당하는 동작을 수행한다.

```
$ kill -9 pid              ... 9번 시그널
$ kill -KILL pid           ... 시그널 이름에서 SIG를 제외한 것
$ kill -SIGKILL pid        ... SIG를 포함한 시그널 이름
```

프로세스가 kill 명령어나 Ctrl-C에 의하여 종료되지 않는 경우가 있으며 이러한 경우에는 9번 시그널(KILL)을 보내어 프로세스를 종료시킬 수 있다. 포그라운드 작업은 일시 중지시킨 후에 kill 명령어로 종료시키면 된다.

```
$ sleep 1000 &
[1] 4362
$ kill -9 4362
[1]+  죽었음                sleep 1000
```

일시 중지하기

포그라운드 작업은 터미널에서 Ctrl-Z를 입력하면 일시 중지(stop)된다. 그리고 백그라운드 작업은 kill 명령어를 사용하여 19번 시그널(STOP)을 보내어 일시 중지시킬 수 있다.

```
$ sleep 1000 &             ... 백그라운드 작업
[1] 4576
$ kill -STOP %1            ... 백그라운드 작업 일시 중지

[1]+  Stopped               sleep 1000
```

```
$ sleep 2000               ... 포그라운드 작업
^Z                         ... 포그라운드 작업 일시 중지
[2]+  Stopped               sleep 2000
```

```
$ jobs                     ... 일시 중지된 상태 확인
[1]-  Stopped              sleep 1000
[2]+  Stopped              sleep 2000
```

csh에서는 백그라운드 작업을 일시 중지 시키는 명령어로 stop이 제공되어 kill -STOP 명령어 대신 사용할 수 있다.

포그라운드로 전환하기 – fg

fg 명령어를 사용하면 백그라운드로 실행 중이거나 또는 일시 중지된 작업을 포그라운드 작업으로 전환할 수 있다. fg 명령어는 인수로 작업 번호를 사용하며, 인수가 생략되어 있으면 가장 마지막으로 참조된 작업(+가 표시된 것)을 사용한다.

```
$ sleep 1000 &
[1] 4845
$ sleep 2000 &
[2] 4846
$ jobs
[1]-  Running                    sleep 1000 &
[2]+  Running                    sleep 2000 &
$ fg %1
sleep 1000
```

백그라운드 또는 일시 중지된 작업이 하나만 있거나 가장 마지막으로 참조한 작업을 포그라운드로 전환하고자 할 때에는 fg 명령어를 작업번호 없이 사용할 수 있다.

```
$ sleep 200 &
[1] 4943
$ fg
sleep 200
```

백그라운드로 전환하기 – bg

bg 명령어를 사용하면 일시 중지된 작업을 백그라운드로 실행하도록 전환할 수 있다. 포그라운드 작업은 Ctrl-Z를 사용하여 일시 중지시킨 후에 백그라운드로 전환하면 된다. bg 명령어도 fg와 같이 인수로 작업 번호를 사용하며, 가장 마지막으로 참조된 작업에 대해서는 인수를 생략할 수 있다.

```
$ sleep 1500
^Z
[1]+  Stopped                    sleep 1500
$ bg                            ... 여기서는 bg %1과 같음
[1]+ sleep 1500 &
```

셸을 일시정지하기 – suspend

로그인 셸에서 bash, csh과 같은 명령어를 입력하여 서브셸을 실행할 수 있다. 서브셸을 종료하지 않고 원래의 셸을 사용하고자 하는 경우에는 suspend 명령어를 사용할 수 있다. suspend 명령어는 셸을 일시 중지하는 동작을 하는 데 로그인 셸에는 적용되지 않는다. 이렇게 서브셸이 일시 중지된 경우에 fg 명령어를 사용하여 서브셸을 다시 재개시킬 수 있다.

```
$ csh                          ... 로그인 셸에서 서브셸 csh 생성
%
.. 서브셸에서 작업
% suspend                      ... 서브셸 일시 중지, 원래 셸로 되돌아 감

[1]+  Stopped                   csh
$
... 원래 셸에서 작업
$ fg                           ... 일시 중지된 서브셸 재개 (필요 시 작업번호 지정)
csh
%                              ... 서브셸
% exit                         ... 서브셸 종료
exit
$ suspend                      ... 로그인 셸은 suspend되지 않음
-bash: suspend: cannot suspend a login shell
```

suspend 명령어는 su 명령어를 사용하여 다른 사용자의 셸에서 작업을 하는 경우에도 사용할 수 있다. su 명령어는 6.9절에서 소개된다.

5.11 변수와 변수 대치

셸은 문자열을 저장하는 변수(variable)를 지원한다. 변수 이름은 숫자, 문자와 '_'로 구성될 수 있고 대소문자를 구분하며 숫자로 시작할 수는 없다. 셸에서 사용하는 변수에는 **환경 변수**와 **지역 변수**의 두 종류가 있다. 지역 변수는 현재 셸에서만 사용될 수 있으며, 환경 변수는 서브셸이나 자식 프로그램이 생성될 때에 변수 값이 복사되어 전달된다.

환경 변수는 서브셸이나 자식 프로그램에게 정보를 전달하는 데 유용하며, 많은 환경 변수들이 여러 가지 정보들을 저장하기 위하여 시스템에 의해서 미리 정의되어 있다. 지역 변수는 프로그램에서 사용하는 변수와 같은 기능을 수행하며 셸 스크립트 프로그램에서 주로 사용된다. 변수에 대한 다양한 접근 방법은 8.2절에서 추가로 소개하고, 여기서는 주요 사항만 소개한다.

변수값 할당 및 접근

변수에는 다음과 같은 형식으로 문자열 값을 할당하여 저장한다. =의 전후에 빈칸을 넣지 않아야 하며 문자열에 빈칸이 포함된 경우에는 문자열에 따옴표를 함께 사용해야 한다.

```
변수 = 문자열                    ... 전후에 빈칸이 없어야 함
```

그리고 변수값을 접근하여 사용할 때에는 변수 이름 앞에 $를 붙인다. 셸은 '$변수'를 변수값으로 바꾸어서 사용하며, 이를 셸의 **변수 대치** 기능이라고 한다.

```
$변수   또는   ${변수}
```

변수값 바로 다음에 문자열을 붙여서 사용하고자 할 때에 변수 이름과 문자열을 구분하기 위하여 중괄호를 사용한 ${변수} 형식을 사용해야 한다. 값이 할당되지 않은 변수를 접근할 때에는 널 문자가 반환된다. 다음은 셸에서 변수의 동작을 확인하는 예이다.

```
$ myvar=sing                    ... 변수 값 할당
$ echo $myvar                   ... 변수 값 접근 = 변수 대치
sing

$ myvar2="linux shell"          ... 빈칸이 포함되어 따옴표를 사용
$ echo $myvar2
linux shell

$ echo $myvaring                ... myvaring 변수 값으로 인식, 널 문자 출력

$ echo ${myvar}ing              ... myvar 변수 값과 ing를 구분하여 인식
singing
```

csh에서는 다음과 같이 set 명령어를 사용하여 변수에 값을 할당한다. 여기서는 = 전후에 빈칸을 사용해도 무방하다. 변수값을 접근하는 형식은 sh과 동일하다.

```
set 변수=문자열
```

환경 변수

다음과 같이 export 명령어를 사용하여 기존에 정의된 변수를 환경변수로 만들 수 있으며, 값을 할당하여 환경변수를 정의할 수 있다.

```
export 변수
export 변수=값
```

다음은 export 명령어를 사용하여 환경변수를 설정하는 예로서 지역변수와 환경변수의 차이점을 확인할 수 있다.

```
$ myvar=sing
$ myvar2=eat
$ export myvar2                         ... myvar2를 환경변수로 설정
$ export ourvar=sleep                   ... 환경변수 ourvar 정의
$ echo $myvar - $myvar2 - $ourvar       ... 현재 셸에서 변수 값 출력
sing - eat - sleep
$ bash                                  ........... 서브셸 생성
$ echo $myvar - $myvar2 - $ourvar       ... 서브셸에서 변수 값 출력
- eat - sleep                           ... myvar 변수가 정의되지 않음
$ ourvar=wake; echo $ourvar             ... 환경변수 값 변경
wake
$ exit                                  ........... 서브셸 종료
exit
$ echo $myvar - $myvar2 - $ourvar       ... 현재 셸에서 변수 값 다시 출력
sing - eat - sleep                      ... ourvar 변수 값 그대로 유지
```

위의 예에서 환경변수는 서브셸에 전달이 되고, 지역변수는 전달되지 않는 것을 확인할 수 있다. 복사된 환경변수 값은 서브셸에서 변경이 가능하지만, 값이 복사되어 사용되므로 부모셸의 환경변수 값에는 영향을 미치지 않는다.

export 명령어를 인수를 사용하지 않고 실행시키면 다음과 같이 현재 설정된 모든 환경변수들의 목록을 값과 함께 출력한다.

```
$ export              ... 환경변수 목록 출력 - 다음은 출력의 일부만 발췌한 것임
declare -x HOME="/home/gdhong"
declare -x LANG="ko_KR.UTF-8"
declare -x LOGNAME="gdhong"
declare -x MAIL="/var/spool/mail/gdhong"
declare -x SHELL="/bin/bash"
declare -x TERM="xterm"
declare -x USER="gdhong"
```

sh에서 인수 없이 export를 실행시키면 환경변수 목록을 다음과 같이 export 명령어로 환경변수 값을 설정하는 형태로 출력한다.

```
$ export
export HOME="/home/gdhong"
export LANG="ko_KR.UTF-8"
export LOGNAME="gdhong"
export MAIL="/var/spool/mail/gdhong"
export SHELL="/bin/bash"
```

```
export TERM="xterm"
export USER="gdhong"
```

그리고 csh에서는 setenv 명령어를 사용하여 환경변수를 설정한다.

```
setenv ourvar linux                ... csh에서의 환경변수 설정
```

모든 변수 출력 – set

set 명령어를 사용하면 셸에서 정의된 모든 변수들을 출력한다. 출력에는 지역변수와 환경변수가 모두 포함된다.

```
$ set                           ... 모든 변수 출력 - 다음은 출력의 일부만 발췌한 것임
COLUMNS=90
EUID=659
HISTSIZE=1000
HOME=/home/gdhong
LANG=ko_KR.UTF-8
LESSOPEN='||/usr/bin/lesspipe.sh %s'
LINES=46
MAIL=/var/spool/mail/gdhong
PS1='\s-\v\$ '
PS2='> '
SHELL=/bin/bash
TERM=xterm
UID=659
USER=gdhong
_=set
```

csh에서는 set 명령어를 사용하면 모든 지역변수들만 출력하며, setenv 명령어를 인수 없이 사용하면 모든 환경변수들을 출력한다.

5.12 미리 정의된 변수

셸이 시작될 때 여러 개의 변수들이 미리 정의되어 셸에서 사용된다. 미리 정의된 변수들은 셸의 동작에 영향을 미친다. 필요한 경우에 미리 정의된 변수의 값을 변수 값 할당 방법을 사용하여 변경할 수 있다. 미리 정의된 변수는 자동적으로 export되지 않기 때문에 환경변수로 사용하려면 초기화 파일 또는 명령어 행에서 export 명령어를 사용하여 명시적으로 선언해야 한다. 미리 정의된 변수들 중 일부는 이미 환경변수로 선언되어 있으며, export 명령어를 사

용하여 어느 변수가 환경변수인지를 확인할 수 있다.

다음은 셸에서 미리 정의된 주요 변수들의 목록이다. 이들 중 몇 개의 변수에 대한 기능을 자세히 소개하도록 한다.

변수	의미
HOME	홈 디렉토리의 경로. 로그인 할 때의 작업 디렉토리로 사용됨
PATH	명령어를 검색할 디렉토리 경로들의 :으로 구분된 리스트
CDPATH	cd 명령어에서 이동할 디렉토리를 검색할 디렉토리 경로들의 리스트
MAIL	메일박스 파일의 경로이름
PS1	1차 프롬프트 문자열
PS2	2차 프롬프트 문자열
IFS	셸에서 명령어와 인수들의 구분자로 사용되는 문자들
SHELL	셸의 경로이름
SHLVL	현재 셸의 레벨 단계
LANG	프로그램 메시지가 여러 언어로 준비된 경우에 출력에 사용할 언어

HOME – 사용자 홈 디렉토리

로그인을 할 때에 HOME 변수는 /etc/passwd 파일에 등록된 사용자의 홈 디렉토리로 설정된다. cd 명령어를 인수없이 사용하면 HOME에 저장된 디렉토리로 이동한다. 홈 디렉토리를 나타내는 ~ 문자도 $HOME 값을 사용한다.

```
$ pwd                        ... 현재 디렉토리 확인
/home/gdhong/sub
$ echo $HOME                 ... HOME 변수 값 출력
/home/gdhong
$ cd                         ... 인수없이 cd 사용 - 홈 디렉토리로 이동
$ pwd                        ... 현재 디렉토리 확인
/home/gdhong
```

흔히 사용되지는 않지만, HOME 변수 값을 바꾸면 현재 셸에서의 홈 디렉토리 위치가 변경되어 cd 동작도 다음과 같이 영향을 받는다.

```
$ HOME=/home/gdhong/sub      ... HOME 변수 값 변경
$ echo $HOME
/home/gdhong/sub
$ cd                         ... 홈 디렉토리로 이동
```

```
$ pwd                       ... 현재 디렉토리 확인
/home/gdhong/sub            ... 현재 디렉토리가 변경된 홈 디렉토리임
```

PATH – 실행파일 검색 경로

PATH 변수에 대해서는 5.2절에서 이미 소개한 바가 있다. PATH 변수는 실행파일을 검색할 경로 디렉토리의 리스트를 저장한다. 디렉토리들은 콜론(:)으로 구분한다. 입력된 명령어가 절대 경로 또는 상대 경로로 표현되지 않았고 내장 명령어가 아니면 $PATH에 등록된 디렉토리들을 앞에서부터 순서대로 검색하여 명령어와 같은 이름의 파일을 찾는다. 파일을 찾을 수 없으면 명령어를 찾을 수 없다는 메시지를 출력한다. 실행 파일을 찾았으면 명령어를 실행하고, 찾은 파일이 실행 허가권이 없으면 허가권이 없다는 메시지를 출력한다.

다음은 현재의 PATH 값을 출력한 것이다. 경로를 구성하는 디렉토리들이 : 으로 구분되어 있음을 확인할 수 있다.

```
$ echo $PATH
/usr/local/bin:/usr/bin:/bin:/usr/sbin:/sbin
```

PATH에 경로 디렉토리를 추가하려면 다음과 같이 PATH 변수 값을 변경하면 된다.

```
$ PATH=${PATH}:~/bin
$ echo $PATH
/usr/local/bin:/usr/bin:/bin:/usr/sbin:/sbin:/home/gdhong/bin
```

기존 경로 뒤에 ~/bin 를 추가하기 위하여 ${PATH}와 ~/bin를 :를 사용하여 결합한 문자열을 새 경로 값으로 사용하였다. ~/bin은 절대 경로 /home/gdhong/bin으로 바뀌어 저장되었다.

같은 이름의 실행 파일이 PATH에 등록된 여러 디렉토리에 동시에 존재한다면 앞에 있는 디렉토리에 위치한 실행 파일이 실행된다. 경로에 추가되는 디렉토리를 다음과 같이 앞에 위치하도록 하면 추가되는 디렉토리가 먼저 검색된다.

```
$ PATH=~/bin:$PATH
$ echo $PATH
/home/gdhong/bin:/usr/local/bin:/usr/bin:/bin:/usr/sbin:/sbin
```

기존 경로에 있는 표준 유틸리티 프로그램과 같은 이름의 실행 파일이 추가된 경로 디렉토리에 존재한다면, 추가된 디렉토리의 파일이 실행되며, 표준 유틸리티 프로그램은 무시된다. 이러한 문제가 발생하지 않도록, 특별한 경우가 아니면 표준 유틸리티 프로그램이 무시되지 않는 위치에 경로 디렉토리를 추가해야 한다.

현재 디렉토리는 기본적으로 PATH에 포함되어 있지 않으며, 현재 디렉토리에 있는 실행 파일은 다음과 같이 상대 경로로 나타내어 실행시킨다.

```
$ ./myprog                          ... 현재 디렉토리에 있는 프로그램
```

현재 디렉토리를 PATH에 추가하는 경우에는 현재 디렉토리에 있는 실행파일을 보통의 유틸리티 프로그램과 같이 명령어 이름만으로 실행시킬 수 있다. 그렇지만 현재 디렉토리가 경로에 포함되면 보안에 문제가 발생할 가능성이 있으므로 주의해야 한다.

```
$ PATH=${PATH}:.
$ myprog                            ... 현재 디렉토리에 있는 프로그램
```

유틸리티 프로그램과 같은 이름의 실행 파일을 만든 경우에는 현재 디렉토리가 경로의 가장 뒤에 있으므로 사용자가 만든 프로그램이 실행되지 않고 기존 유틸리티 프로그램이 실행된다.

PS1 – 1차 프롬프트

PS1은 셸이 명령어 입력을 기다리고 있음을 알려주는 1차 프롬프트 문자열을 저장한다. PS1 변수의 값을 변경하면 프롬프트 모양이 바뀐다. bash에서는 PS1에 다음과 같은 \로 시작하는 문자를 포함하면 프롬프트를 출력할 때 이 문자에 해당되는 정보로 바뀌어 출력된다.

문자	프롬프트 표시 내용
\h	호스트 이름
\H	호스트 이름(전체 도메인 이름)
\u	사용자 이름
\w	현재 작업 디렉토리(전체 경로 이름)
\W	현재 작업 디렉토리(디렉토리 이름)
\$	root 권한 사용자는 #, 나머지 사용자는 $
\t	현재 시간(시:분:초 형식, 24시 단위)
\T	현재 시간(시:분:초 형식, 12시 단위)
\@	현재 시간(시:분:초 오전/오후 형식, 12시 단위)
\A	현재 시간(시:분 형식, 24 단위)
\d	날짜
\s	셸의 이름
\!	현재 명령어의 히스토리 번호
\#	현재 명령어의 명령어 번호(현재 셸에서 실행된 명령어 순서 번호)
\\	\ 문자

PS1은 셸이 초기화될 때 대개 문자열 “[\u@\h \W]\\$”로 정의되어 다음과 같은 프롬프트가 출력된다.

```
[gdhong@magics gdhong]$
```

다음과 같이 PS1 변수 값을 변경하여 여러 형태의 프롬프트를 출력할 수 있다.

```
[gdhong@magics gdhong]$ PS1="$ "
$ PS1="\A $ "
12:08 $ PS1="\u \!\$ "
gdhong 49$ _
```

PS2 – 2차 프롬프트

PS2는 명령어를 완전하게 입력하지 않고 Enter를 눌렀을 때에 명령어 입력이 아직 끝나지 않았음을 알려주는 용도로 사용하는 2차 프롬프트 문자열을 저장한다. 5.4절에서 here document를 소개할 때 이미 2차 프롬프트를 보았다.

echo 명령어에서 "로 시작하여 출력할 문자열을 입력하고 "를 입력하지 않은 상태에서 Enter를 입력할 경우에 다음과 같이 2차 프롬프트가 출력되며 "가 입력되어야 명령어 입력이 종료되어 명령어가 실행된다.

```
$ echo "Linux                   ... "로 시작하면 "로 끝나야 함
> shell                         ... 2차 프롬프트 출력, 입력 요청
> prompt"                       ... 2차 프롬프트 출력, 입력 요청
Linux                           ... 출력
shell                           ... 출력
prompt                          ... 출력
```

echo에서 인수에 따옴표를 사용하면 이와 같이 여러 줄을 출력할 수 있다. PS2 변수 값을 변경하면 2차 프롬프트 모양이 바뀌게 된다. PS2도 PS1 변수와 같이 앞의 표에서 소개한 \로 시작되는 문자들을 사용할 수 있다.

```
$ PS2="2> "
$ echo "Hi
2> Linux"
Hi
Linux
```

CDPATH – cd의 디렉토리 검색 범위 확장

cd 명령어에서 인수로 절대 경로나 상대 경로가 아닌 디렉토리 이름만 사용하면 현재 디렉토리에서 이동할 디렉토리를 검색한다. CDPATH 변수에 PATH와 같은 형식의 문자열로 디렉토리 리스트를 저장하면 cd 명령어는 현재 디렉토리 뿐 만 아니라 CDPATH 변수에 등록된 디렉토리에서도 이동할 디렉토리를 찾는다. 많이 사용하지는 않지만, 여러 디렉토리에 있는 서브 디렉토리들로 빈번히 이동하는 경우에 유용하다. 다음은 CDPATH의 사용 예이다.

```
$ pwd
/home/gdhong
$ CDPATH=/lib:/usr/lib                ... CDPATH에 2개의 디렉토리 추가
$ cd java
/usr/lib/java                         ... /usr/lib에 있는 java 디렉토리로 이동
```

cd 명령어가 CDPATH에 등록된 디렉토리의 서브디렉토리로 이동하는 경우에는 위와 같이 디렉토리 경로명을 출력한다.

cd 명령어는 CDPATH에 등록된 디렉토리를 먼저 검색하기 때문에 현재 디렉토리에 같은 이름의 java 디렉토리가 있는 경우에도 위와 같이 디렉토리가 이동된다. 현재 디렉토리를 먼저 검색하게 하려면 다음과 같이 CDPATH의 맨 앞에 ::를 포함하여 널 문자열을 추가해야 한다.

```
$ pwd
/home/gdhong
$ mkdir java                          ... 현재 디렉토리에 java 디렉토리 생성
$ CDPATH=/lib:/usr/lib                ... CDPATH에 2개의 디렉토리 추가
$ cd java
/usr/lib/java                         ... /usr/lib에 있는 java 디렉토리로 이동

$ cd; pwd
/home/gdhong
$ CDPATH=::/lib:/usr/lib              ... CDPATH에 ::를 포함
$ cd java                             ... java 디렉토리로 이동(메시지 없음)
$ pwd                                 ... 현재 디렉토리 확인
/home/gdhong/java                     ... 이전의 디렉토리에 있는 java로 이동
$ cd java                             ... 현재 디렉토리에 java가 없으므로
/usr/lib/java                         ... /usr/lib/java로 이동
```

5.13 명령어 대치

셸에서 명령어를 다음과 같이 역 따옴표 ` 문자로 둘러싸면 이 부분이 명령어의 실행 결과로 대치된다. 이러한 명령어 대치 기능을 사용하면 명령어의 표준 출력을 다른 명령어의 인수로 사용할 수 있다.

```
`command`
```

다음은 명령어 대치를 사용한 예이다.

```
$ echo Today is `date`
Today is 2015. 09. 24. (목) 13:21:35 KST      ... 밑줄 부분이 명령어 대치 결과
```

파이프를 명령어 대치 기능과 결합하여 유용한 작업에 이용할 수 있다. 다음은 파이프와 명령어 대치 기능을 결합하여 현재 시스템의 사용자 수를 알려주는 메시지를 출력한다.

```
$ who                                    ... 현재 사용자 목록
u00003   pts/3        2015-09-24 13:28 (magics)
gdhong   pts/0        2015-09-24 08:55 (165.132.221.78)
gdhong   pts/1        2015-09-24 09:11 (165.132.221.78)
skyun    pts/2        2015-09-24 13:25 (165.132.221.79)
$ who | wc -l                            ... 현재 사용자 수 = who 출력의 행 수
4
$ echo 현재 `who | wc -l`명이 사용중입니다.  ... 이전 명령어 결과를 출력에 포함
현재 4명이 사용중입니다.
```

bash에서는 명령어 대치 기능을 다음과 같은 형식으로도 지원한다.

```
$(command)
```

이 형식의 명령어 대치 기능은 중첩하여 사용할 수 있다. 즉 명령어 대치에 포함된 명령어가 명령어 대치 기능을 사용할 수 있다. 명령어 대치를 중첩하여 사용할 때에 $(command) 형식이 역 따옴표 형식에 비해서 사용하기가 편리하다. 역 따옴표를 사용하는 경우에는 안쪽의 역 따옴표는 \`와 같이 역슬래시를 함께 사용해야 한다.

다음은 명령어 대치 기능을 중첩하여 사용한 예이다. expr은 인수로 주어진 식을 계산을 하여 결과를 출력하는 명령어로서 자세한 사항은 8.1절에서 다룬다.

```
$ date +%Y                                         ... 오늘의 연도를 출력
2015
$ expr 1 + 2                                       ... 1과 2의 덧셈 수행
3
$ echo 올해는 $(date +%Y)년입니다.                  ... 명령어 대치 사용
올해는 2015년입니다.
$ echo 내년은 $(expr $(date +%Y) + 1)년입니다.      ... 명령어 대치 중첩 사용
내년은 2016년입니다.
```

5.14 인용과 대치 금지

셸은 메타 문자들을 사용하여 파일이름 대치, 변수 대치 및 명령어 대치 기능을 수행할 수 있다. 그리고 메타 문자를 특별한 기능을 사용하지 않고, 있는 그대로 사용하기 위한 탈출문자로 역슬래시 문자 \를 사용한다.

문자열을 따옴표로 묶는 것을 인용(quoting)이라고 한다. 변수 값으로 할당되는 문자열에 빈칸이 포함되어 있으면 따옴표를 사용해야 한다고 5.11절에서 언급하였다. 따옴표를 사용한 인용은 이외에도 셸의 여러 대치 기능과 탈출문자 기능을 금지하는 동작을 수행한다.

작은따옴표 '...'는 모든 대치 기능과 탈출문자 기능을 금지한다. 작은따옴표로 묶인 문자열은 있는 그대로 사용된다. 다음은 작은따옴표를 사용한 예이다.

```
$ myvar=Korea                          ... 변수 값 할당
$ echo f* $myvar `expr 1 + 2` \$       ... 모든 대치, 탈출문자 기능 수행
factor_in file1 file2 Korea 3 $
$ echo 'f* $myvar `expr 1 + 2` \$'     ... 모든 대치, 탈출문자 기능 금지
f* $myvar `expr 1 + 2` \$              ... 있는 그대로 출력
```

큰따옴표 "..."는 와일드카드 문자를 사용하는 파일이름 대치 기능을 금지한다. 그렇지만 변수 대치와 명령어 대치 기능과 탈출문자는 사용가능하다.

```
$ echo "f* $myvar `expr 1 + 2` \$"     ... 파일이름 대치 금지
f* Korea 3 $
```

두 종류의 따옴표가 중첩되는 경우에는 바깥쪽 따옴표가 유효하다. 다음 예에서 $myvar를 에워 쌓은 작은따옴표는 큰따옴표 안에 있기 때문에 효력이 없어서 그대로 출력되며, $myvar는 변수 값으로 대치되어서 출력된다.

```
$ echo "f* '$myvar' `expr 1 + 2` \$"
f* 'Korea' 3 $
```

5.15 별명

bash는 alias 명령어를 사용하여 자주 사용하는 옵션을 포함한 명령어들에 대한 별명을 부여하여, 명령어 대신에 별명을 사용하여 명령어를 실행시키는 기능을 제공한다. alias는 원래 csh에서 제공된 기능이다. alias 기능은 대화형 셸에서만 사용가능하다.

다음은 alias 명령어를 사용하여 별명을 부여하고, 별명을 사용하는 예이다.

```
$ alias del='rm -i'                      ... = 전후에 빈칸이 없어야 함
$ del file1                              ... rm -i file
rm: remove 일반 파일 `file1'? n
```

셸에서 별명으로 등록된 명령어가 입력되면 별명에 해당되는 명령어로 대치되어 실행된다. 그리고 별명으로 다음과 같이 기존 명령어와 같은 이름을 사용할 수 있다.

```
$ alias cp='cp -i'                       ... cp를 별명으로 사용
$ cp file1 file2                         ... cp -i file1 file2
cp: overwrite `file2'?
```

기존 명령어 이름을 별명으로 사용하는 경우에 원래의 명령어를 실행하려면 별명 앞에 \를 붙이거나 별명을 작은따옴표로 에워 쌓는다. 작은따옴표는 별명의 원래 명령어로 바꾸는 기능을 금지시킨다.

```
$ cp file1 file3                         ... 별명 - cp -i 사용
cp: overwrite `file3'?                   ... 복사할 지 질문
$ \cp file1 file3                        ... 원래 명령어 cp 사용, 질문없이 복사
```

alias의 인수로 별명만 사용하면 별명에 대한 명령어 출력하고, 인수 없이 사용하면 모든 별명에 대한 내용을 출력한다.

```
$ alias del                              ... 별명 del에 대한 정의 내용 출력
alias del='rm -i'
$ alias                                  ... 모든 별명에 대한 내용 출력
alias cp='cp -i'
alias del='rm -i'
alias dir='ls -F'
```

```
alias l.='ls -d .* --color=auto'
alias ll='ls -l --color=auto'
alias ls='ls --color=auto'
alias vi='vim'
```

별명을 더 이상 사용하지 않으려면 unalias 명령어를 사용하여 별명을 제거한다.

```
$ unalias del                          ... 별명 del 제거
$ alias del
-bash: alias: del: not found
```

alias 기능이 처음으로 구현된 csh에서는 alias 명령어가 다음과 같이 =를 사용하지 않고 별명을 지정한다.

```
% alias dir 'ls -F'
```

5.16 셸 시작 파일

셸은 프롬프트를 출력하여 사용자로부터 명령어를 입력받는 대화형 셸과, 셸 스크립트라고 부르는 프로그램을 실행하는 비대화형 셸이 있다. 대화형 셸을 시작될 때에는 **시작 파일**(startup file)에 있는 명령어를 먼저 실행한 후에 프롬프트를 출력한다. 자주 사용하는 alias 정의와 셸 변수 값 초기화 등의 작업은 시작 파일에 포함하여 셸을 시작할 때에 자동적으로 수행되게 하는 것이 좋다.

대화형 셸의 시작파일

로그인 셸이 시작되면 bash는 가장 먼저 시스템에서 제공하는 시작 파일인 /etc/profile에 있는 명령어를 실행한다. 그 다음에 ~/.bash_profile, ~/.bash_login, ~/.profile 순서로 파일을 찾아서 가장 먼저 찾은 파일에 있는 명령어를 실행한 후 프롬프트를 출력한다. 사용자의 로그인 시작 파일은 일반적으로 ~/.bash_profile을 사용한다.

로그인이 아닌 대화형 셸이 시작되면 ~/.bashrc 파일에 있는 명령어를 실행한 후에 프롬프트를 출력한다. 사용자 계정을 만들 때에 대개 셸 시작 파일이 자동적으로 생성되는데 대부분의 ~/.bash_profile은 ~/.bashrc 시작 파일을 실행하는 명령어를 포함하고 있기 때문에 ~/.bashrc에 있는 명령어는 로그인 셸 여부와 관계없이 대화형 셸을 시작할 때에 거의 항상 실행되게 된다.

그러므로 우리가 셸 시작 파일을 사용할 때에 로그인할 때만 수행해야 하는 명령어는 ~/.bash_profile에 저장하고, 셸을 시작할 때마다 수행해야 하는 명령어는 ~ /.bashrc에 저장하면 된다. 서브셸에 전달되는 환경변수의 정의는 로그인 셸 시작파일인 ~/.bash_profile에서 하고, 서브셸에 전달되지 않는 지역변수의 정의와 alias 정의는 대화형 셸 시작파일인 ~/.bashrc에서 한다.

로그인 셸을 로그아웃을 할 때에는 ~/.logout 파일에 저장된 명령어들을 실행하고 종료한다.

비대화형 셸의 시작파일

비대화형 셸은 환경 변수 값 $BASH_ENV에 저장된 파일 이름을 시작 파일로 사용한다. 이 변수가 널이 아니면 이 변수에 저장된 시작 파일을 먼저 수행한 후에 셸을 시작한다. ~/.bash_profile에서 이 변수 값을 다음과 같이 설정한다면

```
$ export BASH_ENV="~/.bashrc"
```

대화형 셸의 시작파일이 비대화형 셸이 시작될 때에도 똑같이 적용된다.

시작 파일의 예

다음은 .bash_profile에 추가되는 사항의 예이다. 이 파일에는 환경변수를 추가하였다.

```
export PATH=$PATH:$HOME/bin
export HISTSIZE=20
export HISTFILESIZE=10
```

다음은 .bashrc에 추가되는 사항의 예이다. 이 파일에는 별명 정의와 환경변수가 아닌 변수 값 지정을 추가하였다.

```
PS1="$ "
alias dir='ls -F'
alias rm='rm -i'
alias ls-l='ls -l'
```

source 명령어

시작 파일을 수정한 후에 다시 로그인을 하거나 새로운 셸을 생성하지 않고 현재 셸에 즉시 적용하려면 다음과 같이 source 명령어나 도트(.) 명령어를 수행한다. 이 명령어는 현재 셸에서 인수로 지정된 파일에 있는 명령어를 수행한다.

```
$ source .bash_profile       ... 시작 파일 내용을 현재 셸에 적용
$ . .bash_profile            ... source 명령어와 같음
```

5.17 히스토리

bash 셸은 최근에 실행한 명령어들의 목록을 저장하여, 재실행하거나 약간 수정하여 사용할 수 있도록 한다. 이러한 기능을 **히스토리**(history) 기능이라고 하는 데 원래 csh에서 제공된 기능이다. 히스토리와 관련하여 bash 셸에서 미리 정의된 변수와 그 의미는 다음과 같다.

변수	의미
HISTSIZE	히스토리 목록에 저장할 명령어의 개수
HISTFILE	다음 로그인 세션을 위해 히스토리 목록을 저장할 파일 이름
HISTFILESIZE	히스토리 파일에 저장할 명령어의 개수

HISTFILE은 ~/.bash_history 파일로 미리 정의되어 있다. HISTSIZE와 HISTFILESIZE는 값이 미리 지정되지 않으면 기본적으로 500으로 지정된다. 셸을 시작할 때에 히스토리 목록은 HISTFILE이 지정하는 파일로부터 초기화되며 가장 최근에 실행한 최대 HISTSIZE 개의 명령어를 저장한다. 로그아웃할 때에 로그인 셸에서 실행한 최대 HISTFILESIZE 개의 명령어를 HISTFILE이 지정하는 파일에 저장한다.

history 명령어는 현재 저장된 명령어 히스토리 목록을 출력한다.

```
$ echo $HISTSIZE                      ... 히스토리 관련 변수 값 출력
10
$ echo $HISTFILESIZE
10
$ history                             ... 히스토리 목록 출력
   24  echo 222
   25  echo 333
   26  ls | wc -l
   27  alias del='rm -i'
   28  ls -l
   29  cat file1
   30  more file2
   31  date
   32  echo 444
   33  history
$ history 5                           ... 최근 5개의 히스토리 목록 출력
```

```
30  more file2
31  date
32  echo 444
33  history
34  history 5
```

history 명령어의 출력에서 줄 앞의 번호는 히스토리의 번호를 나타내며 명령어를 참조할 때에 이 번호를 사용한다. 이 번호는 셸이 시작될 때에 1번부터 시작하는 데 초기화 파일에 저장된 히스토리를 가져오므로 새로 시작된 셸의 히스토리 번호는 HISTFILESIZE + 1부터 시작하게 된다. 히스토리를 많이 사용하는 경우에는 다음과 같이 명령어의 히스토리 번호를 프롬프트에 포함시키면 유용하다.

```
$ PS1="\!$ "            ... 프롬프트에 히스토리 번호가 포함되게 재설정
36$ who am I            ... 프롬프트 변경됨 - 앞의 번호는 히스토리 번호
gdhong
37$
```

다음은 히스토리를 참조하는 여러 가지 이벤트 지시자의 형식이다. 참조한 히스토리 내용은 명령어를 재실행하거나 인수로 사용할 수 있다.

형식	의미
!!	이전 명령어 (!-1과 같음)
!*n*	히스토리 번호 n번 명령어
!-*n*	n번 이전의 명령어
!*str*	문자열 str로 시작하는 가장 최근 명령어
!?*str*?	문자열 str을 포함하는 가장 최근 명령어
^*old*^*new*	이전 명령어에서 문자열 old를 문자열 new로 치환

다음은 이벤트 지시자를 사용하여 히스토리를 참조한 여러 가지 예이다.

```
37$ !32                 ... 32번 명령어
echo 444                ... 참조된 명령어 내용
444
38$ !-7                 ... 7개 이전 명령어 (31번)
date                    ... 참조된 명령어 내용
2015. 09. 25. (금) 17:14:38 KST
39$ !ec                 ... ec로 시작하는 최근 명령어
echo 444                ... 참조된 명령어 (37번)
444
40$ !!                  ... 이전 명령어
```

```
echo 444
444
40$ ^444^555            ... 이전 명령어에서 444를 555로 바꿈
echo 555
555
41$ echo !33            ... 참조한 히스토리를 인수로 사용
echo history            ... !33 이 history로 대치되어 실행
history
```

다음은 이벤트 지시자 뒤에 사용하여 참조된 이벤트의 일부 단어를 접근하도록 하는 여러 가지 단어 지시자의 형식이다.

형식	의미
:0	명령어 행의 첫 번째 단어(명령어)
:*n*	명령어 행의 n+1 번째 단어n번째 인수)
:*m*-*n*	명령어 행의 m+1 번째 단어부터 n+1 번째까지의 단어들
:^ 또는 ^	:0과 같음
:$ 또는 $	명령어 행의 마지막 단어
:* 또는 *	명령어 행의 명령어를 제외한 모든 인수, :1-$과 같음
:*n**	:n-$와 같음
:*n*-	:n*에서 마지막 단어를 제외한 것

다음은 단어 지시자를 사용하는 예이다.

```
42$ echo It is easy to use Linux         ... 참조할 명령어
It is easy to use Linux
43$ echo !!:0                  ... 참조 명령어의 첫째 단어(명령어) 출력
echo echo
echo
44$ echo !-2:1                 ... 참조 명령어의 둘째 단어 출력
echo It
It
45$ echo !42:*                 ... 참조 명령어의 모든 인수 출력
echo It is easy to use Linux
It is easy to use Linux
```

다음은 이벤트 지시자 또는 단어 지시자 뒤에 사용하여 경로 이름의 특정한 부분을 접근하도록 하거나 내용을 치환하도록 하는 수정자이다.

형식	의미
:h	(head) 경로 이름의 앞 부분 (마지막 파일 또는 디렉토리 이름 제거)
:t	(tail) 경로 이름의 뒷 부분 (마지막 파일 또는 디렉토리 이름)
:r	(root) 경로 이름의 확장자를 제외한 부분
:e	(extension) 경로 이름의 . 으로 시작하는 마지막 부분 (확장자)
:s/*old*/*new*/	명령어 행의 문자열 old를 문자열 new로 대치 (s앞에 g를 사용하면 모든 문자열 old를 문자열 new로 치환)
:p	참조된 사항을 실행하지 않고 출력만 함

그림 5.4는 경로 이름의 부분을 접근하는 4가지 경로이름 수정자의 동작을 설명한 것이다.

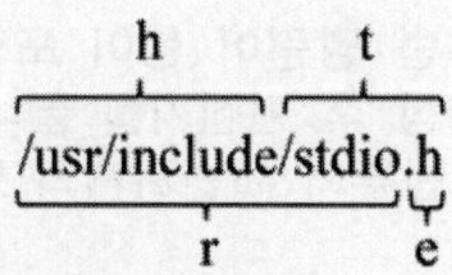

그림 5.4 경로이름 수정자

다음은 여러 가지 수정자를 사용하는 예이다.

```
46$ echo /usr/include/stdio.h /a/b/c             ... 참조할 명령어
/usr/include/stdio.h /a/b/c
47$ echo !!:1:h !!:1:t !!:1:r !!:1:e             ... 경로 이름의 네 부분을 출력
echo /usr/include stdio.h /usr/include/stdio .h
/usr/include stdio.h /usr/include/stdio .h
48$ echo !46:2:r !46:2:e               ... 경로이름 .이 없는 경우 r과 e가 같음
echo /a/b/c /a/b/c
/a/b/c /a/b/c
49$ !46:s/stdio/stlib/                           ... 대치 수행
echo /usr/include/stlib.h /a/b/c
/usr/include/stlib.h /a/b/c
```

fc 명령어 사용하기

명령어 히스토리를 앞에서 소개한 기능을 사용하여 이용할 수 있지만 bash에서는 명령어 히스토리를 이용하는 fc(fix command)는 명령어를 추가로 제공한다. fc 명령어는 히스토리 목록을 보여주고 편집하여 재실행할 수 있도록 해준다. 다음은 히스토리 목록을 보여주는 여러 가지 예이다. 실행 결과는 생략하였다.

```
$ fc -l             ... 히스토리 목록을 출력 (history와 유사한 동작)
$ fc -l 10 15       ... 주어진 범위의 히스토리 목록을 출력
$ fc -l echo vi     ... echo를 포함하는 최근 히스토리부터 vi를 포함하는 최근
                        히스토리까지의 목록을 출력
```

다음은 이전에 실행했던 명령어를 재실행하는 예이다.

```
$ fc -s 42          ... 42번 히스토리 명령어를 재실행 (!42과 같음)
$ fc -s             ... 바로 이전 명령어를 재실행 (!!와 같음)
```

단어 지시자와 수정자를 사용하여 이전에 실행했던 명령어 행의 일부를 수정할 수 있지만 편집기를 사용하여 수정하면 더 편리하다. fc 명령어는 다음과 같이 편집기를 사용하여 수정한 후 재실행하는 기능을 제공한다.

```
$ fc 43             ... 43번 명령어 행이 포함된 편집기 실행
                        저장 후 편집기를 끝내면 편집된 내용의 명령어 재실행
$ fc 43 46          ... 43번부터 46번까지의 명령어 행을 편집, 편집 후 재실행
```

readline 라이브러리를 사용한 명령어 편집

bash는 readline 라이브러리를 사용하여 명령어 행 편집을 구현하였다. 이 기능을 사용하면 현재 명령어 행 편집 뿐 만 아니라 히스토리 목록의 명령어 행 편집도 할 수 있어서 편리하게 히스토리를 수정하거나 재실행할 수 있게 한다. 명령어 행 편집은 기본적으로 emacs 편집기의 기능을 이용하며 필요에 따라서 vi 편집기 기능을 이용할 수 있도록 설정을 바꿀 수 있다. 히스토리를 사용하는 데 유용한 emacs 편집기 명령은 다음과 같다.

형식	의미
Ctrl-P 또는 ↑	히스토리 목록의 이전 명령어 행으로 이동
Ctrl-N 또는 ↓	히스토리 목록의 다음 명령어 행으로 이동
Ctrl-F 또는 →	명령어 행의 다음 문자로 이동
Ctrl-B 또는 ←	명령어 행의 이전 문자로 이동
Ctrl-A	명령어 행의 처음으로 이동
Ctrl-E	명령어 행의 끝으로 이동
Ctrl-R	사용했던 명령어를 한문자씩 문자를 입력하면서 검색
Esc u	커서의 오른쪽 단어를 대문자로 치환
Esc l	커서의 오른쪽 단어를 소문자로 치환
Esc c	커서의 오른쪽 단어의 첫 글자만 대문자로 치환

사용한 지 오래되지 않은 명령어를 재실행하거나 수정하여 실행하려면 화살표 키를 사용하여 찾는 것이 더 간편하다. 사용한 지 오래된 명령어는 Ctrl-R을 입력하면 다음과 같이 히스토리 목록에 있는 명령어를 찾는 프롬프트가 출력되며 명령어의 일부 문자를 순서대로 입력하면 이 문자열을 포함하는 최근 명령어를 찾아 준다. 문자를 입력함에 따라서 검색된 명령어가 바뀔 수 있다. 원하는 명령어가 나왔으면 Enter를 쳐서 재실행하거나 수행 후 실행한다.

```
$ Ctrl-R 입력
(reverse-i-search)`':                       ... 처음 프롬프트
(reverse-i-search)`e': mv file1 file2       ... e 입력후 프롬프트
(reverse-i-search)`ec': echo a b c d        ... ec 입력후 프롬프트
```

자동 완성 기능

readline 라이브러리는 탭(Tab) 키를 사용하여 명령어 행에서 입력한 단어를 자동적으로 완성시키는 기능도 제공한다. 자동 완성 기능에는 명령어 완성, 파일 이름 완성, 변수 완성의 세 가지 기능이 있다.

명령어 완성은 명령어의 처음 몇 글자를 입력하고 <탭>을 누를 때에 이 글자들로 시작하는 명령어가 하나이면 명령어를 자동 완성하고, 여러 개이면 비프(beep) 소리를 출력하며 다시 <탭>을 누를 때에 이 글자들로 시작하는 명령어의 목록을 출력한다.

```
$ bz<Tab><Tab>
bzcat          bzdiff         bzip2          bzless
bzcmp          bzgrep         bzip2recover   bzmore
$ bzl<Tab> → bzless                         ... 자동완성
```

파일 이름 완성은 명령어의 인수로 파일 이름(경로 이름 포함)의 처음 일부분을 입력하고 <탭>을 누를 때에, 해당되는 파일 이름이 하나이면 이 이름으로 자동 완성되고, 여러 개이면 다시 <탭>을 누를 때에 명령어 완성과 같이 해당되는 여러 개의 파일 이름을 출력한다.

```
$ ls /usr/include/st<Tab><Tab>
stab.h                        stdio.h                       string.h
startup-notification-1.0/     stdio_ext.h                   stringprep.h
stdint.h                      stdlib.h                      strings.h
$ ls /usr/include/stdl<Tab> → /usr/include/stdlib.h            ... 자동완성
```

변수 완성은 명령어의 인수로 변수 값을 사용할 때에 변수 이름의 처음 일부분을 입력하고 <탭>을 누를 때에, 해당되는 변수 이름이 하나이면 이 이름으로 자동 완성되고, 여러 개이면 다시 <탭>을 누를 때에 파일 이름 완성과 같이 해당되는 여러 개의 변수 이름을 출력한다.

```
$ echo $HIST<Tab><Tab>
$HISTCMD        $HISTCONTROL   $HISTFILE       $HISTFILESIZE  $HISTSIZE
$ echo $HISTS<Tab> → $HISTOSIZE                          ... 자동완성
```

5.18 디렉토리 스택

디렉토리 이동은 cd 명령어를 사용하여 수행할 수 있지만, bash는 디렉토리를 저장하는 디렉토리 스택을 제공하여 디렉토리를 이동할 때에 디렉토리를 저장하여 원래의 디렉토리로 쉽게 되돌아 올 수 있도록 한다. 이 기능도 원래 csh에서 제공된 기능이다.

pushd – 디렉토리 스택에 저장하고, 디렉토리 이동

pushd 명령어를 디렉토리 인수와 함께 사용하면 이 디렉토리를 디렉토리 스택의 맨 위에 저장한 후에 인수로 지정된 디렉토리로 이동한다.

```
$ pushd /usr                  ... /usr를 디렉토리 스택에 저장 후 /usr로 이동
/usr ~                        ... 디렉토리 스택의 내용 출력
$ pwd
/usr
$ pushd /etc
/etc /usr ~
$ pwd
/etc
```

popd – 디렉토리 스택에서 제거하고, 디렉토리 이동

popd 명령어를 인수 없이 사용하면 디렉토리 스택의 맨 위 디렉토리를 제거하고, 그 다음 디렉토리로 이동한다.

```
$ popd                        ... 디렉토리 스택에서 /etc를 제거하고 /usr로 이동
/usr ~
$ pwd
/usr
$ popd
~
$ pwd
/home/gdhong
```

dirs – 디렉토리 스택 내용 출력

dirs 명령어는 현재의 디렉토리 스택의 내용을 출력한다. ~는 홈 디렉토리를 나타낸다.

```
$ dirs
/etc /usr ~
```

5.19 간단한 셸 프로그램

대화형으로 입력하는 일련의 명령어들은 텍스트 파일에 저장하면 나중에 비대화형으로 실행할 수 있다. 셸에서 실행될 수 있는 명령어들을 포함하는 파일을 **셸 스크립트(shell script)** 라고 한다. 셸 스크립트에서는 지금 까지 보아왔던 일반적인 명령어나 여러 가지 셸의 기능들을 사용할 수 있을 뿐 만 아니라 일반적인 프로그램에서 사용하는 제어 구문도 사용할 수 있다. 셸 스크립트를 셸 프로그램이라고도 부른다. **셸 프로그램**은 반복적으로 수행할 필요가 있는 다양한 작업을 수행하는 데 매우 유용하다. 셸 프로그램에 대한 자세한 사항은 8장에서 다룬다.

셸 스크립트는 편집기를 사용하여 작성하고 chmod 명령어를 사용하여 실행허가권을 부여한 후에 보통의 명령어와 같은 방식으로 실행시킨다. 다음은 간단한 셸 스크립트의 예이다.

```
$ cat script1                      ... 작성된 셸 스크립트 내용 확인
echo Hi! Shell Script
echo HOME=$HOME
echo Today is `date`
$ chmod +x script1                 ... 실행허가권 부여
$ ./script1                        ... 셸 스크립트 실행
Hi! Shell Script
HOME=/home/gdhong
Today is 2015. 10. 01. (목) 11:12:19 KST
```

셸 스크립트는 위와 같이 변수 대치, 명령어 대치 등의 모든 셸 기능을 사용할 수 있으며 echo 명령어는 셸 프로그램이 메시지를 출력하는 데 사용된다.

셸 스크립트는 기본적으로 Bourne 셸(sh)에 의해서 실행되지만 첫째 줄에 스크립트를 실행할 셸을 다음과 같이 지정할 수 있다.

첫째 줄	의미
#	셸 스크립트를 실행시키는 셸과 같은 종류의 셸에 의해서 실행
#!/bin/bash	#! 다음에 지정된 경로의 프로그램에 의해서 실행됨
#으로 시작하지 않음	Bourne셸에 의해서 실행됨

셸 스크립트를 실행할 때에는 먼저 스크립트 파일의 첫째 줄을 확인하여 지정된 프로그램을 실행시킨 후에 이 프로그램에서 셸 스크립트 파일을 표준입력으로 읽어서 처리하도록 한다. 첫째 줄에서 지정되는 프로그램은 대개 셸이지만, 반드시 셸일 필요는 없다. 셸에 따라서 지원하는 명령어에 차이가 있으므로 처리하는 셸을 지정할 것을 권장한다.

셸 스크립트는 같은 셸에 의해서 실행되더라도 별도의 셸에서 실행되므로 셸 스크립트를 실행하는 동안 변경된 작업 디렉토리나 환경변수 등은 부모 셸에는 영향을 미치지 않는다. 셸 스크립트에서 부모의 환경변수 값은 복사되어 사용할 수 있지만, 부모의 지역변수는 사용할 수 없다. 다음은 이러한 동작을 확인하기 위한 예이다.

```
$ lvar=100; echo $lvar                ... 지역변수 설정, 출력
100
$ export EVAR=1; echo $EVAR           ... 환경변수 설정, 출력
1
$ cat script2
#!/bin/sh
echo lvar = $lvar
echo EVAR = $EVAR
EVAR=1000
echo EVAR = $EVAR
cd /bin
pwd
$ ./script2                           ... 셸 스크립트 실행
lvar =                                ... 지역변수는 복사되지 않음
EVAR = 1                              ... 복사된 환경변수
EVAR = 1000                           ... 변경된 환경변수
/bin                                  ... 이동된 작업 디렉토리
$ echo $EVAR
1                                     ... 부모 환경변수 값 그대로
$ pwd
/home/gdhong                          ... 부모 작업 디렉토리 그대로
```

주석

셸 스크립트에서 # 문자는 주석(comment)을 나타내는 데 사용된다. #부터 줄 끝까지의 내용

은 주석으로 처리되어 무시된다. 셸 스크립트도 프로그램이므로 유지보수를 위하여 적절한 주석이 필요하다.

문자는 줄 단위의 주석을 나타내지만 다음과 같이 이를 반복하여 사용하여 여러 줄의 주석을 나타낼 수 있다.

```
# comment line 1
# comment line 2
# comment line 3
```

여러 줄의 주석을 나타내는 방법으로 **콜론(:) 명령어**를 사용하는 방법이 있다. : 명령어는 아무런 동작도 하지 않는 널 명령어이다. 이 명령어를 다음과 같이 따옴표로 에워싼 인수와 함께 사용하면 여러 줄의 주석을 나타내는 데 사용할 수 있다.

```
: '
comment line 1
comment line 2
'
```

여러 줄의 주석을 나타내는 또 다른 방법으로 here document를 사용하는 방법이 있다. 셸 스크립트에서 here document를 다음과 같이 여러 줄의 주석을 나타내는 데 사용할 수 있다.

```
<<REMARK
comment 1
comment 2
REMARK
```

다음은 여러 가지 유형의 주석을 포함한 셸 스크립트를 실행시키는 예이다.

```
$ cat script3                              ... 셸 스크립트 내용
#!/bin/sh

# comment line                             ... #을 사용한 주석
echo comment    # comment                  ... 명령어 뒤에 위치한 #을 사용한 주석

: '                                        ... : 명령어를 사용한 주석
comment line 1
comment line 2
comment line 3
'

<<REMARK                                   ... here document를 사용한 주석
comment 1
```

```
comment 2
REMARK
echo multiple line comment
$ ./script3
comment
multiple line comment
```

인수 변수

셸 스크립트를 실행시킬 때에도 보통의 명령어와 같이 인수를 사용할 수 있다. 셸 스크립트에서 인수들은 다음과 같은 셸 변수로 접근하여 사용할 수 있다.

변수	의미
$n	n번째 인수(n은 1부터 9까지 사용 가능)
$0	명령어
$*	모든 인수
$#	인수의 개수
$$	현재 셸의 프로세스 번호(임시파일 이름 생성에 유용함)

다음은 인수를 사용하는 셸 스크립트의 예이다. 인수 변수는 해당되는 인수가 없으면 널 문자로 대치되며 9번째 인수까지만 개별적인 접근이 가능하다.

```
$ cat script4
#!/bin/sh
echo command = $0                    ... 명령어
echo 1st arg = $1                    ... 첫째 인수
echo 9th arg = $9                    ... 9번째 인수
echo $10                             ... $10은 $1과 0을 출력
echo all args = $*                   ... 모든 인수
no. of args = $#                     ... 인수의 개수
$ ./script4 a b c d e f g h i j k l m o p
command = ./script4
1st arg = a
9th arg = i
a0
all args = a b c d e f g h i j k l m o p
no. of args = 15
$ ./script4 a b c d
command = ./script4
1st arg = a
9th arg =
```

```
a0
all args = a b c d
no. of args = 4
```

5.20 셸의 기타 기능

표준에러 출력의 방향전환

5.4절에서 표준입력과 표준출력의 방향전환을 소개하였다. 셸은 표준입출력의 방향전환 이외에도 추가적인 방향전환 기능을 제공한다. 프로그램이 실행될 때 기본적으로 표준입력, 표준출력, 표준에러출력이 오픈되어 사용되며 다음과 같은 파일기술자 번호와 기본 연결 장치가 부여된다.

파일기술자 번호	이름	기본 연결 파일
0	표준 입력	터미널 키보드
1	표준 출력	터미널 화면
2	표준에러 출력	터미널 화면

표준에러출력은 에러 메시지 출력용으로 주로 사용된다. 표준출력과 표준에러출력은 기본적으로 같은 장치를 사용하기 때문에 구분되지 않지만, 표준출력 방향전환을 하면 두 출력을 구분할 수 있다.

cat 명령어는 파일의 내용을 표준출력으로 출력하지만, 존재하지 않는 파일에 대해서는 표준에러 출력으로 에러 메시지를 출력한다. 다음은 표준출력 방향전환을 사용하여 두 종류의 출력을 구분하는 예이다.

```
$ cat in1                                ... 존재하는 파일
Hi! Linux
$ cat in2                                ... 존재하지 않는 파일
cat: in2: 그런 파일이나 디렉토리가 없습니다
$ cat in1 in2                            ... 두 파일의 내용을 한꺼번에 출력
Hi! Linux
cat: in2: 그런 파일이나 디렉토리가 없습니다
$ cat in1 in2 > out                      ... 표준출력 방향전환
cat: in2: 그런 파일이나 디렉토리가 없습니다     ... 표준에러출력은 화면에 출력
$ cat out
Hi! Linux
```

프로그램에서 파일이 추가로 오픈되면 파일기술자 번호가 3번부터 순서대로 부여된다. 방향전환 기능은 파일기술자 번호에 연결된 파일을 다른 파일로 변경하는 것으로서 표준입출력뿐만 아니라, 표준에러출력 및 파일에 대해서도 적용가능하다.

표준에러출력의 방향전환은 다음과 같이 >, >> 대신에 2>, 2>>를 사용하면 된다.

```
$ cat in1 in2 2> out2                      ... 표준에러출력 방향전환
Hi! Linux                                  ... 표준출력은 화면에 출력
$ cat out2
cat: in2: 그런 파일이나 디렉토리가 없습니다
$ cat in3 2>> out2                         ... 표준에러출력 방향전환, 추가
$ cat out2
cat: in2: 그런 파일이나 디렉토리가 없습니다     ... 원래 내용
cat: in3: 그런 파일이나 디렉토리가 없습니다     ... 추가된 내용
```

위에서 2는 파일기술자 2번이 부여된 장치의 방향전환을 의미한다. 파일기술자 1번 장치인 표준출력의 방향전환은 >, >> 대신에 1>, 1>>을 사용해도 된다.

표준출력과 표준에러출력은 다음과 같이 동시에 방향전환을 수행할 수 있다.

```
$ cat in1 in2 > out1  2> out2  또는  cat in1 in2 1> out1  2> out2
$ cat out1
Hi! Linux
$ cat out2
cat: in2: 그런 파일이나 디렉토터리가 없습니다
```

표준에러 출력은 다음과 같이 2>&1을 사용하면 표준출력과 같은 장치를 사용할 수 있다. 2>&1은 파일기술자 2번 장치를 파일기술자 1번 장치로 방향전환하여 사용하라는 의미이다. 다음의 예와 같이 2번 장치를 1번 장치로 방향전환하여 두 출력을 연계한 후에, 표준출력을 파일로 방향전환하여 저장하여 표준에러 출력이 표준 출력과 연계되었음을 확인할 수 있다.

```
$ cat in1 in2 2>&1                         ... 표준에러출력을 표준출력과 연계
Hi! Linux
cat: in2: 그런 파일이나 디렉토리가 없습니다
$ (cat in1 in2 2>&1) > out3                ... 두 출력을 연계 후 방향전환
$ cat out3
Hi! Linux
cat: in2: 그런 파일이나 디렉토리가 없습니다
```

위에서 수행한 표준에러 출력을 표준출력으로 연계하고, 표준출력을 방향전환하는 동작은 다음과 같이 수행할 수도 있다.

```
$ cat in1 in2 > out3 2>&1          ... 앞에 방향전환, 뒤에 두 출력 연계
$ cat out3
Hi! Linux
cat: in2: 그런 파일이나 디렉토리가 없습니다
```

여기서 주의할 점은 표준출력 방향전환이 먼저 나오고, 두 출력의 연계는 뒤에 나와야 하는 것이다. 1번 장치를 화면 대신에 out3로 전환한 후 표준에러 출력을 1번 장치로 연계해야 표준에러 출력이 out3파일에 저장된다.

만약에 다음과 같이 두 순서를 바꾸어서 쓰면 표준에러 출력이 1번의 현재 장치인 화면으로 연계되고, 표준 출력은 out3로 방향전환되어 표준에러 출력은 원래의 표준출력인 화면에 출력되고, 표준출력은 방향전환된 out3에 저장된다.

```
$ cat in1 in2 2>&1 > out3
cat: in2: 그런 파일이나 디렉토리가 없습니다
```

반대로 1>&2 또는 >&2를 사용하면 표준출력을 표준에러출력 장치로 연계할 수 있다. 이 기능을 사용하면 echo 명령어를 사용하여 표준에러출력으로 메시지를 출력할 수 있다. 다음은 이에 대한 예이다.

```
$ cat script5
echo standard output                          ... 표준출력
echo standard error output 1>&2               ... 표준에러출력
$ chmod +x script5
$ ./script5
standard output                      ... 표준출력
standard error output                ... 표준에러출력
$ ./script5 > out1                   ... 표준출력 방향전환
standard error output                ... 화면에 표준에러출력
$ ./script5 2> out2                  ... 표준에러출력 방향전환
standard output                      ... 화면에 표준출력
```

표준 출력과 표준에러 출력을 동시에 같은 파일로 방향전환하는 기능은 다음과 같이 >& 또는 &>을 사용하면 더 간편하게 수행할 수 있다.

```
$ ./script5 >& out   또는 ./script5 &> out   ... ./script5 > out 2>&1과 같음
$ cat out
standard output
standard error output
```

파이프는 앞의 명령어의 표준출력을 다음 명령어의 표준입력으로 전달한다. 표준에러출력

을 파이프로 전달하려면 2>&1를 사용하여 표준에러출력을 표준출력과 연계한 후에 파이프를 사용하면 된다.

```
$ cat in1 in2 | wc
cat: in2: 그런 파일이나 디렉토리가 없습니다 ... cat의 표준에러출력
      1       2      10                      ... wc의 출력
$ cat in1 in2 2>&1 | wc
      2       8      69                      ... wc의 출력
```

표준출력을 제외하고 표준에러 출력만 파이프로 전달하려면 다음과 같이 표준출력을 파일로 저장하고 표준에러 출력만 파이프로 전달해야 한다. 표준출력을 저장할 필요가 없으면 /dev/null로 보내면 된다.

```
$ cat in1 in2 2>&1 >out4 | wc
      1       6      59
```

set 명령어를 사용한 셸 동작의 기능 변경

bash 셸에서는 set 명령어를 옵션 -o 또는 +o와 함께 사용하여 셸의 기능을 금지하거나 동작시킬 수 있다. set 명령어를 사용하여 다양한 기능에 대한 설정의 제어를 할 수 있지만, 대표적인 몇 가지 기능은 다음 표와 같다.

변수	의미
noglob	파일이름 대치(와일드카드) 금지
noclobber	파일 덮어쓰기 금지
notify	백그라운드 작업 종료 시 화면에 즉시 알림
ignoreeof	Ctrl-D (EOF) 입력을 무시. 셸 종료를 위해 exit를 사용해야함

예를 들어 파일이름 대치를 금지하려면 -o 옵션을 사용하여 noglob 설정을 한다.

```
$ set -o noglob
$ echo o*
o*
```

파일이름 대치를 허용하려면 +o 옵션을 사용하여 noglob 설정을 해제한다.

```
$ set +o noglob
$ echo o*
```

```
out out1 out2 out3
```

noclobber 설정을 하면 표준출력 방향전환을 사용하여 출력을 파일로 저장할 때에 의도하지 않은 덮어쓰기로부터 파일을 보호할 수 있다.

```
$ set -o noclobber
$ echo Hi > out
-bash: out: cannot overwrite existing file
```

noclobber 설정에도 불구하고 덮어쓰기를 하고자 하면 >|을 사용하여 표준출력 방향전환을 하면 된다.

```
$ echo Hi >| out                          ... 덮어쓰기 허용
$ cat out
Hi
```

백그라운드 작업은 종료되더라도 키보드 입력이 들어올 때까지 종료되었음을 알리지 않는다. notify 설정을 하면 키보드 입력이 없더라도 백그라운드 작업이 종료될 때에 이를 즉시 화면으로 알려준다.

```
$ sleep 5 &
[1] 15111
$                                         ... Enter를 입력한 후에야 종료를 알림
[1]+  Done                    sleep 5
$ set -o notify                           ... notify 설정
$ sleep 5 &
[1] 15130
$ [1]+  Done                    sleep 5    ... 종료를 즉시 알림
```

키보드에서 Ctrl-D입력은 파일 끝(EOF) 입력을 의미한다. 셸에서 Ctrl-D를 입력하면 셸이 종료된다. Ctrl-D는 프로그램을 실행할 때에 표준입력을 종료하는 용도로도 사용하는 데, Ctrl-D를 한 번 누를 때 의도하지 않게 여러 번 누른 것으로 인식되는 경우가 있으며 이러한 경우에는 프로그램 뿐 만 아니라 셸도 종료되게 된다. ignoreeof 설정을 하면 셸이 Ctrl-D 입력에 의해 종료되지 않으며, 이러한 문제를 방지할 수 있다.

```
$ set -o ignoreeof
$ Use "logout" to leave the shell.
```

set -o 나 set +o를 설정 변수 없이 사용하면 현재의 설정에 대한 상황을 출력한다. csh에서도 셸 동작에 영향을 주는 설정 기능이 있으며 명령어로 set -o대신에 set을, set +o 대신에

unset을 사용한다. 위에 소개한 설정들은 csh에서도 제공되지만 나머지 설정들은 bash와 차이가 있다.

5.21 내장 명령어

help 명령어 (bash)

help 명령어는 내장 명령어 목록을 출력하고, 인수로 내장 명령어를 사용하는 경우에 내장 명령어에 대한 간략한 사용법을 출력한다.

```
$ help exit
exit: exit [n]
    Exit the shell.

    Exits the shell with a status of N.  If N is omitted, the exit status
    is that of the last command executed.
```

hash 명령어 (sh)

셸에서 외부 명령어를 사용할 때에 다음에 PATH에 설정된 경로 디렉토리를 검색하지 않고도 명령어의 위치를 빠르게 찾도록 하기 위하여 명령어의 경로 이름을 해시 테이블에 저장한다. hash 명령어는 해시 테이블의 목록과 사용 횟수를 보여준다.

```
$ hash
hits    command
   1    /bin/bash
   1    /bin/rm
   1    /bin/date
   1    /usr/bin/vim
   4    /bin/cat
   8    /usr/bin/man
   6    /bin/ls
   7    /usr/bin/clear
```

hash를 인수로 명령어를 사용하여 실행하면 명령어 인수에 대한 경로 이름을 해시 테이블에 추가하며, 메시지는 출력하지 않는다.

```
$ hash cp                    ... 해시테이블에 cp 추가
```

type 명령어 (bash)

type 명령어는 다음과 같이 인수로 제공된 명령어에 대한 경로, 내장 명령어 여부, 별명 내용 등의 정보를 제공한다.

```
$ type pwd
pwd is a shell builtin
$ type echo
echo is a shell builtin
$ type -a echo                  ... 내장 명령어와 외부 명령어의 모든 정보 출력
echo is a shell builtin
echo is /bin/echo
$ type vi
vi is aliased to `vim'          ... 별명(alias)
$ type rm
rm is hashed (/bin/rm)          ... 외부 명령어, 해시됨
$ type who
who is /usr/bin/who             ... 외부 명령어, 해시되지 않음
$ who
...
$ type who
who is hashed (/usr/bin/who)    ... 외부 명령어 사용 후 해시됨
```

일부 명령어들은 내장 명령어와 외부 명령어 모두 지원한다. type -a를 사용하면 이러한 명령어에 대해서 두 가지 정보를 모두 확인할 수 있다. 외부 명령어가 제공될 지라도 내부 명령어를 제공하는 이유는 외부 명령어를 실행하려면 새로운 프로그램을 실행해야 하므로 내부 명령어 사용하는 것보다 성능이 저하되기 때문이다. 내장 명령어와 외부 명령어가 모두 지원되는 경우에 외부 명령어는 경로 이름으로 사용할 수 있다.

command 명령어 (bash)

command 명령어는 인수로 제공된 명령어를 실행할 때에 별명이나 함수를 사용하지 않는다.

```
$ type ll
ll is aliased to `ls -l --color=auto'
$ ll                                    ... 별명 ll를 사용
합계 16
-rwxr-xr-x 1 gdhong student  59 2015-10-01 11:07 script1
-rwxr-xr-x 1 gdhong student  86 2015-10-01 12:20 script2
-rwxr-xr-x 1 gdhong student 167 2015-10-01 12:46 script3
-rwxr-xr-x 1 gdhong student 114 2015-10-01 13:09 script4
$ command ll                            ... 별명을 사용하지 않음
-bash: ll: command not found
```

enable 명령어 (bash)

enable 명령어는 셸 내장 명령어의 사용 가능 여부를 정하는 역할을 수행한다. enable 명령어를 인수 없이 사용하여 실행하면 사용가능한 내장 명령어들을 출력한다. -n 옵션은 인수로 지정된 내장 명령어를 사용하지 않도록 비활성화 한다. 비활성화한 이후에 같은 이름의 외부 명령어가 있으면 이를 실행한다. -a 명령어를 인수로 사용하면 모든 내장 명령어에 대한 사용 가능 여부를 출력한다. 그리고 옵션 없이 명령어를 인수로 사용하면 지정된 내장 명령어를 사용 가능하도록 활성화 시킨다.

```
$ enable                        ... 모든 사용가능한 내장 명령어 출력
enable .
...
enable pushd
enable pwd
...
enable wait
$ enable -n pushd pwd           ... pushd, pwd 내장 명령어 비활성화
$ pushd /bin                    ... 실행되지 않음
-bash: pushd: command not found
$ pwd                           ... 외부 명령어 실행
/home/gdhong
$ enable pushd                  ... pushd 내장 명령어 활성화
$ pushd /bin                    ... 실행
/bin ~
```

명령어

이 장에서는 다음과 같은 명령어를 소개하였다.

bash	csh	ksh	tcsh	dash	chsh	echo	printf	tee
bc	true	false	ps	jobs	kill	fg	bg	suspend
export	set	expr	alias	unalias	source	.	history	fc
pushd	popd	dirs	:	help	hash	type	command	enable

Linux 복습문제

1. 내장 명령어와 유틸리티의 차이점은 무엇인가?

2. 표준입출력 장치란 무엇인가?

3. 표준출력의 두 가지 방향전환 방법을 설명하시오.

4. 표준입력의 두 가지 방향전환 방법을 설명하시오.

5. 파일이름 대치기능에 사용되는 메타문자들을 무엇이라고 부르며, 어떤 문자들이 있는가?

6. 백그라운드 작업이란 무엇이며 어떠한 장점이 있는가?

7. 종료코드의 의미와 셸에서 종료코드가 어떻게 활용되는 지 설명하시오.

8. ps와 jobs 명령어의 기능에 대해서 비교하여 설명하시오.

9. 지역변수와 환경변수의 차이는 무엇인가?

10. 환경변수 PATH의 기능은 무엇인가?

11. 명령어 대치 기능이란 무엇인가?

12. 셸에서 인용부호의 역할은 무엇인가?

13. bash의 시작파일 이름을 적고 특징을 설명하시오.

14. 셸 스크립트를를 실행하는 셸은 어떻게 지정되는가?

15. 표준에러출력은 어떻게 파일로 저장할 수 있는가? 그리고 표준출력과 표준에러출력을 같은 파일에 저장하는 방법에 대해서 설명하시오.

Linux 연습문제

1. 표준출력 방향전환 기능을 사용하여 현재의 날짜와 시간(date 명령어)을 파일 timerecord에 저장한 다음에 이 파일의 내용을 확인하시오. 그리고 date 명령어를 다시 실행하여 파일 timerecord에 추가하여 저장한 다음에 이 파일의 내용을 확인하시오.

2. echo를 사용하여 셸의 메타문자들이 포함된 다음 메시지를 출력하시오.

Hello <your> & [my]

3. bc 명령어를 사용하여 5/7의 값을 소수점이하 30자리까지 출력하시오.

4. here document란 무엇인가? 그리고 here document 기능을 사용하여 bc 명령어에 5/7를 소수점이하 30자리까지 출력하기 위한 수식을 입력하여 실행하시오.

5. wildcard를 사용하여 현재 디렉토리와 /bin 디렉토리의 파일들의 다음 목록을 각각 출력하시오

(1) a로 시작하는 파일

(2) a에서 k사이의 문자로 끝나는 파일

(3) p로 시작하고 파일이름이 4글자인 파일

6. cat 명령어를 존재하는 파일과 존재하지 않는 파일에 대해서 각각 수행하고 종료코드를 출력하고 종료코드의 의미를 알아보시오.

7. cat 명령어를 수행하는 데 실패하면 echo를 사용하여 에러 메시지를 출력하는 조건부 명령어 시퀀스를 실행하시오.

8. 오랫동안 실행되는 작업(예를 들어 bc를 사용한 복잡한 계산이나 sleep)을 백그라운드로 실행시킨 후, 정지시키고, 포그라운드 작업으로 전환하고, 다시 정지시킨 후에, 이 작업을 종료시키는 동작을 순서대로 수행하시오.

9. cd 명령어로 작업디렉토리를 변경할 때에 현재 디렉토리, /etc, 홈 디렉토리 순서로 변경할 디렉토리를 찾도록 환경변수를 설정하시오.

10. 현재 디렉토리를 경로에 추가하고 동작을 확인하시오.

11. 현재 디렉토리를 경로에 추가하고 자신이 사용하기 편리한 명령어 단축을 위한 별명은 4개 이상 부여하도록 bash의 시작 파일을 수정하고 다시 로그인을 하여 추가된 동

작을 확인하시오

12. 현재 사용 중인 셸의 프로세스번호를 다음의 두 가지 방법으로 확인하시오.
(1) ps 명령어를 사용함 (2) 셸의 프로세스번호 변수값을 출력함

13. 이전의 명령어 중에서 e로 시작되는 가장 최근 명령어의 두 번째 인수를 출력하시오.

14. set 명령어를 사용하여 다음 옵션이 설정되었을 때 셸 동작에 어떠한 변화가 있는가?
(1) noclobber (2) noglob (3) notify

15. 주석을 참고하여 다음과 같이 출력하는 shell script를 작성하고 실행하시오. 이 프로그램을 실행하려면 실행하기 전에 어떠한 조치가 필요한가?

```
******************                 # cat 명령어와 here document를
이름: 홍길동                       # 사용하여 5줄을 출력함
학번: xxxxxxxxx
첫번째 쉘 스크립트
******************
사용자이름: 로그인 이름            # 환경변수 사용
날짜: 현재의 날짜/시간             # 명령어 대치 기능 이용
현재 사용자 수: xxx 명
숨겨진 파일 목록:  ...             # wildcard 이용하여 .로 시작하는 파일이름 출력
첫번째 인수: yyy                   # 인수변수 사용
```

chapter 06

유틸리티 활용

6.1 파일 정렬

sort - 파일 정렬

sort는 인수로 지정된 파일의 내용을 줄 단위로 정렬시킨다. 기본적으로 줄 전체를 키로 사용하여 오름차순으로 정렬을 하여 출력한다. 다음과 같이 옵션을 사용하여 정렬 대상과 정렬 방식을 변경할 수 있다.

옵션	동작
-r	내림차순으로 정렬
-tc	문자c를 필드 구분자로 사용
-b	줄 앞의 공백을 무시하고 정렬
-n	숫자 문자열을 숫자 순서로 정렬(-b 옵션 기능 포함)
-c	정렬이 되었는지 검사
-M	영문 월 문자열을 월 순서로 정렬
-f	대소문자를 구분 없이 알파벳 순서로 정렬하고 같은 문자열은 소문자를 뒤로 정렬
-k*m*	줄의 m번 필드부터 정렬 키로 사용(필드번호는 1번부터 시작)
-k*m,n*	줄의 m번 필드부터 n번 필드까지 정렬 키로 사용
-m	이미 정렬된 파일을 병합(merge)
-d	대소문자와 숫자, 공백만 정렬에 사용
-o *file*	화면 대신에 파일 file에 정렬된 결과를 출력. file로 정렬할 파일 사용가능
-u	정렬 후 같은 내용은 한 줄만 출력

다음은 sort 명령어의 가장 기본적인 사용 예이다.

```
$ cat sdata1                  ... 정렬할 데이터 (이름 성 성적1 성적2)
Lavern Brass            90 77
Milan Langworthy        86 77
Angla Switalski         9  56
Shanae Veith            42  82
Danilo Curran           55 15
Iliana Belew            12 90
Cecilia Glenn           4  9
Hattie  Tremble         72 66
Lianne Charland         86 40
```

```
$ sort sdata1                 ... 기본 정렬
Angla Switalski         9  56
Cecilia Glenn           4  9
Danilo Curran           55 15
Hattie Tremble          72 66
Iliana Belew            12 90
Lavern Brass            90 77
Lianne Charland         86 40
Milan Langworthy        86 77
Shanae Veith            42  82
```

다음은 둘째 필드인 성을 키로 사용하여 정렬을 한 것이다.

```
$ sort -k2 sdata1                       ... 정렬키로 필드 2(성)부터 사용하여 정렬
Hattie  Tremble         72 66           ... 공백이 포함된 둘째 필드 Tremble
Iliana Belew            12 90
Lavern Brass            90 77
Lianne Charland         86 40
Danilo Curran           55 15
Cecilia Glenn           4  9
Milan Langworthy        86 77
Angla Switalski         9  56
Shanae Veith            42  82
```

Tremble이 맨 앞에 배치된 것은 Tremble 앞에 여러 개의 공백 문자가 있어서 공백문자가 둘째 필드에 포함되었기 때문이다. 다음과 같이 -b 옵션을 사용하면 각 필드의 앞부분의 공백문자를 제외하고 정렬을 한다.

```
$ sort -b -k2 sdata1                    ... 정렬키 앞의 공백 제거 후 정렬
Iliana Belew            12 90
Lavern Brass            90 77
```

```
Lianne Charland          86 40
Danilo Curran            55 15
Cecilia Glenn            4  9
Milan Langworthy         86 77
Angla Switalski          9  56
Hattie  Tremble          72 66          ... Tremble은 공백이 제거되어 정렬됨
Shanae Veith             42  82
```

다음은 필드 3과 필드 4를 각각 키로 사용하여 정렬한 예이다. 숫자 순서로 정렬하려면 -n 옵션을 사용해야 한다.

```
$ sort -b -k3,3 sdata1                  ... 필드 3의 문자열을 정렬키로 사용
Iliana Belew              12 90
Cecilia Glenn              4  9          ... 문자열 순서이므로 4가 12뒤에 위치
Shanae Veith              42  82
Danilo Curran             55 15
Hattie  Tremble           72 66
Lianne Charland           86 40
Milan Langworthy          86 77
Angla Switalski            9  56
Lavern Brass              90 77
```

```
$ sort -n -k4 sdata1                    ... 필드 4를 숫자 순서로 정렬
Cecilia Glenn            4  9
Danilo Curran            55 15
Lianne Charland          86 40
Angla Switalski          9  56
Hattie  Tremble          72 66
Lavern Brass             90 77
Milan Langworthy         86 77
Shanae Veith             42  82
Iliana Belew             12 90
```

다음은 1차 키로 필드 4를, 2차 키로 필드 3을 사용하여 정렬한 예이다. 필드 4가 77인 자료가 두 줄이 있는 데 2차 키로 필드 3을 사용하여 정렬하였기 때문에 앞의 예의 정렬 결과와 순서가 바뀌었다.

```
$ sort -n -k4 -k3 sdata1
Cecilia Glenn             4  9
Danilo Curran             55 15
Lianne Charland           86 40
Angla Switalski           9  56
Hattie  Tremble           72 66
Milan Langworthy          86 77          ... 2줄이 앞의 예의 결과와 순서가 바뀜
```

```
Lavern Brass             90 77        ...
Shanae Veith             42 82
Iliana Belew             12 90
```

필드가 공백이 아닌 문자로 구분되는 경우도 종종 있으며, 필드에 공백을 포함해야 할 때에 유용하다. 대표적인 예로 콜론 :을 구분자로 사용하는 /etc/passwd 파일을 들 수 있다. 구분자가 공백 문자가 아닐 때에는 -t 옵션을 사용하여 구분자로 사용되는 문자를 지정하여 정렬을 한다.

```
$ cat sdata2                          ... 필드 구분자가 :인 파일
Lavern Brass:90:77                    ... 세 필드로 구성 (이름과 성이 한 필드)
Milan Langworthy:86:77
Angla Switalski:9:56
Shanae Veith:42:82
Danilo Curran:55:15
Iliana Belew:12:90
Cecilia Glenn:4:9
Hattie Tremble:72:66
Lianne Charland:86:40
```

```
$ sort -t: -n -k2 sdata2              ... 필드 2(숫자)부터 키로 사용하여 정렬
Cecilia Glenn:4:9
Angla Switalski:9:56
Iliana Belew:12:90
Shanae Veith:42:82
Danilo Curran:55:15
Hattie Tremble:72:66
Lianne Charland:86:40
Milan Langworthy:86:77
Lavern Brass:90:77
```

구분자가 셸의 메타문자인 경우(예를 들어 |)에는 특별한 기능으로 사용되지 않도록 따옴표나 \와 함께 사용해야 한다.

```
$ sort -t '|' ...    또는  sort -t \|  ...
```

파일의 병합 – sort –m

sort 명령어는 여러 개의 파일을 인수로 사용하면 모든 인수 파일의 내용을 전체적으로 정렬하여 출력한다. 이미 정렬된 파일들에 대해서는 모든 파일들을 전체적으로 정렬하는 것보다는 -m 옵션을 사용하여 병합(merge)하는 것이 더 효율적이다. -m 옵션은 이미 정렬된 파일들에

대해서 사용해야만 올바른 정렬 결과를 얻을 수 있다.

```
$ cat sd1                      ... 정렬된 파일
12
linux
unix
$ cat sd2                      ... 정렬된 파일
7
bash
tcsh
$ sort sd1 sd2                 ... 두 파일의 정렬
12
7
bash
linux
tcsh
unix
$ sort -m sd1 sd2              ... 두 파일의 병합 정렬 (더 빠름)
12
7
bash
linux
tcsh
unix
```

여러 개의 줄이 같은 내용을 가진 파일은 정렬한 후에 같은 내용의 줄이 인접하게 된다. -u 옵션을 사용하면 정렬 후 인접한 줄이 같은 내용을 가지면 처음 한 줄만 출력한다.

```
$ cat sd3
kim cat
lee dog
kim dog
park rabbit
park horse
kim dog
$ sort sd3                     ... 정렬
kim cat
kim dog
kim dog                        ... 반복되는 줄 출력
lee dog
park horse
park rabbit
$ sort -u sd3                  ... 정렬 후 반복 줄 제거
kim cat
kim dog                        ... 한 줄만 출력
lee dog
```

```
park horse
park rabbit
```

uniq – 반복 줄 제거

uniq는 같은 내용이 다음 줄에 반복되는 경우에 반복되는 줄을 출력하지 않는다. uniq는 일반적으로 sort 명령어와 파이프로 결합하여 사용한다.

```
$ sort sd3 | uniq
kim cat
kim dog
lee dog
park horse
park rabbit
```

위의 출력은 앞에서 소개한 sort -u를 사용하여 수행한 것과 같다. 그렇지만 uniq 명령어는 옵션에 따라서 다음과 같이 다양한 동작을 제공한다.

옵션	동작
-c	줄 앞에 반복횟수를 출력
-d	반복되는 줄만 출력
-u	반복되지 않는 줄만 출력
-i	대소문자 구분하지 않음
-s *N*	처음 N문자를 제외하고 비교
-f *N*	처음 N개 필드를 제외하고 비교
-w *N*	처음 N문자까지만 비교

다음은 uniq 명령어의 사용 예이다.

```
$ sort sd3 > sd3.sort
$ cat sd3.sort                ... 정렬된 파일
kim cat
kim dog
kim dog
lee dog
park horse
park rabbit
$ uniq -c sd3.sort            ... 반복횟수 출력
      1 kim cat
      2 kim dog
```

```
     1 lee dog
     1 park horse
     1 park rabbit
$ uniq -c -f 1 sd3.sort          ... 필드 1을 제외하고 비교
     1 kim cat
     3 kim dog                   ... dog이 연속하여 3번 나옴
     1 park horse
     1 park rabbit
$ uniq -w 4 -c sd3.sort          ... 처음 4 문자만 비교
     3 kim cat
     1 lee dog
     2 park horse
```

6.2 파일 비교

cmp – 파일 비교

cmp는 두 파일을 비교하여 다르면 서로 다른 첫 번째 위치를 출력하고 종료코드 1(실패)을 반환한다. 같으면 종료코드 0(성공)을 반환하고 아무 출력도 하지 않는다.

```
$ cat cdata1                          ... 첫째 파일 내용
I am yours, like the sun sets
The beautiful memories are all from one place
$ cat cdata2                          ... 둘째 파일 내용
I am yours like the sun sets
The beautiful memories are all from one place
Precious memories of the naive days together
$ cmp cdata1 cdata2                   ... 두 파일 비교
cdata1 cdata2 differ: byte 11, line 1
$ echo $?                             ... 종료코드 - 실패(1)
1
$ cmp cdata1 cdata1                   ... 같은 파일 비교 - 출력 없음
$ echo $?                             ... 종료코드 - 성공(0)
0
$ cmp -s cdata1 cdata2                ... 다른 경우에도 출력을 하지 않음
$ echo $?
1
```

diff – 파일 차이점 출력

diff 명령어는 줄 단위로 두 파일 간의 차이점을 출력한다. 차이점은 첫째 파일을 둘째 파일로

변환하는 데 필요한 다음 표와 같은 형식의 편집 정보로 출력한다. 그리고 cmp 명령어와 같이 두 파일이 같으면 종료코드 0을, 다르면 종료코드 1을 반환한다. -i 옵션을 사용하면 대소 문자를 구별하지 않고 같은 문자로 취급하여 비교를 한다.

동작	형식	의미
추가	*m* a *n*1, *n*2 > added lines	첫째 파일의 m행 뒤에 >로 표시된 줄이 추가되며 추가된 줄은 둘째 파일의 n1행부터 n2행 까지에 위치한다.
삭제	*m*1, *m*2 d *n* < deleted lines	첫째 파일의 m1행부터 m2행 까지의 <로 표시된 줄이 삭제되며, 삭제된 위치는 둘째 파일의 n행 뒤이다.
변경	*m*1, *m*2 c *n*1, *n*2 < deleted lines --- > added lines	첫째 파일의 m1행부터 m2행 까지의 <로 표시된 줄이 >로 표시된 줄로 변경되며, 변경된 줄은 둘째 파일의 n1행부터 n2행 까지에 위치한다.

다음은 diff 명령어의 사용 예이다.

```
$ cat cdata3                ... 첫째 파일 내용
aaaa
bbbb
cccc
dddd
eeee
ffff
$ cat cdata4                ... 둘째 파일 내용
cccc
DDDD
EEEE
ffff
gggg
hhhh
$ diff cdata3 cdata4        ... 두 파일의 차이점을 편집정보롤 출력
1,2d0                       ... 첫째 파일의 1-2행 삭제
< aaaa
< bbbb
4,5c2,3                     ... 첫째 파일의 4-5행 변경
< dddd
< eeee
---
> DDDD
> EEEE
6a5,6                       ... 첫째 파일의 6행 뒤에 추가
> gggg
> hhhh
```

diff 명령어는 -D *name* 옵션을 사용하면 C 전처리기 #ifndef #else #endif 를 사용하여 두 파일을 하나의 파일로 병합한다. 두 버전의 C 프로그램을 병합하면 심볼 *name*의 정의 여부에 따라서 C 전처리기에 의해 첫째 파일이나 둘째 파일의 내용으로 사용된다.

다음은 diff 명령어를 사용하여 두 버전의 C 프로그램을 병합하고, 병합된 프로그램을 사용하여 각각의 버전의 프로그램을 컴파일하는 예이다.

```
$ cat d1.c                              ... C 프로그램의 첫째 버전
#include <stdio.h>

int main(void)
{
        printf("Hello Linux\n");
}
$ cat d2.c                              ... C 프로그램의 둘째 버전
#include <stdio.h>
int main(void)
{
        printf("Hello Unix\n");
        return 0;
}
$ diff -D NEW d1.c d2.c                 ... 두 프로그램 병합
#include <stdio.h>
#ifndef NEW                             ... 둘째 버전에서 삭제되는 내용

#endif /* ! NEW */
int main(void)
{
#ifndef NEW                             ... 둘째 버전에서 변경되는 내용
        printf("Hello Linux\n");
#else /* NEW */
        printf("Hello Unix\n");
        return 0;
#endif /* NEW */
}
$ diff -D NEW d1.c d2.c > d.c           ... 병합된 프로그램을 파일에 저장
$ cc d.c                                ... 첫째 버전을 컴파일
$ cc -D NEW d.c                         ... 둘째 버전을 컴파일 (심볼 NEW 정의)
```

patch – 차이점을 적용한 파일 갱신

patch 명령어는 diff 명령어가 생성한 파일의 변경 정보를 원본 파일에 적용하여 새로운 버전으로 파일을 갱신한다. 소스코드의 버전을 갱신할 때에 많이 이용한다.

다음은 diff 명령어를 사용하여 patch를 위한 패치파일을 만들고, patch 명령어를 사용하여 패치파일을 적용하여 예전 파일을 갱신하는 예이다.

```
$ diff d1.c d2.c > d12.diff          ... 두 소스 파일의 차이점을 d12에 저장
$ cp d1.c d3.c; cat d3.c             ... d1.c를 d3.c로 복사
#include <stdio.h>

int main(void)
{
        printf("Hello Linux\n");
}
$ patch d3.c d12.diff                ... d3.c에 패치파일 d12.diff을 적용 갱신
patching file d3.c
$ cat d3.c                           ... d3.c는 d2.c의 내용과 일치
#include <stdio.h>
int main(void)
{
        printf("Hello Unix\n");
        return 0;
}
```

6.3 텍스트 변환

tr – 문자 변환

tr 명령어는 표준입력에서 한 문자 집합에 속한 문자들을 다른 문자 집합에 속한 문자들로 변환하여 출력한다. 두 문자집합은 문자열 형식의 인수로 나타내며, 연속적인 문자들로 구성된 문자집합은 a-f와 같이 -를 사용한 문자 범위로 나타낼 수 있다. 다음은 tr 명령어의 기본적인 사용 예이다. tr 명령어가 파일 입력을 사용하려면 표준입력 방향전환을 사용하거나 cat 명령어로 파일을 읽어서 tr 명령어와 파이프로 연결해야 한다.

```
$ cat trdata
abcdef ghij pqrs xyz 0123
$ tr abcxyz xyzabc < trdata          ... abc와 xyz를 서로 바꾸어 변환
xyzdef ghij pqrs abc 0123
$ tr a-z A-Z < trdata                ... 소문자를 대문자로 변환
ABCDEF GHIJ PQRS XYZ 0123
$ cat trdata | tr a-d A-B            ... abcd를 ABBB로 변환
ABBBef ghij pqrs xyz 0123
```

다음 예는 시저 암호의 일종으로 알파벳을 13글자씩 밀어서 변환하는 ROT13(rotate 13) 암호화를 수행한다.

```
$ echo Good Bye | tr A-Za-z N-ZA-Mn-za-m       ... ROT13 암호화
Tbbq Olr
```

tr 명령어에서 사용하는 여러 옵션에 대한 동작은 다음과 같다.

옵션	동작
-c	첫째 문자집합에 속하지 않은(여집합) 문자를 변환
-d	문자집합에 속한 문자를 제거하여 출력
-s	반복되는 출력문자를 한 번만 출력

문자집합에 메타문자가 포함되면 따옴표를 사용해야 하며 C언어에 사용하는 \n과 같은 역슬래시 표기법의 문자를 사용할 수 있다. 그리고*nnn* 형태의 8진수로 표기법으로 문자를 나타낼 수 있다. 예를 들어서 '\n'은 '\012'로 나타낼 수 있다.

다음은 옵션을 포함한 tr의 사용 예이다.

```
$ cat trdata2
Hello Linux! Utilities
$ tr -d A-Z < trdata2                    ... 대문자를 제거
ello inux! tilities
$ tr -c 'a-zA-Z' '\n' < trdata2          ... 알파벳이 아닌 문자를 개행문자로 변환
Hello
Linux

Utilities
```

-c 옵션을 사용하면 위와 같이 단어들을 분리된 줄로 구분할 수 있는 데 Linux다음의 !와 공백 문자가 모두 개행문자로 변환되어 두 줄이 바뀌었다. -s 옵션을 함께 사용하면 출력에서 개행문자가 반복될 경우 한 번만 출력되도록 할 수 있다.

```
$ tr -cs 'a-zA-Z' '\n' < trdata2
Hello
Linux
Utilities
```

fmt – 파일 포맷 지정

fmt는 텍스트 파일을 주어진 포맷(format)으로 변환하여 출력한다. 길거나 짧은 줄을 포함한 텍스트 파일을 일정한 폭으로 만들고자 할 때에 유용하다.

옵션	동작
-w *n*	한 줄을 최대 n문자까지 되도록 출력 (기본값 75)
-u	단어 사이에 1개의 빈칸, 다음 줄을 채울 때에는 2개의 빈칸을 넣음
-t	문단의 둘째 줄부터 들여쓰기를 함
-s	긴 줄은 분리하고, 짧은 줄은 채우지 않음

다음은 긴 줄의 텍스트 파일에 대해서 fmt를 사용한 예이다.

```
$ cat fmt.in
The Linux    kernel is a Unix-like computer operating system kernel. It is
widely used world-wide; the Linux operating system is based on it and depl
oyed on both traditional computer systems such as personal computers and s
ervers, usually in the form of Linux distributions, and on various embedde
d devices such as routers.
The Android operating system for tablet computers, smartphones and smartwa
tches is also based atop the Linux kernel.
$ cat fmt.in | wc -l
2                              ... fmt.in은 2개의 긴 줄로 된 텍스트 파일
```

```
$ fmt fmt.in                   ... 기본 포맷 (줄당 최대 75문자)
The Linux    kernel is a Unix-like computer operating system kernel. It
is widely used world-wide; the Linux operating system is based on it and
deployed on both traditional computer systems such as personal computers
and servers, usually in the form of Linux distributions, and on various
embedded devices such as routers.  The Android operating system for
tablet computers, smartphones and smartwatches is also based atop the
Linux kernel.
```

```
$ fmt -w 50 fmt.in             ... 줄당 최대 50문자
The Linux    kernel is a Unix-like computer
operating system kernel. It is widely used
world-wide; the Linux operating system is based
on it and deployed on both traditional computer
systems such as personal computers and servers,
usually in the form of Linux distributions, and
on various embedded devices such as routers.
The Android operating system for tablet
```

```
computers, smartphones and smartwatches is also
based atop the Linux kernel.
```

```
$ fmt -s fmt.in                    ... 짧은 줄을 다음 문장으로 채우지 않음
The Linux    kernel is a Unix-like computer operating system kernel. It
is widely used world-wide; the Linux operating system is based on it and
deployed on both traditional computer systems such as personal computers
and servers, usually in the form of Linux distributions, and on various
embedded devices such as routers.                             ... 채워지지 않음
The Android operating system for tablet computers, smartphones and
smartwatches is also based atop the Linux kernel.
```

```
$ fmt -t fmt.in                    ... 문단의 둘째 줄부터 들여쓰기
The Linux    kernel is a Unix-like computer operating system kernel. It
   is widely used world-wide; the Linux operating system is based on it
   and deployed on both traditional computer systems such as personal
   computers and servers, usually in the form of Linux distributions,
   and on various embedded devices such as routers.
The Android operating system for tablet computers, smartphones and
   smartwatches is also based atop the Linux kernel.
```

단어 사이의 간격이 일정하지 않은 경우에 -u옵션을 사용하면 간격을 한 칸으로 통일할 수 있다. 그리고 개행문자로 구분된 문장(예에서 The Android로 시작되는 문장)은 한 줄로 합칠 때에 두 칸으로 구분한다.

```
$ fmt -u fmt.in
The Linux kernel is a Unix-like computer operating system kernel. It is
widely used world-wide; the Linux operating system is based on it and
deployed on both traditional computer systems such as personal computers
and servers, usually in the form of Linux distributions, and on various
embedded devices such as routers.  The Android operating system for
tablet computers, smartphones and smartwatches is also based atop the
Linux kernel.
```

다음은 짧은 줄의 텍스트 파일에 대해서 fmt를 사용한 예이다.

```
$ cat fmt.in2
dog eagle donkey
cat jaguar goat fox
horse mosquito
bear  sheep spider
zebra unicorn squid

camel rabbit snake
```

```
dragon turtle whale wolf
$ fmt fmt.in2
dog eagle donkey cat jaguar goat fox horse mosquito bear  sheep spider
zebra unicorn squid

camel rabbit snake dragon turtle whale wolf
```

column – 여러 열로 포맷

column은 여러 줄로 되어 있는 입력을 줄의 길이가 짧은 경우에 여러 개의 열로 만들어서 출력한다. 입력 줄들을 먼저 세로로 나열하고 그 다음에 다음 열로 나열하여 출력한다. ls 결과를 화면에 출력할 때 이 기능이 사용되며 여러 개의 짧은 줄로 구성된 내용을 간결하게 보는데 유용하다. 다음은 column의 기본 사용 예이다.

```
$ cat column.in                           ... 짧은 줄로 구성된 파일 내용
dog eagle
donkey
cat
jaguar
goat
fox horse
mosquito
bear sheep
spider
camel rabbit
snake
$ column column.in                        ... 세로로 먼저 나열
dog eagle       jaguar          mosquito        camel rabbit
donkey          goat            bear sheep      snake
cat             fox horse       spider
$ column -x column.in                     ... -x옵션 : 가로로 먼저 나열
dog eagle       donkey          cat             jaguar          goat
fox horse       mosquito        bear sheep      spider          camel rabbit
snake
```

column은 위와 같은 기능 외에도 -t 옵션을 사용하여 여러 열로 구성된 입력을 정렬하여 출력하는 기능도 수행한다. -s 옵션을 함께 사용하면 입력의 열 구분자를 바꿀 수 있다.

```
$ cat score1
name kor eng math
ahn 100 34 88
choi 90 20 65
kim 90 85
lee 50 77 25
```

```
park 70 100 80
$ column -t score1                     ...열을 정렬하여 출력
name  kor  eng  math
ahn   100  34   88
choi  90   20   65
kim   90   85
lee   50   77   25
park  70   100  80
```

cut – 줄의 지정된 영역 제거

cut은 입력 파일에서 줄의 선택된 부분만 출력을 한다. 선택은 문자 또는 필드 단위로 지정된다. 각 옵션에 대한 동작은 다음과 같다.

옵션	동작
-c *LIST*	LIST로 지정된 열의 문자들을 선택 (LIST는 2,5,7과 같이 숫자를 콤마로 구분하며 연속적인 숫자는 2-4와 같이 -를 사용하여 범위 지정함)
-f *LIST*	LIST로 지정된 필드들을 선택 (기본적으로 탭이 필드 구분자로 사용됨)
-d c	문자 c를 필드 구분자로 사용 (-f 옵션과 함께 사용)

다음은 ls -l의 출력에서 일부분을 선택하기 위하여 cut을 사용한 예이다. 이 예에서 ls -l의 출력은 필드가 빈칸으로 구분되므로, cut에서 필드를 선택할 때에는 필드 구분자를 빈칸으로 바꾸어야 한다.

```
$ ls -l tr*
-rw-r--r-- 1 gdhong student 26 2015-10-07 17:36 trdata
-rw-r--r-- 1 gdhong student 23 2015-10-08 09:22 trdata2
$ ls -l tr* | cut -c 2-10              ... 줄의 2번째부터 10번째 문자까지 선택
rw-r--r--
rw-r--r--
$ ls -l tr* | cut -f5-6,8 -d' '        ... 필드 5,6,8 선택, 빈칸을 필드구분자로
26 2015-10-07 trdata
23 2015-10-08 trdata2
```

필드 구분자는 한 문자만 적용되므로 필드가 연속되는 빈칸으로 구분된 경우에는 6.5절에서 소개하는 sed 명령어를 사용하여 하나의 빈칸으로 구분되게 변환한 후에 사용해야 한다.

paste – 줄 단위 병합

paste는 여러 개의 파일의 줄 단위로 병합한다. 인수로 주어진 파일들의 같은 행의 내용을 병

합하여 <탭>으로 구분된 하나의 행으로 로 병합한다. 구분자는 변경할 수 있다. 다음은 paste의 사용 예이다.

```
$ cat f1                    ... 첫째 파일
a
b
c
d
$ cat f2                    ... 둘째 파일
1
2
3
4
5
$ cat f3                    ... 셋째 파일
cat
dog
horse
eagle dragon
$ paste f1 f2 f3            ... 세 파일을 줄 단위로 병합
a       1       cat
b       2       dog
c       3       horse
d       4       eagle dragon
        5
$ paste -d: f1 f2 f3        ... 구분자를 :로 변경
a:1:cat
b:2:dog
c:3:horse
d:4:eagle dragon
:5:
$ paste -d ':-' f1 f2 f3    ... 구분자로 :와 -을 순서대로 사용
a:1-cat
b:2-dog
c:3-horse
d:4-eagle dragon
:5-
```

iconv – 문자 인코딩 변환

iconv는 문자를 한 인코딩에서 다른 인코딩으로 변환하여 출력한다. 한글도 완성형인 euc-kr과 유니코드인 utf-8 형식의 두 종류로 표현될 수 있으며 같은 한글 문서라도 인코딩 방식이 다르면 제대로 읽지 못할 수가 있다. 이러한 경우에 iconv를 사용하여 다른 인코딩 방식으로 변환하여 사용하면 된다.

```
$ cat han                                   ... euc-kr 형식 한글
한글 편집
리눅스
$ file han
han: ISO-8859 text
$ iconv -f euc-kr -t utf-8 han > han.utf8    ... 한글 인코딩 변환
$ file han.utf8                             ... utf-8 형식 한글
han.utf8: UTF-8 Unicode text
$ cat han.utf8
한글 편집                                   ... 같은 내용이지만 다른 인코딩
리눅스
$ ls -l han han.utf8                        ... 변환된 파일은 원본파일과 다름
-rw-r--r-- 1 gdhong student 18 2015-10-08 13:39 han
-rw-r--r-- 1 gdhong student 25 2015-10-08 13:50 han.utf8
```

6.4 정규표현식과 grep

정규표현식

정규표현식(regular expression)은 문자열 패턴을 나타내는 데 사용되는 표기법이다. 셸의 와일드카드와 유사한 기능이지만 형식은 차이가 있으며 vi, grep, sed, awk 등의 많은 명령어와 perl, python 등의 많은 프로그래밍 언어에서 문자열 패턴을 나타내는 데 사용된다.

정규표현식에서 다음과 같은 메타문자들을 특수한 용도로 사용하며 메타문자가 아닌 문자들은 해당 문자의 패턴을 나타낸다.

문자	의미	예
.	임의의 한 문자	.
[ ]	대괄호 안의 문자들 중 한 문자	[abx-z]
[^]	대괄호 안의 문자들을 제외한 문자들 중 한 문자	[^abc]
*	앞의 문자가 0번 이상 반복	a*
^	줄의 시작	^abc
$	줄의 끝	xyz$
\	다음의 메타문자의 특수한 의미 제거	*
c	문자 c (비메타문자)	pqr

와일드카드의 *는 임의의 문자의 0번 이상 반복을 나타내므로 정규표현식에서는 .* 로 표

현되며 와일드카드의 ?는 임의의 한 문자를 나타내므로 정규표현식에서는 .로 표현된다. 대괄호의 의미는 와일드카드와 같다.

다양한 문자열 패턴을 표현하기 위하여 **확장된 정규표현식**은 다음과 같은 메타 문자들을 추가로 사용한다.

문자	의미	예
+	앞의 문자가 1번 이상 반복	a+
?	앞의 문자가 0번 또는 1번 발생	a?
|	앞과 뒤의 두 패턴 중 하나 (or 연산)	unix|linux
( )	뒤에 나오는 메타문자가 괄호 안의 패턴에 적용	(ab)*, (ab|cd)e

다음은 여러 가지 정규표현식에 대해서 일치하는 문자열의 예이다.

패턴	일치하는 줄 및 문자열
원본	You always had an eye for things that glittered. But I was far from being made of gold. I don't know how but I scraped up the money. I just never could quite tell you no.
the	I don't know how but I scraped up *the* money.
.ou	*You* always had an eye for things that glittered. I just never could quite tell *you* no.
^.ou	*You* always had an eye for things that glittered.
w.*de	But I *was far from being made* of gold.
[a-e]ing	But I was far from b*eing* made of gold.
[^a-e]ing	You always had an eye for t*hings* that glittered.
y.	You always had an e*ye* for things that glittered. I don't know how but I scraped up the mone*y.* I just never could quite tell *yo*u no.
y.$	I don't know how but I scraped up the mone*y.*

다음은 여러 가지 확장된 정규표현식에 대해서 일치하는 문자열의 예이다. 원본 텍스트는 위와 같은 것을 사용한다.

패턴	일치하는 줄 및 문자열
a.+s	You *always had an eye for things* that glittered.
f.?r	You always had an eye *for* things that glittered. But I was *far* from being made of gold.
had|was	You always *had* an eye for things that glittered. But I *was* far from being made of gold.
(co|b)u	I don't know how *bu*t I scraped up the money. I just never *cou*ld quite tell you no.

grep, egrep, fgrep – 파일 필터

grep은 파일에서 주어진 정규표현식 패턴을 포함한 줄만 출력한다. 주어진 조건을 만족하지 않은 줄을 걸러내고, 만족하는 줄만 출력하는 필터 동작을 수행한다. egrep과 fgrep도 같은 동작을 수행하는 데 egrep은 패턴으로 확장된 정규표현식을 사용할 수 있고, fgrep은 패턴으로 문자열만 사용할 수 있는 차이가 있다.

다음은 grep을 사용한 예이다. 패턴과 파일 이름들을 인수로 지정하여 사용하며, 파일이름이 지정되지 않으면 표준입력을 사용한다. 패턴에 셸 메타 문자가 포함되어 있으면 따옴표를 사용해야 한다.

```
$ cat re.data
You always had an eye for things that glittered.
But I was far from being made of gold.
I don't know how but I scraped up the money.
I just never could quite tell you no.
$ grep the re.data
I don't know how but I scraped up the money.
$ grep [a-e]ing re.data
But I was far from being made of gold.
$ grep 'y.$' re.data          ... 패턴에 따옴표를 사용
I don't know how but I scraped up the money.
```

grep은 다음과 같이 여러 개의 파일을 검색하여 원하는 패턴을 포함하는 파일을 찾고자 할 때 유용하다.

```
$ grep 'getchar' /usr/include/*.h
/usr/include/stdio.h:extern int getchar (void);
/usr/include/stdio.h:extern int getchar_unlocked (void);
$ egrep ' getc ?\(' /usr/include/*.h
/usr/include/stdio.h:extern int getc (FILE *__stream);
/usr/include/stdio.h:#define getc(_fp) _IO_getc (_fp)
```

grep은 다른 명령어와 파이프로 결합하여 명령어의 출력에서 원하는 패턴을 포함한 줄만 선택하여 출력하는 데 많이 사용된다. 다음은 ps와 grep을 결합하여 현재의 모든 프로세스들 중 사용자 이름이 a로 시작되는 프로세스들만 찾는 명령어이다.

```
$ ps -ef | grep ^a
apache    4872 26074  0 Oct04 ?        00:00:00 /usr/sbin/httpd
apache    4873 26074  0 Oct04 ?        00:00:00 /usr/sbin/httpd
...
avahi    25745     1  0 Jan13 ?        00:00:09 avahi-daemon: running [magics.local]
avahi     25746 25745  0 Jan13 ?       00:00:00 avahi-daemon: chroot helper
```

다음은 grep의 여러 옵션에 대한 동작이다. 두 옵션을 동시에 사용하는 경우에 -wv와 같이 결합하여 사용할 수 있다.

옵션	동작
-w	패턴이 단어의 부분이 아닌 단어 전체와 일치하는 줄을 출력
-x	패턴이 줄 전체와 일치하는 줄을 출력
-v	패턴을 포함하지 않은 줄을 출력
-i	대소문자를 구분하지 않음
-l	패턴을 포함한 파일 이름만 출력
-n	줄을 출력할 때에 행 번호를 함께 출력
-h	여러 개의 파일을 검색할 때에 파일이름은 출력하지 않음
-r, -R	각 디렉토리 아래에 있는 모든 파일들에 대해서 재귀적으로 grep을 실행함
-e *pattern*	여러 개의 패턴을 제공할 때에 사용
-E	확장된 정규표현식 패턴 사용 (egrep 동작)
-F	고정 문자열 패턴 사용 (fgrep 동작)

다음은 특정한 두 단어 중 적어도 하나를 포함한 줄을 제외하여 출력하는 명령어를 세 가지 방법으로 수행한 것으로서 결과는 모두 같다.

```
$ grep -v the re.data | grep -v that          ... 한 번에 한 단어씩 제거함
$ grep -v -e the -e that re.data              ... -e 옵션 사용하여 두 단어 지정
$ egrep -v 'the|that' re.data                 ... | 사용하여 두 단어 지정
But I was far from being made of gold.
I just never could quite tell you no.
```

다음은 현재 디렉토리 아래의 모든 디렉토리에 있는 파일들 중에서 특정한 단어를 포함 줄을

찾아서 출력한다. 특정 내용을 포함한 파일을 검색할 때에 유용하다.

```
$ grep -r include .                    ... 현재 디렉토리 아래의 파일을 탐색
```

6.5 스트림 편집기 sed

sed(stream editor)는 대화형 편집기인 vi와는 다르게, 그림 6.1과 같이 미리 준비된 편집 명령어에 따라서 입력 파일을 일괄적으로 편집하여 편집된 결과를 출력한다. 편집 결과를 저장하려면 표준출력 방향전환을 사용해야 한다. sed는 반복되는 단순한 편집 작업을 하는 데 유용하다. sed를 사용하기 위해서는 sed 편집 명령어를 알아야 한다.

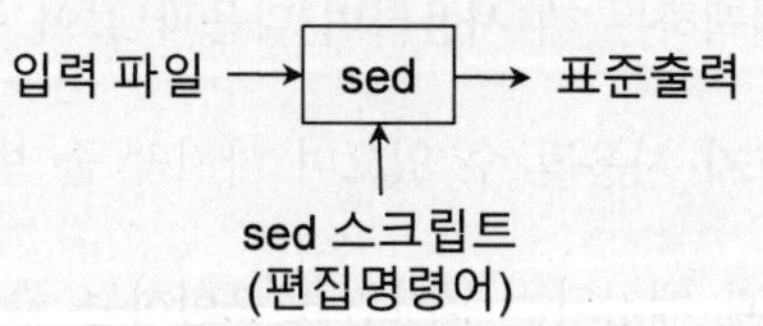

그림 6.1 sed 스트림 편집기

sed에서는 대화형 편집기와 마찬가지로 삽입, 삭제, 치환 등의 동작을 수행하는 다음과 같은 편집 명령어가 제공된다. sed 명령어도 패턴을 나타내는 데 정규표현식을 사용한다.

명령어 구문	의미
range d	(delete) range가 지정하는 행 범위의 텍스트를 삭제
addr a\ *text*	(append) addr가 지정하는 행 뒤에 text를 삽입. text가 여러 줄인 경우에는 마지막 줄을 제외하고 줄 끝에 \를 포함한다.
addr i\ *text*	(insert) addr가 지정하는 행 앞에 text를 삽입 text 형식은 append와 같음
range c\ text	(change) range가 지정하는 행 범위의 텍스트를 text로 변경 text 형식은 append와 같음
addr r *file*	(read) addr가 지정하는 행 뒤에 파일 file의 내용을 삽입
range s/*expr*/*str*/	(substitute) 정규표현식 expr과 일치하는 행의 첫째 문자열을 str로 치환
range s/*expr*/*str*/g	(substitute global) 정규표현식 expr과 일치하는 모든 문자열을 str로 치환
range w *file*	(write) range가 지정하는 행 범위의 텍스트를 file에 저장
range p	(print) range가 지정하는 행 범위의 텍스트를 화면에 출력

편집 명령어들을 포함하는 스크립트는 sed 명령어에 다음과 같이 인수로 제공되거나 파일로 제공될 수 있다.

```
sed script filename ...                    ... 인수로 제공
sed -e script ... filename ...             ... 여러 개의 인수로 제공
sed -f scriptfile filename ...             ... 파일로 제공
```

한 줄짜리 편집 명령어는 대개 인수로 제공하고 추가나 변경할 텍스트를 포함하거나 여러 개의 명령어를 포함한 경우는 스크립트 파일을 사용한다. -e 옵션을 여러 번 사용하여 여러 개의 명령어를 인수로 제공할 수도 있다.

주소와 주소 범위

주소 addr는 편집할 행을 선택하는 데 사용하며 다음과 같이 두 가지로 나타낼 수 있다.

- **줄 번호 :** 입력의 줄 번호가 사용될 수 있으며 마지막 줄 번호는 $로 나타낼 수 있다.
- **정규표현식 :** 정규표현식과 매칭되는 문자열을 포함하는 줄을 선택하기 위하여 사용되며 여러 개의 줄이 선택될 수 있다.

범위 range는 편집할 행의 범위를 지정하며 0개, 1개, 또는 콤마로 구분된 2개의 주소로 나타낸다. 각각의 의미는 다음과 같다.

주소 개수	형식	동작
0개	없음	입력의 모든 줄에 대해서 편집을 수행한다.
1개	addr	주소 addr이 지정하는 줄에 대해서 편집을 수행한다.
2개	addr1, addr2	주소 addr1이 지정하는 줄부터 주소 addr2가 지정하는 줄까지 편집을 수행한다. 주소 addr2가 지정하는 줄이 없으면 입력의 마지막 줄까지 편집을 수행한다.

편집 명령어를 인수로 제공하는 예를 먼저 소개하고, 파일로 제공하는 약간 복잡한 예를 그 다음에 소개한다. 다음은 sed 명령어를 사용하여 편집할 입력 파일의 내용이다.

```
$ cat sed.in
Line one
the second line
line three - The third line
Line 4
    five lines
```

텍스트 치환

다음은 여러 가지 텍스트 치환 동작의 예이다.

```
$ sed 's/line/row/' sed.in                  ... 모든 줄에서 line을 row로 치환
Line one
he second row
row three - The third line                  ... 줄의 첫째 line만 치환
Line 4
    five rows
$ sed 's/line/row/g' sed.in                 ... g 옵션 함께 사용
Line one
the second row
row three - The third row                   ... 줄의 모든 line이 row로 치환
Line 4
    five rows
$ sed '1,2s/line/row/g' sed.in              ... 치환되는 행 범위 지정
Line one
the second row
line three - The third line
Line 4
    five lines
```

치환 대상인 문자열은 고정 문자열 뿐 만 아니라 정규표현식으로 표현할 수 있다. 다음은 1행부터 3행까지의 줄 앞에 두 개의 빈칸을 삽입하여 들여쓰기 하는 동작을 텍스트 치환을 사용하여 수행하는 예이다.

```
$ sed '1,3s/^/  /' sed.in                   ... ^은 줄 앞을 의미
  Line one                                  ... 들여쓰기
  the second line
  line three - The third line
Line 4
five lines
```

다음은 줄 앞의 모든 빈칸을 텍스트 치환을 사용하여 제거하는 예이다.

```
$ sed '5s/ *//' sed.in                      ... ' *'는 줄 앞의 반복되는 빈칸을 의미
Line one
the second line
line three - The third line
Line 4
five lines                                  ... 줄 앞의 빈칸 제거
```

단어에 포함되는 패턴을 제외하고 단어 전체에 대한 패턴을 나타내려면 정규표현식을 다음과

같이 \<과 \>로 묶는다. 그리고 패턴 뒤에 I를 사용하면 대소문자 구분없이 패턴매칭을 수행한다.

```
$ sed '/\<line\>/row/I' sed.in        ... 대소문자 구분 없이 단어 line을 치환
row one                               ... Line도 치환
the second row
row three - The third line
row 4                                 ... Line도 치환
    five lines                        ... lines는 치환되지 않음
```

텍스트 삭제

다음은 여러 가지 텍스트 삭제 동작의 예이다.

```
$ sed '1,3d' sed.in                   ... 1행부터 3행까지 삭제
Line 4
    five lines
$ sed '/Line/ d' sed.in               ... Line을 포함한 줄 삭제
the second line
line three - The third line
    five lines
$ sed '/the/I d' sed.in               ... 대소문자 구분 없이 the 포함 줄 삭제
Line one
Line 4
    five lines
$ sed '/one/,/three/ d' sed.in       ... one 포함 줄부터 three 포함 줄까지 삭제
Line 4
    five lines
```

다중 편집 명령어 인수

간단한 편집 명령어를 여러 개를 인수로 제공하려면 다음과 같이 -e 옵션을 반복하여 사용한다. 다음은 텍스트 대치 기능을 사용하여 줄의 앞에 <<을, 줄의 뒤에 >>을 삽입하는 예이다.

```
$ sed -e 's/^/<</' -e 's/$/>>/' sed.in        ... 두 개의 대치 명령어 사용
<<Line one>>
<<the second line>>
<<line three - The third line>>
<<Line 4>>
<<    five lines>>
```

텍스트 삽입

i 명령어는 지정된 행 앞에, a 명령어는 지정된 행 뒤에 텍스트를 삽입한다. 다음은 특정 위치에 텍스트를 삽입하는 예이다. 텍스트 삽입은 삽입할 텍스트를 포함해야 하므로 먼저 편집 명령어를 파일에 저장한 후에 -f 옵션을 사용하여 편집 명령어 파일을 지정하여 sed 명령어를 실행한다.

```
$ cat sed1
1i\                                 ... 1행 앞에 두 줄 삽입
Inserted Line 1\
inserted line 2
$ sed -f sed1 sed.in
Inserted Line 1
inserted line 2
Line one
the second line
line three - The third line
Line 4
    five lines
$ cat sed2
$a\                                 ... 마지막 행 뒤에 한 줄 삽입(추가)
Appended Line
$ sed -f sed2 sed.in
Line one
the second line
line three - The third line
Line 4
    five lines
Appended Line
```

텍스트 변경

c 명령어는 주어진 범위의 행의 내용을 다른 텍스트로 변경한다. 다음은 4행과 1-2행을 각각 한 줄의 다른 내용으로 변경하는 예이다.

```
$ cat sed3
1,2c\
Line 1-2 are removed
4c\
the fourth line
$ sed -f sed3 sed.in
Line 1-2 are removed                ... 1-2행이 변경
line three - The third line
the fourth line                     ... 4행이 변경
    five lines
```

파일 삽입

r 명령어는 주어진 위치에 다른 파일의 내용을 삽입한다. 다음은 줄 끝에 다른 파일의 내용을 삽입하는 예이다.

```
$ sed '$ r sed1' sed.in
Line one
the second line
line three - The third line
Line 4
    five lines                          ... sed.in 파일 내용의 마지막
1i\                                     ... sed1 파일 내용의 시작
Inserted Line 1\
inserted line 2
```

선택 행 출력

p 명령어는 주어진 범위의 행을 화면에 출력한다. 다음은 이 명령어를 사용하는 예이다.

```
$ sed -e '1p' sed.in
Line one
Line one                                ... p 명령어의 출력
the second line
line three - The third line
Line 4
    five lines
```

sed는 기본적으로 각 행에 대해서 편집 동작을 수행하고 편집 결과를 화면에 출력한다. 위의 예에서 1행은 기본 동작과 p 명령어에 의한 출력이 중복되어 2번 출력되었다.

sed를 다음과 같이 -n 옵션을 사용하여 실행하면 p 명령어에 의해서 선택된 행만 화면에 출력하며, 정규표현식으로 패턴을 지정하면 grep 명령어와 같은 동작을 수행한다.

```
$ sed -n '1,2 p' sed.in                 ... 1행과 2행을 출력
Line one
the second line
$ sed -n '/line/ p' sed.in              ... line을 포함한 행 출력. grep 동작
the second line
line three - The third line
    five lines
```

파일 저장

w 명령어는 주어진 범위의 행을 파일로 저장한다. 다음은 이 명령어를 사용한 예이다.

```
$ sed '1,2w sed.out' sed.in              ... 1,2행 파일에 저장, 편집결과 화면 출력
Line one
the second line
line three - The third line
Line 4
    five lines
$ cat sed.out                            ... 저장 내용
Line one
the second line
$ sed -n '1,2w sed.out' sed.in           ... 1,2행 파일에 저장, 화면 출력 없음
$ cat sed.out                            ... 저장 내용
Line one
the second line
```

다음은 입력파일에서 문자열 line을 포함한 행을 파일 out1으로, Line을 포함한 행을 파일 out2로 분류하여 저장하는 예이다.

```
$ sed -n -e '/line/w out1' -e '/Line/w out2' sed.in
$ cat out1
the second line
line three - The third line
    five lines
$ cat out2
Line one
Line 4
```

셸 스크립트로 작성한 sed 명령어

sed 편집 명령어를 별도의 파일로 작성하는 것 대신에 다음과 같이 셸 스크립트에서 따옴표를 사용하여 여러 줄의 편집 명령어를 인수로 제공하여 작성할 수도 있다.

```
$ cat sed4.sh                    ... sed 명령어를 포함한 셸 스크립트
#!/bin/sh
sed '                            ... 따옴표 안에 여러 줄의 편집 명령어 작성
1i\
Inserted Line 1\
inserted line 2' sed.in
$ ./sed4.sh
Inserted Line 1
inserted line 2
```

```
Line one
the second line
line three - The third line
Line 4
    five lines
```

6.6 파일 보관 및 압축

파일들을 테이프나 플로피 디스크 같은 보조기억장치에 백업하여 보관하기 위해서 여러 유틸리티들이 제공되는 데, 이 명령어들은 보조기억장치에 보관하는 것 대신에 디렉토리 구조에 포함된 여러 파일들을 하나의 파일로 묶어서 보관하는 용도로 더 많이 사용한다. 압축 유틸리티는 파일 크기를 줄이는 용도로 사용되는 데, 파일 보관 유틸리티는 압축기능과 결합하여 사용할 수 있다. 먼저 압축 명령어들을 소개한 후 파일 보관 명령어를 소개하기로 한다.

압축 유틸리티 – gzip, bzip2, xz

원래의 유닉스에서는 compress와 uncompress라는 압축 및 압축해제 명령어를 제공하는 데 리눅스에서는 특허권 문제로 제공되지 않으며 대신에 다음과 같은 압축 명령어가 제공된다.

- **gzip, gunzip** : gz 형식의 압축파일 생성 및 해제
- **bzip2, bunzip2** : bz2 형식의 압축파일 생성 및 해제, 큰 파일의 압축에 효율적임
- **xz, unxz** : xz 형식의 압축파일 생성 및 해제, gz, bz2 형식에 비해 압축률이 높음

gz 압축형식이 리눅스의 대표적인 압축 형식으로서 널리 사용되고 있지만, 리눅스 커널 소스 코드와 많은 리눅스 유틸리티의 소스 코드는 bz2 형식을 거쳐서 최근에는 xz 형식으로만 압축되어 배포가 되고 있다.

위의 세 가지 압축 명령어는, 파일을 압축할 때에 압축할 파일이름에 확장자 gz, bz2, 또는 xz를 붙인 이름의 압축파일을 만들고, 원본 파일은 제거한다. 압축을 해제할 때에는 압축파일을 풀고 압축파일을 제거한다. 다음은 gzip/gunzip 명령어에 대한 사용 예이다.

```
$ cp /bin/bash .              ... 압축할 파일로 bash 파일을 복사하여 사용
$ ls -l bash*
-rwxr-xr-x 1 gdhong student 940416 2015-10-12 13:09 bash
$ gzip vi                     ... 압축
$ ls -l bash*
-rwxr-xr-x 1 gdhong student 436467 2015-10-12 13:09 bash.gz
$ gunzip bash.gz              ... 압축 해제
```

```
$ ls -l bash*
-rwxr-xr-x 1 gdhong student 940416 2015-10-12 13:09 bash
```

다음은 bzip2/bunzip2와 xz/unxz 명령어에 대한 사용 예이다. 비교적 큰 실행파일인 bash는 bzip2가 gzip보다 더 많이 압축하였고, xz는 bzip2보다 더 많이 압축하였음을 확인할 수 있다.

```
$ bzip2 bash                    ... bz2 압축
$ ls -l bash*
-rwxr-xr-x 1 gdhong student 412551 2015-10-12 13:09 bash.bz2
$ bunzip2 bash.bz2              ... bz2 압축해제
$ ls -l bash*
-rwxr-xr-x 1 gdhong student 940416 2015-10-12 13:09 bash
```

```
$ xz bash                       ... xz 압축
$ ls -l bash*
-rwxr-xr-x 1 gdhong student 367332 2015-10-14 13:58 bash.xz
$ unxz bash.xz                  ... xz 압축해제
$ ls -l bash*
-rwxr-xr-x 1 gdhong student 940416 2015-10-12 13:09 bash
```

gzip, bzip2와 xz는 여러 개의 파일을 인수로 사용하면 각 파일을 개별적으로 압축을 하여 압축파일을 만들며, 여러 개의 파일들을 하나의 압축파일로 묶는 기능은 없다.

```
$ ls bash* vi*
bash  vi
$ gzip bash vi
$ ls bash* vi*
bash.gz  vi.gz                  ... 개별적으로 압축됨. 원본파일 제거됨
```

압축 파일을 없애지 않고 압축 파일을 풀어서 원본의 내용만 확인하고자 할 때에는 다음 명령어를 사용한다.

- **zcat** : gz 형식의 압축 파일을 풀어서 내용을 화면에 출력 (gunzip -c.와 같음)
- **bzcat** : bz2 형식의 압축 파일을 풀어서 내용을 화면에 출력 (bunzip2 -c 와 같음)
- **xzcat** : xz 형식의 압축 파일을 풀어서 내용을 화면에 출력 (unxz -c와 같음)

다음 zcat 명령어를 사용하여 압축파일의 내용을 읽는 예이다.

```
$ cat sdata1                              ... 압축할 파일
Lavern Brass              90 77
Milan Langworthy          86 77
Angla Switalski           9  56
```

```
Shanae Veith              42  82
Danilo Curran             55 15
Iliana Belew              12 90
Cecilia Glenn             4  9
Hattie  Tremble           72 66
Lianne Charland           86 40
$ gzip sdata1                        ... 압축
$ zcat sdata1.gz                     ... 압축 파일 내용 출력
Lavern Brass              90 77
Milan Langworthy          86 77
Angla Switalski           9  56
Shanae Veith              42  82
Danilo Curran             55 15
Iliana Belew              12 90
Cecilia Glenn             4  9
Hattie  Tremble           72 66
Lianne Charland           86 40
$ ls -l sdata1*                      ... 압축 파일이 그대로임
-rw-r--r-- 1 gdhong student 181 2015-10-06 19:13 sdata1.gz
```

유닉스에서 제공하는 압축 명령어 compress는 확장자가 Z인 압축파일을 생성한다. znew 명령어는 .Z 압축파일을 .gz 압축파일로 변환한다. 그리고 gunzip은 gz 압축파일 뿐 만 아니라 Z 압축파일도 압축을 해제할 수 있다.

```
$ znew file.Z                        ... file.gz 생성
$ gunzip file.Z                      ... file 생성
```

zip – 압축 보관

zip은 DOS와 윈도우즈에서 많이 사용하는 pkzip과 호환되는 압축 유틸리티이다. zip은 디렉토리 구조에 있는 파일들을 확장자 zip인 하나의 파일로 압축하여 묶는다. unzip은 압축된 보관 파일의 압축을 해제하여 지정된 위치에 저장한다.

다음은 여러 개의 파일들을 압축하여 압축파일 file.zip으로 만드는 예이다. 이 명령어를 수행할 때 원본 파일은 그대로 있다.

```
$ zip file.zip file1 file2 file3     ... 압축파일 file.zip 생성
```

디렉토리의 모든 파일을 서브디렉토리까지 재귀적으로 압축하여 압축파일 backup.zip으로 만들려면 다음과 같이 -r 옵션을 사용해야 한다.

```
$ zip -r backup.zip datadir          ... 디렉토리를 재귀적으로 압축
```

zip 압축파일을 풀어서 원본 파일을 복원하기 위해서는 다음과 같이 unzip을 사용한다.

```
$ unzip file.zip
$ unzip file                                ... 확장자 생략 가능
```

tar - 파일 보관

tar(tape archive)는 이름에 나타내 있듯이 여러 개의 파일이나 디렉토리를 묶어서 테이프로 백업하여 보관하기 위하여 사용하는 명령어이다. 보관 대상을 파일로 지정하면 테이프 대신에 지정된 파일로 보관되며, tar에 의해서 생성된 파일을 tar 아카이브 파일 또는 tar 보관 파일이라고 한다.

tar는 다음과 같은 형식을 사용하며 옵션을 표기할 때에 -는 사용하지 않아도 된다. 초기의 tar는 기본 저장 장치로 테이프 장치를 사용하였으나, 현재에는 표준출력을 사용한다. 그렇지만 대개 tar 아카이브 파일 이름을 지정하여 파일로 저장하므로 f 옵션은 거의 항상 사용한다. tar 파일 이름으로 - 를 사용하면 표준입출력을 사용한다.

```
tar [-옵션]f tarfile file ...
```

tar는 다음 옵션을 사용하여 기능을 결정한다.

옵션	의미
c	(create) 아카이브 파일 생성
t	(table) 아카이브 파일에 보관된 파일 목록 출력
x	(extract) 아카이브 파일에 보관된 파일을 추출하여 저장
r	(append) 아카이브 파일에 파일을 무조건 추가
u	(update) 아카이브 파일에 파일을 추가 (같은 파일은 최신 버전만 추가)

그리고 기능옵션과 함께 다음 옵션을 추가로 사용할 수 있다.

옵션	의미
f	(file) 인수로 지정된 아카이브 파일 사용 (없으면 기본 보관장치 사용)
v	(verbose) 처리 중인 파일을 자세히 출력
k	x 모드에서 파일을 추출할 때 기존파일을 덮어쓰지 않고 보존함

tar는 다음과 같이 c 옵션을 사용하여 파일들에 대한 tar 아카이브 파일을 생성한다. tar 파일에 대해 특정 확장자를 요구하지는 않지만, 일반적으로 .tar를 사용한다.

```
$ ls -F                                      ... 현재 디렉토리 내용
d1.c  d2.c  d3.c  data0  data1  sd/  sdata
$ tar cvf my.tar d*                          ... 지정된 파일 보관
d1.c                                         ... v옵션 - 처리 파일 정보 출력
d2.c
d3.c
data0
data1
$ ls -l my.tar
-rw-r--r-- 1 gdhong student 10240 2015-10-13 09:40 my.tar
$ tar cvf sd.tar sd                          ... 지정된 디렉토리 구조 보관
sd/
sd/sd2
sd/sd1
sd/sd3
$ tar cf sd.tar sd                           ... v 옵션이 없으면 정보 출력 없음
$ ls -l sd.tar
-rw-r--r-- 1 gdhong student 10240 2015-10-13 09:42 sd.tar
```

tar 아카이브 파일에 저장된 파일 목록을 보려면 다음과 같이 t 옵션을 사용한다.

```
$ tar tvf sd.tar                     ... v 옵션 - 파일 상세 정보 출력
drwxr-xr-x gdhong/student    0 2015-10-13 00:04 sd/
-rw-r--r-- gdhong/student   12 2015-10-13 00:03 sd/sd2
-rw-r--r-- gdhong/student   14 2015-10-13 00:03 sd/sd1
-rw-r--r-- gdhong/student   55 2015-10-13 00:03 sd/sd3
$ tar tf sd.tar                      ... v 옵션 없으면 파일이름만 출력
sd/
sd/sd2
sd/sd1
sd/sd3
```

tar 아카이브 파일에 저장된 파일을 추출하려면 다음과 같이 x 옵션을 사용한다.

```
$ rm -r sd                           ... sd 디렉토리 제거
$ tar xvf sd.tar                     ... 파일 추출
sd/                                  ... v 옵션 - 처리 파일 정보 출력
sd/sd2
sd/sd1
sd/sd3
$ ls sd                              ... 추출된 파일 확인
sd1  sd2  sd3
```

tar 보관 파일에서 일부 파일만 추출하려면 다음과 같이 추출할 파일 이름을 인수로 추가하

여 명시해야 한다.

```
$ rm -r sd
$ tar xvf sd.tar sd/sd1                     ... sd/sd1 파일 추출
sd/sd1
$ ls sd                                     ... 추출된 파일 확인
sd1
```

추출할 파일 이름을 패턴을 사용하여 나타내고자 하는 경우에 와일드카드 문자는 디렉토리의 파일에 적용되므로 사용할 수 없다. 대신에 tar -tf를 사용하여 (v옵션을 사용하지 않아야 함) tar 파일에 보관된 파일 목록을 얻은 후에 grep을 사용하여 원하는 패턴의 파일 이름만 추출하고 명령어 대치 기능을 사용하여 인수로 사용해야 한다. 다음은 my.tar에서 확장자가 .c인 파일만 추출하는 예이다.

```
$ mkdir new; cp my.tar new; cd new          ... tar 파일을 빈 디렉토리로 복사
$ ls
my.tar
$ tar tf my.tar | grep '.*\.c'              ... 확장자가 .c인 파일이름
d1.c                                        ... 이 출력을 다음 명령어의 인수로 사용
d2.c
d3.c
$ tar xf my.tar `tar tf my.tar | grep '.*\.c'`  ... 선택한 파일만 추출
$ ls
d1.c  d2.c  d3.c  my.tar
```

tar 보관 파일을 생성한 이후에 보관 파일에 파일을 추가하려면 r 옵션이나 u 옵션을 사용한다. 두 옵션의 차이점은 r 옵션은 파일을 무조건 추가하는 데 비해, u 옵션은 같은 파일이 존재하는 경우에는 최신 버전인 파일만 추가한다.

```
$ tar uvf my.tar sdata data1                ... tar 파일에 sdata, data1 파일 추가
sdata                                       ... data1은 추가되지 않음 (최신버전 아님)
$ tar tvf my.tar
-rw-r--r-- gdhong/student   65 2015-10-13 09:36 d1.c
-rw-r--r-- gdhong/student   74 2015-10-13 09:36 d2.c
-rw-r--r-- gdhong/student   74 2015-10-13 09:36 d3.c
-rw-r--r-- gdhong/student  372 2015-10-13 08:49 data0
-rw-r--r-- gdhong/student  166 2015-10-13 08:49 data1
-rw-r--r-- gdhong/student   27 2015-10-13 08:49 sdata          ... 추가
$ echo modify >> data1                      ... data1 파일 수정
$ tar uvf my.tar data1                      ... tar파일에 data1 추가
data1
$ tar tfv my.tar
-rw-r--r-- gdhong/student   65 2015-10-13 09:36 d1.c
```

```
-rw-r--r-- gdhong/student   74 2015-10-13 09:36 d2.c
-rw-r--r-- gdhong/student   74 2015-10-13 09:36 d3.c
-rw-r--r-- gdhong/student  372 2015-10-13 08:49 data0
-rw-r--r-- gdhong/student  166 2015-10-13 08:49 data1
-rw-r--r-- gdhong/student   27 2015-10-13 08:49 sdata
-rw-r--r-- gdhong/student  173 2015-10-13 10:12 data1   ... 추가
```

위의 마지막 출력에서 갱신된 data1 파일이 추가된 것 뿐 만 아니라, 이전 버전도 여전히 포함되어 있는 것을 확인할 수 있다. 이 tar 파일에 파일들을 추출할 때에 뒤에 있는 파일이 같은 이름의 앞에 있는 파일을 덮어써서 최신 버전이 추출된다. 이전 버전을 추출하려면 다음과 같이 k 옵션을 함께 사용하게 덮어쓰기를 못하게 하면 된다.

```
$ tar xvfk my.tar data1
data1                                        ... data1 이전 버전 추출
data1                                        ... data1 최신 버전 추출 오류
tar: data1: Cannot open: 파일이 있습니다
tar: Exiting with failure status due to previous errors
$ ls -l data1
-rw-r--r-- 1 gdhong student   166 2015-10-13 08:49 data1     ... 이전 버전
```

tar 파일 압축 보관

tar를 다음과 같이 기존 압축 명령어와 파이프로 결합하여 압축 보관파일을 생성할 수도 있다. tar의 결과가 gzip에 전달되어야 하므로 표준출력을 사용하도록 아카이브 파일이름 위치에 -를 사용한다.

```
$ tar cvf - d* | gzip > my2.tar.gz   ... -는 보관파일이 표준출력임을 의미
d1.c
d2.c
d3.c
data0
data1
$ file my2.tar.gz
my2.tar.gz: gzip compressed data, from Unix, last modified: Tue Oct 13 10:56:11
2015
```

압축 tar 파일에서 파일 목록을 보거나 추출하려면 다음과 같이 압축내용을 화면에 출력하는 명령어와 tar 명령어를 파이프로 결합하여 실행할 수 있다.

```
$ zcat my2.tar.gz | tar tvf -          ... 파일 목록
-rw-r--r-- gdhong/student   65 2015-10-13 09:36 d1.c
-rw-r--r-- gdhong/student   74 2015-10-13 09:36 d2.c
-rw-r--r-- gdhong/student   74 2015-10-13 09:36 d3.c
```

```
-rw-r--r-- gdhong/student  372 2015-10-13 08:49 data0
-rw-r--r-- gdhong/student  166 2015-10-13 10:09 data1
$ zcat my2.tar.gz | tar xvf -        ... 파일 추출
d1.c
d2.c
d3.c
data0
data1
```

압축 보관파일도 특정한 확장자를 요구하지 않고 file 명령어를 사용하면 파일의 형식을 확인할 수 있지만, 일반적으로 tar.gz과 같이 압축 보관파일이라는 것을 나타내는 확장자를 갖도록 이름을 부여한다.

초기의 tar는 압축기능이 포함되어 있지 않지만 현재의 tar는 압축기능을 포함하고 있어서 다음과 같은 추가적인 옵션을 사용하면 tar에서 압축된 보관파일을 직접 생성하고 해제할 수 있다.

옵션	의미	추천 확장자
z	gzip을 사용하여 압축된 아카이브 파일 생성	tar.gz 또는 tgz
j	bzip2를 사용하여 압축된 아카이브 파일 생성	tar.bz2 또는 tbz2
J	xz를 사용하여 압축된 아카이브 파일 생성	tar.xz 또는 txz

다음은 앞의 예와 같은 동작을 수행하여 압축보관파일을 생성한다.

```
$ tar cvfz my2.tar.gz d*
d1.c
d2.c
d3.c
data0
data1
```

압축 보관파일의 파일목록을 보거나, 파일을 추출할 때에는 압축옵션을 명시하지 않아도 되며, 명시할 경우에는 압축 형식에 맞도록 정확하게 명시해야 한다.

```
$ tar tvf my2.tar.gz  또는 tar tvfz my2.tar.gz
-rw-r--r-- gdhong/student  564 2015-10-13 10:42 d1.c
-rw-r--r-- gdhong/student   74 2015-10-13 09:36 d2.c
-rw-r--r-- gdhong/student   74 2015-10-13 09:36 d3.c
-rw-r--r-- gdhong/student  372 2015-10-13 08:49 data0
-rw-r--r-- gdhong/student  173 2015-10-13 10:12 data1
```

파일이름에 추천 확장자를 사용하지 않은 경우에는 파일이름으로 압축 형식을 판단할 수 없다. 그렇지만 tar를 사용하여 파일목록을 보거나 파일을 추출할 때 압축옵션을 명시할 필요가 없으므로, 압축 tar 파일은 확장자 사용에 아무런 제약이 없다.

```
$ cp my2.tar.gz my2          ... 압축 tar파일을 압축 형식이 없는 이름으로 복사
$ tar tf my2                 ... 파일 목록
d1.c
d2.c
d3.c
data0
data1
$ tar xf my2                 ... 파일 추출
```

6.7 파일 탐색

find – 파일 탐색

find는 디렉토리 계층 구조에서 특정한 조건을 만족하는 파일을 찾아주는 역할을 수행한다. grep은 파일의 내용을 검색하는 데 비해서 find는 파일 이름, 생성일자, 소유자 등의 다양한 조건을 사용하여 파일을 찾아준다. 다음은 find의 사용 형식이다.

```
find 탐색경로 탐색조건 [동작]
```

탐색경로에 있는 디렉토리들을 재귀적으로 내려가면서 탐색하여 탐색조건에 맞는 파일을 찾는다. 탐색조건은 다음과 같은 옵션을 사용하여 지정한다.

옵션	동작
-name *pattern*	파일이름이 pattern과 일치하는 파일 탐색. pattern은 와일드카드 문자를 사용할 수 있으며 이 경우에는 따옴표를 함께 사용해야함
-perm *mode*	8진수로 표현된 허가권 mode와 일치하는 허가권의 파일 탐색
-type *t*	파일 유형이 t와 같은 파일 탐색 (t는 b, c, d, f, l, p, s중 하나. f는 보통파일이며 나머지 유형은 ls -l 출력의 첫째 글자와 같음)
-user *uid*	파일 소유자가 uid인 파일 탐색
-group *gid*	파일 그룹이 gid인 파일 탐색
-atime ±n *-mtime* ±n *-ctime* ±n	지정된 시간에 접근(atime), 수정(mtime), 또는 속성이 변경(ctime)된 파일 탐색. n은 정확히 n일 전, +n은 n일보다 오래전, -n은 n일보다 최근의 시간을 나타냄

조건1 -o 조건2	(or) 두 탐색 조건 중 적어도 하나를 만족하는 파일 탐색
조건1 -a 조건2	(and) 두 탐색 조건을 모두 만족하는 파일 탐색 (-a는 생략 가능)
! 조건	탐색조건을 만족하지 않는 파일 탐색

find는 기본적으로 탐색경로에 있는 탐색조건을 만족하는 파일의 경로명을 출력한다. 탐색조건을 여러 개를 함께 사용할 수 있다. 다음은 find의 사용 예이다.

```
$ find /etc -name 'y*.conf' 2> /dev/null   ... 파일이름 탐색. 에러 메시지 제거
/etc/yum.conf
/etc/yp.conf
$ find /bin -perm 4755                    ... 허가권 탐색(4755, rwsr-xr-x)
/bin/su
/bin/ping
/bin/umount
/bin/mount
/bin/ping6
$ find /bin -name 'p*' -perm 4755   ... 파일이름 및 허가권 탐색
/bin/ping
/bin/ping6
```

다음은 시간을 사용한 파일 탐색의 예이다. 시간 단위에서 6, +6, -6는 6일 전, 6일보다 오래전, 6일보다 최근을 의미한다.

```
$ ls -l
합계 24
-rw-r--r-- 1 gdhong student 177 2015-10-07 00:36 d.c
-rw-r--r-- 1 gdhong student 166 2015-10-06 12:36 data1
-rw-r--r-- 1 gdhong student  21 2015-09-24 17:08 file1
-rw-r--r-- 1 gdhong student  14 2015-10-06 23:37 sd1
-rw-r--r-- 1 gdhong student  55 2015-10-07 16:44 sd3
-rw-r--r-- 1 gdhong student  37 2015-10-12 01:33 sed1
$ date
2015. 10. 13. (화) 15:05:45 KST
$ find . -mtime 6           ... 6일전 수정된 파일
./sd1
./d.c
$ find . -mtime +6          ... 6일보다 오래전에 수정된 파일
./data1
./file1
$ find . -mtime -6          ... 6일보다 최근에 수정된 파일
.
./sed1
./sd3
```

다음은 탐색조건을 만족하는 파일에 대한 동작을 지정하는 옵션이다.

옵션	동작
-print	파일 이름을 출력 (다른 동작 옵션이 지정되지 않을 때 기본 설정)
-ls	파일의 자세한 속성을 출력
-exec *cmd* {} \;	파일 이름을 인수로 사용하여 명령어 cmd를 실행. {}이 파일이름을 나타냄
-ok *cmd* {} \;	사용자 확인을 받아 명령어를 실행하는 것을 제외하면 -exec와 같음

다음은 탐색된 파일에 대한 ls 동작을 옵션으로 지정한 예이다.

```
$ find . -mtime +6 -ls
17827050   4 -rw-r--r--   1 gdhong   student      166 10월  6 12:36 ./data1
17827053   4 -rw-r--r--   1 gdhong   student       21  9월 24 17:08 ./file1
$ find . -name 's*' -exec ls -l {} \;
-rw-r--r-- 1 gdhong student 14 2015-10-06 23:37 ./sd1
-rw-r--r-- 1 gdhong student 37 2015-10-12 01:33 ./sed1
-rw-r--r-- 1 gdhong student 55 2015-10-07 16:44 ./sd3
```

다음은 find를 사용하여 확장자가 .bak인 파일을 찾아서 일괄적으로 삭제하는 예이다. exec 옵션을 사용하여 탐색한 파일을 인수로 하여 rm 명령어를 실행한다.

```
$ find . -name '*.bak' -exec rm {} \;
$ find . -name '*.bak' -ls -exec rm {} \;      ... 삭제할 파일 정보 출력 포함
```

which, whereis – 명령어 위치 탐색

which와 whereis는 명령어의 위치를 찾는 데 사용된다. which는 alias 설정과 PATH 환경변수로 지정된 경로에서 명령어를 찾아서 정보를 알려준다.

```
$ which ls
alias ls='ls --color=auto'                     ... alias 설정
        /bin/ls                                ... 실행파일 경로
$ which cp
/bin/cp
$ which type
/usr/bin/which: no type in ( 경로 디렉토리 )
```

whereis는 미리 정해진 경로에서 명령어의 실행 파일, 소스와 매뉴얼의 위치를 찾아서 알려준다.

```
$ whereis ls
ls: /bin/ls /usr/share/man/man1p/ls.1p.gz /usr/share/man/man1/ls.1.gz
$ whereis -b ls                              ... 실행 파일만 찾음
ls: /bin/ls
$ whereis -m ls                             ... 매뉴얼만 찾음
ls: /usr/share/man/man1p/ls.1p.gz /usr/share/man/man1/ls.1.gz
```

locate – 정해진 위치의 파일 탐색

locate는 updatedb 명령어에 의해서 준비된 데이터베이스에서 주어진 패턴의 파일 경로이름을 찾아서 출력한다. 패턴은 와일드카드 문자를 사용할 수 있다.

```
$ locate '*/y*.conf'
/etc/yp.conf
/etc/yum.conf
/etc/yum/version-groups.conf
...
```

6.8 기타 파일 유틸리티

파일이름 처리 – basename, dirname

파일 또는 디렉토리의 경로 이름은 경로 디렉토리와 파일 또는 디렉토리 이름으로 구성된다. basename은 경로 디렉토리 정보를 제거한 파일 또는 디렉토리 이름, 즉 베이스 이름을 출력하며 dirname은 경로 디렉토리 이름만 출력한다. basename에서 확장자와 같은 접미어를 추가 인수로 사용하면 베이스 이름의 접미어와 일치하는 경우에 베이스 이름에서 접미어까지 제거하여 출력한다.

```
$ basename /usr/include/stdio.h              ... 베이스 이름 추출
stdio.h
$ basename /usr/include/stdio.h .h           ... 베이스 이름에서 접미어.h 제거
stdio
$ basename /usr/include/stdio.h .c           ... .c가 stdio.h의 접미어가 아님
stdio.h
$ basename /usr/include
include
$ dirname /usr/include/stdio.h               ... 디렉토리 이름
/usr/include
$ dirname /usr/include
/usr
```

od – 이진 파일 내용 보기

cat 명령어는 텍스트 파일을 읽어서 화면에 출력한다. 텍스트만으로 구성되지 않은 파일을 이진파일이라고 하는 데, 이러한 파일은 화면에 출력되지 않는 제어문자들이 포함되어서 cat을 사용하여 내용을 확인할 수 없다. od(octal dump) 명령어는 텍스트가 아닌 파일의 내용을 여러 가지 형식으로 출력한다.

od는 다음과 같은 옵션을 사용하여 출력 단위와 출력 형식을 지정한다. 옵션을 사용하지 않으면 명령어 이름과 같이 8진수로 출력하며 -o 옵션을 사용한 것과 같다.

옵션	동작
-t *type*	이진 파일 내용을 읽어서 주어진 type으로 출력. type은 출력형식 문자와 출력 단위를 나타내는 숫자나 문자의 결합으로 이루어진다. 출력형식: a (문자, ascii이름), c (문자, \표기법), x (16진수), o (8진수), d (10진수) u (부호없는 10진수). 문자형식은 크기를 사용하지 않음 출력크기: 숫자 (바이트 수), I (int), L (long), S (short), C (char)
-a	(ascii) -t a와 같음. 문자와 ASCII 코드 이름으로 출력
-c	(character) -t c와 같음. 문자와 \ 표기법으로 출력
-b	(byte) -t o1과 같음. 8비트 단위, 8진수로 출력
-d	(decimal) -t u2와 같음. 16비트 단위, 부호없는 10진수로 출력
-i	(integer) -t dI와 같음. 정수 단위, 10진수로 출력
-o	(octal) -t o2와 같음. 16비트 단위, 8진수로 출력
-s	(signed decimal) -t d2와 같음. 16비트 단위, 10진수로 출력
-x	(hexadecimal) -t x2와 같음. 16비트 단위, 16진수로 출력
-A *radix*	오프셋 주소의 출력 형식을 radix가 지정하는 진수로 지정 (기본값 8) radix 형식: x (16진수), o (8진수), d (10진수), n (없음)
-j *n*	처음 n 바이트를 건너뛰고 출력
-N *n*	n 바이트의 입력만 출력
-S *n*	최소 n 바이트의 널 문자로 끝나는 출력가능한 문자열만 출력

다음은 od를 사용하여 실행파일의 내용을 출력하는 예이다. od 출력에서 파일 오프셋은 기본적으로 8진수로 표기된다.

```
$ od /bin/ls | more          ... 16비트 단위, 8진수 출력
0000000 042577 043114 000402 000001 000000 000000 000000 000000
0000020 000002 000076 000001 000000 023740 000100 000000 000000
0000040 000100 000000 000000 000000 140440 000001 000000 000000
0000060 000000 000000 000100 000070 000010 000100 000040 000037
0000100 000006 000000 000005 000000 000100 000000 000000 000000
```

```
0000120 000100 000100 000000 000000 000100 000100 000000 000000
...
```

출력 내용이 길어서 more를 파이프로 연결하여 사용하였다. od는 여러 가지 형식으로 출력하는 다양한 옵션이 제공되며 -t 옵션을 사용하면 다양한 형식을 지정하여 출력할 수 있다. 다음은 여러 가지 형식으로 출력하는 예이다.

```
$ od -c /bin/ls | head -3                  ... 문자 출력
0000000 177   E   L   F 002 001 001  \0  \0  \0  \0  \0  \0  \0  \0  \0
0000020 002  \0   >  \0 001  \0  \0  \0 340   '   @  \0  \0  \0  \0  \0
0000040   @  \0  \0  \0  \0  \0  \0  \0       301 001  \0  \0  \0  \0  \0
$ od -t x1 /bin/ls | head -3               ... 8비트 단위, 16진수 출력
0000000 7f 45 4c 46 02 01 01 00 00 00 00 00 00 00 00 00
0000020 02 00 3e 00 01 00 00 00 e0 27 40 00 00 00 00 00
0000040 40 00 00 00 00 00 00 00 20 c1 01 00 00 00 00 00
$ od -t d4 /bin/ls | head -3               ... 32비트 단위, 부호있는 10진수 출력
0000000  1179403647       65794           0           0
0000020     4063234           1     4204512           0
0000040          64           0      114976           0
```

파일의 일부 내용만 출력하려면 od는 -j 옵션을 사용하여 출력을 건너뛸 바이트 수를, -N 옵션을 사용하여 출력할 입력 바이트 수를 지정할 수 있다. 그리고 -A 옵션을 사용하여 오프셋 주소의 진수 형식을 지정한다. 다음은 이러한 옵션도 함께 사용하여 파일의 내용을 여러 형식으로 출력하는 예이다.

```
$ od -N 64 /bin/ls              ... 64바이트를 16비트 단위 8진수 출력
0000000 042577 043114 000402 000001 000000 000000 000000 000000
0000020 000002 000076 000001 000000 023740 000100 000000 000000
0000040 000100 000000 000000 000000 140440 000001 000000 000000
0000060 000000 000000 000100 000070 000010 000100 000040 000037
0000100
$ od -N 64 -c /bin/ls... 문자 출력, ELF 형식 실행파일
0000000 177   E   L   F 002 001 001  \0  \0  \0  \0  \0  \0  \0  \0  \0
0000020 002  \0   >  \0 001  \0  \0  \0 340   '   @  \0  \0  \0  \0  \0
0000040   @  \0  \0  \0  \0  \0  \0  \0       301 001  \0  \0  \0  \0  \0
0000060  \0  \0  \0  \0   @  \0   8  \0  \b  \0   @  \0      \0 037  \0
0000100
$ od -Ax -N 32 -c /bin/ls      ... 32바이트 출력, 16진수 주소 형식
000000 177   E   L   F 002 001 001  \0  \0  \0  \0  \0  \0  \0  \0  \0
000010 002  \0   >  \0 001  \0  \0  \0 340   '   @  \0  \0  \0  \0  \0
000020
$ od -j 512 -N 32 -a /bin/ls      ... 오프셋 512부터 ASCII 출력
0001000   /   l   i   b   6   4   /   l   d   -   l   i   n   u   x   -
0001020   x   8   6   -   6   4   .   s   o   .   2 nul eot nul nul nul
```

```
0001040
$ od -c sd1                    ... 텍스트파일
0000000   1   2  \n   l   i   n   u   x  \n   u   n   i   x  \n
0000016
```

-S 옵션을 사용하면 이진 파일에 포함된 일정 길이 이상의 문자열을 출력할 수 있다. 다음 예는 이진 실행파일 /bin/cat에 포함되어 있는 길이가 10이상인 문자열을 오프셋 주소와 함께 출력한다.

```
$ od -S 10 /bin/cat
0001070 /lib64/ld-linux-x86-64.so.2
0105740 bug-coreutils@gnu.org
0105766 GNU coreutils
0106010 /usr/share/locale
...
```

strings – 출력가능 문자열 보기

strings은 파일에 포함된 출력가능 문자들을 출력한다. od -S는 널 문자로 종료되는 문자열 만 출력하지만 strings는 단순히 4개 이상의 연속적인 출력가능 문자들을 한 줄에 출력하므로 출력에 차이가 있다. 다음은 strings의 사용 예이다.

```
$ strings /bin/cat
/lib64/ld-linux-x86-64.so.2
9Ha3
PKHa3
...
$ strings -n 10 /bin/cat              ... 길이 10이상의 문자열 (-n 10)
/lib64/ld-linux-x86-64.so.2
AWAVAUATUH
L9|$0w}L+|$0H
...
bug-coreutils@gnu.org
GNU coreutils
/usr/share/locale
$ strings -n 10 -t o /bin/cat         ... 8진수로 오프셋 주소 출력 (-t o)
   1070 /lib64/ld-linux-x86-64.so.2
  15700 AWAVAUATUH
  20100 L9|$0w}L+|$0H
...
 105740 bug-coreutils@gnu.org
 105766 GNU coreutils
 106010 /usr/share/locale
```

split – 파일 분리

split는 큰 파일을 여러 개의 작은 파일로 분리하는 동작을 한다. 용량이 큰 파일을 용량이 작은 보조기억장치에 저장하거나, 파일 크기가 커서 한 번에 전송하기 어려울 때 사용할 수 있다. 분리 단위를 바이트 수 (-b 옵션) 또는 줄 수 (-l 옵션)로 지정할 수 있으며, 기본적으로 1000 줄 단위로 분리한다. 분리된 파일 이름은 기본적으로 x로 시작하며 두 개의 알파벳 문자가 순서대로 붙여진다. 크기 지정에 K, M, G, T, P, E, Z, Y 등의 단위를 사용할 수 있으며 이 이외에도 KB(1000), MB(1000*1000)도 사용한다.

다음은 split의 사용 예이다. 분리할 예제 파일을 인터넷 사이트에서 wget 명령어를 사용하여 다운로드 받아서 사용하였다. wget은 7.4절에서 소개한다.

```
$ wget http://ftp.gnu.org/gnu/coreutils/coreutils-8.13.tar.gz
...
$ ls -l                                        ...약 11M 바이트 크기 파일
합계 11388
-rw-r--r-- 1 gdhong student 11660808 2011-09-09 01:32 coreutils-8.13.tar.gz
$ split -b 1M coreutils-8.13.tar.gz             ... 1M 바이트 단위로 분리 (-b 1M)
$ ls -l
합계 22776
-rw-r--r-- 1 gdhong student 11660808 2011-09-09 01:32 coreutils-8.13.tar.gz
-rw-r--r-- 1 gdhong student  1048576 2015-10-14 10:12 xaa
-rw-r--r-- 1 gdhong student  1048576 2015-10-14 10:12 xab
-rw-r--r-- 1 gdhong student  1048576 2015-10-14 10:12 xac
-rw-r--r-- 1 gdhong student  1048576 2015-10-14 10:12 xad
-rw-r--r-- 1 gdhong student  1048576 2015-10-14 10:12 xae
-rw-r--r-- 1 gdhong student  1048576 2015-10-14 10:12 xaf
-rw-r--r-- 1 gdhong student  1048576 2015-10-14 10:12 xag
-rw-r--r-- 1 gdhong student  1048576 2015-10-14 10:12 xah
-rw-r--r-- 1 gdhong student  1048576 2015-10-14 10:12 xai
-rw-r--r-- 1 gdhong student  1048576 2015-10-14 10:12 xaj
-rw-r--r-- 1 gdhong student  1048576 2015-10-14 10:12 xak
-rw-r--r-- 1 gdhong student   126472 2015-10-14 10:12 xal
```

분리된 파일들은 다음과 같이 cat 명령어를 사용하여 합칠 수 있다.

```
$ cat x* > combined                  ... 분리된 파일들을 결합
$ ls -l combined                     ... 원본과 같은 크기
-rw-r--r-- 1 gdhong student 11660808 2015-10-14 10:24 combined
$ cmp coreutils-8.13.tar.gz combined          ... 원본과 비교 - 같음
$ echo $?                                     ... 상태코드 0 확인
0
```

6.9 기타 유용한 명령어

xargs 명령어 – 표준입력의 인수 전환

xargs는 표준입력을 인수로 제공된 명령어 command의 인수로 사용하여 command를 실행시킨다.

```
xargs [옵션] command
```

xargs의 인수로 command가 지정되지 않으면 기본적으로 echo 명령어를 실행한다.

xargs는 주로 다른 명령어와 파이프로 연결하여 사용하는 데 `로 에워싸는 사용하는 명령어 대치와 같은 일을 수행하지만 xargs는 다양한 인수 전달 형태를 제공한다. 다음은 xargs의 기본동작을 확인하기 위한 예이다.

```
$ cat xdata                           ... xargs에 제공하기 위한 데이터
dog
eagle donkey
fox horse mosquito bear
sheep

spider
camel rabbit snake
$ cat xdata | xargs                   ... 표준입력을 인수로 사용하여 echo 실행
dog eagle donkey fox horse mosquito bear sheep spider camel rabbit snake
$ echo `cat xdata`                    ... 명령어 대치 이용. 앞과 같은 동작
dog eagle donkey fox horse mosquito bear sheep spider camel rabbit snake
$ cat xdata | xargs -n 4              ... 한 번에 최대 4개의 인수를 사용 (-n 4)
dog eagle donkey fox
horse mosquito bear sheep
spider camel rabbit snake
$ cat xdata | xargs -n 3 -t           ... xargs에서 실행하는 명령어 표시
/bin/echo dog eagle donkey fox
dog eagle donkey fox
/bin/echo horse mosquito bear sheep
horse mosquito bear sheep
/bin/echo spider camel rabbit snake
spider camel rabbit snake
```

위의 예에서와 같이 xargs는 모든 입력을 한 번에 인수로 전달하여 command를 실행시키지만 -n 옵션을 사용하여 한 번에 전달하는 인수 개수를 제한할 수 있다. 이 경우에는 command는

여러 번 실행하게 된다. -t 옵션을 사용하면 command를 실행하기 전에 표준에러출력으로 실행되는 명령어 내용을 인수와 함께 출력하여 실행되는 명령어를 확인할 수 있도록 한다.

다음은 xargs에서 실행할 명령어를 명시적으로 지정한 예이다.

```
$ cat xdata | xargs echo 'Hello! '
Hello!  dog eagle donkey fox horse mosquito bear sheep spider camel rabbit
snake
$ cat xdata | xargs -n 6 echo 'Hello! '
Hello!  dog eagle donkey fox horse mosquito
Hello!  bear sheep spider camel rabbit snake
```

xargs는 기본적으로 빈칸을 인수 구분에 사용한다. -d 옵션을 사용하면 다른 문자를 인수 구분에 사용할 수 있으며 다음은 '\n'을 인수 구분에 사용하는 예이다.

```
$ cat xdata | xargs -d'\n' -n 1 echo 'Hello! '
Hello!  dog
Hello!  eagle donkey
Hello!  fox horse mosquito bear
Hello!  sheep
Hello!
Hello!  spider
Hello!  camel rabbit snake
```

xargs는 find와 결합하여 탐색한 파일을 처리하는 데 많이 사용한다.

```
$ find . -name '*.bak' | xargs file
./data2.bak: ASCII text
./sd1.bak:   ASCII text
./data1.bak: ASCII text
```

위의 동작은 find에서 -exec 옵션을 사용하여 수행할 수도 있다.

```
$ find . -name '*.bak' -exec file {} \;
./data2.bak: ASCII text
./sd1.bak: ASCII text
./data1.bak: ASCII text
```

그렇지만 -exec 옵션을 사용할 경우에는 file 명령어를 세 번 수행한다. 인수를 한꺼번에 사용하여 명령어를 한 번에 수행해도 되는 경우에는 xargs를 수행하는 것이 효율적이다. find에서 -exec 옵션을 사용하여 명령어를 실행하는 것은 xargs -n 1과 결합하여 사용하는 경우와 같다.

su – 사용자 대치

su는 substitute user의 약어로서 사용자가 변경된 서브셸을 임시로 생성한다. su는 로그아웃 하지 않고 현재 셸을 일시적으로 다른 사용자로 바꾸어서 사용할 때 유용하다. 다음은 su의 사용 예이다.

```
$ whoami                ... 현 사용자 확인
gdhong
$ su skyun              ... 사용자 대치 - 자식 셸 생성
암호:
$ whoami                ... 변경된 사용자 확인
skyun
$ logout                ... 로그인 셸이 아니므로 logout 사용 불가
bash: logout: not login shell: use `exit'
$ exit                  ... exit로 사용자가 변경된 서브셸 종료
exit
$ whoami                ... 현 사용자의 셸로 복귀 확인
gdhong
```

su는 사용자이름이 인수로 제공되지 않으면 기본적으로 root로 사용자를 변경하며 - 를 함께 사용하면 사용자가 변경된 셸이 생성될 때에 사용자의 로그인 시의 초기화 과정을 수행하여 로그인 시의 환경 설정을 제공한다.

```
$ su                    ... root로 사용자 대치
$ su - skyun            ... 초기화 과정을 수행하며 사용자 대치 셸 생성
```

time – 실행 시간 측정

time은 뒤에 다른 명령어와 함께 사용하면 인수로 사용한 명령어의 실행 시간을 함께 출력한다. time 명령어를 사용하여 find의 실행시간을 측정한 예이다.

```
$ time find / -name '*abc' 2> /dev/null       ... abc로 끝나는 파일이름 탐색
/usr/share/texmf/tex/latex/abc                ... find의 출력
/proc/sys/net/ipv4/tcp_abc

real    0m1.406s                              ...  time의 출력
user    0m0.652s
sys     0m0.745s
```

위 명령어에서 find는 abc로 끝나는 모든 파일을 찾으며 표준에러출력으로 출력되는 오류 메시지는 널 장치 /dev/null 로 보내어 화면에 출력되지 않도록 하였다.

time의 출력에서 user는 사용자 모드에서의 실행시간, sys는 커널 모드에서의 실행시간 이며 real은 실제로 소요된 시간이다. real은 대개 user와 sys의 합보다 크며 두 값의 차이는 다른 프로세스 처리에 소요된 시간이다.

date – 다양한 형식으로 날짜 출력

date가 현재 날짜와 시간을 출력한다는 것을 이미 배웠다. 여기서는 date의 세부적인 사용법을 소개한다. date는 옵션을 지정하여 현재 뿐 만 아니라 여러 날짜와 시간을 다양한 형식으로 출력할 수 있으며 관리자는 현재 시간을 조정할 수 있다. date는 다음과 같은 형식으로 사용하며 형식문자열을 사용하여 출력형식을 지정할 수 있다.

```
date [옵션] [+형식]
```

출력형식은 다음과 같은 지시자와 문자열로 구성된 형식 문자열을 사용하여 지정한다.

지시자	동작	출력 예	
%Y	연	2015	
%y	연(마지막 두자리, 00..99)	15	
%m	월	10	
%B	월 - 로케일 표기	10월	October
%b, %h	월(약어) - 로케일 표기	10월	Oct
%A	요일 - 로케일 표기	수요일	Wednesday
%a	요일(약어) - 로케일 표기	수	Wed
%w	요일(0..6, 0은 일요일)	3	0
%u	요일(1..7, 1은 월요일)	3	7
%d	일(01..31)	21	
%H	시(00..23)	09	16
%I	시(01..12)	09	04
%k	시(0..23)	9	16
%l	시(1..12)	9	4
%M	분(00..59)	04	21
%S	초(00..60)	08	54
%p	오전/오후 - 로케일 표기	오전	AM
%s	1970년1월1일 이후 경과된 초	1445388821	

%j	연초부터의 일수(001..366)	294	
%U	연초부터의 주간 수(00..53)	42	
%c	날짜와 시간 - 로케일 표기	2015년 10월 21일 (수) 오전 09시 21분 54초 Wed 21 Oct 2015 09:21:54 AM KST	
%D	날짜(mm/dd/yy)	10/21/15	
%F	날짜(%Y-%m-%d)	2015-10-21	
%x	날짜 - 로케일 표기	2015년 10월 21일	10/21/2015
%X	시간 - 로케일 표기	18시 12분 39초	06:12:39 AM
%r	시간(오전/오후, 시, 분, 초)	오후 06시 12분 39초	06:12:39 AM
%T	시간(hh:mm:ss)	18:15:02	
%Z	시간대(알파벳)	KST	
%z	시간대(숫자)	+0900	
%n	개행 문자		
%t	탭 문자		
%%	% 문자		

형식문자열에 빈칸이 포함되면 따옴표를 사용해야 한다. 다음은 출력 형식을 지정한 date의 사용 예이다.

```
$ date +%m                                    ... 월 출력
10
$ date +'%x %r'                               ... 빈칸 포함
2015년 10월 21일 오전 10시 33분 01초
$ date +"오늘은 %Y년 %m월 %d일 입니다."          ... 문자열 포함
오늘은 2015년 10월 21일 입니다.
```

date는 -d 옵션과 날짜 문자열을 함께 사용하여 현재가 아닌 날짜와 시간을 다양한 형식으로 출력할 수 있다. 다음은 이에 대한 여러 사용 예이다.

```
$ date -d 12/25/2016                ... 날짜 지정
2016. 12. 25. (일) 00:00:00 KST
$ date -d "2 Feb 2016"
2016. 02. 02. (화) 00:00:00 KST
$ date -d "Feb 2 2016"
2016. 02. 02. (화) 00:00:00 KST
$ date -d "12/25/2016 13:12:10"     ... 날짜와 시간을 지정
2016. 12. 25. (일) 13:12:10 KST
$ date -d "100 day"                 ... 미래 날짜 (day, month, year, week)
```

```
2016. 01. 29. (금) 10:48:42 KST
$ date -d "10 hour"                    ... 미래 시간 (hour, min, sec)
2015. 10. 21. (수) 20:51:35 KST
$ date -d "100 hour ago"               ... 과거 (ago를 함께 사용)
2015. 10. 17. (토) 06:44:24 KST
$ date -d "3 months 10 day ago"        ... 3개월 이후의 10일 이전
2016. 01. 11. (월) 10:58:42 KST
$ date -d "3 months ago 10 day ago"    ... 3개월 10일 이전
2015. 07. 11. (토) 10:58:44 KST
$ date -d "next mon"                   ... 미래 (다음 월요일)
2015. 10. 26. (월) 00:00:00 KST
$ date -d "last month"                 ... 과거 (지난 달)
2015. 09. 21. (월) 10:50:47 KST
```

date는 MMDDhhmm 형식으로 인수를 지정하면 현재의 날짜와 시간을 변경할 수 있으며 관리자만 할 수 있다. 그리고 -s 옵션과 날짜 문자열을 사용하여 변경할 수도 있다.

```
# date
2015. 10. 21. (수) 19:09:20 KST
# date 10211100
2015. 10. 21. (수) 11:00:00 KST
# date -s "2 min"
2015. 10. 21. (수) 11:02:21 KST
```

명령어

이 장에서는 다음과 같은 명령어를 소개하였다.

sort	uniq	cmp	diff	patch	tr	fmt	column
paste	iconv	grep	egrep	fgrep	sed	gzip	gunzip
bzip2	bunzip2	xz	unxz	zcat	bzcat	xzcat	znew
zip	unzip	tar	find	which	whereis	locate	basename
dirname	od	strings	split	xargs	su	time	date

Linux 복습문제

1. sort의 -b와 -n 옵션의 기능을 설명하고, 이 옵션을 사용하지 않는 경우와 정렬 결과가 어떻게 차이가 있는 지 말하시오.
2. sort의 병합정렬 기능에 대해서 설명하시오.
3. 두 파일의 같은지 여부를 비교하는 2개의 명령어는 무엇이며, 출력이 어떻게 다른가?
4. 어떤 파일에서 소문자를 모두 대문자로 바꾸어 출력하려면 어떤 명령어를 사용하는 것이 편리한가?
5. 정규표현식이란 무엇이며, 어떤 명령어에서 사용하는가?
6. 확장된 정규표현식은 정규표현식에 비해서 어떤 기능이 추가되었는가?
7. grep, egrep, fgrep 명령어의 차이점은 무엇인가?
8. 스트림 편집기 sed를 어떠한 작업을 하는 데 유용한가?
9. 리눅스의 압축 유틸리티들은 사용해보고, 압축정도를 비교해보시오.
10. tar 파일에 보관된 파일들 중에서 특정 패턴을 갖는 파일이름의 파일들만 추출하려면 어떻게 해야 하는지 알아보시오.
11. find 명령어에서 파일을 찾는 탐색조건으로 어떤 것들을 사용할 수 있는가? grep은 어

떤 조건으로 파일을 탐색한다고 할 수 있는가?

12. 텍스트 파일이 아닌 이진 파일 내용을 보려면 어떤 명령어를 사용하는가? 그리고 이진 파일을 내용을 어떤 형식들로 보여주는가?

13. find에서 특정조건을 만족하는 파일들을 찾아서 이 파일에 대해서 특정 명령어를 실행하려면 어떻게 해야 하는가?

14. xargs는 어떤 명령어와 결합하여 많이 사용되며, 유용한 이유는 무엇인가?

Linux 연습문제

1. /etc/passwd 파일의 5번째 필드(이름)을 기준으로 정렬하시오.

2. sort 명령어를 다음과 같이 실행하시오.
   (1) 성적파일 score에 이름(성과 이름은 붙여쓰고, 영문 이름은 성과 이름을 _로 연결), 국어, 영어, 수학 성적의 4 필드로 구성된 10명 이상의 데이터를 입력하여 저장하시오.
   (2) 성적파일을 이름 순서로 정렬하시오.
   (3) 성적파일을 영어 성적 순서로 정렬하시오. (영어에 10점미만의 성적도 포함시킨다.)
   (4) 성적파일을 영어 성적 순서로 정렬하고, 영어 성적이 같은 경우에 국어 성적 순서로 정렬 하시오. (데이터에 영어 성적이 같고 국어 성적이 다른 자료들을 포함시킨다.)

3. 앞의 문제에서 성적파일 score의 각 필드가 열단위로 정렬이 되지 않은 상태, 즉 세로로 같은 위치에 있지 않은 것이 있도록 수정한 후에 이 파일을 이름 순서로 정렬한 결과를 column 명령어를 파이프로 연결하여 열단위로 정렬하여 출력하시오.

4. 다음을 순서대로 수행하시오
   (1) sed 명령어를 사용하여 1번에서 작성한 성적 파일에서 빈칸(탭 포함)의 반복을 콜론(:)으로 변환하여 저장하시오. (파일이름 score2)
   (2) cut 명령어를 사용하여 변환된 성적파일에서 영어성적만 추출하여 출력하시오.
   (3) (2)의 출력을 정렬하여 출력하되 중복된 성적을 한 번만 출력하시오. (sort 명령어와 uniq 명령어를 사용)

5. 다음을 순서대로 수행하시오.
   (1) 다음 내용의 파일을 작성하시오.

   Well you know it's your bedtime,
   So turn off the light,
   Say all your prayers and then,
   Oh you sleepy young heads dream of wonderful things,
   Beautiful mermaids will swim through the sea,
   And you will be swimming there too.

(2) 다음 정규표현식 패턴의 의미를 적으시오. 그리고, grep을 사용하여 위 파일에서 이 패턴이 포함된 줄을 출력하시오.

.nd　　　^.nd　　sw.*ng　　[A-D]a.　　\.

(3) 다음 확장된 정규표현식 패턴의 의미를 적으시오. 그리고 위 파일에서 이 패턴이 포함된 줄을 출력하시오.

s.+w　　off|will　　im*ing　　im?ing

6. 다음을 순서대로 수행하시오.

(1) 다음 명령어를 수행하고 어떤 동작을 하는 지 말하시오.

$ find /bin -type l (영문자 l)

(2) 파일의 경로명에서 앞의 디렉토리 이름을 제거한 이름을 출력하는 명령어는 무엇인가? 그리고 이 명령어는 여러 개의 파일 경로명을 인수로 사용할 수 있는 지 확인해 보시오.

(3) xargs와 (2)번에서 말한 명령어를 적절한 옵션과 함께 사용하여 (1)번의 출력을 파이프로 연결하여 디렉토리 이름을 제거하고 파일 이름만 출력하도록 하시오.

(4) (3)번의 출력은 한 줄에 한 개의 파일이름이 출력된다. 모든 파일이름들이 한 줄로 출력되게 하려면 추가로 어떤 명령어를 파이프로 연결하여 사용해야 하는가? 그리고 이를 실행하시오.

chapter 07 통신 및 네트워크 활용

7.1 통신 및 네트워크 환경

초창기의 컴퓨터는 다른 컴퓨터와 연결되지 않은 독립된 시스템이었다. 컴퓨터들은 통신 기능을 이용하여 서로 연결되어 컴퓨터 네트워크를 형성하게 되었고, 컴퓨터를 연결하는 통신망 기술은 급격한 발전을 이루어 초고속 전송이 가능하게 되었다. 네트워크 기능은 현재의 컴퓨터에서 필수적인 기능 중 하나가 되었다. 현재 다양한 운영체제에서 사용되고 있는 많은 네트워크 및 인터넷 기능은 유닉스에서 시작되었다.

전 세계의 컴퓨터 및 컴퓨터 기반의 장치들이 서로 연결된 다양한 통신망에 연결되어 물리적으로 연결되어 있다. 이러한 다양한 종류의 네트워크에 연결된 장치들이 자료를 주고받으려면, 통일된 통신 규약이 필요하다. 현재 전 세계 네트워크 연결에 가장 널리 사용되고 있는 통신 규약은 TCP/IP 프로토콜이다. TCP/IP 프로토콜은 TCP(Transmission Control Protocol)와 IP(Internet Protocol) 프로토콜이 결합된 명칭이다.

IP 프로토콜과 인터넷 주소

인터넷(internet)은 작은 컴퓨터 네트워크를 연결하여 구성된 네트워크의 네트워크를 뜻한다. 이러한 인터넷에 연결된 컴퓨터 간에 통신을 위해서는 집에 주소가 부여되는 것과 같이 네트워크에 연결된 각 장치에 주소가 부여되어야 한다. IP 프로토콜은 네트워크 장치들의 주소를 부여하고, 특정 주소의 목적지로 전달하는 경로를 찾아주는 역할을 수행한다. IP 프로토콜을 사용한 주소 체계를 사용하는 네트워크를 고유 명사인 "the Internet" 이라고 부른다. 그리고 이 프로토콜을 사용한 주소를 IP 주소 또는 인터넷 주소라고 부른다.

IP 주소는 현재 IPv4라고 부르는 버전 4의 주소 체계를 일반적으로 사용한다. 32비트 주소를 사용하며 표기할 때에는 다음과 같이 4개의 8비트를 10진수로 나타낸다.

```
192.185.5.15
```

IPv4의 주소는 이론적으로 2^{32}개의 주소가 가능하지만 특수 용도로 사용하는 주소도 있으며, 모든 주소가 장치의 주소를 위해서 사용될 수는 없다. 인터넷의 급속한 성장으로 인해서 더 많은 인터넷 주소가 필요하게 되어, 128비트 주소를 사용하는 IPv6가 제안되었다. 사물 인터넷 시대에 접어들면서 인터넷 주소의 수요는 더욱 증대되고 있다. IPv4 주소 부족을 해결하는 방법으로 장치가 연결된 네트워크의 DHCP(Dynamic Host Configuration Protocol) 서버로부터 IP 주소를 할당받는 동적 IP 주소를 사용하거나 인터넷 공유기를 사용하여 여러 개의 장치들이 한 개의 IP 주소를 공유하여 외부 인터넷과 연결하여 사용하는 것이 보편화되었다.

호스트 이름 – hostname, nslookup, host

인터넷에 연결된 장치들은 유일한 IP 주소로 서로 식별된다. 그렇지만 이러한 숫자 주소는 기억하기가 어렵다. 따라서 호스트에 이름을 부여하여 이름으로 장치들을 식별한다. 각 기관에 kbs.co.kr와 같은 도메인 이름이 부여되며, 기관 내의 각 장치에 news와 같이 장치 이름이 부여된다. 장치의 호스트 이름으로 news.kbs.co.kr과 같이 장치 이름과 도메인 이름을 결합한 이름을 사용하며, 호스트 이름을 호스트의 도메인 이름이라고도 부른다.

호스트 이름은 리눅스 배포판에 따라서 /etc/sysconfig/network 또는 /etc/hostname 파일에 등록되어 있으며 다음과 같이 hostname 명령어를 사용하여 확인할 수 있다.

```
$ hostname
magics.yonsei.ac.kr
```

도메인 이름은 사용자를 위한 이름이며, TCP/IP 프로토콜 기반으로 통신을 하기 위해서는 IP 주소가 필요하다. 초기에는 /etc/hosts 파일에 호스트 이름에 대응되는 IP 주소를 등록하여 호스트 이름을 IP 주소로 변환하는 데 사용하였다. 그렇지만 인터넷 사용이 증가하면서 이러한 방법만으로는 어렵게 되었으며, 현재는 DNS(Domain Name Server) 서버에게 조회하여 호스트 이름에 대한 IP 주소를 얻는다. 대개는 각 기관 별로 자체적인 DNS 서버를 운영하고 있으며 상위 DNS 서버와 대화를 통하여 최신 주소 정보를 유지한다. 조회할 DNS 서버의 주소는 숫자로 된 IP 주소를 사용해야 한다. 리눅스에서는 /etc/resolv.conf 파일에 nameserver의 값으로 DNS 서버의 IP 주소를 등록한다.

nslookup 명령어는 DNS 서버에서 조회하는 명령어로서 도메인 이름에 대한 IP 주소를 얻는데 사용할 수 있으며, 사용하는 DNS 서버의 주소도 함께 출력한다.

```
$ nslookup www.kbs.co.kr
Server:         165.132.237.21                ... DNS 서버 IP 주소
Address:        165.132.237.21#53

Non-authoritative answer:
Name:   www.kbs.co.kr                         ... 도메인 이름
Address: 211.233.32.11                        ... IP 주소
```

host 명령어도 도메인 이름에 대한 IP 주소를 얻는 데 사용할 수 있는 데, DNS 서버에 대한 정보는 출력하지 않는다.

```
$ host www.kbs.co.kr
www.kbs.co.kr has address 211.233.32.11
```

포트 번호와 서비스

네트워크를 통해서 서비스를 제공하는 많은 프로세스들이 같은 호스트에 동시에 존재한다. 이러한 프로세스들은 특정 번호를 갖는 포트를 통하여 서비스를 제공한다. 그러므로 특정 호스트의 특정 서비스를 접속하려면 IP 주소와 포트 번호를 함께 지정해야 한다.

인터넷에서는 많이 사용되는 서비스를 위하여 표준 포트 번호를 지정하여 사용한다. 포트 번호는 16비트 값을 사용하는 데 0번부터 1023번까지가 이러한 표준 포트 번호로 사용된다. 그리고 1024번부터 49161번까지는 업체에서 특별한 프로토콜 용도로 등록하여 사용될 수 있다. 나머지 번호는 동적으로 할당되어 사용된다. 리눅스에서 표준 포트 번호와 등록된 포트 번호는 /etc/services 파일에 등록되어 있다. 이 파일의 내용은 다음과 같다. 여기서는 관심이 있는 일부 내용만 나타내었다.

```
$ cat /etc/services
... 생 략 ...
echo            7/tcp
echo            7/udp
... 생 략 ...
daytime         13/tcp
daytime         13/udp
... 생 략 ...
```

```
# 21 is registered to ftp, but also used by fsp
ftp             21/tcp
ftp             21/udp          fsp fspd
ssh             22/tcp                          # The Secure Shell (SSH) Protocol
ssh             22/udp                          # The Secure Shell (SSH) Protocol
telnet          23/tcp
telnet          23/udp
... 생 략 ...
finger          79/tcp
finger          79/udp
http            80/tcp          www www-http    # WorldWideWeb HTTP
http            80/udp          www www-http    # HyperText Transfer Protocol
... 생 략 ...
iqobject        48619/tcp               # iqobject
iqobject        48619/udp               # iqobject
$ _
```

서버 프로세스

네트워크를 통해서 클라이언트 프로세스에게 서비스를 제공하는 프로그램을 서버 프로그램이라고 하며, 이 프로그램이 동작하면 서버 프로세스가 생성된다. 많은 인터넷 유틸리티들은 상대편에서 서비스를 제공해야 사용할 수 있다. 포트 번호에 연결된 인터넷 서버 프로세스가 없으면 해당 서비스는 제공될 수 없다. 이러한 서버 프로세스는 명령어 이름 끝에 d가 붙은 것들이 많으며 d는 데몬(daemon)에서 유래한 것이다. 백그라운드로 수행하면서 작업을 하는 프로그램을 유닉스에서는 데몬이라고 부르는데, 이 용어는 "disk and execution monitor"의 약어로 만든 것이다. 다음은 d로 끝나는 프로세스를 ps를 사용하여 출력한 것으로서 일부만 나타내었다.

```
$ ps -e | grep "d$"
 ... 생 략 ...
 5586 ?        00:00:00 sshd
 7524 ?        00:00:00 in.telnetd
 8462 ?        00:00:00 rpc.statd
 8518 ?        00:00:00 rpc.idmapd
 8702 ?        00:00:01 xinetd
 8723 ?        00:00:00 vsftpd
 9009 ?        00:00:00 atd
31932 ?        00:00:00 httpd
31933 ?        00:00:00 httpd
31934 ?        00:00:00 httpd
... 생  략 ...
```

7.2 사용자와의 통신

사용자 정보 조회 – finger

finger는 시스템의 사용자 정보를 출력한다. 출력되는 정보는 /etc/passwd 파일에서 제공되는 사용자의 이름, 홈 디렉토리, 기본 셸, 홈 디렉토리 정보와 홈 디렉토리의 .project와 .plan 파일에 있는 정보 등을 출력한다.

```
$ finger gdhong
Login: gdhong                           Name: gil-dong hong
Directory: /home/gdhong                 Shell: /bin/bash
On since 월  2월  1 17:24 (KST) on pts/1 from 165.132.221.72
   6 minutes 8 seconds idle
On since 월  2월  1 17:17 (KST) on pts/0 from 165.132.221.72
Mail last read 화 11월 24 18:58 2015 (KST)
Project:
I will study Linux Kernel in this month.
Plan:
Contact
Tel: 02-123-4567
Mobile: 010-5678-1234
```

홈 디렉토리의 .plan과 .project 파일에 다른 사용자에게 알리고 싶은 정보를 저장하면, 다른 사용자가 finger를 통해서 이 정보를 얻을 수 있다.

```
$ cat .project
I will study Linux Kernel in this month.
$ cat .plan
Contact
Tel: 02-123-4567
Mobile: 010-5678-1234
```

finger는 user@hostname 형식의 인수를 사용하여 다른 호스트의 사용자 정보를 제공하거나 @hostname 형식의 인수를 사용하여 다른 호스트의 로그인 사용자 목록을 제공할 수도 있다. 그렇지만 원격 호스트 사용자 정보를 제공하는 기능은 보안 문제 때문에 대부분의 호스트에서 서비스가 비활성화 되어 있어서 다음과 같이 출력된다.

```
$ finger gdhong@zeta.yonsei.ac.kr
finger: cannot create socket / connect host         ... 원격 finger 서비스 비활성
```

메시지 전송 – write, wall, talk

write는 인수로 지정된 로그인 중인 사용자에게 표준입력의 메시지를 줄 단위로 보낸다. Ctrl-D를 입력하여 메시지 전송을 끝낸다.

```
$ write skyun
Hi!
This is a write test message.
^D                                    ... 화면에 보이지 않음
```

다음은 write로 전송된 메시지를 받은 상대편 화면의 예이다.

```
$
Message from gdhong@magics.yonsei.ac.kr on pts/0 at 10:18 ...
Hi!
This is a write test message.
EOF
```

wall은 모든 사용자에게 메시지를 전송한다. 모든 사용자에게 전송해야 하는 중요한 메시지를 전송하는 데에만 사용해야 하며, 관리자가 시스템 종료나 재부팅을 알리는 용도로 주로 사용한다. 메시지를 저장한 파일을 인수로 사용할 수 있다.

```
$ wall
System will be shutdown after 1 min.
^D
```

두 사용자 간의 양방향 대화를 위하여 talk 명령어를 사용할 수 있다. talk는 같은 호스트 내의 사용자 뿐 만 아니라 다른 호스트의 사용자와도 대화를 하는 기능도 포함되어 있다. 그렇지만, 현재 많은 시스템에서 talk 명령어를 기본적으로 제공하지 않거나, 원격 호스트에 대한 talk 서비스를 제공하지 않고 있다. 그리고 write, wall, talk 명령어는 수신된 한글 메시지가 화면에 제대로 표시되지 못하는 문제가 있다.

메시지 수신 제어 – mesg

앞에서 소개한 명령어로 전달된 메시지는 현재 작업과 무관하게 화면에 나타나서 작업을 방해할 수 있다. mesg 명령어는 터미널의 쓰기 권한을 제어하여 다른 사용자의 메시지를 받지 않도록 하게 할 수 있다. 이 명령어는 다음과 같이 사용한다.

```
$ mesg n                  ... 터미널에서 메시지 수신 거부
$ mesg y                  ... 터미널에서 메시지 수신 허용
```

7.3 전자 메일

전자 메일

write는 로그인 중인 사용자에게만 메시지를 전송할 수 있다. mail을 사용하면 로그인 중인 아닌 사용자에게도 메시지를 전달할 수 있다. 리눅스는 메일 서버 기능을 제공하므로 메일 서버를 운영한다면 user@hostname 형식의 메일 계정을 사용하여 외부와 메시지를 주고받을 수 있다. 전자 메일은 전통적으로 유닉스를 기반으로 널리 사용되었지만, 많은 무료 메일 계정이 보급됨에 따라서 이러한 시스템 자체의 메일 계정의 사용은 감소하고 있다. 그렇지만 외부와 메일을 주고받지 않더라도 같은 시스템 내의 사용자 간에 메시지를 주고받는 데 메일은 여전히 유용하다.

메일을 보내고, 메일함에 수신된 메일을 읽는 프로그램을 메일 클라이언트라고 한다. 여기서는 메일을 송수신할 때 사용하는 터미널 기반의 메일 클라이언트 프로그램인 mail 명령어의 기본적인 사용법만 소개하고자 한다.

메일 보내기

메일은 mail 명령어를 사용하여 다음과 같이 수신자에게 보낸다. 수신자의 메일 주소를 mail의 인수로 사용하고, 표준 입력으로 제목과 본문을 입력하고 줄의 시작에서 . 또는 Ctrl-D를 입력하면 메일이 전송된다.

```
$ mail gdhong
Subject: first mail
This is a test mail
.                                   ... 입력 끝
EOT
```

메일 주소는 다음과 같은 형식을 사용할 수 있다.

- **사용자 이름(로그인 이름) :** 같은 호스트의 사용자에게 전송
- **인터넷 메일 주소 :** user@hostname 형식으로 인터넷 상의 사용자에게 전송
- **메일 그룹 :** .mailrc 파일에 "group grpname user1 user2 user3 ..."형식으로 등록된 메일 그룹의 사용자들에게 전송

다음과 같이 여러 개의 메일 주소를 컴마로 구분하여 나열하면 여러 수신자에게 동시에 메일을 보낼 수 있다.

```
$ mail "gdhong@magics.yonsei.ac.kr,guest@gmail.com"
```

메시지 본문이 파일로 준비되었다면 다음과 같이 표준입력 리다이렉션을 사용하여 메일을 보낼 수 있으며 -s 옵션을 사용하여 메일 제목을 지정한다.

```
$ mail -s "second mail" gdhong < msgfile
```

메일 읽기

전송된 메일은 /var/mail 디렉토리의 수신자 이름의 파일에 저장된다. 예를 들어서 사용자 gdhong에게 전송된 메일은 /var/mail/gdhong에 저장된다. 많은 리눅스 시스템에서 /var/mail 디렉토리는 /var/spool/mail 디렉토리로 심볼릭 링크되어 있다.

수신된 메일은 mail을 인수 없이 사용하여 읽을 수 있다. mail을 실행하면 다음과 같이 사용자의 메일함에서 수신된 메일을 읽어서 제목 정보를 먼저 보여주고 프롬프트 &를 출력한다. 여기서 mail의 명령을 입력하여 필요한 동작을 수행한다.

```
$ mail
Heirloom Mail version 12.5 7/5/10.  Type ? for help.
"/var/spool/mail/gdhong": 2 messages 2 new
>N  1 Hong Gildong          Tue Feb  2 12:09  18/645   "first mail"
 N  2 Hong Gildong          Tue Feb  2 12:10  19/655   "second mail"
& _
```

프롬프트에서 단순히 <Enter>를 계속하여 누르면 >로 표시된 현재 메시지부터 읽어서 출력하고, 더 이상 메시지가 없으면 At EOF 메시지를 출력한다.

```
& <Enter>                                       ... 첫째 메시지 읽음
Message  1:
From gdhong@magics.yonsei.ac.kr  Tue Feb  2 12:09:39 2016
Return-Path: <gdhong@magics.yonsei.ac.kr>
X-Original-To: gdhong
Delivered-To: gdhong@magics.yonsei.ac.kr
Date: Tue, 02 Feb 2016 12:09:39 +0900
To: gdhong@magics.yonsei.ac.kr
Subject: first mail
User-Agent: Heirloom mailx 12.5 7/5/10
Content-Type: text/plain; charset=us-ascii
From: gdhong@magics.yonsei.ac.kr (Hong Gildong)
```

```
Status: R

This is a test mail

& <Enter>                                        ... 다음 메시지 읽음
Message  2:
From gdhong@magics.yonsei.ac.kr  Tue Feb  2 12:10:42 2016
Return-Path: <gdhong@magics.yonsei.ac.kr>
X-Original-To: gdhong
Delivered-To: gdhong@magics.yonsei.ac.kr
Date: Tue, 02 Feb 2016 12:10:42 +0900
To: gdhong@magics.yonsei.ac.kr
Subject: second mail
User-Agent: Heirloom mailx 12.5 7/5/10
Content-Type: text/plain; charset=utf-8
From: gdhong@magics.yonsei.ac.kr (Hong Gildong)
Status: R

한글 메시지
Hangul Message

& <Enter>
At EOF                                           ... 다음 메시지 없음
& _
```

q (quit) 명령을 입력하면 메일 읽기를 종료한다.

```
& q                                              ... 종료
Held 2 messages in /var/spool/mail/gdhong
You have mail in /var/spool/mail/gdhong
$ _
```

메일 프롬프트에서 다음과 같이 번호와 함께 <Enter>를 누르면 해당 번호의 메시지를 출력하고 - 를 입력하면 이전 메시지를 출력한다.

```
& 2                            ... 2번 메일 읽기
Message  2:
... 이하 생략 ...
& -                            ... 이전 메일 읽기
Message  1:
... 이하 생략 ...
```

mail을 시작할 때에 나타났던 메일의 제목은 h(headers) 명령을 사용하여 다시 출력할 수 있다. 메일을 이미 읽었기 때문에 메일의 번호 앞에 표시되었던 N이 나타나지 않는다.

```
& h
     1 Hong Gildong          Tue Feb  2 12:09  19/656   "first mail"
>    2 Hong Gildong          Tue Feb  2 12:10  20/666   "second mail"
```

답장하기와 메일 쓰기

r(reply) 명령을 사용하면 현재 읽은 메일이나 지정된 메일에 대해서 바로 답장을 할 수 있다. 메일 번호를 지정하면 해당 메일에 대한 답장을 작성한다.

```
& r
To: gdhong@magics.yonsei.ac.kr
Subject: Re: second mail

gdhong@magics.yonsei.ac.kr (Hong Gildong) wrote:

> 한글 메시지
> Hangul Message
This is a reply. 답장 메일
.
EOT
& h                                    ... 자신에게 답장을 보낸 후에 메일 목록
    1 Hong Gildong         Tue Feb  2 12:09  19/656   "first mail"
>A  2 Hong Gildong         Tue Feb  2 12:10  20/666   "second mail"
 N  3 Hong Gildong         Tue Feb  2 13:32  24/895   "Re: second mail"
```

프롬프트에서 m(mail) 명령을 사용하여 새로운 메일을 보낼 수도 있다. 사용방법은 앞에서 소개한 메일 보내기와 같다.

```
& m gdhong                             ... 프롬프트에서 메일 보내기
Subject: Welcome
This is a mail
.
EOT
```

메일 삭제

d(delete) 명령을 사용하면 현재 읽은 메일이나 지정된 메일을 메일함에서 삭제한다. 다음은 메일번호 1부터 2까지의 메일을 삭제한다.

```
& d 1-2                                ... 1번과 2번 사이의 메일 삭제
& h                                    ... 메일 삭제 후의 메일 목록
>   3 Hong Gildong         Tue Feb  2 13:32  24/895   "Re: second mail"
```

다른 메일함에 저장하고 읽기

수신 메일함에 저장된 메시지는 다음과 같이 s(save) 명령어를 사용하여 다른 메일함에 저장할 수 있다. 지정된 메일 메시지는 현재 디렉토리의 mbox 파일에 저장되며, 이 메일함 파일이 존재하면 뒤에 추가된다.

```
& s 3 mbox                                ... 메일함 mbox에 저장
"mbox" [New file] 24/895
```

-f 옵션을 사용하면 수신 메일함이 아닌 다른 메일함에 저장된 메일을 읽을 수 있다.

```
$ mail -f mbox
Heirloom Mail version 12.5 7/5/10.  Type ? for help.
"mbox": 1 message
>   1 Hong Gildong           Tue Feb  2 14:08  40/1345  "Welcome"
& _
```

7.4 원격 파일 전송

ftp 파일 전송

호스트 간의 파일 전송에 가장 많이 사용되는 방법은 파일 전송 프로토콜(file transfer protocol: FTP)을 사용하는 것이다. ftp 명령어는 이 방법을 사용하여 파일을 전송한다. 원격 호스트에서 FTP 서버를 운영하고 있어야 ftp를 사용할 수 있다. ftp를 사용하여 파일을 전송하기 위해서는 먼저 다음과 같이 원격 호스트에 ftp 접속을 하고, 사용자 이름과 비밀번호를 입력한다. 사용자 이름이 주어진 이름과 같으면 입력하지 않아도 된다. 성공적으로 접속되면 프롬프트 ftp>를 출력한다.

```
$ ftp magics.yonsei.ac.kr
Connected to magics.yonsei.ac.kr (165.132.221.100).
220 (vsFTPd 2.2.2)
Name (magics.yonsei.ac.kr:gdhong):   ... 사용자이름 입력, 같으면 생략
331 Please specify the password.
Password:                            ... 비밀번호 입력
230 Login successful.
Remote system type is UNIX.
Using binary mode to transfer files.
ftp>
```

ftp를 인수 없이 사용하였으면 바로 프롬프트가 나타나며 여기에서 다음과 같이 open 명령어를 원격 호스트 이름과 함께 사용하여 ftp 접속을 할 수도 있다.

```
$ ftp
ftp> open magics.yonsei.ac.kr
Connected to magics.yonsei.ac.kr (165.132.221.100).
220 (vsFTPd 2.2.2)
Name (magics.yonsei.ac.kr:gdhong):
... 생 략 ...
```

성공적으로 접속하였으면 다음 명령어를 사용하여 원격 호스트에서 업로드하거나, 다운로드할 파일이 있는 디렉토리로 이동하고 파일 목록을 확인한다.

```
ftp> cd pub                    ... 디렉토리 이동
250 Directory successfully changed.
ftp> ls                        ... 원격 호스트의 현재 디렉토리 목록 출력
227 Entering Passive Mode (165,132,221,100,37,133).
150 Here comes the directory listing.
-rw-r--r--    1 659      600             10 Feb 02 06:58 yourfile
226 Directory send OK.
```

다음과 같이 get 명령을 사용하여 파일을 다운로드 받고, put 명령을 사용하여 파일을 업로드 하여 파일을 전송한다.

```
ftp> get yourfile                  ... 다운로드
ftp> put myfile                    ... 업로드
```

업로드된 파일 목록은 앞에서와 같이 ls 명령을 사용하여 확인할 수 있다.

```
ftp> ls                            ... 원격 디렉토리의 파일 목록
...
ftp> ls myfile                     ... 원격 디렉토리의 지정된 파일 정보
227 Entering Passive Mode (165,132,221,100,41,230).
150 Here comes the directory listing.
-rw-r--r--    1 659      600              8 Feb 02 06:59 myfile
226 Directory send OK
```

ftp 프롬프트에서 !를 명령어와 함께 사용하면 임의의 명령어를 실행할 수 있으며, 다운로드된 파일의 정보는 다음과 같이 ls 명령을 실행시켜서 확인할 수 있다.

```
ftp> !ls -l yourfile               ... 지역 디렉토리의 지정된 파일 정보
-rw-r--r-- 1 gdhong student 10 2016-02-02 16:00 yourfile
```

파일 전송이 완료되었으면 quit 또는 bye 명령을 사용하여 ftp를 종료한다.

```
ftp> quit 또는 bye
$ _
```

여러 개의 파일을 보내거나 받으려면 다음과 같이 mget과 mput 명령어를 사용한다. 이 명령어는 셸에서 사용하는 *와 같은 대표 문자를 사용할 수 있다.

```
ftp> mget yourfile myfile             ... 여러 개의 파일 다운로드
mget yourfile? y                      ... 전송하려면 y 입력
...
mget myfile? y                        ... 전송하려면 y 입력
...
ftp> mget *.c                         ... 대표문자 사용 가능
```

```
ftp> mput myfile yourfile             ... 여러 개의 파일 업로드
mput myfile? y                        ... 전송하려면 y 입력
...
mput yourfile? y                      ... 전송하려면 y 입력
...
ftp> mput *                           ... 대표문자 사용 가능, 모든 파일 업로드
```

여러 개의 파일을 전송할 때에 위와 같이 전송 여부를 묻는 질문이 나오며 전송하고자 하는 파일에 대해서만 선택적으로 y를 입력할 수 있다. 인수로 지정한 모든 파일을 전송하기 때문에 이러한 선택이 필요 없으면 prompt 명령을 사용하여 질문을 하는 대화형 동작을 정지시킨 후에 사용하면 여러 개의 파일 전송이 질문 없이 수행된다. prompt 명령을 다시 사용하면 다시 대화형 모드가 시작된다.

```
ftp> prompt                           ... 대화형 모드 정지
Interactive mode off.
ftp> mget *.c                         ... 질문없이 파일 전송
...
ftp> prompt                           ... 대화형 모드 동작
Interactive mode on.
```

ftp 파일 전송을 할 때에 아스키(ascii) 전송 모드와 이진(binary) 전송 모드의 두 가지 전송 모드가 있다. 아스키 전송 모드는 기본 동작 모드로서 텍스트 파일 전송에 사용되며, 이진 전송 모드는 실행 파일, 문서 파일과 멀티미디어 파일과 이진 파일 전송에 사용된다. 다음과 같이 ascii 또는 binary 명령을 사용하여 전송 모드를 변경할 수 있다.

```
ftp> bin                              ... 이진 전송 모드
```

```
ftp> asc                              ... 아스키 전송 모드
```

편집기에서 Enter를 입력할 때에 유닉스와 리눅스는 \n을 입력하지만 윈도우에서는 \r과 \n을 연속하여 입력한다. 아스키 전송모드에서는 파일을 전송할 때에 텍스트 파일의 이러한 차이를 변환해준다. 그렇지만 일부 FTP 서버에서는 이진 파일에 대한 파일 변조의 문제가 생길 수 있기 때문에 아스키 전송모드를 허용하지 않을 수도 있다.

다음은 ftp에서 제공하는 주요 명령을 정리한 것이다. 원격 호스트에 대한 간단한 파일 및 디렉토리 작업을 하는 명령들이 포함되어 있다.

명령	의미
!command	사용자 호스트에서 명령어 실행
bye, quit	ftp 종료
cd 디렉토리	원격 호스트의 디렉토리 이동
lcd 디렉토리	사용자 호스트의 디렉토리 이동
get 파일	파일 다운로드
put 파일	파일 업로드
mget 파일 ...	여러 파일 다운로드, 대표문자 사용 가능
mput 파일 ...	여러 파일 업로드, 대표문자 사용 가능
help, ? [명령어]	도움말 출력
prompt	대화형 모드 동작 전환
binary	이진 전송 모드
ascii	아스키 전송 모드
open 호스트	원격 호스트에 접속
pwd	원격 디렉토리 위치 출력
delete 파일	원격 파일 삭제
ls 디렉토리	원격 디렉토리 내용 출력
rename 파일 새파일	원격 파일의 이름 변경
mkdir 디렉토리	원격 디렉토리 생성
rmdir 디렉토리	원격 디렉토리 삭제

일부 FTP 서버는 자료를 제공할 목적으로 계정이 없는 사용자 ftp 접속을 허용하기도 하며 이러한 ftp 접속을 익명(anonymous) ftp라고 한다. 원격 호스트의 익명 ftp 접속은 사용자 이름으로 anonymous 또는 ftp를 입력하고 비밀번호를 입력하지 않거나 자신의 메일 주소를 입

력하여 수행된다.

```
$ ftp ftp.kaist.ac.kr
Connected to ftp.kaist.ac.kr.
220 KAIST File Archive (ftp.kaist.ac.kr)
Name (ftp.kaist.ac.kr:skyun): anonymous 또는 ftp
331 Please specify the password.
Password:                                  ... 메일 주소 입력 또는 생략
230-
230-  Welcome to KAIST File Archive, ftp.kaist.ac.kr!
... 생 략 ...
230 Login successful.
Remote system type is UNIX.
Using binary mode to transfer files.
ftp> _
```

ssh를 이용한 파일 전송 – sftp

ftp 파일 전송은 파일을 암호화하지 않고 전송하기 때문에 보안에 취약하다. 이러한 보안 문제 때문에 많은 시스템들이 FTP 서버를 활성화하지 않고 있으며, FTP 서버를 제공하더라도 기관 외부로 부터의 ftp 접속은 방화벽에 의해서 차단될 수 있다. 보안을 유지하는 파일 전송은 보안 접속하는 ssh 기반의 sFTP(secure FTP) 프로토콜을 사용하여 이루어질 수 있다. sftp 명령어는 sFTP 프로토콜을 사용하여 파일 전송을 수행하며, ftp와 비슷하게 다음과 같이 원격 호스트에 접속한다.

```
$ sftp magics.yonsei.ac.kr
Connecting to magics.yonsei.ac.kr...
gdhong@magics.yonsei.ac.kr's password:
sftp>
```

원격 호스트의 사용자 이름이 현재 시스템의 사용자 이름과 다른 경우에는 다음과 같이 인수를 전자 메일 주소 형식으로 사용하여 사용자 이름을 호스트 이름과 함께 지정할 수도 있다.

```
$ sftp skyun@magics.yonsei.ac.kr
Connecting to magics.yonsei.ac.kr...
skyun@magics.yonsei.ac.kr's password:
sftp>
```

프롬프트가 나타나면 다음과 같은 명령어를 사용하여 파일을 전송한다. sftp의 명령어는 ftp의 명령어와 비슷하지만 약간의 차이는 있다.

명령	의미
!command	지역 호스트에서 명령어 실행
bye, quit, exit	sftp 종료
cd 디렉토리	원격 호스트의 디렉토리 이동
get 파일	파일 다운로드, 대표문자 사용 가능
put 파일	파일 업로드, 대표문자 사용 가능
help, ? [명령어]	도움말 출력
pwd	원격 디렉토리 위치 출력
ls 디렉토리	원격 디렉토리 내용 출력
rename 파일 새파일	원격 파일의 이름 변경
mkdir 디렉토리	원격 디렉토리 생성
rmdir 디렉토리	원격 디렉토리 삭제
lcd 디렉토리	지역 호스트의 디렉토리 이동
lpwd	지역 디렉토리 위치 출력
lls	지역 디렉토리 내용 출력
lmkdir	지역 호스트에서 디렉토리 생성

sftp 명령어의 인수를 다음과 같이 원격 호스트의 파일 이름까지 포함하면 대화형 모드로 동작하는 것 대신에 원격 파일을 현재 디렉토리에 같은 이름으로 복사한다.

```
$ sftp gdhong@magics.yonsei.ac.kr:yourfile
gdhong@magics.yonsei.ac.kr's password:       ... 비밀번호 입력
...
```

다음과 같이 인수를 추가로 제공하여 복사하는 원격 파일을 다른 파일 이름으로 저장할 수 있다.

```
$ sftp gdhong@magics.yonsei.ac.kr:yourfile newfile
gdhong@magics.yonsei.ac.kr's password:       ... 비밀번호 입력
```

ssh를 이용한 파일 복사 – scp

scp 명령어도 sFTP 프로토콜을 사용하여 지역 호스트와 원격 호스트 간에 파일 복사를 수행하며 sftp보다 더 간편하게 사용할 수 있다. scp 명령어는 원격 호스트의 파일을 다음과 같은 형식으로 나타내는 것을 제외하면 cp 명령어와 사용법이 비슷하다.

```
user@hostname:filename
```

다음은 원격 호스트의 파일을 현재 시스템으로 복사하는 예이다.

```
$ scp user@hostname:yourfile newfile       ... 다른 이름으로 복사
$ scp user@hostname:yourfile .             ... 현재 디렉토리에 복사
```

다음은 현재 시스템의 파일을 원격 호스트로 복사하는 예이다.

```
$ scp myfile user@hostname:newfile   ... 원격 호스트에 다른 이름으로 복사
$ scp myfile user@hostname:dirname   ... 원격 호스트의 지정된 디렉토리에 복사
$ scp myfile user@hostname:          ... 원격 호스트의 홈 디렉토리에 복사
```

scp 명령어를 실행하면 sftp를 실행할 때와 같이 비밀번호 입력 안내문이 나타나며 비밀번호를 입력하면 파일 복사가 수행된다. cp 명령어와 같이 -p 옵션은 복사된 파일의 수정 시간을 원래의 파일과 같게 유지시키고, -r 옵션은 디렉토리의 모든 파일을 재귀적으로 복사하게 한다.

웹 파일 전송 – wget, curl

현재 가장 많이 사용되는 인터넷 서비스가 월드 와이드 웹(World Wide Web: WWW)이며 간단히 웹(web)이라고 부른다. 정보 공유를 쉽게 하기 위해서 유럽 입자 물리학 연구소(CERN)의 팀 버너스 리(Tim Berners Lee)가 제안한 개념을 바탕으로 만들어진 것으로서 일반인들이 쉽게 사용할 수 있기 때문에 사용이 폭발적으로 증가하였다. 이 서비스는 HTTP (HyperText Transfer Protocol) 프로토콜을 사용하여 정보를 주고받으며, 웹 사용자는 GUI 기반의 웹 브라우저를 사용하여 정보를 제공받고 있다.

현재 많은 파일들이 웹을 통하여 제공되고 있다. GUI 기반의 웹 브라우저를 사용하는 것 대신에 wget 명령어를 사용하여 웹에서 제공하는 파일을 다운로드할 수 있다. wget은 http, https와 ftp 프로토콜을 지원하며 http://hostname/pathname과 같은 형식으로 다운로드 받을 파일의 프로토콜을 포함한 URL 주소를 인수로 제공하면 지정된 파일이 현재 디렉토리에 다운로드된다.

```
$ wget http://ftp.gnu.org/gnu/wget/wget-1.17.tar.gz
$ wget ftp://ftp.gnu.org/gnu/wget/wget-1.17.tar.gz
```

다음과 같이 -O 옵션을 사용하여 파일 이름을 지정하면 다운로드 받은 파일을 지정된 이름으로 저장하며 파일 이름으로 -를 사용하면 표준 출력으로 출력한다.

```
$ wget -O newfile http://hostname/pathname          ... newfile로 저장
```

```
$ wget -O - http://hostname/pathname                  ... 화면에 출력
```

curl 명령어도 웹 사이트에서 제공하는 파일을 다운로드한다. 다운로드받은 파일은 기본적으로 표준 출력으로 출력한다. -O 옵션을 사용하면 다운로드받은 파일을 같은 이름의 파일로 저장하며, -o 옵션을 사용하여 파일 이름을 지정하면 지정한 이름을 파일로 저장한다.

```
$ curl http://hostname/pathname              ... 화면에 출력
$ curl -O http://hostname/pathname           ... 원격파일과 같은 이름으로 저장
$ curl -o newfile http://hostname/pathname   ... 지정된 파일이름으로 저장
```

curl 명령어는 wget 보다 더 많은 프로토콜과 다양한 기능을 제공한다. curl에 대한 자세한 사항은 별도 자료를 참고하기 바란다.

7.5 원격 접속

우리는 이미 윈도우에서 터미널 프로그램을 사용하여 리눅스 시스템에 원격으로 접속하여 작업을 하고 있다. 리눅스에서도 다른 리눅스 시스템에 원격 접속하여 작업을 할 수 있다. 인터넷에서 가장 널리 사용되는 원격 접속 방법은 telnet과 ssh을 사용하는 것이다.

원격 접속 – telnet

telnet 명령어는 TELNET 프로토콜을 사용하여 원격 호스트의 지정된 포트와 접속하여 통신을 수행한다. 다음과 같이 포트 번호를 지정하지 않으면 기본적으로 23번 포트를 사용하여 원격 호스트의 telnet 서버로 연결되어 가상 터미널 서비스를 제공한다. 사용자 이름과 비밀번호를 입력하고 원격 호스트에 로그인한다.

```
$ telnet magics.yonsei.ac.kr
Trying 165.132.221.100...
Connected to magics.
Escape character is '^]'.
CentOS release 6.6 (Final)
Kernel 2.6.32-504.16.2.el6.x86_64 on an x86_64
login: guest                                 ... 사용자 이름 입력
Password:                                    ... 비밀번호 입력
Last login: Wed Feb  3 10:21:10 from magics
$
...
$ logout                                     ... 원격 호스트 접속 종료
        Connection closed by foreign host.
```

```
$ _                                                    ... 현재 시스템
```

telnet을 인수 없이 실행시키면 다음과 같이 프롬프트를 출력하여 명령 모드로 들어간다. 명령 모드에서 다양한 명령을 사용할 수 있으며 ?를 입력하면 명령어에 대한 도움말이 출력된다. 명령 모드에서 open 명령을 사용하여 원격 호스트에 telnet 접속을 할 수 있다.

```
$ telnet
telnet> ?                                              ... 명령어 도움말
Commands may be abbreviated.  Commands are:
close           close current connection
logout          forcibly logout remote user and close the connection
display         display operating parameters
mode            try to enter line or character mode ('mode ?' for more)
open            connect to a site
quit            exit telnet
send            transmit special characters ('send ?' for more)
set             set operating parameters ('set ?' for more)
unset           unset operating parameters ('unset ?' for more)
status          print status information
toggle          toggle operating parameters ('toggle ?' for more)
slc             change state of special charaters ('slc ?' for more)
z               suspend telnet
!               invoke a subshell
environ         change environment variables ('environ ?' for more)
?               print help information

telnet> open magics                                    ... 호스트 접속
Trying 165.132.221.100...
Connected to magics.
Escape character is '^]'.
CentOS release 6.6 (Final)
Kernel 2.6.32-504.16.2.el6.x86_64 on an x86_64
login:
```

telnet 접속을 할 때에 "Escape character is '^]'."라는 안내문이 출력되는 데 원격으로 접속하여 작업하는 중에 안내문과 같이 Ctrl-]을 입력하면 telnet의 명령 모드로 들어간다. 여기에서 필요한 명령을 실행할 수 있으며 단순히 <Enter>를 입력하면 원격 접속 화면으로 되돌아간다. 원격 작업 중에 현재 시스템에서 잠깐 동안 작업을 하고자 할 때 명령 모드로 가서 다음과 같은 두 가지 방법으로 작업을 할 수 있다.

- z 명령을 사용하면 telnet이 정지되며 작업 후에 fg 명령을 사용하여 telnet을 재개한다.

- ! 명령을 사용하면 서브셸이 생성되어 작업을 할 수 있으며 exit 명령을 사용하여 서브셸을 종료하면 telnet으로 되돌아간다.

다음은 첫째 방법의 동작 예이다.

```
$   ... 원격 작업
$ ^]                                    ... 명령 모드로 들어감
telnet> z                               ... telnet 중지

[1]+  Stopped                telnet
$   ... 지역 작업
$ fg                                    ... telnet 재개
telnet

$   ... 원격 작업
```

telnet은 가상 터미널 서비스를 제공할 뿐 만 아니라 포트 번호를 추가 인수로 지정하면 임의의 서버에 접속한다. 다만 이러한 서버와 올바른 통신을 하기 위해서는 해당되는 프로토콜을 알고 있어야 한다. 다음은 간단히 사용할 수 있는 시간(daytime) 서비스를 제공하는 포트 번호 13에 접속한 예이다. 시간 서비스를 제공하는 서버는 원격 호스트의 시간을 출력하고 바로 접속을 차단한다.

```
$ telnet zeta 13                    ... 시간 서버 접속
Trying 165.132.221.108...
Connected to zeta.
Escape character is '^]'.
03 FEB 2016 11:10:36 KST
Connection closed by foreign host.
```

표준 포트 번호 7번 상대편이 보낸 내용을 그대로 되돌려주는 에코 서비스를 제공한다. 접속을 종료하기 위해서는 명령모드로 들어간 후에 quit 명령을 입력한다.

```
$ telnet zeta 7                     ... 에코 서버 접속
Trying 165.132.221.108...
Connected to zeta.
Escape character is '^]'.
Hi Linux                            ... 입력
Hi Linux                            ... 출력
Bye                                 ... 입력
Bye                                 ... 출력
^]                                  ... Escape 문자
telnet> q
Connection closed.
```

포트 번호 80번은 http 서버에 접속된다. 웹 서버와 통신을 하려면 프로토콜에서 사용하는 명령어를 알고 있어야 한다. 다음은 telnet으로 웹 서버에 접속하여 웹 문서를 가져오는 예이다.

```
$ telnet magics 80                              ... 웹 서버 접속
Trying 165.132.221.100...
Connected to magics.
Escape character is '^]'.
GET /~gdhong/                                   ... GET 명령어 입력
<html>                                          ... 응답 받은 웹 문서
<body>
Hello <b>World</b>
<br>
안녕하세요.
</body>
</html>

Connection closed by foreign host.
```

보안 원격 접속 – ssh

telnet은 ftp와 같이 암호화 하지 않고 대화 내용을 주고받기 때문에 보안에 취약하다. 이러한 문제 때문에 많은 시스템들이 telnet 접속을 허용하지 않고 있다. ssh 명령어를 사용하면 SSH (Secure SHell) 프로토콜을 사용하여 보안 기능이 있는 원격 접속을 할 수 있다. SSH 프로토콜은 sftp와 scp 명령어에서도 사용된다.

ssh을 사용한 보안 원격 접속은 다음과 같은 두 가지 형태로 할 수 있다.

```
$ ssh user@hostname
$ ssh -l user hostname
```

원격 호스트가 현재 시스템과 같은 사용자 이름을 사용할 때에는 다음과 같이 호스트 이름만 사용한다.

```
$ ssh hostname
```

다음은 ssh를 사용하여 원격 접속하는 예이다. 비밀번호 입력 앞의 메시지는 원격 호스트에 처음으로 보안 접속을 했을 때에 나타나는 것으로 "yes"를 입력하면 known hosts 목록에 등록되어 다음에 접속할 때에는 더 이상 나타나지 않는다.

```
$ ssh gdhong@magics.yonsei.ac.kr
The authenticity of host 'magics (165.132.221.100)' can't be established.
RSA key fingerprint is 80:ba:79:ac:89:32:aa:f9:f2:b2:df:25:cb:d8:f3:d5.
```

```
Are you sure you want to continue connecting (yes/no)? yes      ... yes 입력
Warning: Permanently added 'magics' (RSA) to the list of known hosts.
gdhong@magics.yonsei.ac.kr's password:                   ... 비밀번호 입력
Last login: Wed Feb  3 10:29:46 2016 from magics
$_                                                       ... 원격 접속
```

7.6 네트워크 관련 명령어

통신 상태 확인 – ping

ping은 원격 호스트와의 통신이 되는지를 확인할 때 사용한다. 시스템에 따라서 보안을 강화하기 위하여 ping 명령어의 요청에 대해서 응답을 하지 않는 경우가 있으므로 ping의 응답이 없다고 해서 해당 시스템이 반드시 동작하지 않는 것은 아니다.

다음은 ping을 사용한 예이다. 옵션을 사용하지 않으면 계속하여 응답을 출력하기 때문에 중단하기 위해서는 Ctrl-C를 사용한다.

```
$ ping www.cnn.com
PING turner.map.fastly.net (103.245.222.73) 56(84) bytes of data.
64 bytes from 103.245.222.73: icmp_seq=1 ttl=48 time=37.9 ms
64 bytes from 103.245.222.73: icmp_seq=2 ttl=48 time=38.0 ms
^C
--- turner.map.fastly.net ping statistics ---
2 packets transmitted, 2 received, 0% packet loss, time 1742ms
rtt min/avg/max/mdev = 37.719/38.033/38.348/0.370 ms
```

통신 경로 확인 – traceroute

traceroute 명령어는 현재 시스템에서 목적지 시스템까지 연결되는 경로를 추적하여 알려준다. 기본적으로 최대 30개의 경로를 출력하는 데 traceroute에 응답하지 않는 시스템도 있으므로 최종 목적지까지 경로가 출력되지 않더라도 반드시 연결되지 않는 것은 아니다.

다음은 traceroute를 사용한 예이다. 최종 목적지까지는 출력되지 않지만 해당 기관까지 도달하는 것은 확인할 수 있다.

```
$ traceroute www.berkeley.edu
traceroute to www.berkeley.edu (169.229.216.200), 30 hops max, 60 byte packets
 1  165.132.220.1 (165.132.220.1)  3.133 ms  3.567 ms  4.071 ms
 2  165.132.201.181 (165.132.201.181)  0.798 ms  0.878 ms  0.916 ms
```

```
 3  165.132.201.49 (165.132.201.49)  2.364 ms  2.526 ms  2.778 ms
 4  165.132.201.20 (165.132.201.20)  0.452 ms  0.406 ms  0.414 ms
 5  165.132.201.1 (165.132.201.1)  0.899 ms  1.108 ms  1.322 ms
 6  115.89.204.145 (115.89.204.145)  1.002 ms * *
... 생 략 ...
15  calren-cenic.paix.net (198.32.176.33)  163.467 ms  163.796 ms  163.422 ms
16  calren-cenic.paix.net (198.32.176.33)  195.332 ms dc-oak-agg4--paix-px1-ge.ce
nic.net (137.164.47.19)  165.579 ms calren-cenic.paix.net (198.32.176.33)  195.252 ms
17  ucb--oak-agg4-10g.cenic.net (137.164.50.31)  164.111 ms  163.858 ms dc-oak-agg
4--paix-px1-ge.cenic.net (137.164.47.19)  168.739 ms
18  ucb--oak-agg4-10g.cenic.net (137.164.50.31)  197.109 ms  195.027 ms  166.834 ms
19  t2-3.inr-202-reccev.berkeley.edu (128.32.0.39)  167.522 ms et3-48.inr-311-ewd
c.berkeley.edu (128.32.0.101)  164.443 ms  164.424 ms
20  et3-48.inr-311-ewdc.berkeley.edu (128.32.0.101)  197.636 ms * *
21  * * *
22  * * *
```

네트워크 인터페이스 설정 확인 – ifconfig

ifconfig 명령어를 옵션 없이 사용하면 현재의 네트워크 인터페이스의 설정 내용이 출력된다. 이 명령어는 /sbin에 있다. 다음은 이 명령어의 실행 결과이다. 여기서 eth0가 기본 유선 이더넷(ethernet) 네트워크 인터페이스 이름이며 시스템의 하드웨어 주소(MAC 주소라고도 하며, 물리적 통신에 사용되는 네트워크 카드의 주소임), IP 주소, 브로드캐스트 주소, 서브넷 마스크, IPv6 주소 등이 함께 출력된다. lo는 루프백 장치로서 자신을 나타내는 localhost 이름으로 사용된다.

```
$ ifconfig
eth0      Link encap:Ethernet  HWaddr 3C:D9:2B:EC:45:E0
          inet addr:165.132.221.100  Bcast:165.132.221.255  Mask:255.255.255.0
          inet6 addr: fe80::3ed9:2bff:feec:45e0/64 Scope:Link
          UP BROADCAST RUNNING MULTICAST  MTU:1500  Metric:1
          RX packets:19128791 errors:0 dropped:0 overruns:0 frame:0
          TX packets:723578 errors:0 dropped:0 overruns:0 carrier:0
          collisions:0 txqueuelen:1000
          RX bytes:2042820908 (1.9 GiB)  TX bytes:111966843 (106.7 MiB)

lo        Link encap:Local Loopback
          inet addr:127.0.0.1  Mask:255.0.0.0
          inet6 addr: ::1/128 Scope:Host
          UP LOOPBACK RUNNING  MTU:65536  Metric:1
          RX packets:5454 errors:0 dropped:0 overruns:0 frame:0
          TX packets:5454 errors:0 dropped:0 overruns:0 carrier:0
          collisions:0 txqueuelen:0
          RX bytes:523782 (511.5 KiB)  TX bytes:523782 (511.5 KiB)
```

일부 리눅스 배포판에서는 네트워크 인터페이스 이름이 eth0 대신에 eno16777736과 같이 복잡한 이름이 사용되기도 한다. ifconfig 명령어는 네트워크 인터페이스 설정 기능도 제공하는 데 이 기능은 관리자 권한이 있어야 사용할 수 있다.

7.7 Git 분산 버전 관리

프로그램을 개발하거나 문서를 작성할 때 소스 코드나 문서의 내용이 지속하여 수정되는 것이 일반적이다. 이전의 내용이 필요하거나 되돌아가야 하는 경우가 있으므로 이전의 내용도 복원할 수 있게 하는 것이 필요하다. 이를 위해서 **버전 관리 시스템** 또는 **형상 관리 시스템**을 사용한다.

버전 관리 시스템의 종류

버전 관리 시스템(VCS : Version Control System)은 크게 로컬 버전 관리, 중앙집중식 버전 관리, 분산 버전 관리의 세 종류로 구분된다. 버전 관리는 전형적으로 소스 코드에 대해서 사용하지만, 임의의 파일에 대해서도 사용할 수 있다.

파일의 버전을 관리하기 위하여 가장 간단하게 사용하는 방법이 파일을 버전 번호나 날짜 등의 정보를 포함하도록 수정하여 복사하는 것이다. 그렇지만 이 방법은 체계적이지 못하여 자신의 시스템에서 버전 관리를 간편하게 하고, 같은 시스템을 사용하는 사용자 간의 협업도 할 수 있도록 하는 **로컬 버전 관리** 시스템이 제공되었다. 대표적인 예가 RCS(Revision Control System)이다. 이것에 대해서는 10.6절에서 다룬다.

프로젝트를 진행할 때 네트워크로 연결되는 다른 시스템의 사용자와 협업하기 위해서 서버를 사용하여 버전 관리 작업을 수행하는 **중앙집중식 버전 관리** 시스템이 개발되었다. 그림 7.1은 로컬 버전 관리와 중앙집중식 버전 관리를 비교하여 보여준다. 로컬 버전 관리 시스템에서는 사용자 시스템에 최신 파일과 버전 관리 DB를 함께 저장한다. 이에 비해서 중앙집중식 버전 관리 시스템은 사용자의 시스템은 최신 버전을 가지고 있으며 버전 관리 DB는 중앙 서버에 저장하여 관리한다. 대표적인 예가 SVN(Subversion)과 CVS(Concurrent Version System) 시스템이며, CVS는 RCS를 기반으로 확장한 시스템이다. 그렇지만 중앙집중식 버전 관리 방식은 서버에서 문제가 발생하면, 버전 관리 및 협업을 수행할 수 없게 된다.

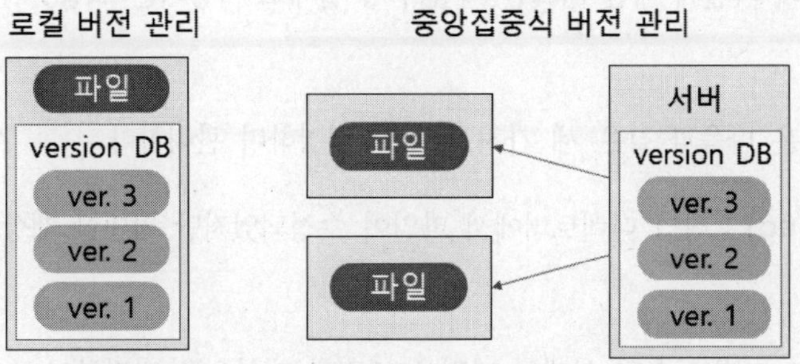

그림 7.1 로컬 버전 관리와 중앙집중식 버전 관리

중앙집중식 버전 관리의 이러한 문제점은 **분산 버전 관리** 시스템을 사용하여 해결할 수 있다. 이 방식에서는 그림 7.2와 같이 버전 관리 DB 보관을 서버는 물론 각 로컬 시스템도 함께 수행한다. 로컬 시스템에서 변경된 사항은 서버에 반영하여 버전 관리의 백업으로 사용한다. 서버에 이상이 발생하는 경우 클라이언트의 버전 관리 DB를 사용하여 서버를 복원할 수 있다. 이 방식의 대표적인 예가 Git이다. Git는 리누스 토발즈가 리눅스 커널 개발 협업에 이용하려고 개발한 분산 버전 관리 시스템으로, 현재에는 많은 오픈 소스 소프트웨어 프로젝트들이 소스 코드를 관리하고 공동으로 프로젝트를 수행하기 위하여 Git을 사용한다. 협업뿐만 아니라 개인이 여러 시스템에서 프로그램 개발 작업을 하는 경우도 유용하게 사용할 수 있다. 이처럼 Git은 프로그램 개발자가 필수적으로 사용해야 할 도구이다.

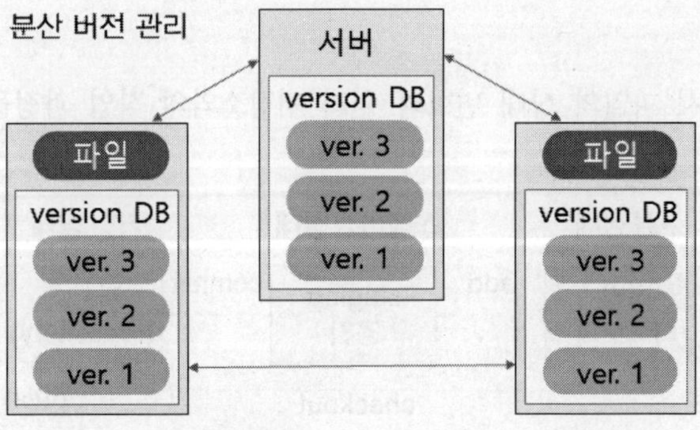

그림 7.2 분산 버전 관리

Git의 특징

기존의 버전 관리 시스템은 문서가 수정되면 **델타**(delta, Δ)라고 부르는 변경된 사항을 시간 순서로 보관하여 버전 관리에 사용한다. 이에 비해서 Git은 데이터를 **스냅샷**(snapshot)이라고 부르는 파일들의 특정 시점의 상태를 보관한다. 스냅샷에서 이전과 비교해 변경되지 않은 파일은 이전 상태의 파일에 대한 링크만 저장하여, 실제로 저장되는 스냅샷의 크기를 최소화한다.

Git에서 파일은 다음과 같은 세 가지 상태로 변경하며 관리한다.

- **수정(Modified)** : 작업 디렉토리에서 파일이 수정되었지만 커밋할 대상으로 지정하지 않은 상태
- **스테이징(Staged)** : 수정 상태의 파일을 커밋할 대상으로 지정하여 스테이징 공간에 스냅샷을 만든 상태
- **커밋(Commited)** : 스테이징 공간에 있는 파일에 대해서 저장소인 .git 디렉토리에 영구적인 스냅샷으로 저장한 상태

그리고 분산 버전 관리 시스템용 서버가 등록되면 서버에 있는 원격 저장소와 다음과 같은 작업을 수행할 수 있다.

- **푸시(push)** : 로컬 저장소에 있는 커밋된 파일의 스냅샷을 서버로 전송하여 원격 저장소에 저장한다. 이 파일은 허가된 다른 사용자와 공유할 수 있다.
- **풀(pull)** : 원격 저장소 프로젝트의 수정된 파일을 로컬 파일로 전송받는다.
- **복제(clone)** : 원격 저장소 프로젝트의 수정 이력을 포함한 모든 데이터를 그대로 복제하여 전송받는다.

그림 7.3은 git에서 파일의 상태 변화와 원격 저장소와의 작업 과정을 보여준다.

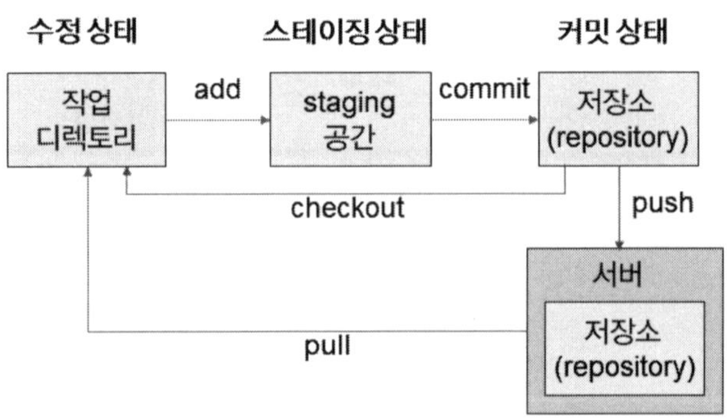

그림 7.3 git에서의 파일 상태 변화와 원격 저장소 작업

Git 시작하기

Git은 git 명령어를 사용하여 시작하며, 인수 없이 git를 실행하면 다음과 같이 긴 사용법 안내문이 출력된다.

```
$ git
usage: git [-v | --version] [-h | --help] [-C <path>] [-c <name>=<value>]
           [--exec-path[=<path>]] [--html-path] [--man-path] [--info-path]
           [-p | --paginate | -P | --no-pager] [--no-replace-objects] [--bare]
           [--git-dir=<path>] [--work-tree=<path>] [--namespace=<name>]
           [--super-prefix=<path>] [--config-env=<name>=<envvar>]
           <command> [<args>]
...
```

먼저 사용자 이름과 이메일 주소를 설정한다.

```
$ git config --global user.name "Hong Gildong"                    ... 설정
$ git config --global user.email gdhong@csys.yonsei.ac.kr
```

git config 명령어로 설정할 때 위와 같이 --global을 사용하면 모든 프로젝트에 대해서 적용된다. 만약 프로젝트마다 다른 이름과 이메일 주소를 사용하려면 --global 옵션을 사용하지 않고 설정하면 된다.

git config 명령어를 --list 옵션을 사용하여 실행하면 설정된 모든 내용을 출력한다.

```
$ git config --list                                               ... 설정 확인
user.name=Hong Gildong
user.email=gdhong@csys.yonsei.ac.kr
```

git config 명령어를 설정 변수를 사용하여 실행하면 해당 변수의 값을 출력한다.

```
$ git config user.name                                            ... 설정 확인
Hong Gildong
```

git의 첫 번째 인수로 사용하는 여러 개의 git 명령어가 있으며, config도 이 명령어 중 하나이다. git 명령어 command에 대해서 다음과 같이 git 또는 man을 실행하여 git 명령어의 사용법을 개별적으로 확인할 수 있다.

```
$ git help command                                                ... 도움말 형식
$ git command --help
$ man git-command
```

다음은 git의 config 명령어에 대한 도움말을 확인한 것이다.

```
$ man git-config          ... 또는 git help config 또는 git config —help
GIT-CONFIG(1)                  Git Manual                   GIT-CONFIG(1)

NAME
       git-config - Get and set repository or global options
...
```

Git 저장소 만들기

기존 프로젝트를 Git으로 관리하고자 할 때 먼저 프로젝트의 디렉토리로 이동한다.

```
$ cd myproj                              ... 프로젝트 디렉토리로 이동
```

그리고 git init 명령어를 실행하여 프로젝트의 Git 저장소를 초기화한다.

```
$ git init                                      ... 저장소 초기화
/home/skyun/myproj/.git/ 안의 빈 깃 저장소를 다시 초기화했습니다
```

이 명령어는 Git 저장소를 구성하는 서브 디렉토리 .git를 만들며 다음과 같이 확인할 수 있다.

```
$ ls -a                                     ... 생성된 저장소 확인
.  ..  .git
```

파일을 생성한 후 프로젝트 디렉토리에 있는 파일의 상태를 확인하려면 git status 명령어를 사용한다. 다음은 hello 파일을 생성한 후 이 명령어를 실행한 것이다.

```
$ vi hello                                   ... 파일 편집
 1. The Linux kernel is an open source software project.
$ git status                                 ... 파일 상태 확인
현재 브랜치 main

아직 커밋이 없습니다

추적하지 않는 파일:
  (커밋할 사항에 포함하려면 "git add <파일>..."을 사용하십시오)
        hello

커밋할 사항을 추가하지 않았지만 추적하지 않는 파일이 있습니다 (추적하려면
"git add"를 사용하십시오)
```

위의 결과에서 현재 브랜치가 main임을 확인할 수 있으며 파일 hello가 새로 작성되었지만, 추적 상태가 아님을 알려준다.

최초의 브랜치 이름은 과거에는 master였으나 현재에는 main을 사용한다. 만약 현재 브랜치가 main이 아닌 master로 되어 있으면 다음 명령어를 사용하여 브랜치 이름을 main으로 변경한다.

```
git branch -m master main                    ... 브랜치 이름 변경
```

그리고 다음과 같이 최초 브랜치 이름을 main으로 지정하여, 다른 프로젝트에서 Git 저장소를 생성할 때 최초 브랜치 이름으로 main이 사용될 수 있도록 한다.

```
$ git config --global init.defaultBranch main        ... 최초 브랜치 이름 설정
```

원격 저장소 생성 및 등록

Git를 특정 시스템에서 개인적으로 버전 관리에 사용하려면 서버의 원격 저장소를 사용하지 않고 사용할 수 있다. 그렇지만 네트워크를 통하여 다른 사용자와 함께 사용하려면 Git 서버의 원격 저장소가 필요하며, 로컬 시스템에 원격 저장소를 등록하는 절차가 필요하다.

이를 위해 먼저 Git 서버 시스템에 계정을 발급받는다. 대표적인 Git 서버 사이트로 github.com, bitbucket.org와 gitlab.com 등이 있다. 특히 gitlab은 오픈소스 소프트웨어이므로 공식 사이트에 계정을 발급받는 것 대신에 gitlab 프로그램을 개별 기관에서 직접 설치하여 사용할 수도 있다. Git 호스팅 서비스는 협업 용도뿐만 아니라 개인의 소스 코드 백업과 웹 사이트를 통한 프로그램 배포 기능 수행하는 데에도 사용될 수 있다.

여기서는 github.com 서버를 사용하여 원격 저장소를 등록하는 것을 소개한다. 다른 git 호스팅 사이트도 비슷한 방법으로 사용할 수 있다. 먼저 계정을 발급받고 로그인을 한다. 그리고 다음과 같이 준비한다.

1. (원격 저장소 생성) 현재 작업 중인 프로젝트의 로컬 저장소를 백업할 수 있도록 [New] 버튼을 선택한 후 나타난 새 화면에서 저장소 이름(Repository name)을 입력하고 아래 쪽의 [Create repository] 버튼을 눌러서 새 저장소를 생성한다.

2. 새 저장소가 만들어지면 로컬 사용자에게 필요한 다음과 같은 내용의 명령어 안내문이 나타난다. 이 안내문에서 소개한 명령어를 필요에 따라서 사용한다.

```
ssh    git@github.com:repo-ysk/myproj.git

…or create a new repository on the command line
echo "# myproj" >> README.md
git init
git add README.md
git commit -m "first commit"
git branch -M main
git remote add origin git@github.com:repo-ysk/myproj.git
git push -u origin main
...
```

3. (원격 저장소 등록) 원격 저장소가 준비되었으면 명령어 안내문에 포함되었듯이 git remote add 명령어를 사용하여 등록한다. 원격 저장소를 https와 ssh로 등록하는 방법이 있다. 다음은 ssh로 원격 저장소를 등록하는 명령어이며 원격 주소 이름으로 "git@깃허브사이트주소:사용자/프로젝트.git" 형식을 사용한다. 여기서 origin은 원격 저장소 이름을 나타낸다.

```
$ git remote add origin git@github.com:repo-ysk/myproj.git     ... 원격 저장소 등록
```

그리고 https로 원격 저장소를 등록하는 명령어는 다음과 같다.

```
$ git remote add origin https://github.com/repo-ysk/myproj.git    ... 원격 저장소 등록
```

두 방법 중 ssh를 사용하는 것이 사용자 인증에 편리하다. git remote 명령어를 -v 옵션과 함께 사용하여 원격 저장소가 origin이라는 이름으로 등록되었음을 확인할 수 있다.

```
$ git remote -v
origin  git@github.com:repo-ysk/myproj.git (fetch)
origin  git@github.com:repo-ysk/myproj.git (push)
```

4. (ssh 인증 키 생성) 원격 저장소를 ssh로 등록하는 경우 ssh-keygen 명령어를 사용하여 개인키/공개키 쌍을 생성한다. 이미 인증키가 존재하는 경우는 이 과정을 생략한다. 인증키는 여러 형식으로 만들 수 있으며 다음은 4096비트 크기의 rsa 형식으로 생성하는 예이다.

```
$ ssh-keygen -t rsa -b 4096 -C "gdhong@csys.yonsei.ac.kr“
Generating public/private rsa key pair.
```

```
Enter file in which to save the key (/home/gdhong/.ssh/id_rsa):
Enter passphrase (empty for no passphrase):
```

위에서 비밀번호(passphrase)를 입력하지 않고 [Enter]를 누르면 비밀번호 없이 git 사이트와 연결할 수 있으며, 비밀번호를 입력하면 git 사이트에 데이터를 주고받을 때마다 비밀번호를 입력해야 한다. 다음과 같이 ~/.ssh 디렉토리 내용을 조회하여 인증키 파일들을 확인할 수 있다. id_rsa가 개인키 파일이고, id_rsa.pub가 공개키 파일이다.

```
$ ls -a ~/.ssh
.  ..  id_rsa  id_rsa.pub
$ cat ~/.ssh/id_rsa.pub                                   ... 공개키 파일 내용 확인
ssh-rsa AAAAB3NzaC1yc2EAAAADAQABAAACAQDpyHX/dLmJ6ZRjNPKMQBh2W+xbo+RZhUEWVF
fnbSCpfwg1JEO8Q0
...
tr4yWpuf7EVki1DjcMhYnlb2rHNtAK7Lr/wWOxWP6xOjdyBgh2Mn4Z5MQUbEOm224x0QSFJb83
v/zr+bl2nW9A66hz
zQ== gdhong@csys.yonsei.ac.kr
```

5. (ssh 인증 키 등록) github 사이트의 오른쪽 상단의 사용자 프로필을 클릭하고 "Settings" 메뉴를 선택한다. 새 화면의 왼쪽 사이드 바에서 "SSH and GPG keys" 메뉴를 선택한 후 오른쪽 상단의 [New SSH key] 버튼을 누르면 SSH keys 등록 창이 나타난다. 여기에 이 인증키를 구분하기 위한 이름을 Title 칸에 입력하고 Key 입력 칸에 앞에서 확인한 공개키 내용을 복사 후 붙이기를 하여 입력한다. 그리고 [Add SSH key] 버튼을 눌러서 등록한다. Title은 로컬 시스템의 이름과 사용자 이름을 결합하여 사용하면 무난하다.

그림 7.4는 원격 저장소 생성 및 등록하는 과정에서의 Git 서버와 로컬 시스템에서의 작업 순서를 나타낸 것이다. 마지막 작업은 파일을 저장하거나 가져오는 동작으로 뒤에서 설명한다.

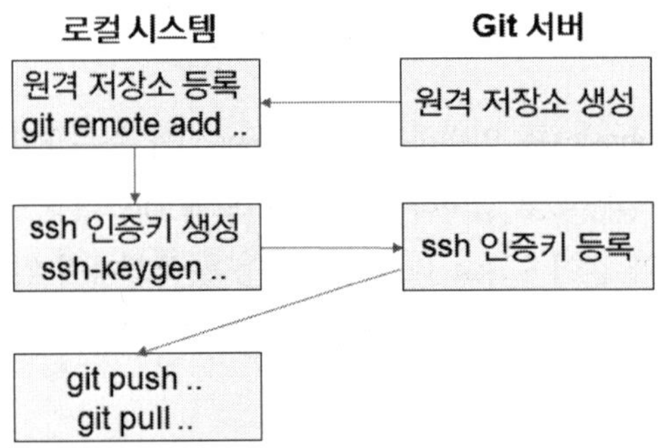

그림 7.4 원격 저장소 생성 및 등록

파일을 스테이징 상태로 만들기

파일을 저장소에 저장하려면 먼저 git add 명령어로 파일을 스테이징 상태로 만들어야 한다.

```
$ git add hello                              ... 파일을 스테이징 상태로
```

여러 개의 파일을 스테이징 상태로 만들려면 여러 개의 인수를 사용하면 된다.

```
$ git add hello hello1 hello2                ... 여러 개 파일을 스테이징 상태로
```

파일을 스테이징 상태로 만든 후 git status 명령어로 파일 상태를 다시 확인해보자.

```
$ git status                                 ... 파일 상태 확인
현재 브랜치 main

아직 커밋이 없습니다

커밋할 변경 사항:
  (스테이지 해제하려면 "git rm --cached <파일>..."을 사용하십시오)
        새 파일:       hello
```

위의 결과에서 파일 hello가 '추적하지 않은 파일'에서 '커밋할 변경 사항'의 새 파일로 바뀌었음을 확인할 수 있다.

git status 명령어의 출력은 길게 나타나지만, -s 옵션을 사용하면 결과를 짧게 출력할 수 있다.

```
$ git status -s                              ... 간단한 파일 상태 확인
A  hello
```

이 출력에서 A 표시는 새로 추가한 스테이징 상태의 파일을 나타낸다.

파일 커밋하기

git commit 명령어는 스테이징 상태에 있는 파일에 대해서 커밋(commit)을 수행하여, Git 로컬 저장소에 저장한다.

```
$ git commit -m "initial commit"                    ... 파일 커밋 (-m 코멘트)
[main (최상위-커밋) 684280e] initial commit
 1 file changed, 1 insertion(+)
 create mode 100644 hello
```

커밋을 할 때 -m 옵션과 함께 코멘트를 지정하여 버전 정보나 내용 등의 커밋 메시지를 제공할 수 있다. 이 옵션 없이 git commit 명령어를 실행하면 vi 편집기가 자동적으로 실행되며, 편집기에서 커밋 메시지를 여러 줄로 입력할 수 있다.

커밋을 실행한 직후에 파일 상태를 확인하면 커밋할 사항이 없음을 출력한다.

```
$ git status
현재 브랜치 main
커밋할 사항 없음, 작업 폴더 깨끗함
```

파일의 상태 변화

작업 디렉토리의 모든 파일은 그림 7.5와 같이 비추적(Untracked) 상태와 추적(Tracked) 상태로 나뉘며, 추적 상태는 미수정(Unmodified), 수정(Modified), 스테이징(Staged) 상태로 구분된다. 파일의 상태 변화는 다음과 같이 이루어진다.

- 새로 생성한 파일은 비추적 상태이며, git add 명령어를 사용하면 파일이 스테이징 상태로 된다.
- 추적 상태(미수정, 수정, 스테이징 상태)의 파일이 수정되면 수정 상태가 되며, git add 명령어를 다시 사용하면 스테이징 상태가 된다.
- 스테이징 상태의 파일은 git commit 명령어를 사용하여 커밋을 수행하면 Git 로컬 저장소에 저장되며, 파일은 미수정 상태가 된다.
- git rm --cached 명령어를 사용하여 작업 디렉토리에서는 삭제하지 않고 저장소에서만 삭제한 파일은 비추적 상태가 된다.

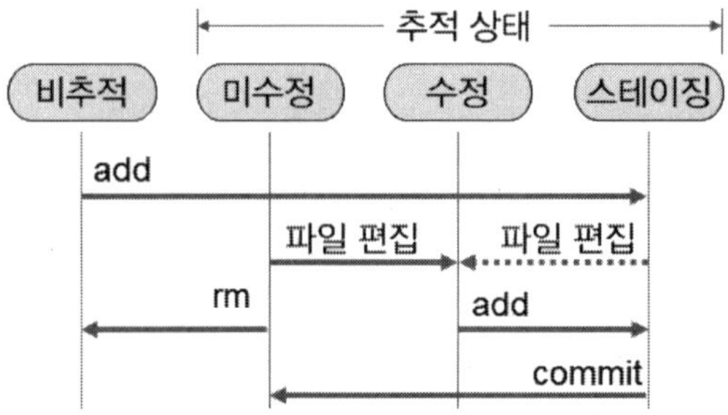

그림 7.4 파일의 상태 변화

커밋 기록 조회

Git 저장소를 만든 후 파일을 커밋한 기록을 git log 명령을 사용하여 확인할 수 있다.

```
$ git log
commit 684280e1b8c791396ec0dbca74b1716e3d7d35b3 (HEAD -> main)
Author: Hong Gildong <gdhong@csys.yonsei.ac.kr>
Date:   Mon Oct 3 10:05:43 2022 +0900

    initial commit
```

이 명령을 실행하면 모든 커밋 기록을 출력하며 가장 최근 커밋이 먼저 출력된다. 각 커밋 기록의 첫 줄에 커밋 해시와 브랜치 이름이 출력된다. 위의 예는 하나의 커밋 만을 포함하고 있다. git log 명령을 옵션 -oneline 과 함께 사용하면 커밋 기록을 한 줄의 간단한 형식으로 출력한다.

```
$ git log --oneline
684280e (HEAD -> main) initial commit
```

이 출력은 커밋 해시의 앞부분인 짧은 길이의 커밋 해시, 브랜치 이름, 그리고 커밋 메시지를 포함한다.

원격 저장소에 저장하기

커밋한 프로젝트 내용을 등록한 원격 저장소에 저장하기 위해서는 git push 명령어를 다음과 같이 실행한다.

```
$ git push -u origin main
```

위에서 origin은 원격 저장소 이름이고 main은 저장할 로컬 브랜치 이름이다.

원격 저장소에서 가져오기

사용자가 다른 컴퓨터에서 작업할 때 원격 저장소의 내용을 가져와서 계속하여 사용할 수 있다. 다른 컴퓨터를 사용하는 경우는 해당 컴퓨터에 대한 ssh 인증키를 추가로 등록해야 한다. 여기서는 편의상 다른 컴퓨터 대신에 같은 컴퓨터의 다른 디렉토리에서 작업하는 것을 예로 들어서 소개한다.

앞에서 설명한 방법과 같이 새로운 프로젝트 디렉토리 myproj2에서 Git 저장소를 생성한다.

```
$ mkdir ~/myproj2                                           ... 프로젝트 디렉토리 생성
$ cd ~/myproj2                                              ... 프로젝트 디렉토리 이동
$ git init                                                  ... Git 저장소 생성
```

파일을 가져올 원격 저장소를 등록하고 확인한다.

```
$ git remote add origin git@github.com:repo-ysk/myproj.git     ... 원격저장소 등록
$ git remote -v
origin  git@github.com:repo-ysk/myproj.git (fetch)
origin  git@github.com:repo-ysk/myproj.git (push)
```

git pull 명령어를 사용하여 원격 저장소 origin에서 현재 브랜치 main으로 최신 상태의 파일을 가져온다.

```
$ git pull origin main                                   ... 원격저장소에서 가져오기
remote: Enumerating objects: 3, done.
...
github.com:repo-ysk/myproj URL에서
 * branch            main       -> FETCH_HEAD
 * [새로운 브랜치]   main       -> origin/main
```

이 과정은 원격 저장소를 생성할 때 README.md를 함께 만든 경우에도 적용된다. 원격 저장소에서 README.md를 만들면서 최초 커밋이 이루어졌으므로 먼저 원격 저장소 내용을 가져온 후에 로컬 저장소에서 작업을 진행한다. README.md는 프로젝트 개요를 마크다운(markdown) 형식으로 작성한 파일로서 프로젝트를 소개하는 데 유용하다.

다음과 같이 원격 저장소에서 가져온 파일 목록과 파일 내용을 확인하여 원본과 같음을 확인할 수 있다.

```
$ ls
hello
$ cat hello
1. The Linux kernel is an open source software project.
```

다른 시스템에서 작업 후 원격 저장소 사용하기

앞에서 설명한 방법과 같이 다른 시스템에서 Git 저장소를 만든 후에 git pull 명령어를 사용하여 원격 저장소 파일을 가지고 와서 작업을 할 수 있다. 이 방법 이외에도 다음과 같이 git clone 명령어를 사용하여 원격 저장소를 복제한 후에 작업을 할 수도 있다.

```
$ git clone https://github.com/repo-ysk/myproj
'myproj'에 복제합니다...
...
```

복제 작업에는 Git 저장소 생성 및 원격 저장소 등록이 포함되어 사용이 편리하다. 복제 시에 원격 저장소 등록이 https로 되어 있으므로 필요하면 앞에서 설명한 방법으로 ssh로 변경한다. get clone 명령어를 실행하면 프로젝트 디렉토리가 원격 저장소 프로젝트 이름의 서브 디렉토리로 생성되며, 현재 디렉토리에 원격 저장소와 같은 이름의 서브 디렉토리가 존재한다면 다른 이름의 프로젝트 디렉토리(여기서 myproj1)를 추가 인수로 제공해야 한다.

```
$ git clone https://github.com/repo-ysk/myproj myproj1
```

원격 저장소에서 가져온 파일 hello를 수정하고, 파일 world를 새로 작성한 후 변경된 파일을 원격 저장소에 저장해보자. 먼저 파일을 편집한 후에 git add 명령어로 스테이징 상태로 만든다.

[다른 컴퓨터 또는 다른 위치에서 작업]

```
$ vi hello                                        ... 기존 파일 수정
  1. The Linux kernel is an open source software project.   ... 기존 내용
  2. Git is a distributed version control system.
$ vi world                                        ... 새 파일 작성
  There are 195 countries in the world today.
  The Republic of Korea ranks number 28 by population.
$ git add hello world                             ... 파일을 스테이징 상태로 추가
$ git status -s                                   ... 파일 상태 확인
M  hello
A  world
```

git commit 명령어로 작업한 파일을 Git 저장소로 커밋하고 커밋 기록을 확인한다.

```
$ git commit -m "commit in myproj2"                    ... 파일 커밋
[main ed22303] commit in myproj2
 2 files changed, 3 insertions(+)
 create mode 100644 world
$ git log --oneline                                    ... 커밋 기록 확인
ed22303 (HEAD -> main) commit in myproj2
684280e (origin/main) initial commit
```

위의 커밋 기록에서 main은 최신 커밋으로 변경되었지만 원격 저장소 origin/main은 업데이트되지 않았으므로 변경되지 않고 최초 커밋으로 되어 있음을 확인할 수 있다.

git push 명령어로 원격 저장소에 저장하고, 커밋 기록을 다시 확인한다.

```
$ git push origin main                                 ... 원격 저장소에 저
장
오브젝트 나열하는 중: 6, 완료.
...
To github.com:repo-ysk/myproj.git
   684280e..ed22303  main -> main
$ git log --oneline                                    ... 커밋 기록 확인
ed22303 (HEAD -> main, origin/main) commit in myproj2
684280e initial commit
```

커밋 상태에 있는 변경된 파일이 원격 저장소에 저장된 후 원격 저장소 origin/main이 최신 커밋으로 변경되었음을 확인할 수 있다.

다른 곳에서 작업하여 수정한 프로젝트를 원래 작업하던 컴퓨터에서 계속하여 작업하려면 원격 저장소에서 변경된 사항을 가지고 온 후에 진행하면 된다.

[원래 컴퓨터 또는 원래 위치에서 작업]

```
$ cd ~/myproj                                      ... 작업 위치 변경
$ git pull origin main                         ... 원격 저장소에서 가져오기
remote: Enumerating objects: 6, done.
...
github.com:repo-ysk/myproj URL에서
 * branch            main       -> FETCH_HEAD
   684280e..ed22303  main       -> origin/main
업데이트 중 684280e..ed22303
Fast-forward
 hello | 1 +
 world | 2 ++
```

```
 2 files changed, 3 insertions(+)
 create mode 100644 world
```

파일을 가져온 후에 다음과 같이 파일 목록과 파일 내용을 확인하여 원격 저장소 내용으로 업데이트가 되었음을 확인할 수 있다.

```
$ ls
hello  world
$ cat hello
1. The Linux kernel is an open source software project.
2. Git is a distributed version control system.
$ cat world
There are 195 countries in the world today.
The Republic of Korea ranks number 28 by population.
```

이전 버전 파일 확인

수정한 내용을 사용하지 않고 이전의 상태로 되돌리기 위해서 git checkout 명령어를 사용한다. 되돌리고자 하는 커밋의 위치는 커밋 기록을 출력할 때 사용한 짧은 길이의 커밋 해시로 표시한다.

```
$ git log --oneline                                    ... 커밋 기록 확인
ed22303 (HEAD -> main, origin/main) commit in myproj2
684280e initial commit
$ git checkout 684280e                                 ... 이전 버전으로 되돌리기
Note: switching to '684280e'.
...
HEAD의 현재 위치는 684280e initial commit
$ ls                                                   ... 파일목록 확인 (1개)
hello
$ cat hello                                            ... 파일 내용 확인
1. The Linux kernel is an open source software project.
```

이처럼 이전 상태로 되돌려서 최신 버전이 아닌 과거의 파일 내용을 확인할 수 있다.

git checkout 명령어는 파일의 이전 버전의 내용을 확인한 후에 이전 상태로 되돌아간 파일을 최신 버전으로 다시 만들 때도 사용한다. 최신 커밋 위치는 main으로 나타내기 때문에 커밋 해시 대신에 main을 사용할 수 있다.

```
$ git checkout main                                    ... 최신 버전으로 되돌리기
이전 HEAD 위치는 684280e initial commit
'main' 브랜치로 전환합니다
$ ls                                                   ... 파일목록 확인 (2개)
hello  world
```

그림 7.5는 두 가지 git checkout 명령어를 실행했을 때의 HEAD 위치의 이동과 작업 디렉토리의 현재 파일을 보여준다.

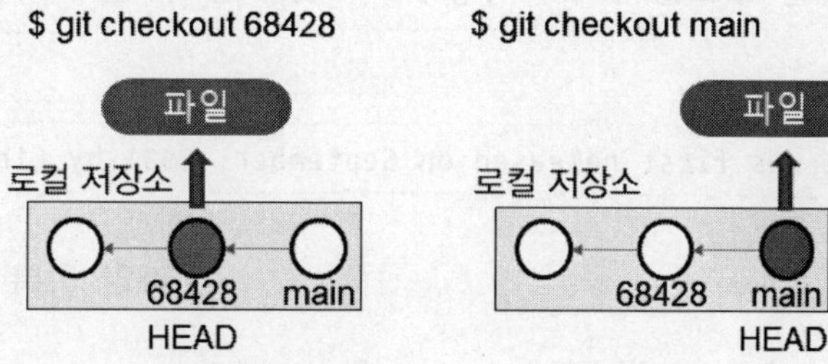

그림 7.6 git checkout과 HEAD 위치

태그 사용하기

프로젝트의 안정화된 버전에 대해서는 버전 번호와 같은 태그 이름을 부여하여 사용할 수 있다. 파일을 추가로 변경하여 커밋한 후에 최신 버전에 대해서 태그 이름을 해보자.

```
$ vi world
  There are 195 countries in the world today.
  The Republic of Korea ranks number 28 by population.
  China ranks number 1 by population.                   ... 추가 내용
$ git add world                                         ... 변경 파일 추가
$ git commit -m "modify world in myproj"                ... 파일 커밋
[main 91f0f8e] modify world in myproj
 1 file changed, 1 insertion(+)
$ git log --oneline                                     ... 커밋 기록
91f0f8e (HEAD -> main) modify world in myproj
ed22303 (origin/main) commit in myproj2
684280e initial commit
```

git tag 명령어는 현재의 커밋 버전에 대해서 태그 이름을 부여한다.

```
$ git tag -a v1.0 -m "Stable version 1"     ... 태그 부여(-a 태그이름)
$ git tag
v1.0
$ git log --oneline                         ... 커밋 기록, 태그이름 확인
91f0f8e (HEAD -> main, tag: v1.0) modify world in myproj
ed22303 (origin/main) commit in myproj2
684280e initial commit
```

태그 이름이 부여된 커밋 버전에 대해서 git checkout 명령어는 태그 이름을 커밋 해시나 브랜치 이름 대신에 사용할 수 있다.

다음과 같이 새 파일 linux를 추가로 작성하고 커밋을 한 후 원격 저장소에 저장해보자.

```
$ vi linux
 Linux kernel was first released on September, 1991 by Linux Torvalds.
$ ls
hello  world  linux                               ... 파일 목록
$ git add linux
$ git commit -m "creat linux in myproj"
[main b4d98d7] creat linux in myproj
 1 file changed, 1 insertion(+)
 create mode 100644 linux
$ git log --oneline
b4d98d7 (HEAD -> main) creat linux in myproj
91f0f8e (tag: v1.0) modify world in myproj
ed22303 (origin/main, origin/HEAD) commit in myproj2
684280e initial commit
```

git push 명령어를 사용하면 원격 저장소에 이전에 저장한 커밋 이후의 변경 사항이 원격 저장소에 저장된다.

```
$ git push origin main
오브젝트 나열하는 중: 8, 완료.
...
To github.com:repo-ysk/myproj.git
   ed22303..b4d98d7  main -> main
```

브랜치 생성 및 전환

git checkout 명령어는 태그 이름 v1.0을 사용하여 작업 디렉토리의 파일을 이전 버전으로 되돌릴 수 있다.

```
$ git checkout v1.0
Note: switching to 'v1.0'.
...
HEAD의 현재 위치는 91f0f8e modify world in myproj
$ ls                                          ... 파일 목록 (이전 상태)
hello  world
$ git log --oneline
91f0f8e (HEAD, tag: v1.0) modify world in myproj
ed22303 commit in myproj2
684280e initial commit
```

git branch 명령어는 브랜치 이름을 인수로 사용하여 현재 위치에 브랜치 이름을 부여한다. 다음 명령어는 이전 버전으로 되돌아간 위치에 브랜치 이름 testing을 부여한다.

```
$ git branch testing                        ... 현재 위치에 브랜치 testing 지정
$ git log --oneline
91f0f8e (HEAD, tag: v1.0, testing) modify world in myproj
ed22303 commit in myproj2
684280e initial commit
```

git branch 명령어를 인수 없이 사용하면 현재 존재하는 브랜치 이름을 보여준다.

```
$ git branch                                ... 존재하는 브랜치 출력
* (HEAD v1.0 위치에서 분리됨)
  main
  testing
```

git checkout 명령어의 인수로 브랜치 이름을 사용하면 현재 브랜치를 인수로 지정된 브랜치로 전환한다. 현재 브랜치는 git branch 명령어 출력에서 *로 표시된다.

```
$ git checkout testing                      ... 현재 브랜치 전환
'testing' 브랜치로 전환합니다
$ git branch                                ... 존재하는 브랜치 출력
  main
* testing
```

전환된 브랜치에서 다음과 같이 파일 내용을 변경하고 업데이트를 해보자.

```
$ vi hello
1. The Linux kernel is an open source software project.
2. Git is a distributed version control system.
3. Open source software may be developed in a collaborative public manner.
$ git add hello
$ git commit -m "Modify files"
$ git log --oneline
eea9447 (HEAD -> testing) Modify files
91f0f8e (tag: v1.0) modify world in myproj
ed22303 commit in myproj2
684280e initial commit
```

그림 7.7은 브랜치를 생성하여 전환하고, 파일을 업데이트하는 과정을 보여준다. 브랜치는 원래의 프로젝트에 대해서 새로운 아이디어를 적용해보고자 할 때 원래의 main 브랜치를 그대로 두고 작업을 하는 데 사용된다.

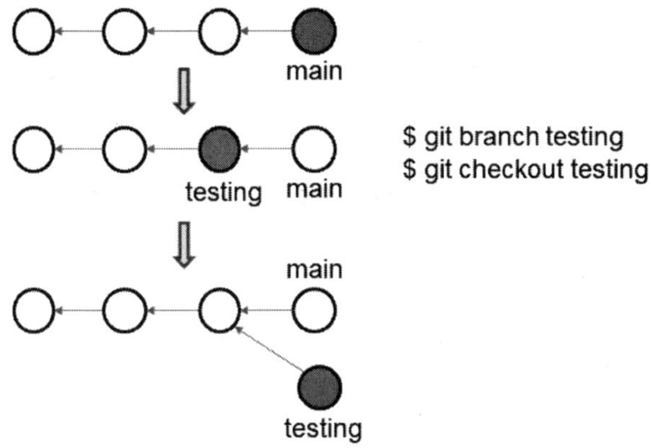

그림 7.7 브랜치 testing 생성 및 전환

브랜치 병합하기

브랜치를 만들어서 작업한 후에 작업 결과를 반영하지 않으려면 git checkout 명령어를 사용하여 원래의 main 브랜치로 되돌아서 작업을 계속하면 된다. 그렇지만 브랜치로 작업한 수정사항을 원래의 main 브랜치에 반영을 하고자 하면, git merge 명령어를 사용하여 두 브랜치를 병합할 수 있다.

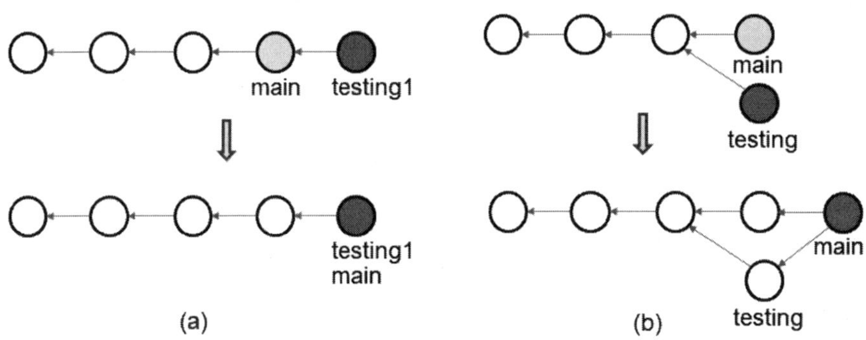

그림 7.8 브랜치 병합

병합할 브랜치는 그림 7.8과 같이 두 유형이 있다. 그림 7.8(a)에서 testing1 브랜치는 main을 계속하여 수정한 것으로 브랜치 병합은 main 브랜치를 testing1 브랜치의 최신 커밋 위치로 이동하여 간단히 이루어진다. 그림 7.8(b)에서 testing 브랜치는 앞의 예와 같이 main과 다른 방향으로 수정된 것으로서 단순히 커밋 위치 이동으로 브랜치 병합이 이루어지지 않는다. 두 브랜치의 수정사항을 모두 적용한 브랜치 병합용 커밋을 만들어서 main 브랜치를 이동하고, 이 브랜치가 두 병합 대상 브랜치를 가리키도록 한다.

앞에서 작업했던 testing 브랜치를 원래의 main 브랜치와 병합을 수행해보자. 먼저 현재 브랜치를 main으로 전환한다.

```
$ git checkout main                                    ... 현재 브랜치 전환
'main' 브랜치로 전환합니다
$ git branch
* main
  testing
```

git merge 명령어를 사용하여 testing 브랜치를 현재 브랜치에 병합한다.

```
$ git merge testing                                    ... 브랜치 병합
Merge made by the 'ort' strategy.
 hello | 1 +
 1 file changed, 1 insertion(+)
$ git log --oneline
24cfbcf (HEAD -> main) Merge branch 'testing'          ... 병합된 브랜치
eea9447 (testing) Modify files                         ... testing 브랜치
b4d98d7 (origin/main) creat linux in myproj            ... 원래의 main 브랜치
91f0f8e (tag: v1.0) modify world in myproj
ed22303 commit in myproj2
684280e initial commit
```

파일 목록과 내용을 읽어보면 두 브랜치의 내용이 모두 반영되었음을 확인할 수 있다.

```
$ ls
hello  linux  world
$ cat linux                                     ... main에서 추가된 파일
Linux kernel was first released on September, 1991 by Linux Torvalds.
$ cat hello                                     ... testing에서 수정된 파일
1. The Linux kernel is an open source software project.
2. Git is a distributed version control system.
3. Open source software may be developed in a collaborative public manner.
```

모든 변경 사항이 로컬 저장소로 커밋되었으면 원격 저장소로 다시 저장한다.

```
$ git push origin main
오브젝트 나열하는 중: 9, 완료.
...
To github.com:repo-ysk/myproj.git
   b4d98d7..24cfbcf  main -> main
$ git log --oneline
24cfbcf (HEAD -> main, origin/main) Merge branch 'testing'
eea9447 (testing) Modify files
b4d98d7 creat linux in myproj
```

```
91f0f8e (tag: v1.0) modify world in myproj
ed22303 commit in myproj2
684280e initial commit
```

임시로 작업했던 브랜치를 더 이상 사용하지 않으려면 git branch 명령어를 -d 옵션과 함께 사용하여 삭제할 수 있다.

```
$ git branch -d testing                                    ... 브랜치 삭제
testing 브랜치 삭제 (과거 eea9447).
```

파일 삭제하기

작업 디렉토리에 있는 비추적 상태의 파일은 rm 명령어를 사용하여 삭제하면 된다. 그렇지만 추적 상태의 파일은 git rm 명령어로 삭제한다.

다음과 같이 파일을 작성하여 커밋을 해보자.

```
$ vi tmpfile
$ git add tmpfile
$ git commit -m "add tmpfile"
```

커밋된 이 파일에 대해서 git rm 명령어 실행하면 추적 상태에서 제거하고, 파일을 삭제한다. 그리고 파일을 삭제한 후 커밋을 해야 Git 저장소에 반영된다.

```
$ git rm tmpfile                                           ... 파일 삭제
rm 'tmpfile'
$ git commit -m "rm tmpfile"                               ... 커밋
[testing 97dd8eb] rm tmpfile
 1 file changed, 1 deletion(-)
 delete mode 100644 tmpfile
```

만약에 파일을 추적 상태에서 제거하지만, 작업 디렉토리에 있는 파일을 삭제하지 않으려면 git rm 명령어를 --cached 옵션과 함께 사용하면 된다.

```
$ git rm --cached tmpfile                          ... 파일을 비추적 상태로 보존
```

이 명령어는 git add 명령어로 파일을 추적 상태로 만든 후 이를 취소하고자 할 때 사용할 수 있다. 그리고 작업 디렉토리의 파일은 보존되지만, Git 저장소에 저장된 파일은 git commit 명령어로 커밋을 수행해야 삭제된다.

명령어

이 장에서는 다음과 같은 명령어를 소개하였다.

hostname	host	nslookup	finger	write	wall	talk	mesg
mail	ftp	sftp	scp	wget	curl	telnet	ssh
traceroute	ping	ifconfig	git	ssh-keygen			

Linux 복습문제

1. 리눅스 시스템에서 서비스 포트번호가 기록된 파일은 무엇인가? 그리고 이 파일에서 pop3와 imap 서비스의 포트 번호를 찾아서 적으시오. 그리고 이 서비스가 각각 무엇을 하는 것인지 인터넷 검색을 통하여 찾아서 적으시오.

2. 원격 접속을 하는 telnet, ssh의 기능을 비교하여 설명하시오.

3. wget과 curl 명령어의 기능을 비교해보시오.

4. telnet으로 원격시스템을 접속하여 사용하는 도중에 접속을 종료하지 않고 지역시스템에서 잠깐동안 다른 작업을 하려면 어떻게 해야 하는가?

5. telnet의 포트 접속 기능에 대해서 조사하시오.

6. 리눅스에서 작성한 파일을 git 서버에 저장하고, 개인용 컴퓨터에 git 프로그램을 설치한 후 git-bash 기능을 사용하여 이 파일을 가져와서 동기화시켜 보시오. 그리고 개인용 컴퓨터에서 파일을 작성한 후 git 서버를 거쳐서 리눅스 시스템으로 가져와 보시오.

Linux 연습문제

1. 다음을 순서대로 수행하시오.
   (1) 웹 사이트에 게시된 pdf 문서 파일의 주소를 복사하고, wget 명령어를 사용하여 이 주소의 pdf 문서파일을 다운로드 하시오.
   (2) od 명령어를 적절한 옵션과 함께 사용하여 pdf 파일의 앞부분에 어떤 문자열이 있는지 확인해보시오. pdf 파일은 어떤 내용으로 시작되는지 조사해보고, od 명령어로 확인 결과와 비교하시오.

2. 원격 파일 복사를 하는 ftp, scp의 여러 기능들을 사용하여 원격 시스템에서 파일을 복사해보시오. 한 시스템에만 계정을 갖고 있는 경우에는 자신의 시스템(localhost)으로 접속하여 다른 디렉토리로 파일을 복사하거나, 다른 디렉토리로부터 파일을 복사해온다.

3. 적절한 명령어를 사용하여 자신이 사용 중인 시스템의 IP주소를 확인하시오.

4. traceroute 명령어를 사용하여 외국에 있는 시스템에 대한 접속경로를 확인하시오.

5. 사용자가 수신한 메일은 어느 파일에 저장되는가? mail 명령어를 사용하여 자신에게 메일을 보낸 후에 이 파일의 내용을 확인해보시오. 그리고 mail 명령어를 사용하여 메일을 읽어 보고, 이 파일의 내용과 비교해보시오.

chapter

08

셸 프로그래밍

8.1 셸 프로그램에 유용한 명령어

우리는 간단한 셸 프로그램에 대해서 5.19절에서 이미 배웠다. 이 장에서는 셸 프로그래밍에 대해서 더 자세히 소개한다. 이 절에서 셸 프로그램에서 주로 사용하는 명령어들을 먼저 소개하고, Bourne 셸의 셸 프로그래밍과 bash 셸에서 추가된 기능을 차례대로 소개한다.

산술 연산 – expr

프로그램에서는 산술 연산을 수행할 필요가 있다. Bourne 셸은 산술 연산을 지원하지 않으며 산술 연산을 위해서 외부 명령어인 expr 명령어를 사용한다. expr은 다음과 같이 인수로 제공되는 수식을 계산하여 결과를 출력한다.

```
$ expr 1 + 2
3
```

expr의 인수로 제공되는 수식에서 모든 연산자와 피연산자는 공백으로 구분된 인수로 제공되어야 하며 메타문자와 같은 연산자는 \를 함께 사용하거나 인용부호를 사용해야 한다.

다음은 expr에서 사용가능한 산술 연산자를 우선순위 순서로 나열한 것이다. 괄호를 사용하여 연산 우선순위를 바꿀 수 있다.

연산자	의미
* / %	곱셈, 나눗셈, 나머지
+ -	덧셈, 뺄셈
< <= >= > = == !=	크기 비교, 참이면 1, 거짓이면 0 출력
&	(AND) 첫째 인수가 0(널)이 아니면 첫째 인수를, 0이면 0을 출력
|	(OR) 첫째 인수가 0(널)이 아니면 첫째 인수를, 0이면 둘째 인수를 출력

다음은 expr를 사용한 여러 가지 연산의 예이다. 메타문자와 같은 연산자 앞에 \를 사용하는 것에 유의하자.

```
$ expr 10 \* 20                    ... 곱셈
200
$ expr 10 \* -20                   ... 인수로 음수 사용 가능
-200
$ expr \( 1 + 3 \) \* 5            ... 괄호 사용
20
$ expr 10 \> 5                     ... 크기 비교 (참)
1
$ expr 10 = 5                      ... 동등 비교 (거짓)
0
$ expr 2 \| 3                      ... OR 연산
2
$ expr 0 \| 3                      ... OR 연산
3
```

expr은 산술 연산 뿐 만 아니라 다음과 같은 문자열 연산도 수행한다.

연산자	의미
match *str RE* *str* : *RE*	문자열 str의 앞부분이 정규표현식 RE와 일치하면 일치한 문자열 길이를, 그렇지 않으면 0을 출력(두 형식은 같은 의미)
substr *str start len*	문자열 str의 start 위치부터 len개 만큼의 부분문자열 출력 위치는 1부터 시작함
index *str charList*	문자열 str에서 charList에 포함된 문자가 처음으로 나타난 위치를 출력
length *str*	문자열 str의 길이를 출력

다음은 expr을 사용하여 여러 가지 문자열 연산을 수행한 예이다.

```
$ expr match abc123 abc                    ... 문자열 비교
3
$ expr abcd123 : abc                       ... 문자열 비교
3
$ expr abcd123 : '[a-z]*'                  ... 문자열 비교 (정규표현식)
4
$ expr substr abcd123 2 4                  ... 부분 문자열
bcd1
$ expr index abcd123 e12                   ... 문자 위치 (1의 위치 출력)
5
```

셸 프로그램에서는 연산 결과를 변수에 저장하기 위해서 다음과 같이 명령어 대치를 사용한다.

```
$ x=1
$ x=`expr $x + 1`                          ... x값 증가
$ echo $x
2
```

조건 검사 – test

test 명령어는 파일의 유형을 검사하거나 문자열 또는 정수를 비교하여 참; 거짓 여부를 명령어의 종료코드 형태로 반환한다. 참이면 종료코드 0을, 거짓이면 종료코드 1을 반환하며 화면에 결과를 출력하지는 않는다. test 명령어는 다음에 소개하는 셸 프로그램의 제어문에서 조건 검사를 위한 명령어로 주로 사용된다.

test는 파일의 유형 등의 파일과 관련된 검사를 다음과 같은 형식으로 수행한다.

```
test -option filename
```

그리고 test 명령어는 셸 프로그램의 제어문에서 조건식 형태에 어울리도록 test 대신에 다음과 같이 대괄호 [ ] 안에 인수를 사용하여 나타낼 수도 있다. 여기서 [과]는 다른 인수와 구분되도록 띄어쓰기를 해야 한다.

```
[ -option filename ]
```

파일이 옵션과 관련된 유형에 속하면 참으로, 그렇지 않으면 거짓으로 종료코드를 반환한다. 파일의 속성 검사를 수행하는 옵션은 다음과 같다.

옵션	의미	옵션	의미
b	블럭 장치 파일	e	존재하는 파일
c	문자 장치 파일	s	크기가 0보다 큰 존재하는 파일
d	디렉토리	r	읽기 허가권
f	보통 파일	w	쓰기 허가권
L	심볼릭 링크	x	실행 허가권
p	파이프 파일	u	set-user-id 허가권
S	소켓 파일	g	set-group-id 허가권
		k	sticky 허가권

다음은 test를 사용하여 파일 속성을 검사하는 예이다. 결과가 종료코드로 제공되므로 종료코드를 확인하는 명령어를 바로 뒤이어 사용하였다.

```
$ test -d /etc; echo $?                 ... 디렉토리 검사 (참)
0
$ test -d /etc/bashrc; echo $?          ... 디렉토리 검사 (거짓)
1
$ test -f /etc/bashrc; echo $?          ... 보통파일 검사 (참)
0
$ [ -e zzzzzzz ]; echo $?               ... 파일 존재 검사 (거짓)
1
```

test 명령어는 문자열 또는 정수를 비교와 파일이 수정된 날짜를 비교하는 기능도 제공한다. test의 인수로 사용가능한 비교식은 다음과 같다.

연산자	의미
정수1 -eq 정수2	두 정수가 같으면 참
정수1 -ne 정수2	두 정수가 같지 않으면 참
정수1 -gt 정수2	정수1이 정수2 보다 크면 참
정수1 -ge 정수2	정수1이 정수2 보다 같거나 크면 참
정수1 -lt 정수2	정수1이 정수2 보다 작으면 참
정수1 -le 정수2	정수1이 정수2 보다 같거나 작으면 참
문자열1 = 문자열2	두 문자열이 같으면 참
문자열1 != 문자열2	두 문자열이 같지 않으면 참
-z 문자열	문자열이 널문자열(문자열 길이가 0)이면 참
-n 문자열 문자열	문자열이 널문자열(문자열 길이가 0)이 아니면 참 -n을 생략해도 같은 의미
파일1 -nt 파일2	파일1이 파일2보다 최근에 수정되었으면 참
파일1 -ot 파일2	파일1이 파일2보다 오래전에 수정되었으면 참

그리고 파일 속성 검사나 비교 결과를 반대로 하거나 결합하기 위해서 다음과 같은 연산자를 사용할 수 있다.

연산자	의미
! 검사식	(NOT) 검사식의 결과가 거짓이면 참
검사식1 -a 검사식2	(AND) 두 검사식이 모두 참이면 참
검사식1 -o 검사식2	(OR) 두 검사식 중 하나라도 참이면 참
\(검사식 \)	괄호 안의 검사식의 참이면 참

다음은 비교에 사용하는 test의 여러 가지 예이다.

```
$ test 15 -gt 8; echo $?                    ... 정수 비교 (참)
0
$ test abcd = abc; echo $?                  ... 문자 비교 (거짓)
1
$ test ( 15 -gt 8 ) -a ( abcd != abc )      ... ( 앞에 \를 사용해야 함
-bash: syntax error near unexpected token `15'
$ test \( 15 -gt 8 \) -a \( abcd != abc \); echo $?  ... 검사식의 AND
0
$ test ! -d /usr; echo $?                   ... 디렉토리가 아닌지 검사
1
```

셸 프로그램 입력

셸 프로그램은 그림 8.1과 같이 인수, 환경 변수 및 표준 입력의 세 가지 형태로 정보를 입력 받을 수 있다. 인수는 5.19절에서 소개한 바와 같이 n번째 인수를 미리 정의된 변수 $n을 통해서 접근할 수 있다. 환경 변수는 5.11절에서 언급한 바와 같이 서브셸에 복사되어 전달되므로 부모 셸과 같은 방법으로 접근할 수 있다. 표준 입력 장치로부터의 입력은 다음에 소개할 read 명령어를 사용하여 변수에 저장할 수 있다.

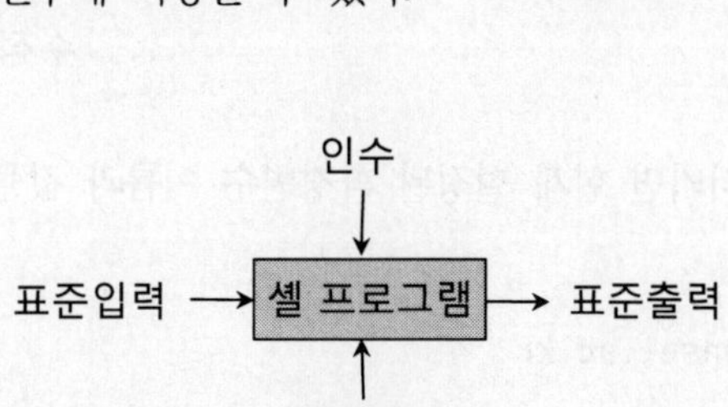

그림 8.1 셸 프로그램의 입출력 경로

다음은 인수와 환경 변수를 통하여 정보를 전달받는 셸 프로그램의 예이다.

```
$ cat in.sh                                  ... 스크립트 내용
#!/bin/sh
echo First argument : $1
echo Second argument : $2
echo HOME : $HOME
$ ./in.sh first second third                 ... 스크립트 실행
First argument : first
Second argument : second
HOME : /home/gdhong
```

수정된 환경에서 명령어 실행 – env

환경변수는 셸 프로그램이나 명령어에서 접근하여 사용할 수 있다. 프로그램에 전달할 목적으로 환경변수 값을 변경하는 경우에는 프로그램이 종료한 이후에도 변경한 값이 그대로 유지된다. 명령어를 실행할 때에만 수정된 환경변수 값을 사용하고, 원래 셸의 환경변수 값은 변경시키지 않으려면 env 명령어를 사용하여 명령어를 실행시킨다.

env 명령어는 다음과 같은 형식으로 환경변수 값을 지정하여, 수정된 환경에서 명령어를 실행시키는 동작을 수행하며, 현재 셸의 환경변수 값에는 영향을 주지 않는다.

```
env var=value ... command
```

다음은 앞에서 작성했던 셸 프로그램을 env 명령어를 사용하여 수정된 환경에서 실행시킨 예이다.

```
$ env HOME=/usr/include in.sh a b c
First argument : a
Second argument : b
HOME : /usr/include                          ... 수정된 환경변수 값이 전달됨
$ echo $HOME
/home/gdhong                                 ... 수정되지 않음
```

env는 인수 없이 실행시키면 현재 설정된 환경변수 이름과 값을 모두 출력한다.

```
$ env
HOSTNAME=magics.yonsei.ac.kr
TERM=xterm
SHELL=/bin/bash
HISTSIZE=100
...
```

표준 입력 – read

read는 Bourne 셸 내장 명령어로서 표준입력에서 한 줄을 읽어서 인수로 지정된 변수들에 단어 단위로 순서대로 저장하며 입력된 단어 개수보다 변수 수가 적으면 나머지 단어들을 마지막 변수에 저장한다. read는 파일 끝 문자를 만나면 0이 아닌 종료코드를 반환한다. 다음은 read를 사용한 셸 프로그램의 예이다.

```
$ cat read.sh                              ... 스크립트 내용 (실행허가권)
#!/bin/sh
read x y
echo x = $x
echo y = $y
$ ./read.sh                                ... 스크립트 실행
First Second Third                         ... 입력
x = First                                  ... 출력
y = Second Third
```

다음 예는 echo -n을 사용하여 입력 안내문을 출력하는 것을 포함한 셸 프로그램이다.

```
$ cat read1.sh                             ... 스크립트 내용
#!/bin/sh
echo -n "Enter two words: "                ... 입력 안내문 출력
read x y
echo x = $x
echo y = $y
$ ./read1.sh                               ... 스크립트 실행
Enter two words: first second
x = first
y = second
```

read를 -p 옵션을 사용하여 실행시키면 입력안내문으로 사용할 수 있도록 옵션을 제외한 첫째 인수를 출력하고, 둘째 인수부터 입력을 저장할 변수로 사용된다. 다음은 echo -n 대신에 read -p를 사용하여 작성한 셸 프로그램으로서 앞의 스크립트와 같은 동작을 한다.

```
$ cat read2.sh                             ... 스크립트 내용
#!/bin/sh
read -p "Enter two words: " x y            ... 안내문을 read 인수에 포함
echo x = $x
echo y = $y
$ ./read2.sh                               ... 스크립트 실행
Enter two words: first second
x = first
y = second
```

특별한 내장 변수

5.19절에서 $1, $2와 같은 형식으로 명령어에서 제공한 셸 프로그램의 인수를 접근할 수 있음을 보았다. 셸은 이 이외에도 다음과 같은 특별한 내장 변수를 사용하여 여러 가지 정보를 제공한다.

변수	의미
$$	현재 셸의 프로세스 번호(pid)
$!	가장 최근에 백그라운드로 실행한 프로세스의 번호(pid)
$?	직전 명령어의 종료코드
$n	n번째 인수, n이 10이상이면 { }를 함께 사용함
$0	명령어 이름 (상대경로 또는 절대경로로 확장됨)
$#	인수의 개수
$*	모든 인수
$@	모든 인수를 나타내는 데 "$@"와 같이 사용할 때에 '$1' '$2' ... 와 같이 인수들을 개별적으로 구분이 된다.

다음은 $$와 $!를 사용하여 프로세스 번호를 출력하는 예이다.

```
$ sleep 100 &
[1] 21873
$ ps
  PID TTY          TIME CMD
19620 pts/0    00:00:00 bash
21873 pts/0    00:00:00 sleep
21874 pts/0    00:00:00 ps
$ echo $$
19620                          ... 현재 셸의 pid
$ echo $!
21873                          ... 백그라운드 프로세스인 sleep의 pid
```

$0는 명령어 이름을 나타내는 데 경로명이 함께 표시된다. 다음은 $0를 출력한 예로서 명령어 이름만 사용하려면 basename 명령어를 함께 사용하면 된다.

```
$ cat cmd.sh                              ... 스크립트 내용
#!/bin/sh
echo command = $0
$ ./cmd.sh
command = ./cmd.sh
$ cmd.sh                                  ... 경로가 설정되어 스크립트 이름으로 실행
```

```
command = ./cmd.sh                          ... 명령어의 상대경로명 출력
$ ~/cmd.sh                                  ... 홈 디렉토리에 있는 스크립트 실행
command = /home/gdhong/cmd.sh               ... 명령어의 절대경로명 출력
$ cat cmd2.sh                               ... 스크립트 내용
#!/bin/sh
echo command = `basename $0`
$ ./cmd2.sh
command = cmd2.sh                           ... 명령어 이름만 출력
$ ~/cmd2.sh
command = cmd2.sh                           ... 명령어 이름만 출력
```

$*와 $@는 모든 인수를 나타내는 데 $@는 "$@"와 같이 따옴표를 사용할 경우에 '$1' '$2' ... 와 같이 인수들을 구분하여 빈칸을 포함한 인수도 두 인수도 구분되지 않고 하나로 사용할 수 있도록 한다. 이를 구분하는 예는 8.2절의 for문에서 보기로 한다.

인수 이동 – shift

shift 내장 명령어는 인수를 한 위치씩 왼쪽으로 이동한다. 즉, $2, $3 ... 는 $1, $2가 된다. 그리고 숫자 인수 n과 함께 사용하면 인수를 n개의 위치씩 왼쪽으로 이동한다. shift는 이동할 인수가 없으면 종료코드 1을, 인수의 위치 이동이 정상적으로 이루어지면 종료코드 0을 반환한다. 다음은 shift를 사용한 예이다.

```
$ cat shift.sh                                   ... 스크립트 내용
#!/bin/sh
echo first arg = $1 and all args = $*
shift
echo first arg = $1 and all args = $*
shift 2
echo first arg = $1 and all args = $*
$ ./shift.sh a b c d e                           ... 실행
first arg = a and all args = a b c d e
first arg = b and all args = b c d e
first arg = d and all args = d e
```

읽기전용 변수 – readonly

readonly 내장 명령어는 인수로 지정된 변수들을 읽기전용 변수로 지정한다. 인수가 없으면 현재의 읽기전용 변수의 목록을 출력한다. 환경변수도 읽기전용 변수로 지정될 수 있지만 읽기전용 속성이 서브셸로 상속되지는 않는다. 다음은 readonly의 사용 예이다.

```
$ name=kim                                  ... 변수 설정
$ readonly name                             ... 읽기전용 변수 지정
```

```
$ name=lee
-bash: name: readonly variable          ... 수정되지 않음
$ readonly password=1234                ... 읽기전용 변수를 값과 함께 지정
$ password=5678                         ... 수정되지 않음
-bash: password: readonly variable
```

unset

unset은 설정된 변수를 제거한다. 제거된 변수는 널 문자열로 출력된다. 다음은 unset의 사용 예이다.

```
$ name=kim                              ... 변수 설정
$ echo $name
kim
$ unset name                            ... 변수 제거
$ echo $name

$ _
```

eval

모든 인수를 결합하여 만든 명령어를 셸에서 실행한다. 명령어를 셸의 여러 기능을 이용하여 생성한 후에 이를 실행시키고자 할 때 유용하다. 다음은 eval을 사용해야 하는 대표적인 예이다.

```
$ foo=10 x=foo                  ... 변수 foo에 10을, 변수 x에 변수이름 foo를 저장
$ echo ${$x}                    ... x에 저장된 이름의 변수 접근을 시도 - $foo
-bash: ${$x}: bad substitution      ... 이중 변수 대치가 되지 않음
$ eval echo \${$x}              ... 실행할 명령어를 갖는 인수 생성, eval로 실행
10                                  ... echo ${foo} 를 실행
```

자식 프로세스 종료 대기 – wait

wait 내장 명령어는 지정된 프로세스가 종료될 때까지 기다린다. 프로세스 번호를 인수로 사용하면 해당 프로세스가 종료될 때까지 기다라며, 인수가 없으면 모든 자식 프로세스가 종료될 때까지 기다린다. wait는 대개 셸 프로그램에서 사용한다.

다음은 wait의 사용 예이다. 첫째 예는 wait를 인수 없이 사용하여 모든 자식프로세스가 종료되기를 기다라며, 둘째 예는 wait를 인수와 함께 사용하여 특정 프로세스가 종료되기를 기다린다.

```
$ cat wait.sh
```

```
#!/bin/sh
date +%s                                          ... 1970년1월1일 이후 경과된 초
sleep 20 &
sleep 10 &
wait                                              ... 모든 자식프로세스 종료 대기
date +%s
$ ./wait.sh
1446691630                                        ... 시작시간
1446691650                                        ... 종료시간 (20초 경과)
```

```
$ cat wait2.sh
#!/bin/sh
date +%s
sleep 20 &
sleep 10 &
pid=$!                                            ... sleep 10의 프로세스 번호 저장
wait $pid                                         ... sleep 10의 종료 대기
date +%s
$ wait2.sh
1446691840                                        ... 시작시간
1446691850                                        ... 종료시간 (10초 경과)
```

wait는 셸 프로그램에서 몇 개의 프로세스를 백그라운드로 실행시킨 후에 이들이 모두 종료되면 다음 명령어를 진행하고자 하는 경우에 유용하게 사용할 수 있다.

파일입출력 방향전환

셸은 표준입출력 뿐 만 아니라 다음과 같이 일반적인 파일입출력 방향전환 기능도 제공한다. 그리고 이미 오픈된 번호의 파일기술자의 파일을 다른 번호의 파일기술자에 복제하여 사용할 수 있으며, 이미 오픈된 번호의 파일기술자에 복제되면 장치가 변경된다.

변수	의미
2> *filename*	표준에러 출력을 filename으로 방향전환
2>> *filename*	표준에러 출력을 filename으로 방향전환, 추가출력
2>&1	표준에러 출력으로 표준 출력 장치를 같이 사용
1>&2	표준 출력으로 표준에러 출력 장치를 같이 사용
&> *filename*	표준출력과 표준에러출력을 filename으로 동시에 전환
&>> *filename*	표준출력과 표준에러출력을 filename으로 동시에 전환, 추가 출력
n< *filename*	filename을 입력용으로 열고 n번 파일기술자를 할당 (n이 없으면 0)
n> *filenamee*	filename을 출력용으로 열고 n번 파일기술자를 할당 (n이 없으면 1)

n>> *filename*	filename을 추가 출력용으로 열고 n번 파일기술자를 할당
n<&*m*	n번 파일기술자에 m번 파일기술자를 복제. m번과 같은 입력 장치 사용
n>&*m*	n번 파일기술자에 m번 파일기술자를 복제. m번과 같은 출력 장치 사용
n<&-	n번 파일기술자 입력 장치를 닫음 (n이 없으면 0)
n>&-	n번 파일기술자 출력 장치를 닫음 (n이 없으면 1)

8.2 제어 구문

셸은 고급 프로그래밍에서 사용되는 것과 유사한 제어 구조를 지원하는 여러 가지 명령어를 제공한다.

선택문 : if .. then .. fi

if 명령어를 다음과 같은 형식으로 then과 fi와 함께 사용하면, 조건 명령어의 실행 결과가 참(성공)일 때에 then부터 fi까지 사이에 있는 명령어들을 실행한다.

```
if 조건명령어
then
  명령어리스트
fi
```

조건 명령어로 임의의 명령어를 사용할 수 있으며 종료 코드가 0이면 참이고, 종료 코드가 0이 아니면 거짓이다. 정수나 문자열 비교 또는 파일 속성 검사가 if 조건으로 사용되는 경우에는 test 명령어를 조건 명령어로 사용하며 프로그램 형태와 비슷하기 때문에 test 대신에 대괄호 [ ]를 주로 사용한다.

다음은 if 제어 구조를 사용한 스크립트이다. 이 스크립트는 인수가 없으면 명령어($0) 사용법에 대한 메시지를 출력하고 인수가 제공되면 Hi!와 함께 모든 인수($*)를 출력한다.

```
$ cat if1.sh                                ... 스크립트 내용
#!/bin/sh
if [ $# -eq 0 ]                             ... 인수개수($#)가 0이면
then
        echo "usage: $0 argument" 1>&2      ... 사용법을 표준에러출력으로 출력
        exit 1                              ... 종료코드 1 (실패)
fi
echo Hi! $*                                 ... 모든 인수 출력
```

```
$ ./if1.sh                                      ... 실행 - 실패
usage: ./if1.sh argument
$ ./if1.sh a b c d                              ... 실행 - 성공
Hi! a b c d
```

then과 fi도 명령어이므로 이들을 한 줄에 나타내고자 할 때에는 다음과 같이 ; 으로 구분하여야 한다.

```
if 조건명령어; then 명령어리스트; fi
```

다음의 두 스크립트는 if1.sh를 줄을 줄여서 다시 작성한 스크립트이다.

```
$ cat if1-1.sh                                  ... if-then-fi를 한 줄에 작성
#!/bin/sh
if [ $# -eq 0 ]; then echo "usage: $0 argument" 1>&2; exit 1; fi
echo Hi! $*
$ cat if1-2.sh                                  ... if-then을 한 줄에 작성
#!/bin/sh
if [ $# -eq 0 ]; then
        echo "usage: $0 argument" 1>&2; exit 1
fi
echo Hi! $*
```

조건명령어 리스트

조건 명령어 위치에는 단일 명령어 뿐 만 아니라 다양한 형태의 명령어 리스트도 사용할 수 있으며, 이 경우에 종료코드를 다음과 같이 사용하여 참/거짓을 판단한다.

형태	조건 판단에 사용하는 종료 코드
명령어1 | 명령어2 ...	파이프로 연결된 명령어들은 마지막 명령의 종료 코드를 사용한다.
명령어 &	명령어를 백그라운드로 실행시키면 종료코드가 0이다.
명령어1; 명령어2 ...	명령어 시퀀스는 마지막 명령어의 종료코드를 사용한다.
명령어1 && 명령어2	(AND) 명령어1이 성공하면 명령어2를 실행하고 명령어2의 종료코드를 사용한다. 명령어1이 실패하면 명령어2를 실행하지 않고, 명령어1의 종료코드를 사용한다.
명령어1 || 명령어2	(OR) 명령어1이 성공하면 명령어2를 실행하지 않고, 명령어1의 종료코드를 사용한다. 명령어1이 실패하면 명령어2를 실행하고 명령어2의 종료코드를 사용한다.
! 명령어	(NOT) 명령어의 종료코드가 0이면 1을, 0이 아니면 0을 종료코드 사용한다.

그리고 if .. then .. fi 구문을 5.9절에서 소개하고 위의 표에서 다시 언급한 &&를 사용하여 다음과 같은 형식으로 나타낼 수도 있다. 명령어 리스트는 같은 셸에서 동작하도록 하기 위해서 { }를 사용한 그룹으로 나타낸다.

```
조건명령어 && 명령어
조건명령어 && { 명령어; 명령어; ... 명령어; }
```

다음은 앞의 if1-1.sh와 같은 동작을 하는 셸 프로그램이다.

```
$ cat if1-3.sh
#!/bin/sh
test $# -eq 0  &&  { echo "usage: $0 argument" 1>&2; exit 1; }
echo Hi! $*
$ ./if1-3.sh first second
Hi! first second
$ ./if1-3.sh
usage: ./if1-3.sh argument
```

선택문 : if .. then .. elif .. else .. fi

if 명령어를 다음과 같은 형식으로 then, else 및 fi와 함께 사용하면, 조건 명령어의 실행 결과가 참(성공)일 때에는 then부터 else 사이의 명령어들을 실행하고 거짓(실패)일 때에는 else부터 fi 사이의 명령어들을 실행한다.

```
if 조건명령어
then
  명령어 리스트                     ... 참일때 수행
else
  명령어 리스트                     ... 거짓일때 수행
fi
```

그리고 else와 if를 결합한 동작을 수행하는 elif를 다음과 같은 형식으로 추가로 사용하면 중첩된 if 조건문을 만들 수 있다.

```
if 조건명령어
then
  명령어 리스트
elif 조건명령어
then
  명령어 리스트
```

```
  ...
else
  명령어 리스트
fi
```

다음은 if - else 구문을 사용하는 예이다. 인수 개수가 0일 때는 인수가 없다는 메시지를 출력하고, 그렇지 않으면 Hi!와 함께 모든 인수들을 출력한다.

```
$ cat if2.sh                                  ... 스크립트 내용
#!/bin/sh
if [ $# -eq 0 ]
then                                          ... 인수가 없으면
        echo No argument                      ... No argument 출력
else                                          ... 인수가 있으면
        echo Hi! $*                           ... Hi!와 함께 인수 출력
fi
$ ./if2.sh                                    ... then 명령어 실행
No argument
$ ./if2.sh Shell   Programming                ... else 명령어 실행
Hi! Shell Programming
```

다음은 if - elif - else 구문을 사용하는 예이다. 이 프로그램은 인수로 제공된 디렉토리의 엔트리 수를 출력하는 데, 인수가 없으면 현재 디렉토리를 사용하고 인수가 있으면 디렉토리 여부를 검사하여 존재하지 않거나 디렉토리가 아니면 해당되는 메시지를 출력한다.

```
$ cat if3.sh                                  ... 스크립트 내용
#!/bin/sh
if [  "$1" == ""  ]; then       # no argument
        ls -l . | wc -l
elif [ ! -e "$1" ]; then        # not exist
        echo $1 does not exist.
elif [ -d "$1" ]; then          # directory
        ls -l "$1" | wc -l
else                            # not directory
        echo $1 is not a directory.
fi
$ ./if3.sh                                    ... 실행 - 인수없음
11
$ ./if3.sh aaa                                ... 실행 - 존재하지 않음
aaa does not exist.
$ ./if3.sh if3.sh                             ... 실행 - 디렉토리가 아님
if3.sh is not a directory.
$ ./if3.sh /usr                               ... 실행 - 디렉토리
13
```

위의 셸 프로그램에서 인수 $1는 빈칸을 포함하는 인수도 사용가능하도록 "$1"와 같이 큰 따옴표로 묶어서 사용하였다.

선택문 – case .. in .. esac

주어진 단어의 값에 따라서 다른 명령어들을 실행시키기 위하여 중첩된 if 구문을 사용할 수 있지만 case 명령어를 사용하면 더 간결하게 나타낼 수 있다.

case 명령어는 다음과 같은 형식으로 in과 esac와 함께 사용하며, 단어를 in 다음에 지정된 패턴들과 순서대로 비교하여 일치하는 것이 있으면 해당되는 명령어들을 수행하며 없으면 case 구문을 끝내는 esac으로 건너뛴다. 각 경우의 명령어 리스트는 ;;로 끝내야 하며, 패턴은 파일이름 확장에 사용되는 와일드카드 문자를 사용하여 나타낼 수 있다. 여러 패턴이 동일한 명령어들을 실행하는 경우에는 패턴들을 | 로 연결하여 나타낸다.

```
case 단어 in
  패턴|패턴..) 명령어리스트 ;;              ... 여러 패턴이 같은 명령어 실행
  패턴) 명령어리스트 ;;
  ...
esac
```

지정된 패턴과 일치하지 않는 단어에 대해서 default 동작을 수행하고자 하는 경우에는 다음과 같이 마지막 경우에 모든 단어와 매칭되는 와일드카드 문자인 *를 패턴으로 사용하면 된다.

```
  *) 명령어리스트 ;;            ... default 경우
esac
```

다음은 case를 사용하는 예이다. 동작을 설명하는 메뉴 안내문을 출력한 후에 입력받은 값이 따라서 동작을 수행한다.

```
$ cat case.sh                              ... 스크립트 내용
#!/bin/sh
cat <<MENU                                 ... 메뉴 안내문 출력
  1:    date
  2,4:  print working directory
  3:    print user name
  5-12: print host name
MENU
read -p "Select a menu : " number          ... 메뉴선택 값 입력
```

```
case $number in                            ... 입력 값에 따라서 처리
 1)     date ;;
 2|4)   pwd ;;                             ... 2 또는 4
 3)     whoami ;;
 [5-9] | 1[0-2])                           ... 5부터 12까지
        hostname ;;
 *)                                        ... default 경우
        echo illegal menu ;;
esac
$ ./case.sh                                ... 실행
  1:    date
  2,4:  print working directory
  3:    print user name
  5-12: print host name
Select a menu : 11
magics.yonsei.ac.kr
$ ./case.sh
... 안내문 생략 ...
Select a menu : 3
gdhong
$ ./case.sh
... 안내문 생략 ...
Select a menu : 13
illegal menu
```

위의 예에서 패턴 [5-9] | 1[0-2]는 5부터 12까지의 값을 의미하고, 패턴 2 | 4는 [24]로 나타낼 수도 있다.

반복문 : for .. do .. done

for 명령어는 다음과 같은 형식으로 do와 done과 함께 사용하여, 단어리스트에 있는 단어들을 변수에 순서대로 할당하여 명령어들을 반복하여 수행시킨다. 단어리스트가 생략되면 모든 인수들의 리스트인 "$@"를 단어리스트로 사용한다.

```
for 변수이름 [in 단어리스트]
do
  명령어리스트
done
```

단어리스트는 정적으로 주어질 수도 있지만 변수 대치, 파일이름 대치, 명령어 대치 등에 의한 결과를 사용할 수도 있다.

다음은 for 명령어를 사용한 예이다. 단어리스트의 색상을 순서번호와 함께 차례대로 출력

한다. 순서 번호 i는 1로 초기화한 후에, 반복할 때 마다 expr 명령어를 사용하여 1씩 증가시켰다.

```
$ cat for.sh                                    ... 스크립트 내용
#!/bin/sh
i=1
for color in red green blue white black
do
        echo color $i : $color
        i=`expr $i + 1`
done
$ ./for.sh                                      ... 실행
color 1 : red
color 2 : gree
color 3 : blue
color 4 : white
color 5 : black
```

다음은 for 명령어를 사용하여 모든 인수를 출력하는 예이다.

```
$ cat for2.sh
#!/bin/sh
i=1
for arg                                         ... in 단어리스트 생략
do
        echo argument $i : $arg
        i=`expr $i + 1`
done
$ ./for2.sh first second third
argument 1 : first
argument 2 : second
argument 3 : third
```

다음은 $*와 $@의 차이점을 확인할 수 있는 예이다. for 문의 단어 리스트를 in $*, "$*", $@과 "$@" 같이 명시적으로 사용하면 서로의 동작의 차이를 확인할 수 있다.

```
$ cat for3.sh                          ... 스크립트 내용
#!/bin/sh
echo '--- using $*'
for arg in $*; do
        echo $arg
done
echo '--- using "$*"'
for arg in "$*"; do
        echo $arg
```

```
done
echo '--- using $@'
for arg in $@; do
     echo $arg
done
echo '--- using "$@"'
for arg in "$@"; do
     echo $arg
done
$ for3.sh a "b c"                        ... 빈칸을 포함한 인수를 사용
--- using $*                             ... 단어리스트: a b c (3개의 단어)
a
b
c
--- using "$*"                           ... 단어리스트: "a b c"  (1개의 단어)
a b c
--- using $@                             ... 단어리스트: a b c (3개의 단어)
a
b
c
--- using "$@"                           ... 단어리스트: 'a' 'b c' (2개의 단어)
a
b c
```

반복문 : while .. do .. done

while 명령어는 다음과 같은 형식으로 do와 done과 함께 사용하여 조건 명령어의 실행 결과가 참(성공)인 동안 do와 done사이의 명령어들을 반복하여 실행한다.

```
while 조건명령어
do
  명령어리스트
done
```

다음은 while 문을 사용하여 1부터 10까지 순서대로 출력하는 예이다.

```
$ cat while.sh                           ... 스크립트 내용
#!/bin/sh
i=1
while [ $i -le 10 ]
do
     echo -n "$i "
     i=`expr $i + 1`
done
```

```
echo
$ ./while.sh                                    ... 실행
1 2 3 4 5 6 7 8 9 10
$ _
```

다음은 while 문에서 조건 명령어로 test가 아닌 명령어를 사용한 예이다. 표준입력에서 파일 끝을 만날 때까지 줄 단위로 입력받아서 입력 내용을 줄 번호와 함께 출력한다.

```
$ cat while2.sh                                 ... 스크립트 내용
#!/bin/sh
i=1
while read line; do                             ... 조건명령어로 read를 사용
        echo $i : $line
        i=`expr $i + 1`
done
$ ./while2.sh                                   ... 실행
Shell Programming                               ... 입력
1 : Shell Programming                           ... 출력
Linux Command
2 : Linux Command
While Loop
3 : While Loop
^D                                              ... 화면에 보이지 않음
$ _
```

반복문 : until .. do .. done

until 명령어는 다음과 같은 형식으로 do와 done과 함께 사용하여 조건 명령어의 실행 결과가 거짓(실패)인 동안 do와 done사이의 명령어들을 반복하여 실행한다.

```
until 조건명령어
do
  명령어리스트
done
```

다음은 until을 사용하여 앞에서 작성한 while.sh와 같은 동작을 수행하도록 한 예이다.

```
$ cat until.sh                                  ... 스크립트 내용
#!/bin/sh
i=1
until [ $i -gt 10 ]
do
        echo -n "$i "
```

```
    i=`expr $i + 1`
done
echo
$ ./until.sh                                    ... 실행
1 2 3 4 5 6 7 8 9 10
```

break와 continue

break와 continue는 반복문에서 C언어에서와 비슷한 동작을 수행한다. **break**는 현재의 반복문을 종료하고 done 다음으로 넘어간다. **continue**는 현재 반복의 나머지 부분인 done까지의 명령어를 건너뛰고 반복문의 다음 반복으로 넘어간다.

다음은 break와 continue의 사용 예이다. 파일 끝에 도달할 때까지 입력을 받아서 출력을 하되 빈 줄이 입력되면 출력을 하지 않는다.

```
$ cat break.sh                                  ... 스크립트 내용
#!/bin/sh
while [ 1 ]                                     ... 항상 참 - 무한루프
do
    if ! read line; then                        ... 읽을 입력이 없으면(파일 끝)
        break                                   ... 반복문 종료
    elif [ "$line" == "" ]; then                ... 빈 줄이 입력되었으면
        continue                                ... 다음 반복으로(echo문 생략)
    fi
    echo $line                                  ... 입력된 줄을 출력
done
echo bye
$ ./break.sh > out                              ... 실행 (결과는 파일에 저장)
1 2 4

Linux Bash Shell

Shell Script
^D (화면에 표시되지 않음)
$ cat out                                       ... 결과 확인 - 빈 줄은 없어짐
1 2 4
Linux Bash Shell
Shell Script
bye
```

중첩된 반복문을 사용할 때 안쪽 반복문에서 break 2나 continue 3과 같이 숫자를 함께 지정하면 지정된 개수의 중첩된 반복문을 종료하거나, 중첩된 반복문의 바깥 반복문의 다음 반복을 실행한다. 다음은 이에 대한 사용 예이다. 2개의 중첩된 반복문을 사용하여 100이하의

짝수를 8개마다 줄을 바꾸어서 출력하는 동작을 수행하는 데 100을 넘으면 break 2를 사용하며 중첩된 반복문을 한꺼번에 종료한다.

```
$ cat break2.sh                                 ... 스크립트 내용
#!/bin/sh
a=2
while true                                      ... 항상 참 - 무한 루프
do
        i=1
        while [ $i -le 8 ]; do
                echo -ne "$a\t"                 ... -e옵션은 \t을 탭으로 출력
                i=`expr $i + 1`
                a=`expr $a + 2`
                if [ $a -gt 100 ]; then         ... 100보다 크면
                        break 2                 ... 중첩된 반복문 종료
                fi
        done
        echo                                    ... 8개를 출력하면 줄을 바꿈
done
echo                                            ... 마지막 줄바꿈
$ break2.sh                                     ... 실행
2       4       6       8       10      12      14      16
18      20      22      24      26      28      30      32
34      36      38      40      42      44      46      48
50      52      54      56      58      60      62      64
66      68      70      72      74      76      78      80
82      84      86      88      90      92      94      96
98      100
$ _
```

trap 명령어

trap 명령어는 다음과 같은 형식을 사용하여 셸 프로그램이 지정된 번호의 signal을 받을 때에 실행해야하는 명령어 리스트를 지정한다. signal은 현재 셸에서 Ctrl-C를 누르거나 kill 명령어에 의해서 전달될 수 있다. Ctrl-C는 2번 signal을 전면 프로세스에 전달한다.

```
trap '명령어리스트' 시그널번호 ...
```

여러 개의 시그널을 받았을 경우에는 번호 순으로 처리된다. 시그널번호가 0이면 셸 프로그램이 종료될 때 실행된다. 명령어리스트가 비어 있으면 해당 시그널은 무시된다.

다음은 trap의 사용 예이다. 이 프로그램은 2초 간격으로 10개의 메시지를 출력하는 프로그램으로서, 프로그램을 시작할 때에 3개의 trap문을 사용하여 2번, 15번, 0번 시그널에 대해서

실행할 명령어들을 정의하였다.

```
$ cat trap.sh                                          ... 스크립트 내용
#!/bin/sh
trap 'echo interrupted by Control-C 1>&2; exit 1' 2
trap 'echo terminted by kill 1>&2; exit 1' 15
trap 'echo bye' 0

i=1
while [ $i -le 10 ]; do
        echo loop $i
        sleep 2
        i=`expr $i + 1`
done
$ trap.sh                                              ... 실행 - Ctrl-C에 의한 종료
loop 1
loop 2
^Cinterrupted by Control-C                             ... 2번 signal 처리 명령어 실행
bye                                                    ... 0번 signal 처리 명령어 실행
$ trap.sh                                              ... 실행 - 정상 종료
loop 1
loop 2
loop 3
loop 4
loop 5
loop 6
loop 7
loop 8
loop 9
loop 10
bye                                                    ... 0번 signal 처리 명령어 실행
$ trap.sh > out &                                      ... 백그라운드 실행 -
[1] 27124
$ kill %1                                              ... kill에 의한 종료
$ 종료됨
terminted by kill                                      ... 15번 signal 처리 명령어 실행

[1]+  Exit 1                    trap.sh > out
$ cat out                                              ... 저장된 결과
loop 1
loop 2
bye
```

다양한 변수 접근

변수는 $var 또는 ${var} 형식의 변수 대치 기능을 사용하여 변수 값을 접근할 수 있다.

Bourne 셸에서는 이외에도 다음과 같은 다양한 방법으로 변수를 접근할 수 있다.

다음과 같은 변수 접근 기능들은 조건문을 사용하여 수행할 수도 있지만, 위의 방법을 사용하면 조건문을 사용하지 않고 간단히 해당 기능을 수행할 수 있다.

형식	동작
${var-default}	변수가 설정되어 있으면 변수 값으로, 그렇지 않으면 default 값으로 대치
${var+alt}	변수가 설정되어 있으면 alt 값으로, 그렇지 않으면 널 문자열로 대치
${var=default}	변수가 설정되어 있으면 변수 값으로, 그렇지 않으면 default 값을 변수에 지정하고 이 값으로 대치
${var?errmsg}	변수가 설정되어 있으면 변수 값으로 대치. 그렇지 않으면 에러 메시지 errmsg를 출력하고, 종료코드 1을 갖고 셸을 종료

다음은 위의 변수 접근 방법을 사용한 예이다.

```
$ x=linux                                ... 변수 x 설정, y는 설정되지 않음
$ echo ${x-unix}
linux
$ echo ${y-unix}
unix
$ echo ${x+'x is set'}
x is set
$ echo ${y+'y is set'}

$ echo ${x=unix}
linux
$ echo ${y=unix}
unix
$ echo $x $y
linux unix
$ (echo ${x?'x is not set'}; echo bye)
linux
bye
$ (echo ${z?'z is not set'}; echo bye)        ... 서브 셸이 종료되어
-bash: z: z is not set                        ... bye는 출력되지 않음
```

8.3 bash 셸 프로그래밍

이 절에서는 Bourne 셸에는 없는 bash에서 추가된 기능들을 소개한다.

변수 유형 지정 – declare, typeset

bash 셸은 변수의 유형을 지정하기 위하여 declare와 typeset의 명령어를 제공한다. 두 명령어는 같은 동작을 수행한다. declare의 옵션에 따른 동작은 다음과 같다.

```
declare -r 변수          읽기전용 변수 지정
declare -i 변수          정수 변수 지정
declare -a 변수          배열 변수 지정
declare -x 변수          환경 변수 지정
declare -f 함수이름      함수 이름 지정
```

declare -x는 export 명령어와 같으며, declare -r은 readonly 명령어와 같다. 옵션에서 - 대신에 +를 사용하면 해당 기능을 해제하며, 두 개 이상의 옵션을 함께 사용할 수 있다. 그리고 변수 유형을 지정하면서 값을 함께 지정할 수 있다.

```
$ declare -rx name=Kim          ... 변수 유형 지정(읽기전용, 환경변수)
                                ... declare -r -x name=Kim 도 같은 동작
$ name=Park
-bash: name: readonly variable
$ csh                           ... 서브셸 csh 실행
% echo $name                    ... 환경변수 값 출력 - 전달됨
Kim
% exit                          ... 서브셸 종료
$ _
```

정수 변수로 지정되면 소수점을 포함한 문자열은 저장될 수 없으며, 정수 문자열은 정수 값이, 정수가 아닌 문자열은 0이 저장된다. 다음은 정수 변수의 사용 예이다.

```
$ declare -i x                       ... 정수 변수 지정
$ x=100; echo $x                     ... 정수값 지정
100
$ x=abc; echo $x                     ... 문자열 지정 - 0이 지정됨
0
$ x=10.1                             ... 소수점 포함 문자열 지정 - 에러
-bash: 10.1: syntax error: invalid arithmetic operator (error token is ".1")
```

배열 변수

bash 셸에서는 1차원 배열 변수를 지원한다. 배열 변수는 다음 형식으로 값을 지정하여 선언할 수 있으며 자동적으로 declare -a 선언이 된다.

```
배열이름=(값1 값2 ... )
```

배열의 각 원소에는 다음과 같이 첨자를 함께 사용하여 개별적으로 값을 지정할 수 있으며, 배열의 첨자는 0부터 시작한다.

```
배열이름[첨자]=값
```

그리고 배열의 원소에 대한 여러 가지 정보는 다음 형식으로 접근할 수 있다. 배열 원소 접근 시에 중괄호를 반드시 사용해야 한다.

${배열이름[첨자]}	배열 원소의 값
${배열이름[*]}	전체 배열 원소로 구성된 문자열
${#배열이름[첨자]}	배열 원소의 문자열 길이
${#배열이름[*]}	배열 원소의 개수

다음은 배열의 사용 예이다.

```
$ name=(kim lee park choi)                ... 배열 원소 지정
$ echo ${name[0]}                         ... 첫째 원소
kim
$ echo ${name[*]}                         ... 모든 원소
kim lee park choi
$ echo ${#name[*]}                        ... 배열 원소 개수
4
$ echo ${#name[0]}                        ... 첫째 원소의 문자열 길이
3
$ name[1]=ahn                             ... 둘째 원소 재지정
$ echo ${name[*]}                         ... 모든 원소
kim ahn park choi
$ name[4]=oh                              ... 다섯째 원소 지정
$ echo ${name[4]}                         ... 모든 원소
kim ahn park choi oh
$ name[6]=yun                             ... 일곱째 원소 지정
$ declare -a | grep name                  ... 배열 원소 목록에서 name만 선택
declare -a name='([0]="kim" [1]="ahn" [2]="park" [3]="choi" [4]="oh" [6]="yun")'
```

산술 연산 – let

expr을 사용하여 산술 연산을 수행하는 것은 번거로운 점이 있다. bash 셸에서는 산술연산을 간편하게 수행하도록 산술 연산을 수행하는 let을 내장 명령어로 제공한다. let의 사용 형식은 다음과 같으며 인수로 제공된 수식을 계산하고 수식에 할당연산자 =이 포함되는 경우에는 결과를 변수에 저장한다. 수식에서 변수는 $를 사용하지 않고 변수이름 그대로 사용한다. 그리고 여러 개의 인수를 제공하여 여러 개의 수식을 처리할 수 있다. let은 정수 연산만 가능하며 expr과는 달리 결과를 출력하지는 않는다.

```
let 수식 ...
```

다음은 let을 사용하여 연산을 수행한 예이다. 각 수식은 한 개의 인수로 제공되어야 하므로, 빈칸을 포함하거나 메타문자를 포함하는 경우에는 인용부호를 함께 사용해야 한다.

```
$ let a=10+20                      ... 수식에 빈칸이 없어야 함
$ echo $a
30
$ let "b = a + 20"                 ... 빈칸을 포함한 수식은 인용부호 사용
$ echo $b
50
$ let a=10+20 "b=40>10"            ... 여러 개의 수식 계산
$ echo $a $b
30 1                               ... 참은 결과가 1
```

let에서 사용가능한 연산자는 거듭제곱 연산자 **가 제공되는 것을 제외하면 C언어와 같으며 우선순위 순서로 나열하면 다음과 같다.

연산자	의미
id++ *id*--	변수 사용후 증가, 감소
++*id* --*id*	변수 사용전 증가, 감소
- +	음수, 양수 부호 (단항연산자)
! ~	논리 부정, 비트단위 부정
**	거듭제곱 (C언어에 없음)
* / %	곱셈, 나눗셈, 나머지
+ -	덧셈, 뺄셈
<< >>	왼쪽 시프트, 오른쪽 시프트
< <= >= >	크기 비교

== !=	동등 비교
&	비트단위 AND
^	비트단위 exclusive OR
|	비트단위 OR
&&	논리 AND
||	논리 OR
= *op*=	할당연산자, 복합할당연산자(C언어와 같음) op로 사용 가능한 연산자는 * / + - << >> & ^ |
수식?수식:수식	조건연산자
수식, 수식	컴마연산자

let은 계산한 결과가 0이 아니면 종료코드 0을, 0이면 종료코드 1을 반환한다. 이 기능을 사용하면 산술 조건 검사에 대해서는 조건 검사 명령어인 test 대신에 let을 사용할 수 있다. 이러한 용도로 사용할 때에는 대부분 결과를 저장하는 할당연산자를 사용하지 않는다.

```
$ let "40 > 10"                    ... 두 수를 비교
$ echo $?                          ... 참(결과 1)이므로 종료코드는 0
0
```

수식 확장

bash 셸에서 let 명령어는 수식이 1개인 경우에 다음과 같은 형식으로 사용할 수 있다. 이 형식을 사용하면 수식에 빈칸이나 메타문자를 인용부호 없이 포함할 수 있다.

```
(( 수식 ))
```

그리고 다음 형식을 사용하면 수식의 계산 결과로 대치되어 수식을 확장한다.

```
$(( 수식 ))    또는    $[ 수식 ]
```

다음은 이에 대한 사용 예이다.

```
$ echo $((10 + 20 - 1)) $[40*50]           ... 수식 확장
29 2000
$ a=$((10 + 20))                           ... 수식 확장 결과를 변수에 저장
$ echo $a
30
```

```
$ ((a = 10 + 20))                         ... let 대신 사용
$ echo $a
30
```

다음은 8.1절의 while의 예로 보았던 while.sh를 bash 셸의 산술 연산 기능을 사용하여 재작성한 예이다.

```
$ cat while.bsh                           ... 스크립트
#!/bin/bash
i=1
while (( i <= 10 ))                       ... (( ))을 조건 명령어로 사용
do
    echo -n "$i "
    let i++                               ... let을 산술 연산에 사용
done
echo
$ while.bsh                               ... 실행
1 2 3 4 5 6 7 8 9 10
```

함수

bash 셸은 보통의 프로그램과 같이 함수를 지원한다. 함수는 다음의 두 가지 형식으로 정의한다. 중괄호 { 는 다음 줄에 놓아도 된다.

```
function 함수이름 {                함수이름 () {
    명령어리스트                       명령어리스트
}                                  }
```

그리고 함수에서 인수는 셸 프로그램에서의 인수와 같이 $1, $2를 사용하여 참조한다. 그리고 함수도 return 명령어를 사용하여 보통의 명령어와 같이 종료코드를 반환한다.

정의된 함수는 함수이름을 명령어와 같은 방식으로 사용하여 호출하여 실행시킨다. 함수에 전달하는 인수도 명령어와 같은 방식으로 전달한다.

다음은 함수를 사용하는 예이다.

```
$ cat func.bsh                            ... 스크립트 내용
#!/bin/bash
myfunc () {                               ... 함수 정의
    echo color is "$1"
}
```

```
for color in red green blue white black
do
        myfunc $color                        ... 함수 호출
done
$ ./func.sh                                  ... 실행
color is red
color is green
color is blue
color is white
color is black
```

함수에서 사용하는 변수는 기본적으로 전역변수이다. 함수에서 다음과 같이 local 명령어를 사용하여 변수를 지역변수로 지정할 수 있다. 지역변수는 함수 내에서만 유효하다. 같은 이름의 전역변수가 존재하더라도 지역변수가 사용된다.

다음은 지역변수를 사용하는 예이다. 함수에서 지역변수로 선언된 lvar는 전역변수 lvar와 다른 변수로서 지역변수 lvar 값이 변하더라도 전역변수 lvar에는 영향을 주지 않는다.

```
$ cat func2.bsh                              ... 스크립트 내용
#!/bin/bash
func () {                                    ... 함수 정의
        local lvar=123                       ... 지역변수
        gvar=567
        echo lvar=$lvar gvar=$gvar in func
}

lvar=100 gvar=999
echo lvar=$lvar gvar=$gvar                   ... 함수 호출 전 변수 값
func                                         ... 함수 호출
echo lvar=$lvar gvar=$gvar                   ... 함수 호출 후 변수 값
$ ./func2.bsh                                ... 실행
lvar=100 gvar=999
lvar=123 gvar=567 in func
lvar=100 gvar=567
```

선택 반복문 : select .. do .. done

select 명령어는 다음 형식으로 do와 done과 함께 사용하며, in 다음에 주어진 단어 리스트에 단어들을 사용하여 선택할 값의 메뉴를 보여주어 선택하도록 한 후에 명령어리스트를 수행하고 다시 반복을 한다.

```
select 변수이름 [in 단어리스트]
do
```

```
        명령어리스트
    done
```

반복을 종료하기 위해서는 반복을 종료하는 메뉴를 포함해야 한다. case .. in .. esac 문을 사용하여 선택한 메뉴에 따라 다른 동작을 수행하도록 할 수 있다.

```
$ cat select.bsh                                        ... 스크립트 내용
#!/bin/bash
select color in red green blue white black QUIT
do
        if [ "$color" = "" ]; then
                echo "invalid entry"
                continue;
        elif [ "$color" = QUIT ]; then
                exit;
        fi
        echo You select color $color
done
$ select.bsh                                            ... 실행
1) red                                                  ... 메뉴 표시
2) green
3) blue
4) white
5) black
6) QUIT
#? 1                                                    ... 선택
You select color red
#? 4                                                    ... 선택
You select color white
#? 8                                                    ... 선택
invalid entry
#? 6                                                    ... QUIT 선택 - 종료
```

exec와 명령어 실행

셸에서 내장 명령어가 아닌 외부 명령어를 실행시키면 새로운 프로세스를 생성하며 환경변수는 상속된다. 다음과 같이 exec를 사용하여 외부 명령어를 실행시키면 현재의 셸이 외부 명령어 프로그램으로 대체되어 실행되며 셸은 종료된다.

```
    exec 명령어
```

exec를 사용하면 셸이 종료되므로 exec는 대개 셸 프로그램의 마지막 명령어로 사용된다. 다음은 셸 프로그램에서 exec를 사용한 예로서 exec를 사용하면 셸 프로그램이 종료되므로 exec 다음에 있는 마지막 명령어는 실행되지 않음을 확인할 수 있다.

```
$ cat exec.sh                                   ... 스크립트 내용
#!/bin/sh
echo -n "Now, "
exec date
echo this is not executed.                      ... 실행되지 않음
$ ./exec.sh                                     ... 실행
Now, 2015. 11. 03. (화) 21:34:19 KST
```

exec와 파일 방향전환

bash 셸에서는 exec는 현재 셸에서 표준입출력을 방향전환 할 때에도 사용된다. 셸 프로그램에서 exec에 대해서 명령어를 명시하지 않고 다음과 같이 표준입출력을 파일로 방향전환만 하면, 현재 셸이 그대로 유지되지만 exec가 수행된 이후의 표준입출력은 지정된 파일로 방향전환되어 사용된다.

```
exec < infile                  ... 표준입력을 infile로 방향전환
exec > outfile                 ... 표준출력을 outfile로 방향전환
exec 2> errfile                ... 표준에러출력을 errfile로 방향전환

exec > outfile 2> errfile      ... 두 방향전환을 함께 이루어짐
```

그리고 다음과 같이 일반적인 파일 방향전환도 할 수 있다.

```
exec 4< intfile       ... 입력파일 infile을 열어서 4번 파일기술자 할당
exec 5> outfile       ... 출력파일 outfile을 열어서 5번 파일기술자 할당

exec 6>&0             ... 6번 파일기술자에 0번 파일기술자를 복제하여
                          6번장치는 표준입력과 같은 장치를 사용함
```

다음은 exec를 셸 프로그램에서 파일 방향전환용으로 사용한 예이다.

```
$ cat exec2.sh                          ... 스크립트 내용
#!/bin/sh
exec 6<&0                     ... 표준입력을 6번 파일기술자로 복제
exec < indata                 ... 표준입력을 indata로 전환
read a                        ... indata의 첫째 줄을 읽음
read b                        ... indata의 둘째 줄을 읽음
echo a=$a b=$b
```

```
exec 0<&6 6<&-                    ... 6번 파일기술자를 0번 파일기술자로 복제하여
                                      표준입력을 원래의 장치로 복원
read c                            ... 키보드 입력
echo c=$c
$ cat indata                            ... indata 내용
Hello
Linux
$ ./exec2.sh                            ... 실행
a=Hello b=Linux
Bye                               ... 키보드 입력
c=Bye
```

명령어

이 장에서는 다음과 같은 명령어를 소개하였다.

expr	test	env	read	shift	readonly	unset	eval
wait	break	continue	trap	let	exec		
if..then..fi	if..then..elif..else..fi	case..in..esac					
while..do..done	until..do..done	select..do..done					

Linux 복습문제

1. 셸 프로그램에서 산술연산은 어떻게 수행하는가?
2. 셸 프로그램에서 선택문이나 반복문에서 조건검사에서 참, 거짓은 어떻게 판단하는가?
3. 셸 프로그램에서 정수와 문자열에 대한 조건 검사를 위해 어떤 명령어를 사용하는가?
4. 어떠한 경우에 env를 사용하여 명령어를 실행하면 유용한가?
5. $*와 $@의 의미와 차이점을 적으시오.
6. for .. do .. done 구문과 while .. do .. done 구문을 비교하고 각각 어떤 경우에 유용한지 말하시오.
7. bash의 배열변수는 어떻게 정의하고 사용하는가?
8. bash에서 산술연산과 조건검사에 편리하게 사용할 수 있도록 제공된 명령어는 무엇이며 어떻게 사용하는가?
9. 셸 프로그램에서 exec를 사용하여 명령어를 실행하는 것은 명령어를 직접 실행하는 것과 동작에 어떤 차이가 있는가?
10. exec를 사용한 파일 방향전환은 어느 경우에 유용한지 알아보시오.

Linux 연습문제

1. 표준입력, 인수, 환경변수를 모두 사용하여 외부에서 정보를 입력받는 셸 프로그램을 작성하고 동작을 확인하시오.

2. 다음과 같이 모든 인수의 합을 계산하여 출력하는 셸 프로그램 add를 작성하시오.

```
$ add 1 2 3 4
10
$ add 1 2
3
```

3. (1) 다음과 같이 키보드로 입력된 파일이름 또는 디렉토리 이름에 대해서 파일 유형을 판단하여 출력하는 셸 프로그램 filetype을 작성하시오.

```
$ filetype
파일/디렉토리 이름 입력 [enter]
파일 유형 출력
```

출력 유형의 예시는 다음과 같다.

...은 존재하지 않습니다.
...은 디렉토리/심볼릭링크/문자장치/블록장치/파이프/소켓/보통파일 입니다.

(2) 다음을 각각 입력하여 작성한 셸 프로그램의 동작을 확인하시오.

/bin/awk /dev/tty /dev/sda /usr/bin /etc/printcap ~gdhong/myfifo

4. 2번에서 작성한 셸 프로그램 add를 bash에서 제공하는 편리한 산술연산을 사용한 bash 셸 프로그램으로 다시 작성하여 실행하시오.

5. 다음 bash 셸 프로그램은 파일에 포함된 가장 긴 문자열과 그 길이를 찾아서 출력한다. 이 프로그램의 동작을 자세히 설명하고 여러 개의 인수를 사용하고 실행하여 동작을 확인하시오.

```
#!/bin/bash
# longest-word : find longest string in a file
while [ -n "$1" ]; do
    if [ -r "$1" ]; then
        max_word=
        max_len=0
```

```
        for i in $(strings $1); do
            len=$(echo $i | wc -c)
            if (( len > max_len )); then
                max_len=$len
                max_word=$i
            fi
        done
        echo "$1: '$max_word' ($max_len characters)"
    fi
    shift
done
```

6. 5번 프로그램에서 while 반복문을 for 반복문으로 바꾸어서 같은 동작을 하도록 다시 작성하여 실행하시오.

7. (1) 다음 bash 셸 프로그램의 동작을 설명하고, 몇 개의 텍스트 파일만 포함되고 이진파일은 포함되지 않은 디렉토리에서 작성하여 실행하시오.

```
#! /bin/bash
echo "Saving files in current directory in file savethem."
exec > savethem
for i in *
do
echo "===================================================="
echo "File: $i"
echo "===================================================="
cat "$i"
done
```

(2) 이 셸 프로그램이 실행될 때에 어떤 에러 메시지가 출력되는가? 이 메시지가 출력되는 이유는 무엇이며, 이 에러 메시지가 출력되지 않도록 수정하여 다시 실행하시오.

8. 다음과 같이 수행할 연산과 두 숫자를 입력받아서 계산 결과를 출력하는 동작을 n이 입력될 때까지 반복하는 bash 셸 프로그램을 아래의 코드를 참조하여 작성하고 동작을 설명하고 실행하시오.

[실행 시 입출력 예]

```
Choose from the following operations
[a] Addition [b] Subtraction [c] Multiplication [d] Division
### Your choice: a
Enter two integers: 4 -100
The result is: -96
Do you wish to continue? [y]es or [n]o
```

[샘플 코드]

```
#!/bin/bash
inputs() {
  ... 여러분이 작성하시오.
}

exitPrompt(){
    read -p "Do you wish to continue? [y]es or [n]o: " ans
    if [ $ans == 'n' ]
    then
        echo "Exiting the script. Have a nice day!"
        ... 여러분이 작성하시오.
    else
        ... 여러분이 작성하시오.
    fi
}

while (true)
do
    clear
    printf "Choose from the following operations: \n"
    printf "[a]Addition [b]Subtraction [c] Multiplication [d]Division\n"
    read -p "### Your choice: " choice

    case $choice in
     [aA])
        inputs
        res=$((int1+int2))
             ;;

   ... 나머지 연산은 여러분이 작성하시오.

     *)
        res=0
        echo "wrong choice!"
    esac

    echo "The result is: " $res
    exitPrompt
done
```

chapter 09

스크립트 프로그래밍

셸 프로그램은 명령어들을 파이프로 단순하게 결합하여 수행할 수 없는 작업들에 대해서, 명령어들을 프로그램과 같은 제어 구문을 사용하여 다양한 형태로 결합하여 실행할 수 있도록 한다. 그렇지만 일반적인 프로그램을 작성하는 데에는 적합하지 않다. 이 장에서는 셸 프로그램보다 일반적인 프로그램을 하는 데 사용할 수 있는 awk, Perl, Python과 bc에 대해서 소개한다. Perl과 Python은 일반적인 응용 프로그램 작성에 사용할 수 있는 간편하면서도 강력한 언어로서 C언어와 같은 고급언어보다 사용이 편리하고, 컴파일을 하지 않고 인터프리터 방식으로 실행된다. awk는 텍스트 처리를 위한 유틸리티로서 텍스트를 처리하는 데 필요한 프로그램을 작성하여 사용할 수 있다. bc는 임의의 정밀도로 수치 계산을 수행할 수 있는 유틸리티로서, 프로그램 기능도 포함되어 있다.

9.1 awk

텍스트 처리 명령어 awk

awk는 텍스트 처리를 위한 유틸리티로서 텍스트 파일에서 특정한 조건을 만족하는 행에 대해서 지정된 동작을 수행한다. awk의 명칭은 개발자인 Aho, Weinberger, Kernighan의 이름의 첫 글자로 만들었다. awk에서 텍스트 행에 대한 처리 동작은 C언어와 유사한 구문의 프로그램으로 나타낸다. nawk와 gawk는 awk의 개선된 버전이며, 리눅스에서 제공되는 awk는 gawk이다.

awk의 프로그램은 다음과 같은 형식의 명령어들로 구성되며, 조건을 만족하는 모든 행에 대해서 { } 안에 프로그램으로 지정된 동작을 수행한다.

```
조건 { 동작 }
```

조건 또는 동작은 생략될 수 있으며 조건이 생략되면 모든 행에 대해서 동작을 수행하며, 동작이 생략되면 조건을 만족하는 모든 행을 그대로 출력한다.

```
{ 동작 }          ... 모든 행에 대해서 동작을 수행
조건              ... 조건을 만족하는 행을 그대로 출력
```

awk 명령어는 다음과 같은 두 가지 방법으로 실행한다.

첫째, awk 프로그램이 간단한 경우에는 다음과 같이 프로그램을 인수로 제공한다. 프로그램은 메타문자를 포함할 수 있으므로 대개 ' '로 묶어서 제공한다.

```
awk 프로그램 텍스트파일 ...
```

둘째, awk 프로그램이 복잡한 경우에는 프로그램을 별도의 파일로 작성한 후에 다음과 같이 -f 옵션을 사용하여 프로그램을 지정한다.

```
awk -f 프로그램파일 텍스트파일 ...
```

이러한 방법들은 sed 명령어에서 편집 명령어를 제공하는 방법과 비슷하다. 텍스트파일 인수가 제공되지 않으면 표준입력을 처리한다.

내장 변수와 필드 접근

awk 프로그램에서 행은 행 전체 뿐 만 아니라 필드 단위로 접근할 수 있다. 필드는 기본적으로 빈칸 또는 탭으로 구분된다. 그리고 필드 개수 등의 다양한 정보들을 다음과 같은 내장 변수(built-in variable)를 사용하여 제공한다.

내장 변수	동작
$0	현재 행 전체
$*n*	현재 행의 n번째 필드 (n은 1이상의 정수)
NF	현재 행의 필드 개수
NR	현재 행의 번호
FS	필드 구분자
RS	행 구분자
OFS	출력 시의 필드 구분자
ORS	출력 시의 행 구분자
FILENAME	현재 처리 중인 파일이름

다음은 각 행의 앞에 행 번호와 필드 개수를 출력한 후 행을 출력한다.

```
$ cat song                                        ... 처리할 텍스트
Moon river, wider than a mile
I'm crossing you in style some day
Oh, dream maker, you heart breaker
Wherever you're going, I'm going your way

Two drifters, off to see the world
There's such a lot of world to see
We're after the same rainbow's end,
waiting round the bend
My huckleberry friend, moon river, and me
$ awk '{ print NR, NF, $0 }' song                 ... awk 실행
1 6 Moon river, wider than a mile
2 7 I'm crossing you in style some day
3 6 Oh, dream maker, you heart breaker
4 7 Wherever you're going, I'm going your way
5 0
6 7 Two drifters, off to see the world
7 8 There's such a lot of world to see
8 6 We're after the same rainbow's end,
9 4 waiting round the bend
10 7 My huckleberry friend, moon river, and me
```

print에서 인수들을 컴마로 구분하면 인수들을 빈칸으로 구분하여 출력하며 자동적으로 줄을 바꾼다. print에서 인수들을 다음과 같이 컴마 대신에 빈칸으로 구분하면 인수들은 빈칸이 없이 붙여서 출력한다.

```
$ awk '{ print NR NF $0 }' song
16Moon river, wider than a mile
27I'm crossing you in style some day
... 이하 생략 ...
```

다음 예는 모든 행의 첫째와 마지막 필드만 출력한다. NF가 필드 개수이므로 $NF는 마지막 필드를 나타낸다.

```
$ awk '{ print $1, $NF }' song
Moon mile
I'm day
Oh, breaker
Wherever way

Two world
```

```
There's see
We're end,
waiting bend
My me
```

조건

awk의 조건은 다음과 같이 여러 가지 형태로 나타낼 수 있다.

형태	동작을 수행하는 행
비교식	관계 연산자를 사용한 비교식을 만족하는 행
/패턴/	확장된 정규표현식 패턴과 일치하는 문자열이 포함된 행
조건1 && 조건2	두 조건을 동시에 만족하는 행
조건1 || 조건2	두 조건 중 적어도 하나를 만족하는 행
!조건	조건을 만족하지 않는 행
조건1, 조건2	(범위) 조건1을 만족하는 행부터 조건2를 만족하는 행까지의 행 조건2와 일치하는 행이 없으면 끝까지
BEGIN	입력을 읽기 전에 동작을 수행 (주로 초기화에 사용)
END	입력을 읽은 후에 동작을 수행 (주로 결과 출력에 사용)

다음은 조건을 지정하여 3행부터 6행까지를 행 번호와 함께 출력하였다.

```
$ awk 'NR>=3 && NR<=6 { print NR, $0 }' song
3 Oh, dream maker, you heart breaker
4 Wherever you're going, I'm going your way
5
6 Two drifters, off to see the world
```

다음은 you를 포함한 모든 행을 출력한다. 동작을 지정하지 않았으므로 조건을 만족한 행이 그대로 출력된다. 이 명령어는 grep과 비슷한 동작을 수행한다.

```
$ awk '/you/' song
I'm crossing you in style some day
Oh, dream maker, you heart breaker
Wherever you're going, I'm going your way
```

그리고 여러 개의 파일을 처리하는 경우에는 다음과 같이 파일이름을 함께 출력하는 것이 필요할 수 있다.

```
$ awk '/you/ { print FILENAME ":", $0 }' song
song: I'm crossing you in style some day
song: Oh, dream maker, you heart breaker
song: Wherever you're going, I'm going your way
```

다음은 you를 포함한 행부터 I를 포함한 행까지 출력한다.

```
$ awk '/you/,/I/' song
I'm crossing you in style some day
Oh, dream maker, you heart breaker
Wherever you're going, I'm going your way
```

3행부터 6행까지 출력하는 것을 다음과 같이 , 를 사용한 조건으로 나타낼 수도 있다.

```
$ awk 'NR==3, NR==6 { print NR, $0 }' song
3 Oh, dream maker, you heart breaker
4 Wherever you're going, I'm going your way
5
6 Two drifters, off to see the world
```

다음은 성적 데이터에 대해서 필드 값의 크기 비교를 조건으로 사용하여 60점 미만인 성적을 포함한 데이터만 선택하여 출력한다.

```
$ cat score                          ... 성적 데이터 (이름 성적1 성적2 성적3)
Smith    85 88 90
Brown    50 60 70
Davis    80 70 85
Garcia   100 88 75
Wilson   60 90 55
Thomas   82 78 65
Adams    45 56 60
$ awk '$2 < 60 || $3 < 60 || $4 < 60' score  ... 60점 미만인 성적 포함 데이터
Brown    50 60 70
Wilson   60 90 55
Adams    45 56 60
```

변수

awk는 보통의 프로그램과 같은 사용자 정의 변수를 제공하여 awk 프로그램에서 사용할 수 있도록 한다. 사용자 정의 변수는 기본적으로 0 또는 널 문자열로 초기화되므로, 이 값을 초기 값으로 사용하는 경우에는 별도로 변수를 초기화할 필요가 없다. 변수의 초기화가 필요한 경우에는 BEGIN 조건에서 할 수 있으며 행에 대한 프로그램은 조건을 만족하는 행에 대해

서 반복적으로 수행되므로 사실상 반복문으로 동작한다.

다음은 파일의 줄과 단어 수를 계수하는 awk 프로그램의 예이다.

```
$ cat wc.awk                                      ... awk 프로그램
BEGIN   { print "Scanning file .. " }
        { line++;  word += NF }                   ... 모든 행에 대해서 반복 수행
END     { print "lines =", line, "words =", word }
$ awk -f wc.awk song                              ... awk 실행
Scanning file ..
lines = 10 words = 58
```

변수 값 지정은 awk를 실행시킬 때에 다음과 같이 -v 옵션 다음에 또는 파일이름 앞에 인수로 제공할 수도 있다. -v 옵션으로 지정되면 BEGIN 조건부터 적용되며 파일이름 앞에서 지정되면 다음에 나타낸 파일들의 입력에 대해서 적용된다. 다음 예에서 이러한 동작을 확인할 수 있다.

```
$ cat data1                          ... 1행 데이터
Linux
$ cat data2                          ... 3행 데이터
C
Java
Pascal
$ awk -v a=0 'BEGIN { print a }  { print a, $0 }' a=1 data1 a=2 data2
0
1 Linux
2 C
2 Java
2 pascal
```

연산자와 함수

awk는 C언어와 같은 산술 연산자, 관계 연산자, 논리 연산자, 할당 연산자, 조건 연산자를 지원하지만 비트연산자는 지원하지 않는다. 그리고 문자열에 대한 연산자 등을 포함한 다음과 같은 연산자를 추가로 지원한다.

연산자	동작
^ 또는 **	거듭제곱
space	문자열 연결
< <= > >= != ==	비교 연산자는 숫자 뿐 만 아니라 문자열 비교도 수행함. 문자열에 대해서는 사전식 순서로 크기 비교

문자열 ~ /패턴/	정규표현식 매칭, 문자열에 패턴에 매칭되는 문자열이 포함되면 참
문자열 !~ /패턴/	정규표현식 매칭의 부정
/패턴/	$0 ~ /패턴/ 과 같음
첨자 in 배열	첨자의 배열 첨자 멤버쉽
^= **=	복합할당연산자의 산술연산에 거듭제곱도 포함

다음은 성적 데이터에 대해서 개인별, 과목별 평균을 계산해서 출력하는 예이다. printf 문을 사용하면 C언어처럼 첫째 인수로 형식지정을 하여 출력할 수 있으며 줄이 자동적으로 바뀌지 않으므로 줄을 바꾸려면 \n을 명시적으로 출력해야 한다.

```
$ cat score.awk                                     ... awk 프로그램
BEGIN   { printf "Name\tMath\tPhysics\tChem\tAvg\n" }
        { count++;
          math += $2; phy += $3; chem += $4;
          avg = ($2 + $3 + $4)/3;
          printf "%s\t%d\t%d\t%d\t%.1f\n", $1, $2, $3, $4, avg;
        }
END     { if (count>0) {
                math /= count; phy /= count; chem /= count;
                printf "(Avg)\t%.1f\t%.1f\t%.1f\n", math, phy, chem;
          }
        }
$ awk -f score.awk score                             ... awk 실행
Name    Math    Physics Chem    Avg
Smith   85      88      90      87.7
Brown   50      60      70      60.0
Davis   80      70      85      78.3
Garcia  100     88      75      87.7
Wilson  60      90      55      68.3
Thomas  82      78      65      75.0
Adams   45      56      60      53.7
(Avg)   71.7    75.7    71.4
```

다음은 C언어에는 없지만 awk에서 추가된 몇 개의 연산자의 기능을 확인하는 예이다. 문자열 비교와 매칭 연산은 참이면 1, 거짓이면 0을 반환한다.

```
$ awk 'BEGIN {print 3^5, ("program"~/gra/), ("program">"string"); }'
243 1 0
```

awk는 위의 예처럼 BEGIN 조건의 동작만으로 프로그램을 작성하여 텍스트 파일을 처리하지 않고 계산만 수행하는 프로그램도 작성할 수 있다.

제어 구문

awk는 C언어와 비슷한 다음과 같은 제어 구문을 지원한다.

```
if (조건식) 문장 [ else 문장 ]
while (조건식) 문장
for (식; 조건식; 식) 문장
break
continue
next            ... 현재 행에 대한 처리를 중단하고 다음 행으로 이동
exit            ... 현재 입력에 대한 처리를 중단함
```

이 중에서 next와 exit가 C언어에 없는 예약어인데 awk 프로그램을 반복문으로 생각하는 경우에 next는 continue 역할을, exit는 break 역할을 한다고 할 수 있다.

다음은 성적 데이터에서 각 사람의 최고 성적을 찾아서 출력하는 예이다. for문을 사용하여 모든 성적을 조회하였고, if문을 사용하여 최고 성적을 판단하였다.

```
$ cat score2.awk                                    ... awk 프로그램
BEGIN   { print "Name\tMax_Score" }
        {
          max = $2
          for (i=3; i<=NF; i++) {
                if ($i > max) max = $i;
          }
          print $1 "\t" max;
        }
$ awk -f score2.awk score                           ... awk 실행
Name    Max_Score
Smith   90
Brown   70
Davis   85
Garcia  100
Wilson  90
Thomas  82
Adams   60
```

다음은 next와 exit를 사용하는 예이다. awk의 각 프로그램은 앞에서부터 순서대로 처리하는 데, you를 포함한 행은 next를 실행하여 현재 행에 대해서 나머지 프로그램을 건너뛰므로 모든 행에 대해서 수행되는 3행의 프로그램은 실행되지 않는다. 그리고 round를 포함한 행을 만나면 exit가 실행되어 입력 처리를 종료하고 END 조건의 프로그램을 실행한다.

```
$ cat next.awk                                     ... awk 프로그램
/you/   { next; }
/round/ { exit; }
        { print NR, $0; }
END     { print "End of processing" }
$ awk -f next.awk song                             ... awk 실행
1 Moon river, wider than a mile
5
6 Two drifters, off to see the world
7 There's such a lot of world to see
8 We're after the same rainbow's end,
End of processing
```

배열

awk에서의 배열은 임의의 문자열을 첨자로 사용할 수 있는 연관 배열(associative array)이다. 다음은 여러 가지 형태의 배열 원소이다.

```
arr[3]   arr[03]   arr["3"]  arr["03"]  color["red"]  color[red]
```

위에서 arr[4]와 arr[04]는 숫자 첨자로서 3과 03은 같은 숫자이므로 같은 원소를 나타낸다. 그리고 숫자 3과 03은 실제로 문자열 "3"으로 변환하여 저장하므로 arr["3"]도 앞의 두 원소와 같은 원소이다. 그렇지만 arr["03"]는 문자열 "03"을 첨자로 사용하므로 앞의 세 배열 원소와는 다른 원소이다. red는 변수로서 문자열 "red"와 다르므로 color["red"]와 color[red]는 서로 다른 원소이다.

awk는 연속된 정수를 첨자로 사용하지 않은 연관 배열을 위해서 다음과 같은 형식의 for 반복문을 제공한다. 이 반복문은 배열의 첨자로 사용되는 문자열들을 변수에 반복하여 할당하면서 반복문을 수행한다.

```
for (변수 in 배열) 문장
```

다음은 배열에 대한 for 반복문을 사용하는 예이다. 배열 score의 첨자로 과목 이름을 사용하였으며 성적은 숫자 뿐 만 아니라 과목에 따라서 문자열도 사용하였다.

```
$ cat arr.awk                                      ... awk 프로그램
BEGIN {
        score["math"] = 50;
        score["physics"] = 80;
        score["chem"] = 90;
        score["project"] = "Pass";
```

```
        for (i in score) {
                print i "\t" score[i];
        }
      }
$ awk -f arr.awk                                        ... awk 실행
physics 80
project Pass
chem    90
math    50
```

연관 배열에 대해서 in 연산자를 사용하면 다음과 같이 숫자 또는 문자열이 배열의 첨자로 사용되는 지 여부를 판단하는 조건식으로 사용할 수 있다.

```
if (첨자 in 배열) 문장
```

delete문을 사용하면 해당 첨자의 배열 원소가 제거된다.

```
delete 배열[첨자]
```

다음과 같은 형식으로 여러 개의 첨자를 사용하는 다차원 배열도 사용할 수 있다.

```
배열[첨자1, 첨자2, ...]
```

다음은 연관배열을 사용하여 데이터에 포함된 자동차 회사의 차량 종류 개수를 계수하는 예이다. 회사 이름을 첨자로 하는 연관배열을 사용하면 간단하게 프로그램을 작성할 수 있다.

```
$ cat car                                               ... 처리할 데이터
Hyundai Accent          1300
Hyundai Avante          1800
Hyundai Sonata          2500
Hyundai Grandeur        3500
Hyundai Genesis         5000
Hyundai SantaFe         2800
Kia     K3              1600
Kia     K5              2400
Kia     K7              3200
Kia     Sportage        2300
Kia     Sorento         3000
Chevy   Aveo            1400
Chevy   Cruze           1900
Chevy   Malibu          2600
Chevy   Impala          3400
Chevy   Orlando         2500
Ssangyong Turismo       3000
Ssangyong Rexton        3500
```

```
Ssangyong Tivoli        2000
RenautSS QM5            2800
RenautSS SM3            1700
RenautSS SM5            2700
RenautSS SM7            3100
$ cat car.awk                                   ... awk 프로그램
        { count[$1]++; }                        ... 회사이름을 첨자로 사용
END     {
          for (name in count) {
                printf "%-12s %d\n", name, count[name];
          }
        }
$ awk -f car.awk car                            ... awk 실행
Hyundai      6
Kia          5
Ssangyong    3
RenautSS     5
Chevy        5
```

함수

awk는 다음과 같은 수학 연산과 문자열에 대한 동작을 수행하는 내장함수를 제공한다.

함수	동작
cos(x), sin(x), log(x), exp(x), sqrt(x), int(x)	x에 대한 cos, sin, log, exp, 제곱근, 정수변환 함수
atan2(y, x)	y/x에 대한 arctan 함수
rand()	0부터 1사이의 실수를 반환하는 난수 함수
srand(x)	난수 함수의 seed 설정
length(s)	문자열 s의 길이(인수가 없으면 $0을 인수로 사용)
index(s1, s2)	문자열 s1에 포함된 문자열 s2의 위치. 위치는 1부터 시작하며 포함되지 않으면 0을 반환
substr(s, pos, len)	문자열 s의 첨자 pos부터 len개의 부분 문자열
match(s, re)	문자열 s에서 정규표현식 re와 매칭되는 위치
split(s, arr, fs)	문자열 s를 문자열 fs의 문자들을 필드구분자로 사용하여 분리하여 배열 arr에 저장
tolower(s), toupper(s)	문자열 s를 소문자, 대문자로 변환
sub(re, t, s), gsub(re, t, s)	문자열 s에서 정규표현식 re에 매칭되는 부분을 t로 대치 sub와 gsub는 각각 매칭되는 첫째와 모든 문자열을 대치
sprintf(fmt, ...)	printf의 출력과 같은 문자열을 반환
system(cmd)	명령어 cmd를 실행하고 종료코드를 반환

그리고 다음과 같은 형식으로 사용자 정의 함수를 작성하여 사용할 수 있으며 return을 사용하여 값을 반환할 수 있다.

```
function 함수이름 (인수, 인수, ...) {
        프로그램
}
```

다음은 내장 함수와 사용자 정의 함수를 모두 사용한 awk 프로그램의 예이다. 코멘트는 셸 프로그램과 같이 #로 시작하여 작성한다.

```
$ cat func.awk
BEGIN { printf("sum from 1 to 10  = %d\n", sum(10)); }
      {
        len = length($0);
        count(len);
        printf("%3d : %s\n", len, toupper($0));
      }
END   { printf("number of chars = %d\n", nchar); }

function sum(n) {
        s = 0;
        for (i=1; i<=n; i++)
                s += i;
        return s;
}

function count(len) {
        nchar += len;       # nchar는 문자수를 계수하는 전역변수
}

$ awk -f func.awk song
sum from 1 to 10  = 55
 29 : MOON RIVER, WIDER THAN A MILE
 34 : I'M CROSSING YOU IN STYLE SOME DAY
 34 : OH, DREAM MAKER, YOU HEART BREAKER
 41 : WHEREVER YOU'RE GOING, I'M GOING YOUR WAY
  0 :
 34 : TWO DRIFTERS, OFF TO SEE THE WORLD
 34 : THERE'S SUCH A LOT OF WORLD TO SEE
 36 : WE'RE AFTER THE SAME RAINBOW'S END,
 22 : WAITING ROUND THE BEND
 41 : MY HUCKLEBERRY FRIEND, MOON RIVER, AND ME
number of chars = 305
```

9.2 Perl

셸 프로그램은 명령어들로 구성된 프로그램에, 그리고 awk 프로그램은 입력 텍스트를 처리하는 데 주로 사용되며 일반적인 프로그램을 작성하는 데에는 제약이 있다. C 언어로 텍스트를 처리하는 일반적인 프로그램을 작성하는 것은 다소 복잡하다. Larry Wall은 이러한 문제점을 해결하고자 C 언어보다 쉽게 프로그램을 작성할 수 있으며, 셸 프로그램보다는 강력한 Perl 언어를 개발하였다.

Perl은 Practical Extraction Report Language의 약어로서 텍스트를 쉽게 처리하고, 보고서를 효과적으로 생성할 수 있으며, 많은 운영체제 기능을 쉽게 접근하여 사용할 수 있도록 한다. 이 절에서는 Perl의 기본적인 사항만 소개하고자 하며, 자세한 사항은 별도의 자료를 참고하기 바란다.

간단한 Perl 프로그램

Perl 프로그램은 perl 명령어를 사용하여 실행한다. perl을 인수 없이 실행하면 표준입력에서 프로그램을 입력받아서 실행하며, Perl 프로그램을 인수로 제공하면 제공된 프로그램을 실행한다. 다음은 한 줄을 출력하는 print 문장이다.

```
print "Hello World\n";
```

이 프로그램은 다음과 같은 세 가지 방법으로 실행시킬 수 있다.

첫째, perl을 실행한 후, 프로그램을 표준 입력으로 직접 입력한다. 입력이 끝나면 perl이 프로그램을 실행한다. 이 방법은 일회용으로 간단히 작성하여 실행하는 프로그램에 주로 사용한다.

```
$ perl
print "Hello World\n";                  ... 입력
^D                                      ... 출력되지 않음
Hello World                             ... 실행 - 출력
```

둘째, 프로그램을 파일로 작성한 후에, perl의 인수로 제공하여 실행한다. Perl 프로그램의 확장자로 pl을 사용하였지만, 프로그램 파일 이름에 제약이 없다.

```
$ cat hello.pl                          ... 프로그램 내용
print "Hello World\n";
$ perl hello.pl                         ... 실행
```

```
Hello World
```

셋째, 셸 프로그램처럼 프로그램의 첫째 줄에 perl의 경로를 지정하고 둘째 줄 부터 프로그램을 작성한 후 실행허가권을 부여한다. 이렇게 하면 perl 명령어를 명시적으로 사용하지 않고 perl 프로그램을 실행할 수 있으며, 일반적으로 사용하는 실행 방법이다.

```
$ cat hello.pl                              ... 프로그램 내용
#!/usr/bin/perl                             ... 첫 줄에 perl의 절대 경로명 지정
print "Hello World\n";
$ chmod +x hello.pl                         ... 실행허가권 부여
$ ./hello.pl                                ... 실행
Hello World
```

자료와 변수

perl의 기본 자료로는 숫자와 문자열이 있다. C언어와 같이 숫자를 정수, 실수로 구분하지는 않으며, 숫자의 표기법은 C언어와 같아서 0x로 시작하면 16진수를, 0으로 시작하면 8진수를 나타낸다. 문자와 문자열의 구분이 없으며 문자열은 작은 따옴표(')나 큰 다옴표(")로 묶어서 나타낸다. 숫자 뿐 만 아니라 문자열도 한 개의 자료로 취급되며 한 개의 숫자나 문자열을 스칼라(scalar) 자료라고 한다.

스칼라 자료를 저장하는 변수는 $로 시작하는 이름을 사용한다. 변수는 선언 없이 사용할 수 있으며, 숫자와 문자열을 구분하지 않고 값을 저장할 수 있다.

```
$ cat var.pl                      ... 프로그램
#!/usr/bin/perl
$a = 10;
$a = $a + 20;
print "  \$a = $a\n";
$a = "Hello World";
print "  \$a = $a\n";
```

```
$ ./var.pl                        ... 실행
  $a = 30
  $a = Hello World
```

변수 이름의 $는 값을 읽을 때와 저장할 때 모두 사용한다. print 문에서 사용한 것과 같이 큰 따옴표로 묶은 문자열 안에 변수가 포함되어 있으면 변수 값으로 바꾸어 사용하며 $앞에 \를 사용하면 변수 값으로 바뀌지 않고 $가 그대로 사용된다. 작은따옴표로 묶은 문자열 안의 변수는 값으로 바뀌지 않는다.

연산자

연산자는 C언어에서 제공하는 대부분의 연산자를 사용할 수 있으며, C언어에서 제공하지 않는 다음과 같은 연산자를 추가로 제공한다. 문자열에 대한 연산들이 포함되어 있어서 문자열 처리가 C언어에 비해서 매우 편리하다.

연산자	동작
**	거듭제곱 (실수 연산도 가능)
.	문자열 연결 연산자 예) "abc"."xy"는 "abcxy"와 같음)
x	문자열 반복 연산자 ("ab" x 5은 "ababababab"과 같음)
eq ne lt gt le ge	문자열 비교
=~ !~	정규표현식 매칭 ($a =~ /hat/와 $a !~ /hat/는 변수 $a에 패턴 hat가 포함되어 있는 지와 포함되어 있지 않은 지 검사)
<=>	두 숫자 비교 (크기에 따라서 결과가 -1, 0, 1 중 하나임)
cmp	두 문자열 비교 (크기에 따라서 결과가 -1, 0, 1 중 하나임)
not and or xor	논리 연산자 (우선순위가 = 보다 낮음)

다음은 몇 가지 연산자의 동작을 확인하는 perl 프로그램이다.

```
$ cat op.pl
#!/usr/bin/perl
print  4 ** 2.5, "\n";                  ... 거듭제곱
print  "abc"."xy", "\n";                ... 연결
print  "abc" x 3, "\n";                 ... 반복
$a = 100;
print  $a <=> 50, "\n";                 ... 숫자비교 ( 결과가 -1,0,1 중 하나)
print  $a <=> 100, "\n";
print  $a <=> 200, "\n";
$ ./op.pl
32
abcxy
abcabcabc
1
0
-1
```

크기 비교의 결과는 참이면 1이, 거짓이면 널 문자열이 된다. 그리고 조건에서 널 문자열 또는 숫자 0은 거짓으로, 그렇지 않으면 참으로 판단한다. 숫자 연산을 수행하는 연산자에 대

해서 문자열이 사용되면 문자열 앞에 숫자가 포함되어 있으면 그 숫자로, 그렇지 않으면 0으로 바뀌어서 계산된다.

제어구문

perl은 C언어와 비슷한 if - else, while, for, do - while 제어 구문을 제공한다. 다음은 몇 가지 제어 구문을 사용한 perl 프로그램의 예이다. 여기서 C언어와의 차이점은 if문과 반복문에 대한 문장이 1개일지라도 중괄호 { }를 반드시 사용해야 한다는 것이다.

```
$a = 0;
if ($a == 0) {                          ... if - else 문
        print "zero\n";                 ... 1 문장이라도 중괄호를 사용해야 함
} else {
        print "non-zero\n";
}
```

```
$sum = 0;
$i = 1;
while ($i <= 10) {                      ... while 반복문
        $sum += $i;
        $i++;
}
print "sum = $sum\n";
$sum = 0;
$i = 1;
do {                                    ... do - while 반복문
        $sum += $i;
        $i++;
} while ($i <= 10);
print "sum = $sum\n";
```

```
$sum = 0;
for ($i=1; $i<=10; $i++) {              ... for 반복문
        $sum += $i;
}
print "sum = $sum\n";
```

perl에서 else 다음에 if를 사용해야 하는 경우에는 다음과 같이 elsif를 사용한다.

```
$a = 0;
if ($a == 0) {                          ... if - elsif - else 조건문
        print "zero\n";
} elsif ($a > 0) {
        print "positive\n";
```

```
} else {
        print "negative\n";
}
```

perl에서는 C언어에서 제공하지 않는 until, do - until, foreach 반복문도 제공한다. until 은 조건을 만족하지 않은 동안 반복을 수행하며, 조건을 만족하면 반복을 종료한다. foreach 반복문은 배열에서 소개한다. 다음은 until 반복문을 사용한 예이다.

```
$sum = 0;
$i = 1;
until ($i > 10) {
        $sum += $i;
        $i++;
}
print "sum = $sum\n";
```

```
$sum = 0;
$i = 1;
do {
        $sum += $i;
        $i++;
} until ($i > 10) {
print "sum = $sum\n";
```

C언어의 break와 continue에 해당하는 문장으로 Perl에서는 last와 next를 제공한다. last는 반복문을 종료하며, next는 현재 반복의 나머지 부분을 생략하고 다음 반복으로 건너뛴다.

배열과 리스트

대부분의 언어와 마찬가지로 Perl도 배열을 제공한다. Perl에서의 배열은 필요한 공간이 동적으로 할당되므로 배열의 크기를 사전에 선언하지 않고 사용할 수 있어서 C언어에 비해서 사용하기가 매우 편리하다. Perl에서 **배열 변수**는 여러 개의 값을 저장할 수 있으며, @arr와 같이 @으로 시작하는 이름을 사용한다.

배열 변수에 값을 저장하는 가장 간편한 방법은 다음과 같이 값들을 ( )로 묶고, 컴마로 구분하여 나타낸 **리스트**(list) 형태로 저장하는 것이다.

```
@arr = (1, 2, 3, 5, 7);
@arr2 = (100, "apple", 3.5);          ... 배열 원소에 숫자, 문자열이 섞여
있음
@arr3 = ( );                          ... 원소가 없는 배열
```

배열 원소는 다음과 같이 첨자를 대괄호 안에 넣어서 접근할 수 있으며 배열이름의 시작은 @뿐 만 아니라 $도 사용할 수 있다. 그리고 첨자는 0부터 시작한다.

```
@arr[0] 또는 $arr[0]                ... 첫째 원소
@arr[2] 또는$arr[2]                 ... 셋째 원소
```

배열의 각 원소 값은 다음과 같이 개별적으로 지정할 수도 있으며, 현재의 배열 크기를 넘어서는 첨자를 사용할 수 있으며 이 경우에는 배열의 크기가 자동적으로 확장된다.

```
@arr[5] = 200;                      ... 여섯째 원소에 200을 저장
```

연속된 정수들로 구성되는 리스트는 다음과 같이 **범위 연산자**를 사용하여 간편하게 나타낼 수 있다.

```
@arr = (1..5);                      ... (1,2,3,4,5)와 같음
@arr = 1..5;                        ... (1,2,3,4,5)와 같음
```

범위 연산자는 양쪽 값을 증가 순서로 사용해야 하다. 순서가 반대로 되면 원소가 없는 빈 리스트가 된다. 그리고 범위 연산자는 다음과 같이 리스트에서 개별적인 값과 함께 사용할 수 있다.

```
@arr = (1, 3..6, 8);                ... (1,3,4,5,6,8)와 같음
```

배열 변수를 다른 배열 변수에 저장하면 배열의 값이 그대로 복사되며, 스칼라 변수에 저장하면 배열의 크기로 변환되어 저장된다.

```
@arr = (1,3,5,7);
@arr2 = @arr;                       ... @arr2는 (1,3,5,7)을 저장
$c = @arr;                          ... $c는 4를 저장
```

배열을 스칼라 변수에 저장하는 것 이외에도 배열에 대해서 스칼라에 대한 연산을 수행해도 배열이 배열의 크기로 변환되어 연산을 수행한다. scalar(@arr)와 같이 scalar 함수를 명시적으로 사용하여 배열 크기로 변환할 수 있다. 그리고 $#arr은 배열의 마지막 첨자를 나타낸다. 이 값은 배열의 크기보다 1이 작다.

```
@arr = (1,3,5,7);
@arr2 = (2,4,8);
$a = @arr + @arr2;                  ... $a는 4 + 3 = 7 을 저장
$c = scalar(@arr);                  ... $c는 4
$e = $#arr;                         ... $e는 3
```

배열의 모든 원소는 다음과 같이 print문을 사용하여 한 번에 출력할 수 있다. 배열을 따옴표 없이 출력하면 원소들이 빈칸 없이 이어서 출력되며, 큰 따옴표 안에 배열을 사용하면 원소들이 빈칸으로 구분된다.

```
@arr = (1,3,5,7);
print @arr;                              ... 1357로 출력
print "@arr";                            ... 1 3 5 7로 출력
```

리스트 값은 배열 변수 뿐 만 아니라 다음과 같이 스칼라 변수들의 리스트에 저장할 수도 있다. 이 방법은 여러 개의 값을 여러 개의 변수에 한 번에 저장하는 데 편리하다.

```
($a, $b, $c) = (100, 150, 200);          ... $a는 100, $b는 150, $c는 200을 저장
```

Perl은 명령어 행의 인수들을 배열 변수 @ARGV을 통해서 제공한다. 배열 변수의 사용법을 이용하면 명령어 행 인수들을 쉽게 사용할 수 있다. 다음은 인수 개수와 모든 인수를 출력하는 프로그램이다.

```
$ cat arg.pl                             ... 인수 사용 프로그램
#!/usr/bin/perl
$n = scalar(@ARGV);
print $n, " arguments: \n";
for ($i = 0; $i < $n; $i++) {
        print "$ARGV[$i]\n";
}
$ ./arg.pl                               ... 실행
0 arguments:
$ ./arg.pl a b c perl                    ... 실행
4 arguments:
a
b
c
perl
```

배열에 대한 연산 및 제어구문

Perl은 배열이나 리스트에 대한 반복처리를 위해서 셸 프로그램의 for - do - done 반복문과 비슷한 역할을 하는 foreach 반복문을 제공한다. 다음은 foreach를 사용한 예이다.

```
foreach $n (1,3,5,7) {
    print $n, "\n";}
```

```
foreach $n (1..10) {                     ... for ($n=1; $n<=10; $n++)과 같은 동작
```

```
    print $n, "\n";
}
@fruit = ("apple", "mango", "melon");
foreach $name (@fruit) {
    print $name, "\n";
}
```

foreach에서 반복 변수를 지정하지 않으면 반복 변수로 기본 변수 $_를 사용한다.

```
foreach (1..10) {
    print $_, "\n";
}
```

그리고 배열에 대해서 사용가능한 다음과 같은 함수를 제공한다. Perl의 함수는 인수를 괄호 없이 제공해도 된다. push, pop, shift, unshift 함수는 배열에 원소를 추가하거 삭제할 때에 사용한다. push와 pop을 사용하여 스택을 구현할 수 있고, push와 unshift를 사용하여 큐를 구현할 수 있다.

함수	동작
sort	인수 배열의 원소들을 문자열로 간주하여 정렬하여 반환
reverse	인수 배열을 원소들의 순서를 반대로 바꾸어서 반환
push	첫째 인수 배열의 마지막에 둘째 인수 값을 추가한다.
pop	인수 배열의 마지막 원소를 반환하고, 배열에서 제거한다.
unshift	첫째 인수 배열의 맨 앞에 둘째 인수 값을 추가한다.
shift	인수 배열의 맨 앞 원소를 반환하고, 배열에서 제거한다.

다음은 배열에 대한 foreach 반복문과 함수들을 사용한 예이다.

```
$ cat arr2.pl                                   ... 프로그램
#!/usr/bin/perl
@a = ("tiger", "lion", "dog", "cat");

foreach (@a) { print "$_ : "; }                 ... 기본 변수 사용한 반복문
print "\n";

push(@a, "rabbit");
print "after push: @a\n";
unshift(@a, "elephant");
print "after unshift: @a\n";
$x = pop(@a);
```

```
print "after pop: $x / @a\n";
$x = shift(@a);
print "after shift: $x / @a\n";
$ ./arr2.pl                                         ... 실행
tiger : lion : dog : cat :
after push: tiger lion dog cat rabbit
after unshift: elephant tiger lion dog cat rabbit
after pop: rabbit / elephant tiger lion dog cat
after shift: elephant / tiger lion dog cat
```

함수

Perl은 사용자 정의 함수를 제공한다. 다음은 함수를 정의하는 형식이다.

```
sub 함수이름 {
        프로그램
}
```

함수에서 반환값은 C언어처럼 return을 사용하여 반환할 수 있으며 스칼라와 배열 모두 반환할 수 있다. 그리고 함수를 정의할 때에 함수의 인수를 명시적으로 나타내지 않지만, 기본 변수인 $_[0], $_[1] 등을 사용하여 인수를 참조한다. 정의된 함수는 C언어와 같이 다음 형식으로 호출할 수 있다.

```
함수이름(인수 ...)
```

다음은 함수를 정의하여 사용하는 예이다. 함수에서 변수는 my로 선언하면 함수 바깥의 변수와 같은 이름을 다른 변수로 사용할 수 있다. 이 예에서는 함수를 정의한 다음에 함수를 호출했지만, 함수 호출문 이후에 함수를 정의해도 된다.

```
$ cat c2f.pl                                        ... 프로그램
#!/usr/bin/perl

sub c2f {                                   ... 함수 정의
        my $c = $_[0];                      ... 첫째 인수를 지역변수에 저장
        return $c*9/5 + 32;
}

$c = 10;
$f = c2f($c);                               ... 함수 호출
print "c = $c, f = $f\n";
$ ./c2f.pl                                          ... 실행
c = 10, f = 50
```

파일 입출력

Perl에서 파일을 참조할 때에 사용하는 이름을 파일 핸들이라고 한다. 프로그램을 시작할 때에 표준입력, 표준출력, 표준에러출력이 오픈되어 각각 핸들 이름이 STDIN, STDOUT, STDERR으로 지정되어서 제공된다. 그리고 일반적인 파일은 다음과 같이 open 함수를 사용하여 오픈하여 파일 핸들을 지정할 수 있으며, close 함수를 사용하여 닫는다.

```
open (파일핸들, 파일이름)
close (파일핸들)
```

open 함수에서 파일이름 앞에 다음과 같이 모드를 붙여서 오픈하는 용도를 표시한다.

```
"filname" 또는 "<filename"        ... 입력
">filename"                       ... 출력
“>>filename"                      ... 출력(append)
```

파일 출력은 다음과 같이 print 함수를 사용하여 수행한다.

```
print "text";                     ... 표준출력으로 출력
print 파일핸들 "text";            ... 파일핸들의 파일로 출력
```

파일 입력은 다음과 같이 <파일핸들>을 사용하여 줄 단위로 입력을 수행한다. <파일핸들>을 스칼라 변수에 저장하면 한 줄을 입력받아서 스칼라 변수에 저장하고, 배열 변수에 저장하면 파일 끝까지 줄 단위로 입력받아서 배열 각 원소로 순서대로 저장한다. 그리고 <>와 같이 파일핸들을 사용하지 않으면 표준입력을 사용한다.

```
$line = <파일핸들>;               ... 줄 단위로 입력하여 변수에 저장
@array = <파일핸들>;              ... 파일 끝까지의 줄 단위 입력들을
                                      배열의 원소로 순서대로 저장
$line = <>;                       ... 표준입력에서 한 줄을 입력
```

다음은 파일 입출력을 포함한 프로그램이다.

```
$ cat file.pl                             ... 프로그램
#!/usr/bin/perl

print "--- standard input\n";             ... 표준입력
foreach $line (<stdin>) {
        print "> $line";
}
print "--- file read\n";                  ... 파일입력
open(FILE, "arg.pl");                 ... 입력파일 오픈
```

```
@lines = <FILE>;
close(FILE);
foreach $line (@lines) {
        print "$line";
}
print "--- file copy\n";                         ... 파일입출력
open(FILE, "arg.pl");                       ... 입력파일 오픈
open(FILE2, ">arg2.pl");                    ... 출력파일 오픈
foreach $line (<FILE>) {
        print FILE2 "$line";
}
$ file.pl                                      ... 실행
--- standard input
Hi Perl
Bye
> Hi Perl
> Bye
--- file read
#!/usr/bin/perl
$n = scalar(@ARGV);
print $n, " arguments: \n";
for ($i = 0; $i < $n; $i++) {
        print "$ARGV[$i]\n";
}
--- file copy
$ cat arg2.pl                                  ... 복사된 결과
#!/usr/bin/perl
$n = scalar(@ARGV);
print $n, " arguments: \n";
for ($i = 0; $i < $n; $i++) {
        print "$ARGV[$i]\n";
}
```

파일 연산

Perl은 셸에서의 test 명령어와 유사한 다음과 같은 형식의 파일 검사 연산자를 제공하여 조건식으로 사용하여 파일과 관련된 검사를 쉽게 할 수 있도록 한다.

```
-옵션 filename
```

각 옵션에 따른 동작은 다음과 같다.

옵션	의미	옵션	의미
b	블럭 장치 파일	e	존재하는 파일
c	문자 장치 파일	s	크기가 0보다 큰 존재하는 파일
d	디렉토리	r	읽기 허가권
f	보통 파일	w	쓰기 허가권
l	심볼릭 링크	x	실행 허가권
p	파이프 파일	u	set-user-id 허가권
S	소켓 파일	g	set-group-id 허가권
T	텍스트 파일	k	sticky 허가권
B	이진 파일	z	크가가 0인 존재하는 파일
M	마지막으로 수정된 이후 일수	o	사용자 소유
A	마지막으로 접근한 이후 일수		

다음은 파일 검사 연산자를 사용한 프로그램이다.

```
$ cat filetest.pl                                        ... 프로그램
#!/usr/bin/perl
foreach $fname (@ARGV) {
        if ( -l $fname) { print "$fname is a symbolic link\n"; }
        elsif (-d $fname) { print "$fname is a directory\n"; }
        elsif ( -f $fname) { print "$fname is a regular file\n"; }
        elsif ( -e $fname) { print "$fname is other type\n"; }
        else { print "$fname does not exist\n"; };
}
$ ./filetest.pl arg.pl /usr /dev/ttyS0 /bin/view foo     ... 실행
arg.pl is a regular file
/usr is a directory
/dev/ttyS0 is other type
/bin/view is a symbolic link
foo does not exist
```

정규표현식

Perl에서는 6.4절에서 소개했던 정규표현식을 확장하여 사용하였으며, perl에서 사용하는 정규표현식이 다른 프로그램에서도 널리 사용되어 Perl 호환 정규표현식(PCRE: perl compatible regular expression)이라고 불린다. perl은 정규표현식을 사용하는 다음과 같은 연산자를 제공한다.

연산자	동작
str =~ /*regex*/	문자열에 정규표현식 패턴이 포함되면 참
str !~ /*regex*/	문자열에 정규표현식 패턴이 포함되지 않으면 참
변수 =~ s/*regex*/str/	변수의 문자열에서 정규표현식 패턴에 매칭되는 첫째 문자열을 지정된 문자열로 치환.

정규표현식 패턴 매칭에서 / / 뒤에 i를 사용하면 대소문자 구분 없이 매칭을 수행하고 g를 사용하면 치환을 할 때에 패턴에 매칭되는 모든 문자열을 치환한다. 다음은 정규표현식을 사용하는 프로그램의 예이다.

```
$ cat reg.pl                                                    ... 프로그램
#!/usr/bin/perl
$s = "this is #tag# a regular expression.";
print "s = $s\n";
if ($s =~ /#.*#/) { print "find a pattern in s.\n"; }           ... 검사
$s =~ s/re.*r/@@@/;                                             ... 치환
print "s = $s\n";
$ ./reg.pl                                                      ... 실행
s = this is #tag# a regular expression.
find a pattern in s.
s = this is #tag# a @@@ession.
```

위의 프로그램의 동작에서 패턴 "re.*r"에 매칭되어 치환된 문자열이 "regular"가 아니라 "regular expr"임을 알 수 있다. 반복 연산자 *는 매칭될 수 있는 가장 긴 문자열을 찾는다.

정규표현식에 괄호 ( )가 포함되어 있으면 괄호 안의 매칭 결과를 $1, $2 ... 를 사용하여 얻을 수 있다. 다음은 이 기능을 사용하여 문자열이 패턴 "(.*)#(.*)#" 과 매칭되었을 때에 # 앞의 문자열과 #사이의 문자열을 추출하여 출력하는 프로그램이다.

```
$ cat reg2.pl                                                   ... 프로그램
#!/usr/bin/perl
$s = "this is #tag# a regular expression.";
print "s = $s\n";
if ($s =~ /(.*)#(.*)#/) {
        print "$1\n";                           ... # 앞의 문자열
        print "$2\n";                           ... # 사이의 문자열
}
$ ./reg2.pl                                                     ... 실행
s = this is #tag# a regular expression.
this is
tag
```

연관 배열 – 해시

Perl은 배열 뿐 만 아니라 awk와 같이 문자열을 첨자로 사용할 수 있는 연관 배열인 해시(hash)를 제공한다. 해쉬 변수의 이름은 %로 시작하며, 다음과 같이 ⇒ 을 사용하여 키와 값의 쌍을 나타내어 해쉬 변수의 원소들을 한 번에 지정할 수 있다. 여기서 문자열은 인용부호를 사용하지 않아도 된다.

```
%age = ("Kim" => 20, "Park" => 25, "Choi"=> 33, Lee => 50);
```

해쉬에 저장된 각 값들은 다음과 같이 키를 첨자로 사용하여 접근할 수 있다. 첨자 문자열에 해당되는 원소가 없으면, 읽는 경우에는 널 문자열이 반환되며, 저장하는 경우에는 새로운 해시 원소가 추가된다.

```
$a = $age{"Kim"};
$age{"Ahn"} = 50;
```

해시 변수 값을 보통 배열에 저장하면 키와 값들로 구성되는 배열이 된다. 그런데 배열에서의 원소 순서는 해시 변수 값을 초기화할 때 지정된 순서와 차이가 있을 수 있다.

```
%age = ("Kim" => 20, "Park" => 25, "Choi"=> 33, Lee => 50);
@arr = %age;                    ... 해쉬를 배열에 저장
print "@arr";                   ... 출력: Park 25 Choi 33 Lee 50 Kim 20
```

다음은 해시 변수에 대한 함수이다.

함수	동작
keys	해시 원소의 키들로 구성된 배열을 반환
values	해시 원소의 값들로 구성된 배열을 반환
each	해쉬 원소의 (키, 값) 쌍의 배열을 호출할 때마다 순서대로 반환
exists	지정된 원소가 존재하는 지 검사
delete	해시에서 지정된 원소를 제거

해쉬 변수에 저장된 모든 값들에 대한 처리는 each 함수를 사용하여 다음과 같이 수행할 수 있다.

```
while ( ($key, $value) = each %age) {
    print "$key => $value ";
}
                ... 출력: Park => 25 Choi => 33 Lee => 50 Kim => 20
```

그런데 해시 변수를 키 값이 정렬된 순서로 처리하기 위해서는 다음과 같이 keys 함수와 sort 함수를 사용하여 해시의 키를 정렬한 결과를 반복에 사용하면 된다.

```
foreach $key (sort keys %age) {
    print "$key => $age{$key} ";
}
          ... 출력: Choi => 33 Kim => 20 Lee => 50 Park => 25
```

Perl에서 **환경변수**는 해시 변수 %ENV에 저장되어 있다. 환경변수 이름을 키로 사용하면 환경변수 값을 얻을 수 있다.

```
print $ENV{HOME};                   ... 환경변수 HOME 값 출력
```

내장함수

Perl은 상당히 많은 수의 내장 함수를 제공하며 자세한 내역은 다음 명령어를 사용하여 확인할 수 있다.

```
$ man perlfunc
```

제공되는 함수들은 수학연산, 문자열, 배열, 정규표현식 처리와 관련된 함수들 뿐 만 아니라 유닉스/리눅스 시스템 호출과 네트워크 관련 함수들을 포함하고 있어서, 다양한 용도의 프로그램 작성이 가능하다.

이들 중에서 몇 가지의 함수들을 소개하면 다음과 같다.

함수	동작
chop(s)	문자열 s의 마지막 문자를 제거하여 반환
chomp(s)	문자열 s 마지막의 \n문자를 제거하여 반환
eval(s)	문자열 s로 나타낸 Perl 프로그램 문장을 실행
index(s, t, i)	문자열 s에서 주어진 위치 i부터 검색하여 특정 문자열 t가 포함된 위치를 반환. 위치가 생략되면 처음부터 검색.
split(/re/, s)	문자열 s를 정규표현식 re로 지정된 구분자로 분리한 리스트 값 반환
substr(s, i, len)	문자열 s의 위치 i부터 길이 len의 부분 문자열 반환. 길이가 생략되면 문자열 끝까지 반환
length(s)	문자열 s의 길이를 반환
system(s)	문자열 s로 나타낸 명령어를 셸에서 실행

다음은 문자열과 관련된 내장함수 chomp와 split를 사용한 프로그램이다. 한 줄의 입력을 읽을 때에 문자열에 '\n'이 포함된다. chomp를 사용하여 마지막 '\n'문자를 제거하였다. 그리고 split를 사용하여 빈칸, 탭, 개행 문자들의 반복을 구분자로 사용하여 한 줄의 문자열을 여러 단어로 구분하였다.

```
$ cat built.pl                                        ... 프로그램
#!/usr/bin/perl
$line=<stdin>;
print "Before chomp: $line\n";
chomp($line);
print "After chomp: $line\n";

@fields = split(/[ \t\n]+/,$line);
for ($i=0; $i<= $#fields; $i++) {
        print "$i : $fields[$i]\n";
}
$ ./built.pl                                          ... 실행
awk        perl  python    bash
Before chomp: awk        perl  python    bash

After chomp: awk        perl  python    bash
0 : awk
1 : perl
2 : python
3 : bash
```

9.3 Python

Python은 Perl과 같이 인터프리터 방식의 언어이다. Perl이 보고서 생성 등과 같은 응용 작업을 쉽게 작성할 수 있도록 지원할 목적으로 개발된 반면에, Python은 프로그램을 자료 구조와 객체 지향 프로그래밍을 쉽게 작성할 수 있도록 하는 프로그래밍 방법론을 지원한다. python은 C언어로 작성된 프로그램을 쉽게 사용할 수 있도록 하였기 때문에 많은 강력한 기능의 함수들이 지원하고 있다. 이 절에서는 python에 대한 기본적인 사항을 소개하며, 자세한 사항은 별도의 자료를 참조하기 바란다.

시작하기

python은 다음과 같이 프로그램을 입력하면서 대화형으로 실행할 수 있다.

```
$ python
Python 2.6.6 (r266:84292, Jul 23 2015, 15:22:56)
[GCC 4.4.7 20120313 (Red Hat 4.4.7-11)] on linux2
Type "help", "copyright", "credits" or "license" for more information.
>>> print "Hello, Python"
Hello, Python
>>> quit() 또는 ^D
$ _
```

Perl은 프로그램을 모두 입력한 후에 실행되지만 python은 한 줄 단위로 읽을 때마다 바로 실행된다. 그렇지만 대개는 Perl 프로그램처럼 다음과 같이 스크립트 파일로 작성하여 실행한다. 주석은 셸 스크립트와 같이 #을 사용하여 표시한다.

```
$ cat hello.py                                ... python 프로그램
#!/usr/bin/python
print "Hello, Python"         # first python program
$ ./hello.py                                  ... 실행
Hello, Python
```

자료형과 기본 연산

Python은 숫자, 문자열, 리스트, 사전과 같은 다양한 형태의 자료형을 제공한다. 각 자료는 모두 객체 형태로 저장된다.

숫자는 정수, 실수 뿐 만 아니라 1 + 2j와 같은 형태로 복소수를 나타낼 수 있다. 복소수의 실수부와 허수부는 다음과 같이 객체의 real과 imag 멤버를 참조하여 얻을 수 있으며, abs 함수는 복소수의 절대값도 계산한다.

```
a = 3 + 4j
re = a.real                   ... 3.0
im = a.imag                   ... 4.0
norm = abs(a)                 ... 5.0
```

숫자에 대한 연산은 +, -, *, /, %와 같은 기본적인 연산 이외에 거듭제곱 연산 **를 제공한다. 정수에 대한 연산 결과는 정수이다. 정수 간의 나눗셈에 대해서 실수 결과를 얻으려면 float 함수를 사용하여 적어도 하나의 정수를 실수로 변환한 후에 나눗셈을 수행해야 한다.

```
c = 3**4                      ... c = 81
d = 5
f = float(c) / d              ... f = 16.199999999999999 (16.2)
```

문자열은 인용부호 " 또는 ' 로 묶어서 표현한다. 다음과 같이 문자열에 \n를 포함하여 여러 줄의 문자열을 나타낼 수 있다.

```
multiline = "Hello\nYou need python\nPython is powerful language"
```

그런데 줄이 길어지면 읽기가 불편해진다. 이러한 문자열은 다음과 같이 세 개의 인용부호 사용하면 \n대신에 줄을 바꾸어서 문자열을 나타낼 수 있다.

```
multiline = """Hello                              ... 3개의 인용부호 사용
You need python
Python is powerful language"""
```

문자열에 대해서 +는 결합 연산을, *는 반복 연산을 수행한다.

```
a = "Python is "
b = "powerful language"
print a + b                 ... 출력: Python is powerful language
print "=" * 10              ... 출력: ==========
```

문자열은 첨자를 사용하여 특정 위치의 문자 또는 문자열을 접근할 수 있다. 한 개의 첨자 문자를 접근하는 것을 인덱싱(indexing)이라고 하며, 두 개의 첨자로 부분 문자열을 접근하는 것을 슬라이싱(slicing)이라고 한다. 다음은 인덱싱과 슬라이싱의 사용 예이다.

```
a = "Good Morning"
print a[0]                  ... 첫 문자: G
print a[-1]                 ... 마지막 문자: g
print a[0:4]                ... 첨자 0이상 4미만의 문자: Good
print a[:4]                 ... 첨자 4미만의 문자: Good
print a[5:]                 ... 첨자 5이상의 문자: Morning
print a[:]                  ... 모든 첨자의 문자: Good Morning
```

비교 연산자는 비교 결과에 따라서 참이면 True를, 거짓이면 False를 반환한다. 숫자와 문자열의 비교는 False이지만 문자열을 int 함수를 사용하여 정수로 변환하여 비교하면 값이 같은 경우에는 True가 된다.

```
print 10 > 2                ... 출력: True
print 10 == "10"            ... 출력: False
print 10 == int("10")... 출력: True
```

리스트와 튜플 자료형

리스트는 여러 개의 원소로 이루어진 자료형으로 배열을 나타낼 수 있다. 리스트는 대괄호 [ ] 안에 자료들을 컴마로 구분하여 나타낸다. 리스트의 원소로 임의의 자료형을 사용할 수 있다. 다음은 여러 가지 리스트의 예이다.

```
a = [1, 3, 5, 7]                            ... 숫자 리스트
b = [ ]                                     ... 빈 리스트
c = ['Python', 'is', 'powerful', 10]        ... 숫자, 문자열이 혼합된 리스트
d = [1, 2, [1, 2, 3]]                       ... 리스트 원소를 갖는 리스트
```

리스트도 문자열처럼 인덱싱과 슬라이싱을 할 수 있으며, 이를 사용하여 리스트의 원소의 일부분의 값을 변경할 수 있다. 그리고 리스트가 리스트의 원소인 경우에는 첨자를 2차원으로 사용하면 원소로 사용된 리스트 내의 원소를 접근할 수 있다.

```
a = [1, "two", 3, [4, 40], 5]
print a                         ... [1, 'two', 3, [4, 40], 5]
print a[0]                      ... 1
print a[-2]                     ... [4, 40]
print a[1:4]                    ... ['two', 3, [4, 40]]
print a[3][1]                   ... 40 (넷째 원소 [4,40]의 둘째 원소)
a[1:4] = [20, 30]               ... 세 원소가 두 원소로 바뀜
print a                         ... [1, 20, 30, 5]
```

리스트에 대해서도 +는 연결 연산자로, *는 반복 연산자로 사용된다. 그리고 리스트에 대해서 append, pop, sort, reverse와 같은 여러 가지 메소드를 제공한다.

리스트 자료형과 유사한 자료형으로 튜플(tuple)이 있다. 대괄호 [ ] 대신에 괄호 ( )를 사용하는 것이 다르며, 값을 변경시킬 수 있는 리스트와는 달리, 튜플은 값을 변화시킬 수 없다. 튜플 자료형은 괄호를 생략할 수 있다.

```
t = ( 3, 4, 5 )                 ... 아래 문장과 같은 의미
t = 3, 4, 5                     ... 튜플은 괄호를 사용하지 않아도 됨
```

사전 자료형

사전(Dictionary)는 키와 값의 쌍으로 이루어진 정보를 저장하는 자료형으로 연관 배열을 나타낼 수 있으며 Perl의 해시와 같은 자료형이다. 사전 자료형은 다음과 같은 형식으로 중괄호 { } 안에 키와 값의 쌍을 :로 구분하여 나타낼 수 있다.

```
age = {"Kim":20, "Park":25, "Choi":33, "Lee":50}
```

사전에 저장된 자료의 값은 age['Kim']과 같이 키를 첨자로 하여 접근하거나 변경할 수 있으며 새로운 키와 값의 쌍을 추가할 수 있다.

사전 변수에 대한 메소드로 키들의 리스트를 반환하는 keys, 키의 존재여부를 확인하는 has_key가 제공된다. 리스트와 사전의 원소는 del을 사용하여 제거할 수 있다.

```
agekey = age.keys()                    ... agekey에 사전 age의 키 배열 저장
del a[2]                               ... 리스트 a의 셋째 원소 제거
del age['Kim']                         ... 사전 age의 키가 'Kim'인 원소 제거
```

제어 구문

Python은 함수 정의나 제어 구문에서 사용하는 코드의 블록을 나타내기 위해서 중괄호를 사용하지 않고, 대신에 들여쓰기를 사용한다. 그리고 같은 코드 블록에 대해서는 같은 크기로 들여쓰기를 해야 한다. 이처럼 블록을 **들여쓰기**로 나타내므로 잘못된 들여쓰기를 하지 않도록 주의해야 한다.

다음은 if - else 문의 예이다. if 조건문과 else 다음에 콜론 : 을 사용해야 한다. 콜론은 다음에 들여쓰기한 새로운 블록이 시작된다는 것을 의미한다.

```
x = 10
if x < 0:
        print 'negative'
else:
        print 'non-negative'
```

그리고 else if 동작은 다음과 같이 elif를 사용하여 나타낸다.

```
x = 10
if x < 0:
        print 'negative'
elif x == 0:
        print 'zero'
else:
        print 'postive'
```

while과 반복문도 다음과 같이 비슷한 형식을 따른다.

```
# 0이상 10미만의 정수를 출력
```

```
c = 0
while c < 10 :
        print c
        c += 1
```

for 반복문은 다음과 같이 Perl의 foreach와 비슷한 형식을 갖는다. in 다음에는 리스트, 튜플 또는 문자열을 사용하여 구성 원소 또는 문자들에 대해서 반복하도록 한다.

```
for color in ['red', 'green', 'blue'] :
        print color,                              ... 개행문자 출력하지 않음
```

print 문은 기본적으로 마지막에 개행문자를 출력하지만, 위의 예에서와 같이 print 문 끝에 , 를 사용하면 개행문자를 출력하지 않아서 줄을 바꾸지 않는다. 그리고 앞의 while 문과 같은 문장을 다음과 같은 for 문으로 작성할 수 있다. 이 예에서 range(0,10)은 0이상 10미만의 정수로 구성된 리스트를 반환한다.

```
for c in range(0,10) :              ... for c in [0,1,2,3,4,5,6,7,8,9]와 같음
        print c
```

range 함수가 0부터 시작하는 경우에는 range(10)과 같이 사용해도 된다.

반복문에서 C언어와 같은 기능의 break와 continue 문을 제공한다. 그리고 문법적으로 문장이 필요한 곳에 작업이 필요 없을 때, 아무 일도 하지 않는 널 문장으로 사용되는 pass 문을 제공한다.

함수

Python에서는 def를 사용하여 다음과 같은 형식으로 함수를 정의한다.

```
def 함수이름(인수, ...) :
        문장들
```

다음은 함수를 정의하고 호출하는 예이다. Perl과 다르게 함수는 반드시 정의를 한 다음에 호출해야 하고, 함수 안에서 정의된 변수는 기본적으로 지역 변수이다.

```
def sum(a,b):                         ... 함수 정의
        s = a + b
        return s

x = sum(10, 20)                       ... 함수 호출
print x
```

함수도 객체이며 함수이름을 변수에 저장하면 변수를 함수 이름 대신 사용할 수 있다.

```
def sub(a,b):
        s = 2*a + b
        return s

f = sub                                    ... 함수 이름을 변수에 저장
print f(10, 20)                            ... 변수를 사용하여 함수 호출
```

함수를 호출할 때에 다음과 같이 매개변수 이름을 지정하여 값을 전달할 수 있다.

```
x = sub(b=10, a=20)                        ... x = sub(20, 10)과 같음
```

그리고 함수를 정의할 때에 다음과 같이 기본 인수 값을 지정할 수 있다. 함수를 호출할 때에 해당 인수가 지정되지 않으면 기본 인수 값을 사용한다.

```
def sub2(a,b=1):
        s = a * b
        return s
x = sub2(10)                               ... x = sub2(10, 1)과 같음
```

파일 입출력

print 문을 사용하여 표준출력을 하는 것은 이미 보았다. 표준 입력은 input 함수와 raw_input 함수를 사용하는 데, 프롬프트 문자열을 인수로 제공할 수 있다. raw_input 함수는 키보드 문자열 입력 그대로 입력을 받고, input 함수는 정수 문자열을 정수로 입력받는다. 문자열은 int 함수를 사용하면 정수로 변환할 수 있다. 다음과 같이 대화형 모드에서 두 함수의 동작의 차이점을 확인할 수 있다.

```
>>> a = input('Input: ')
Input: 256              ... 입력
>>> a
256                             ... 정수
>>> b = raw_input('Input: ')
Input: 256              ... 입력
>>> b
'256'                           ... 문자열
```

파일 입출력은 먼저 open 함수를 사용하여 오픈을 한 다음에 파일 객체의 readline 함수를 호출하여 줄 단위로 읽거나, readlines 함수를 호출하여 파일 전체를 읽어서 사용한다. 파일 전체를 입력받을 때에 입력은 줄들의 리스트로 반환된다. 다음은 파일을 읽어서 그대로 출력

하는 두 가지 방법의 예이다.

```
f = open("file.py", 'r')
while True:
    line = f.readline()                ... 줄 단위 입력
    if not line: break
    print line,
f.close()
```

```
f = open("file.py", 'r')
lines = f.readlines()                  ... 줄 전체 입력
f.close()
for line in lines:
    print line,
```

파일에 출력을 할 때에는 쓰기용으로 파일을 오픈한 다음에 파일 객체의 write 함수를 사용하여 출력을 한다.

```
f = open("new.txt", 'w')
data = "output message"
f.write(data)
f.close()
```

모듈 및 고급 기능

Python은 다른 파일에서 정의된 함수를 다음과 같이 import문을 사용하여 함수가 정의된 모듈이름을 지정하여 사용할 수 있다. 함수가 정의된 파일에서 확장자 .py를 제거한 파일이름을 모듈이름으로 사용한다.

```
    import 모듈이름
```

그리고 시스템에 대한 라이브러리를 제공하기 위해 sys 모듈이 제공되며, 이 이외에 많은 다양한 모듈을 사용할 수 있다. GUI 프로그래밍을 지원하는 모듈을 사용하면 GUI 프로그래밍도 가능하다. Python 프로그램에서 명령어 인수는 sys 모듈이 제공하는 sys.argv 리스트 변수를 통해서 전달된다. Python은 객체 지향 프로그래밍을 지원하며 이를 위하여 클래스를 지원한다. Python의 다양한 기능에 대해서는 별도의 자료를 참고하기 바란다.

9.4 bc

bc(basic calculator)는 임의의 정밀도로 수치 계산을 수행할 수 있는 스크립트 언어이다. bc 명령어는 5.5절에서 이미 소개한 바 있다. 원하는 자릿수의 계산 결과를 얻을 수 있는 것이 bc 계산기의 가장 큰 강점이다. bc는 C언어와 유사한 구문을 사용하며, -l 옵션을 사용하여 실행하면 표준 수학 라이브러리도 사용할 수 있어서 복잡한 수치 계산을 간단하게 실행시킬 수 있다. bc는 표준으로 정의된 POSIX bc가 있으며 리눅스에서 제공되는 bc는 이를 확장한 GNU bc이다. 다음은 bc를 대화형으로 실행하는 예이다.

```
$ bc                          ... 기본 실행
$ bc -l                       ... 표준 수학 라이브러리 사용
$ bc -s                       ... 표준 POSIX bc 사용
```

숫자

bc에서 가장 기본이 되는 구성요소가 숫자(number)로서 숫자는 임의의 자리수를 가질 수 있다. 기본적으로 10진수가 사용된다. ibase와 obase 키워드가 입력과 출력의 진수를 지정하는 데 사용되며 기본적으로 10으로 되어 있는 데, 이 값을 변경하여 다른 진수의 숫자를 입력받고, 다른 진수로 숫자를 출력할 수 있다.

bc에서 숫자만 입력하면 값이 바로 출력된다. 다음은 진수 값 변경에 따른 동작 예이다. Ctrl-D 또는 halt를 입력하면 bc가 종료된다.

```
$ bc -q                         ... 안내문 출력하지 않음
20          ... 입력 : 10진수 20
20          ... 출력 : 10진수 20
ibase=16    ... 16진수 입력 지정
20          ... 입력 : 16진수 20
32          ... 출력 : 10진수 32
obase=8     ... 8진수 출력 지정
20          ... 입력 : 16진수 20
40          ... 출력 : 8진수 40
ibase=A     ... 10진수 입력 지정 (16진수 A 사용)
obase=10    ... 10진수 출력 지정
20
20
halt 또는 ^D            ... 종료
```

변수와 배열

변수에 숫자를 저장할 수 있다. 변수는 단순 변수와 배열의 두 종류가 있다. 배열은 대괄호 [ ]를 첨자와 함께 사용하여 나타내며, 단순 변수와 이름이 같더라도 구분이 된다. 다음은 변수에 값을 저장하고 변수 값을 출력하는 예이다. 변수를 입력하면 값이 출력된다. 그리고 세미콜론 ;를 사용하여 한 줄에 여러 문장을 입력할 수 있다.

```
$ bc -q
x=10                        ... 변수
b[2]=5                      ... 배열
x[1]=8                      ... 배열
x; b[2]; x[1]               ... 값 출력
10
5
8
```

연산자

다음과 같은 C언어 연산자를 그대로 사용한다.

```
+     -     *     /     +=    -=    *=    /=
++    --    ==    !=    <     >     <=    >=
```

scale 키워드는 출력의 소수점이하 자릿수를 지정한다. 나눗셈 연산자 / 는 출력의 자릿수가 scale 값으로 정해진다. 나머지 연산자 %의 동작은 C언어에서는 정수 연산에 대해서만 사용 가능하지만 bc에서는 이러한 제약이 없으며 a % b의 결과는 a - a / b * b로 정의된다. 다음은 여러 scale 값에 대해서 나눗셈과 나머지 연산을 실행한 예이다.

```
10 / 7        ... 입력
1
10 % 7        ... 입력
3
scale=1       ... 소수점 이하 자리수 = 1
10 / 7        ... 입력
1.4
10 % 7        ... 입력
.2            ... = 10 - 7*1.4
scale=3       ... 소수점 이하 자리수 = 3
10 / 7        ... 입력
1.428
10 % 7        ... 입력
.004          ... = 10 - 7*1.428
```

&와 같은 비트 연산은 제공하지 않으며 다음과 같은 C언어의 논리 연산자는 POSIX bc에서는 제공하지 않지만, GNU bc에서는 사용할 수 있다.

```
&&        ||        !
```

^ 연산자는 C언어에서는 xor 비트연산자이지만 bc에서는 거듭제곱 연산자로 사용된다. ^의 둘째 오퍼런드는 정수만 사용할 수 있으며, 정수가 아닌 경우에는 정수부분 만 사용하여 계산하고 경고 메시지를 출력한다.

```
2^4          ... 입력
16
2^4.2        ... 입력
Runtime warning (func=(main), adr=9): non-zero scale in exponent
16
```

기본 내장 함수

bc는 다음과 같은 약간의 함수를 기본적으로 제공한다.

함수	동작
length(*expr*)	expr 결과의 유효숫자 자리수
scale(*expr*)	expr 결과의 소수점이하 자리수
sqrt(*expr*)	expr의 제곱근
read()	(GNU bc) 표준 입력에서 데이터를 읽음

출력

다음과 같이 할당문을 사용하면, 수식의 값은 변수에 저장하기만 하고 출력되지 않는다.

```
a = 3^5
```

할당문을 사용하지 않는 경우에는 수식은 연산을 수행하고, 연산 결과를 출력한다. 문자열은 큰 따옴표를 사용하여 나타낸다.

```
2^5                  ... 입력 : 연산식
32
length(3.2 + 4.55)   ... 입력 : 함수 호출
3
a                    ... 입력 : 변수
243
```

```
abc                    ... 입력 : 정의되지 않은 변수
0
"calculator"           ... 입력 : 문자열 (개행 문자는 포함될 수 없음)
calculator_            ... 커서가 출력 줄에 나타남
```

할당문을 사용하면서, 동시에 결과를 출력하려면 다음과 같이 할당문을 괄호 안에 넣어서 수식으로 만들면 된다.

```
(b = 3^5)              ... 입력 : 괄호 안에 넣은 할당문
243
```

그리고 변수를 증가시킬 때에 ++와 같은 연산자를 사용하면 할당문이 아니므로 값이 출력된다.

```
c=10
c += 1                 ... 입력 : 할당문 (출력 없음)
++c                    ... 입력 : 증가수식 (출력)
12
```

GNU bc에서는 print를 사용하여 수식이나 문자열을 출력할 수도 있다. print는 컴마로 구분된 수식과 문자열의 값을 빈칸 없이 순서대로 출력한다. 문자열만 입력하여 출력할 때에는 역슬래시(\)로 시작하는 특수 문자를 사용할 수 없지만 print에서는 사용가능하다. \t, \n과 같은 특수 문자가 문자열만 입력했을 때에는 그대로 출력되었지만 print에서는 기능을 수행하는 것을 다음 예에서 확인할 수 있다.

```
a=5                          ... 입력 : 할당문
"ab\tP\n"                    ... 입력 : 문자열
ab\tP\n
print a, 10, "ab\tc\n"       ... 입력 : print 문
510ab   c
_
```

제어문

프로그램 흐름에 대한 제어문인 if, while, for와 break를 사용할 수 있으며, GNU bc에서는 if - else 문과 continue 문도 사용가능하다. 다음은 100미만의 소수를 출력하는 프로그램을 제어문을 사용하여 파일로 작성한 것이다.

▸ **파일 prime**

```
# find all prime numbers below 100
(p[0]=2)
```

```
(p[1]=3)
i=2
for (q=3; q<100; q+=2) {
    flag=1
    for (k=1; q >= p[k]^2; k+=1) {
        if (q % p[k] == 0) {flag=0; break}
    }
    /* if flag is not changed, q is a prime number */
    if (flag==1) { (p[i]=q); i+=1 }
}
halt
```

파일로 작성된 프로그램은 다음과 같이 인수로 제공하여 실행시킬 수 있다. 이 때에 파일에 있는 프로그램에서 halt를 만나면 bc는 종료되며, 그렇지 않으면 종료되지 않는다.

```
$ bc -q prime                    ... 프로그램을 인수로 제공
2
3
3
5
7
... 생략 ...
97
$ _
```

주석

bc는 C언어와 같이 /*으로 시작하여 */으로 끝나는 주석을 사용할 수 있다. 그리고 셸에서와 같이 #을 사용하면 줄 끝까지 주석으로 처리된다. 파일 prime에 있는 프로그램은 두 종류의 주석을 모두 사용하였다.

함수

define을 사용하여 다음과 같이 함수를 작성할 수 있으며 return을 사용하여 값을 반환한다. auto 선언된 변수는 함수에서만 사용하는 지역 변수를 뜻한다. auto가 선언되지 않으면 전역 변수가 된다. 이 함수는 인수 x의 소수점 이하를 없애서 반환을 하는 데, scale 기능을 이용하여 소수점 이하를 없앴다.

```
define i(x) {
    auto s                  # local variable
    s = scale
    scale = 0
    x /= 1   /* round x down */
```

```
    scale = s
    return (x)
}
```

함수를 정의하였으면 다음과 같이 정의된 함수를 호출한다.

```
i(12.345)           ... 함수 호출
12
```

함수만 정의한 bc 프로그램을 별도의 파일에 저장한 후에 다음과 같이 이 파일을 인수로 사용하면 대화형 작업을 할 때에 정의된 함수를 사용할 수 있다.

```
$ bc -q integer     ... 사용자 정의 함수가 포함된 파일을 인수로 제공
i(12.345)           ... 함수 호출
12
```

함수는 다음과 같이 자신을 호출하여 재귀적으로 정의될 수 있다. 이 함수는 x!을 구하는 함수로서 재귀적으로 정의되었다.

```
define f(x) {
    if (x<=1) return 1;
    return f(x-1)*x;
}

f(5)                ... 함수 호출
120
```

수학 라이브러리 함수

bc를 -l 옵션을 함께 사용하여 실행하면 다음과 같은 수학 라이브러리를 사용할 수 있다. 그리고 scale 값이 20으로 설정된다.

함수	동작
s (x)	sin(x), x는 라디안 단위
c (x)	cos(x), x는 라디안 단위
a (x)	arctan(x), 반환값이 라디안 단위
l (x)	log(x), 자연 로그
e (x)	e(x), 무리수 e에 대해서 e_x
j (*n*,x)	베셀 함수 Jn(x)

tan(π/4) = 1이므로 4*arctan(1)를 계산하여 원주율을 얻을 수 있다. bc에서 수학 라이브러리 함수를 사용하면 소수점이하 100자리까지의 원주율 값을 다음과 같이 간단히 얻을 수 있다.

```
$ bc -l              ... 수학 함수를 사용
scale=100
pi=4*a(1)
pi
3.14159265358979323846264338327950288419716939937510582097494459230\
81640628620899862803482534211706
```

입력을 포함하는 프로그램

bc 프로그램을 파일에 저장하여 비대화형으로 실행을 할 때에는 read()를 사용하여 표준입력에서 데이터를 입력받을 수 있다. 그리고 셸 스크립트와 같이 프로그램의 첫 줄에 프로그램을 실행할 bc 명령어의 경로이름을 옵션과 함께 입력하고 실행허가권을 부여하면 프로그램 이름으로 실행하게 할 수 있다.

▸ **파일** testprime

```
#!/usr/bin/bc -q
print "Input a positive number : "
num = read()
if (num <= 0) { print "Invalid number\n"; break }
flag=1
for (k=2;  k*k <= num; k+=1) {
    if (num % k == 0) {flag=0; break}
}
if (flag==1) {
    print num, " is a prime number.\n"
} else {
    print num, " is not a prime number.\n"
}
halt
```

다음은 이와 같은 방식으로 위의 프로그램을 실행한 예이다.

```
$ chmod +x testprime
$ ./testprime
Input a positive number : 47
47 is a prime number.
$ ./testprime
Input a positive number : 30
30 is not a prime number.
```

명령어

이 장에서는 다음과 같은 명령어를 소개하였다.

awk perl python bc

Linux 복습문제

1. awk는 무슨 용도로 작성된 유틸리티인가?

2. awk 프로그램은 보통 프로그램과 어떠한 차이점이 있는가?

3. Perl 언어에서 배열과 해시(연관배열)의 차이점은 무엇인가?

4. Perl에서 파일 입력과 파일 출력은 어떻게 하는지 설명하시오.

5. python에서 리스트, 튜플, 사전 자료형의 차이점은 무엇인가?

Linux 연습문제

1. 다음과 같이 awk 프로그램을 작성하여 실행하시오.

(1) 다음 형식의 성적 자료 파일을 10명 이상의 자료가 포함되도록 작성하시오.
첫째 줄 : 학번, 이름과 과목명들이 나열되어 있음(과목은 3과목으로 가정)
둘째 줄부터 : 학번, 이름, 과목들의 성적들이 나열되어 있음

[성적 자료 예]

```
학번   이름   국어  영어  수학
1001  홍길동  80    70    90
1010  노가리  80    50    70 ...
```

(2) awk을 사용하여 위의 성적 자료에 대해서 학생들의 성적의 총점과 평균, 과목 평균을 계산하여 다음과 같이 출력하는 프로그램을 작성하여 실행시키시오. (평균은 소수점이하 첫째자리까지 출력하며, 출력 위치를 정확하게 맞추기 위해서는 폭을 지정해야 하므로 printf를 사용하는 것이 좋다. 성적 자료는 2번째 줄부터 있음에 유의하자.)

[출력 예]

```
학번  이름   국어 영어 수학 총점  평균
1001  홍길동  80   70   90   xxx   xx.y
1010  노가리  80   50   70   xxx   xx.y
        ...        ...        ...    ..
              xx.y xx.y xx.y
```

2. 1번 문제에서 과목 개수가 정해져 있지 않을 경우에 대해서 같은 일을 수행하는 awk 프로그램을 작성하시오. (과목별 합계는 과목별 변수 대신에 배열 변수에 저장할 수 있다.)

3. 2번 문제를 Perl로 작성하시오.

4. Perl에서 정규표현식 매칭은 어떻게 수행하는가? 그리고 IP주소에 대한 정규표현식을 작성하고 입력이 IP주소 형식인지를 판단하는 Perl 프로그램을 작성하시오.

5. 단어들이 한 줄에 1개씩 입력될 때에 입력된 단어들의 발생 빈도를 계수하여 단어와 함께 출력하는 Perl 프로그램을 작성하시오. (입력된 단어를 키로하는 연관배열을 사용하

는 것이 좋다.)

6. 5번 문제에서 한 줄에 1개씩 입력된다는 제약조건이 없는 경우에 대한 Perl 프로그램을 작성하시오.

7. bc는 다음과 같이 echo에서 수식을 공급받아서 숫자의 진법 변환에 사용할 수 있다.

```
$ echo 'obase=16; ibase=10; 34' | bc
22
```

이러한 기능을 참고하여 다음과 같이 실행하는 셸 프로그램을 작성하시오.

```
$ convbase 34 56            ... 기본적으로 10진수를 16진수로 변환
22 38
$ convbase -i10 -o2 56      ... -i는 입력 base, -o는 출력 base 지정
111000
```

chapter **10**

프로그래밍 도구

10.1 C 컴파일러

C 컴파일러 명령어

유닉스에는 원래 C 컴파일러 cc가 운영체제의 기본 유틸리티로 포함되어 있었으나, 최근에는 포함되어 있지 않으며 상업용 C 컴파일러가 별도로 판매되고 있다. 이 때문에 공개용인 GNU C 컴파일러인 gcc가 상업용 C 컴파일러 대신에 널리 사용되고 있으며 리눅스에서도 gcc가 기본적으로 제공된다. gcc는 원래의 C 컴파일러 명령어인 cc로 심볼릭 링크되어 있으므로 gcc대신 cc를 사용해도 된다.

GNU C 컴파일러의 사용법은 다음과 같다.

```
cc [-옵션 ... ] 파일 ...
gcc [-옵션 ... ] 파일 ...
```

.gcc는 상당히 많은 옵션들을 제공하는 데, 많이 사용되는 주요 옵션들은 다음과 같다.

옵션	동작
-o *outfile*	컴파일 결과를 파일 outfile에 저장함 (-o 옵션이 없으면 a.out에 저장)
-c	소스 파일을 컴파일하여 오브젝트 파일을 확장자 .o인 파일에 저장
-g	디버거를 위한 디버깅 정보를 컴파일 출력에 포함 (gdb가 사용)
-pg	프로파일을 위한 정보를 컴파일 출력에 포함 (gprof가 사용)
-I*dir*	디렉토리 dir을 헤더 파일을 검색할 디렉토리에 추가
-O*level*	level이 지정하는 수준의 최적화 컴파일. level은 0, 1, 2, 3, s를 사용. (이 옵션이 없거나 0이면 최적화를 수행하지 않고 컴파일)
-O	-O1과 같음
-D*name* -D*name*=*def*	매크로 name를 정의 (#define name과 같은 역할) 매크로 name을 값 def로 정의 (#define name def와 같은 역할)
-l*lib*	링크용 라이브러리 지정
-L*dir*	디렉토리 dir을 라이브러리 디렉토리에 추가
-S	기계어가 아닌 어셈블리 파일을 생성 (확장자 .s)
-std=*standard*	standard로 지정되는 버전의 C언어를 사용 (기본적으로 c89를 확장한 gnu89를 사용하며, c89, c99, gnu99, c++98, gnu++98 등을 사용가능)
-ansi	c89 표준 C언어 사용. -std=c89와 같음
-W*warn*	warn이 지정하는 경고 메시지 출력. (-Wall은 모든 경고 메시지 출력)
-w	모든 경고 메시지 제거

단일 모듈 프로그램

하나의 파일로 작성된 프로그램을 단일 모듈 프로그램이라고 한다. 리눅스의 많은 명령어들은 -로 시작되는 옵션을 제공하며 이러한 명령어를 C 프로그램으로 작성한다면 이러한 옵션을 처리해야 한다. 이러한 옵션 처리 방법을 소개할 목적으로 옵션 처리가 포함된 C 프로그램을 예로 들어서 단일 모듈 프로그램의 컴파일을 소개하고자 한다.

다음과 같은 함수 원형을 갖는 getopt() 함수를 사용하면 명령어 행의 - 로 시작하는 옵션 처리를 편리하게 수행할 수 있다. 이 함수를 사용하려면 <unistd.h>를 포함해야 한다.

```
int getopt(int argc, char *const argv[], const char *optstring);
extern char *optarg;
extern int optind, opterr, optopt;
```

getopt는 옵션을 파싱하는 함수로서, 인수 argc와 argv는 main 함수가 전달받은 명령어 행 인수를 그대로 전달하고 optstring은 옵션에 포함된 옵션문자들로 구성된 문자열을 전달한다.

옵션이 추가적인 인수를 필요로 하면 옵션문자 다음에 콜론(:)을 함께 쓴다. 예를 들어서 -h, -v, -f filename을 옵션으로 사용할 수 있다면 getopt에 제공되는 옵션문자열은 "hvf:"가 된다. getopt 함수는 다음과 같은 전역변수를 통하여 현재 파싱한 옵션과 관련된 정보를 제공한다.

옵션	동작
optarg	옵션 뒤에 옵션과 관련된 추가 인수가 오는 경우, 추가 인수에 대한 문자열을 가리킨다.
optind	다음번에 처리될 옵션의 인덱스이다.
opterr	문제가 있는 옵션에 대해서 0이 아닌 값을 제공한다.
optopt	알 수 없는 옵션에 대해서 옵션 문자를 저장하고, getopt는 ?를 반환

다음은 getopt 함수를 사용하여 옵션을 처리하는 C 프로그램의 예이다. 프로그램의 시작부분에서 getopt 함수가 -1을 반환될 때까지 반복하면서, 옵션 문자를 반환받아서 옵션을 나타내는 플래그 변수를 설정한 후에 설정된 옵션에 따라서 지정된 동작을 수행한다. 여기서는 단순하게 옵션 설정 정보를 출력하였다. getopt 함수는 더 이상 옵션이 없을 때에 -1을 반환한다.

```
// opt.c
// valid options: -f filename, -h, -v
#include <stdio.h>
#include <string.h>
#include <unistd.h>                // for getopt()

int main (int argc, char *const *argv)
{
          int flag_f = 0, flag_h = 0, flag_v = 0; // boolean flag
          int c;  // option
          char fname[20];

          while ((c = getopt (argc, argv, "f:hv")) != -1) {
                    // -1 means getopt() parse all options
                    switch (c) {
                    case 'f':
                              flag_f = 1;
                              strcpy(fname, optarg);
                              break;
                    case 'h':
                              flag_h = 1;
                              break;
                    case 'v':
                              flag_v = 1;
                              break;
```

```
                case '?':
                        printf ("Unknown flag : %c\n", optopt);
                        break;
                }
        }
        if (flag_f) {
                printf ("flag f is ON, fname = %s\n", fname);
        }
        if (flag_h) {
                printf ("flag h is ON\n");
        }
        if (flag_v) {
                printf ("flag v is ON\n");
        }
        return 0;
}
```

작성된 C 프로그램은 다음과 같이 소스코드 파일을 인수로 사용하여 컴파일을 한다. 에러가 없다면 실행파일 a.out을 생성한다.

```
$ cc opt.c
```

생성된 실행파일은 실행파일 이름을 명령어로 하여 실행시킨다.

```
$ ./a.out -h                  ... 현재 디렉토리가 경로 설정이 되지 않은 경우
flag h is ON
```

실행파일의 이름을 a.out 대신에 opt로 하려면 다음과 같이 -o 옵션을 사용하여 실행파일 이름을 지정한다.

```
$ cc opt.c -o opt 또는 cc -o opt opt.c
```

다음은 생성된 실행파일 opt를 다양한 옵션을 부여하여 동작을 확인한 예이다.

```
$ ./opt -f my -h -v               ... 옵션을 개별적으로 부여
flag f is ON, fname = my
flag h is ON
flag v is ON
$ ./opt -hvf my                   ... 옵션을 함께 부여 (f 다음의 문자열
flag f is ON, fname = my          ... 이 f옵션에 대한 추가인수로 사용됨)
flag h is ON
flag v is ON
$ ./opt -fhv                      ... f다음은 문자열 hv는 옵션이 아니라
flag f is ON, fname = hv          ... 추가인수로 사용됨
```

```
$ opt -x                                    ... 잘못된 옵션을 가지고 실행
opt: invalid option -- 'x'                  ... getopt 함수의 출력
Unknown flag : x
```

위의 여러 동작 예에서, getopt 함수는 단일 문자로 표시된 옵션을 개별적으로 제공할 때 뿐만 아니라 - 문자 다음에 함께 제공하더라도 이를 처리함을 확인할 수 있다. 그리고 추가인수를 필요로 하는 옵션은 옵션문자 다음의 문자열을 추가 인수로 사용한다는 것도 확인할 수 있다.

다중 모듈 프로그램

프로그램의 규모가 커지면 프로그램을 여러 개의 함수로 구성하여 작성하게 된다. 함수들을 여러 파일에 나누어서 작성한 후에 이를 합하여 하나의 프로그램으로 만들 수 있다. 이렇게 여러 개의 파일로 구성된 프로그램을 **다중 모듈 프로그래밍**이라고 한다. 특히, 여러 프로그램에서 **재사용이 가능한 함수**들을 별도의 파일로 작성하면 다른 프로그램에서도 이 함수들을 쉽게 이용할 수 있다.

앞에서 작성한 프로그램을 다음과 같이 동작하도록 수정해보자. 필요한 함수를 별도의 파일에 작성하고 이 함수를 main에서 호출하도록 한다.

옵션을 제외한 인수 문자열들을 줄을 바꾸어서 출력한다. 모든 옵션은 출력할 인수 문자열 앞에 지정해야 한다. -f 옵션은 출력할 파일이름을 지정한다. 이 옵션이 지정되지 않으면 표준 출력으로 출력한다. -v 옵션은 인수 문자열들을 역순으로 바꾸어서 출력한다. -h 옵션은 사용법 안내문을 출력하고 바로 종료한다. 잘못된 옵션을 사용하면 사용법 안내문을 출력하고 종료코드를 1로 하여 종료한다.

다음은 수정된 프로그램의 소스코드이다. 인수를 역순으로 바꾸어 복사하는 함수 reverse는 reverse.c에 작성하고, 이 함수에 대한 원형 선언은 reverse.h에서 하였다. 그리고 main 프로그램은 opt2.c에 수정하여 작성하였다.

▸ **파일 reverse.h**

```
// reverse.h
void reverse(char *src, char *dst)
```

▸ **파일 reverse.c**

```
// reverse.c
```

```
#include <string.h>
#include "reverse.h"

void reverse(char *src, char *dst)
{
        int i, j;
        int len = strlen(src);

        for (i=0, j=len-1; i < len; i++, j--)
                dst[i] = src[j];
        dst[i] = '\0';
}
```

▸ **파일 opt2.c**

```
// opt.c
#include <stdio.h>
#include <string.h>
#include <unistd.h>     // for getopt()
#include "reverse.h"    // for reverse()

int main (int argc, char *const *argv)
{
    int flag_f = 0, flag_v = 0; // boolean flag
    int c;                      // option
    char fname[30], str[100];
    int i;          // start index of normal argument
    FILE *fp;

    i = 1;
    while ((c = getopt (argc, argv, "f:hv")) != -1) {
        // -1 means getopt() parse all options
        switch (c) {
        case 'f':
            flag_f = 1;
            strcpy(fname, optarg);
            break;
        case 'v':
            flag_v = 1;
            break;
        case 'h':
            printf("Usage: %s -h -v -f filename arg ...\n", argv[0]);
            return 0;
            break;
        case '?':
            printf("Usage: %s -h -v -f filename arg ...\n", argv[0]);
```

```
            return 1;
            break;
        }
        i = optind;     // next index of this option
    }

    fp = stdout;        // default output : standard output
    if (flag_f) {
        fp = fopen(fname, "w");
        if (fp==NULL) {
            fprintf(stderr, "Cannot open file %s\n", fname);
            return 1;
        }
    }
    if (flag_v) {   // reverse output
        while (i < argc) {
            reverse(argv[i], str);
            fprintf(fp, "%s\n", str);
            i++;
        }
    } else {        // normal output
        while (i < argc) {
            fprintf(fp, "%s\n", argv[i]);
            i++;
        }
    }
    return 0;
}
```

2개의 파일로 구성된 이 프로그램은 다음과 같이 2개의 소스코드 파일을 인수로 제공하고 컴파일하여 실행파일을 생성한다.

```
$ cc -o opt2 opt2.c reverse.c
```

다중 모듈 프로그램을 컴파일할 때에는 cc는 각 소스코드 파일을 개별적으로 컴파일하여 오브젝트 파일을 생성한 후에 이 파일들을 링크하여 실행 파일을 만든다. 중간에 만들어진 각 소스코드에 대한 오브젝트 파일은 제거된다.

생성된 실행파일의 여러 옵션에 대한 실행 동작은 다음과 같다. 동작이 요구한 대로 동작함을 확인할 수 있다.

```
$ opt2 123 abc
123
abc
```

```
$ opt2 -v 123 abc
321
cba
$ opt2 -f out 123 abc
$ cat out
123
abc
$ opt2 -f out -v 123 abc
$ cat out
321
cba
$ opt2 -vh                              ... h 옵션이 있으면 다른 옵션은 무시됨
Usage: opt2 -h -v -f filename arg ...
```

개별적 컴파일 후 링크

다중 모듈 프로그램을 모든 소스코드 파일을 인수로 제공하여 컴파일하는 경우에는 소스코드 파일이 하나만 수정되더라도 모든 소스코드 파일을 다시 컴파일하여 오브젝트 파일들을 만든 후에 이들을 링크하여 실행파일을 만든다. 이러한 방법은 소스코드 파일의 개수가 많을 때에는 매우 비효율적이다.

소스코드 파일은 다음과 같이 -c 옵션을 사용하여 컴파일하면 오브젝트 파일을 개별적으로 만들 수 있다.

```
$ cc -c opt2.c
$ cc -c reverse.c
$ ls -l *.o
-rw-r--r-- 1 gdhong student 2768 2015-11-13 18:00 opt2.o
-rw-r--r-- 1 gdhong student 1456 2015-11-13 18:00 reverse.o
```

다음과 같이 개별적으로 생성된 오브젝트 파일을 인수로 제공하여 컴파일하면 링크되어 실행파일이 생성된다.

```
$ cc opt2.o reverse.o -o opt2
```

만약에 opt2.c를 수정한 후에 다시 컴파일 할 때에는 다음과 같이 2개의 명령어를 연속하여 수행한다.

```
$ cc -c opt2.c                          ... 수정된 opt2.c 컴파일
$ cc opt2.o reverse.o -o opt2           ... 링크하여 실행파일 생성
```

이 예는 소스코드 파일이 2개 밖에 없으므로 개별적으로 컴파일한 다음에 링크를 하는 것

이 번거로워 보일지라도, 소스코드 파일의 개수가 많은 경우에는 수정된 파일만 컴파일한 후 이미 존재하는 다른 오브젝트 파일들과 링크하여 실행파일을 생성하는 것이 더 효율적이다.

10.2 make 유틸리티

다중 모듈 프로그램을 개발할 때에 소스코드에 대한 수정이 계속하여 발생하게 된다. 이때에 수정한 소스코드에 대해서 cc -c를 실행하여 오브젝트 파일을 만들고, cc를 실행하여 실행파일을 만드는 과정을 반복해야 한다. 이러한 번거로운 작업은 make 유틸리티를 사용하여 자동화할 수 있다.

make와 makefile

make 명령어는 파일이 생성되는 의존 관계를 이용하여 최종 결과 파일을 생성하기 위해서 필요한 연속적인 작업들을 자동적으로 순서대로 실행시킨다. make를 사용하기 위해서는 먼저 파일들 간의 의존 관계와 파일을 생성하는 데 필요한 명령어들을 명시한 파일을 작성해야 한다. 이 파일은 대개 makefile 또는 Makefile의 이름을 사용한다.

makefile은 다음과 같은 형식의 규칙들로 구성된다. 명령어 리스트가 있는 줄은 탭 문자로 시작되어야 한다.

```
targetList : dependency_list
<탭>     명령어 리스트
```

그리고 규칙들은 나중에 생성되는 타겟을 먼저 기술하고, 먼저 생성되는 타겟을 나중에 기술한다. makefile을 만들기 위해서는 파일들 간의 의존 관계를 다음 그림과 같이 트리 형식으로 나타낸 후에 작성하면 편리하다.

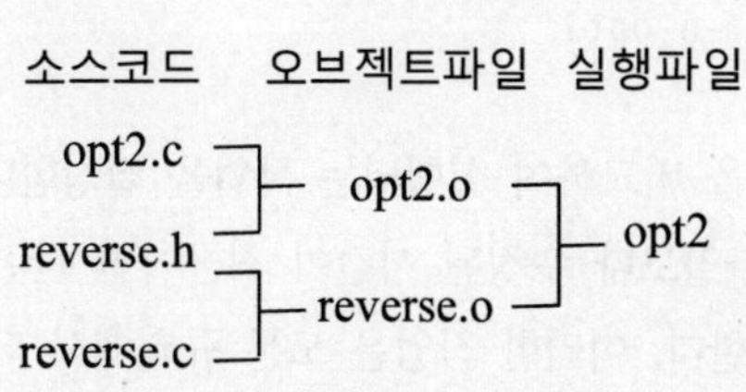

앞에서 작성했던 다중 모듈 프로그램에서 opt2를 생성하기 위한 파일의 의존 관계는 위의 그림과 같으며 이를 바탕으로 makefile은 다음과 같이 작성할 수 있다.

▸ **파일 makefile**

```
opt2 : opt2.o reverse.o
        cc opt2.o reverse.o -o opt2
opt2.o : opt2.c reverse.h
        cc -c opt2.c
reverse.o : reverse.c reverse.h
        cc -c reverse.c
```

makefile을 작성한 후에는 프로그램을 수정할 때마다 make를 실행하면 규칙에 따라서 필요한 작업을 순서대로 수행한다. 다음은 최초로 make를 실행한 결과이다. 작업 순서가 출력이 되면서 파일이 생성된다.

```
$ make
cc -c opt2.c
cc -c reverse.c
cc opt2.o reverse.o -o opt2
```

makefile의 규칙에서 명령어 앞에 @를 붙이면 make를 실행할 때에 수행하는 명령어 이름을 출력하지 않는다. make는 기본적으로 의존 관계를 나타내는 makefile로 파일 makefile을 사용하며, makefile이 없는 경우에는 Makefile을 사용한다. 다음과 같이 -f 옵션을 사용하면 임의의 파일을 규칙파일로 사용할 수 있다.

```
$ make -f my.make                          ... my.make가 makefile로 사용됨
```

다음은 opt2.c가 수정된 후 make를 실행한 결과이다. 먼저 opt2.c에서 opt2.o를 생성하는 명령어를 실행하고, 다음에 opt2를 생성하는 명령어를 실행한다. reverse.c에 대한 컴파일을 다시 수행하지 않는다.

```
$ make
cc -c opt2.c
cc opt2.o reverse.o -o opt2
```

make는 파일의 수정시간을 비교하여 실행되는 작업을 결정한다. 의존 리스트에 있는 파일 중 하나가 타겟 리스트의 파일보다 수정된 시간이 최근이면 관련된 명령어를 실행하여 타겟 리스트의 파일을 새로 생성한다. 이러한 작업은 모든 규칙에서 타겟 리스트 파일의 수정시간이 의존 리스트의 파일들의 수정시간보다 최근이 될 때까지 계속하여 실행된다.

touch 명령어

make를 실행한 후에 소스코드 파일을 변경하지 않으면 make를 다시 실행할 때 다음과 같은 메시지를 출력하고 아무 작업도 수행하지 않는다.

```
$ make
make: `opt2'는 이미 갱신되었습니다.
```

파일을 수정하지 않더라도 파일의 수정시간만 최근으로 변경한다면 make를 실행할 때 수정시간이 변경된 파일부터의 작업을 실행할 수 있다.

touch 명령어는 파일의 수정시간과 접근시간을 현재 시간으로 변경한다. 이 명령어는 소스코드의 수정 없이 make를 재실행하고자 할 때에 유용하다. 다음은 reverse.h의 수정시간을 현재로 변경한 후 make를 실행한 결과이다. reverse.h는 opt2.o와 reverse.o에 모두 의존 관계가 있으므로 모든 작업이 재실행된다.

```
$ touch reverse.h
$ make
cc -c opt2.c
cc -c reverse.c
cc opt2.o reverse.o -o opt2
```

makefile 변수

makefile에서도 변수를 사용할 수 있으며 매크로라고도 불린다. 변수는 다음과 같이 =를 사용하여 변수에 대한 문자열을 정의한다.

```
변수 = 문자열
```

그리고 다음과 같이 변수를 $와 함께 사용하면, 변수가 정의하는 문자열로 대치되어 변수 값을 사용할 수 있다.

```
$(변수)  또는  ${변수}
```

앞에서 작성했던 makefile에서 타겟 opt2에 대한 의존 리스트의 파일들이 cc 명령어의 인수로도 똑같이 사용된다. 다음의 makefile은 실행파일 생성에 사용되는 모든 오브젝트 파일 이름을 변수에 저장한 다음에 변수값을 의존 리스트와 cc 명령어의 인수로 사용하도록 수정하였다.

▸ **파일 makefile**

```
OBJS = opt2.o reverse.o                          ... 변수 정의

opt2 : $(OBJS)                                   ... 변수 값 사용
        cc $(OBJS) -o opt2                       ... 변수 값 사용
opt2.o : opt2.c reverse.h
        cc -c opt2.c
reverse.o : reverse.c reverse.h
        cc -c reverse.c
```

변수를 정의할 때에 := 를 사용할 수도 있는 데, 동작이 = 과는 다른 점이 있다. 그렇지만 변수가 정의하는 문자열에 다른 변수값이 포함되어 있지 않을 때에는 동작에 차이가 없다.

make의 미리 정의된 규칙

make는 많은 규칙들이 미리 정의되어 있다. 다음은 C 프로그램과 관련된 미리 정의된 규칙으로서 .c.o는 확장자 .c 파일에서 확장자 .o 파일을 생성하는 규칙을 나타낸 것이다.

```
.c.o:
        $(CC) -c $(CFLAGS)  -o $@ $<
```

위의 명령어에서 $@는 타겟의 이름을 나타내며, $<는 의존 리스트의 첫 번째 파일 이름을 나타낸다. 여기서 $@는 확장자가 .o인 오브젝트 파일 이름이며, $<는 확장자가 .c인 소스코드 파일 이름이다. 그리고 CC와 CFLAGS는 C 컴파일러와 C 컴파일러의 옵션을 저장한 미리 정의된 변수이다. CC는 기본적으로 cc로 정의되어 있으며, CFLAGS는 설정되어 있지 않아서 널로 되어 있다.

이러한 기본 규칙이 있으므로 C 소스코드에 대해서는 타겟과 의존 리스트 정보만 제공하고 명령어 리스트는 제공하지 않아도 기본 규칙을 따라서 컴파일 작업을 수행한다. 다음은 .c 파일에서 .o 파일을 생성할 때 수행하는 작업을 생략한 makefile이다.

파일 makefile

```
OBJS = opt2.o reverse.o                          ... 변수 정의

opt2 : $(OBJS)                                   ... 변수 값 사용
        cc $(OBJS) -o opt2                       ... 변수 값 사용
opt2.o : opt2.c reverse.h
reverse.o : reverse.c reverse.h
```

다음은 수정된 makefile을 사용하여 make를 실행한 예이다.

```
$ make
cc    -c -o opt2.o opt2.c
cc    -c -o reverse.o reverse.c
cc opt2.o reverse.o -o opt2
```

makefile에서 미리 정의된 변수 CC와 CFLGAS를 다시 정의하면 기본 규칙을 수행할 때에 재정의된 사항이 적용된다. CC값을 새로 지정하여 cc 이외의 C 컴파일러를 사용할 수 있으며 CFLAGS에 사용자가 원하는 컴파일러 옵션을 지정할 수 있다.

다음은 makefile에서 변수 CC와 CFLAGS을 새로 지정한 후에 실행한 예이다.

▸ **수정된 makefile**

```
CC = gcc
CFLAGS = -O
... 이하는 기존 파일 내용과 같음 ...
```

```
$ make
gcc -O   -c -o opt2.o opt2.c
gcc -O   -c -o reverse.o reverse.c
cc opt2.o reverse.o -o opt2
```

셸 프로그램과 같이 makefile에서도 #이 주석을 나타내는 데 사용된다. 다음과 같이 정의된 변수와 규칙을 잠시 사용하지 않을 목적으로 주석을 사용할 수 있다.

```
#CC = gcc                                   ... 주석으로 처리되어 사용되지 않음
#CFLAGS = -O
```

make의 목표 타겟 인수

make는 기본적으로 가장 앞에 있는 타겟을 목표로 명령어를 실행한다. 목표 타겟을 인수로 지정하여 실행시킬 수 있다. 다음은 reverse.o를 목표 타겟으로 하여 make를 실행시킨 예이다.

```
$ make reverse.o
cc    -c -o reverse.o reverse.c
```

make는 목표 타겟이 없거나 makefile이 없더라도 목표 타겟을 생성하기 위하여 미리 정의된 규칙을 적용한다. 예를 들어서 my.c라고 하는 C 프로그램을 작성한 후에 다음과 같이 my를 목표 타겟으로 하여 make를 실행하면 makefile이 없거나 makefile에 타겟 my가 없더라도 미리 정의된 규칙에 의해서 컴파일을 수행하여 실행파일 my를 생성한다.

```
$ make my
cc     my.c   -o my                         ... C 컴파일 수행
```

makefile을 작성할 때 타겟이 반드시 생성되는 파일일 필요는 없다. 파일 이름이 아닌 타겟을 **가짜 타겟**(phony target)이라고 하는 데, 파일 삭제와 같은 특정한 작업을 실행할 목적으로 많이 사용된다. 다음은 clean이라는 타겟에서 모든 오브젝트 파일 삭제 동작을 수행하도록 makefile을 수정한 것이다.

clean 타겟이 추가된 makefile

```
OBJS = opt2.o reverse.o                               ... 변수 정의

opt2 : $(OBJS)                                        ... 변수 값 사용
        cc $(OBJS) -o opt2                            ... 변수 값 사용
opt2.o : opt2.c reverse.h
reverse.o : reverse.c reverse.h

clean:
        rm $(OBJS)
```

컴파일 과정에서 생성된 오브젝트 파일은 다음과 같이 clean을 목표 타겟으로 하여 삭제할 수 있다.

```
$ make clean
rm opt2.o reverse.o
```

의존 관계가 없는 여러 개의 파일들을 생성해야 하는 경우에 다음과 같은 형식으로 가짜 타겟 all을 맨 앞에 만들어서 한꺼번에 이 파일들을 생성할 수 있다. 하나의 파일만 생성하려면 해당 타겟을 목표 타겟으로 사용하면 된다.

```
all: target1 target2 target3
target1: ...
    ...
target2: ...
    ...
target3: ...
    ...
```

10.3 디버거

디버거는 프로그램을 개발하는 과정에서 프로그램의 오류를 찾아서 해결하는 것을 도와준다. 리눅스는 심볼릭 디버거인 gdb를 기본적으로 제공한다. gdb는 C 언어를 포함한 여러 프로그래밍 언어로 작성된 프로그램의 디버깅을 도와주며 다음과 같은 작업을 가능하게 한다.

- 프로그램의 동작에 영향을 줄 수 있는 조건을 설정한 후 프로그램을 시작한다.
- 설정한 조건을 만족되면 프로그램을 정지시킨다.
- 프로그램이 정지되었을 때에 프로그램의 현재 상태를 검사한다.
- 내부 설정을 바꾸어서 오류를 수정하여, 다른 오류를 계속하여 찾아 나간다.

디버거용 컴파일 옵션

gdb를 사용하기 위해서는 C 컴파일을 할 때에 -g 옵션을 사용해야 한다. 직접 컴파일하여 실행파일을 생성할 때에는 다음과 같이 실행한다.

```
$ cc -g opt.c -o opt
$ cc -g opt2.c reverse.c -o opt2
```

그리고 makefile을 사용한 다중 모듈 프로그램을 컴파일을 할 때에는 오브젝트 파일을 생성할 때에만 -g 옵션을 사용하고 오브젝트 파일들을 링크할 때에는 -g 옵션을 사용할 필요가 없다. makefile의 CFLAGS 변수에 -g를 지정하면 된다.

▸ **디버깅을 위한 makefile**

```
CFLAGS = -g                                  ... 오브젝트 파일 생성 시 사용
OBJS = opt2.o reverse.o

opt2 : $(OBJS)
        cc $(OBJS) -o opt2                   ... 링크할 때에는 -g 옵션 불필요
opt2.o : opt2.c reverse.h
reverse.o : reverse.c reverse.h
```

디버거 사용을 위한 준비

gdb의 사용법을 소개하기 위해 다음과 같이 버퍼 오버플로우 실행 오류가 포함된 프로그램을

예로 사용한다. 이 프로그램은 두 개의 소스코드 파일 my.c와 mystrcpy.c로 구성되어 있다.

▸ **파일** my.c

```
#include <stdio.h>
#include "mystrcpy.h"

int  a;
char msg[8];

int main(void)
{
        a = 0x12345600;
        printf("address of a     = %x\n", &a);
        printf("address of msg[] = %x\n", msg);
        printf("before copy: a = %x\n", a);
        mystrcpy(msg, "12345678A");
        printf("msg = %s\n", msg);
        printf("after copy:  a = %x\n", a);
}
```

▸ **파일** mystrcpy.c

```
#include "mystrcpy.h"

void mystrcpy(char t[], char s[])
{
        int i;

        i = 0;
        while (s[i] != '\0') {
                t[i] = s[i];
                i++;
        }
        t[i] = '\0';
}
```

▸ **파일** mystrcpy.h

```
void mystrcpy(char s[], char t[]);
```

이 프로그램의 컴파일을 위한 makefile은 다음과 같다. gdb를 사용하기 위해서 CFLAGS 변수에 옵션 -g를 지정하였다.

▸ **파일 Makefile**

```
CFLAGS = -g                         # for debug
OBJS = my.o mystrcpy.o

my : $(OBJS)
      cc $(OBJS) -o my

my.o : mystrcpy.h
mystrcpy.o : mystrcpy.h
```

이 프로그램은 간단하므로 makefile을 사용하지 않고 다음과 같이 직접 컴파일해도 된다.

```
$ cc -g my.c mystrcpy.c -o my
```

이 프로그램을 실행하면 변수 a의 값을 바꾸지 않았는데도, 문자열 복사 후에 변수 a가 변경되었음을 확인할 수 있다.

```
$ my
address of a   = 6009e8
address of msg = 6009e0
before copy: a = 12345600                  ... 초기값
msg = 12345678A
after copy:  a = 12340041                  ... 값이 변경됨
```

디버거 사용

gdb는 다음과 같이 디버깅을 할 실행파일을 인수로 하여 실행시킨다.

```
$ gdb exefile
```

다음은 디버깅을 위해서 gdb에서 제공하는 주요 명령어이다. 대부분의 명령어들에 대해서 사용 편의를 위하여 약어를 사용할 수 있다.

명령어	동작
r, run	프로그램을 실행
q, quit	gdb 종료
b, break	지정된 번호의 행 또는 함수에 정지점(breakpoint)을 설정
cl, clear	설정된 정지점 제거
d, delete	모든 정지점 제거
cond, condition	정지점의 정지 조건 설정

wa, watch	변수나 수식에 데이터 정지점 설정
p, print	변수나 수식의 값을 출력
disp, display	변수나 수식의 값을 정지 시마다 출력
und, undisplay	display 설정을 해제함
c, continue	정지점을 만날 때까지 프로그램의 실행을 계속함
n, next	프로그램 다음 줄을 실행하고 정지. 함수 호출은 한 줄로 취급
s, step	프로그램 다음 줄을 실행하고 정지. 함수 호출시 함수로 들어감.
fin, finish	현재 함수 끝까지 실행하고 정지
u, until	지정된 번호의 행 또는 함수를 만날 때까지 실행하고 정지
l, list	현재 위치 또는 지정된 위치의 프로그램의 소스 코드 출력.
h, help	도움말 출력
bt, backtrace	프로그램 스택을 출력
up	현재 함수를 호출한 함수를 보여줌
down	현재 함수가 호출한 함수를 보여줌

오류의 원인을 찾기 위해서 gdb를 사용해보자. 디버깅할 프로그램의 실행파일을 인수로 하여 gdb를 실행시키면 '(gdb)' 프롬프트가 출력된다. 이 프롬프트에서 앞에서 소개한 gdb의 명령어를 사용할 수 있다.

run 명령어는 프로그램을 처음부터 실행하며 정지점이 설정되어 있지 않으면 종료될 때까지 실행한다. quit 명령어는 gdb를 종료한다.

```
$ gdb my                                         ... 디버거 시작
GNU gdb (GDB) Red Hat Enterprise Linux (7.2-75.el6)
... 생략 ...
Reading symbols from /home/gdhong/gdb/my...done.
(gdb) run                                        ... 프로그램 실행
Starting program: /home/gdhong/gdb/my
address of a     = 6009e8                        ... 프로그램 출력 시작
address of msg[] = 6009e0
before copy: a = 12345600
msg = 12345678A
after copy:  a = 12340041                        ... 프로그램 출력 마지막

Program exited with code 032.
Missing separate debuginfos, use: debuginfo-install glibc-2.12-1.149.el6_6.7.x86_64
(gdb) quit
$
```

소스코드 보기

list 명령어는 현재 위치의 소스코드 10줄을 출력하며, 반복하여 사용하면 다음 10줄을 출력한다. 디버거를 시작하면 main 함수를 포함한 파일이 현재 위치가 되며, list 명령어를 실행시키면 다음과 같이 이 파일의 소스코드를 출력한다.

```
(gdb) list                                         ... 현재 위치 소스코드 출력
1       #include <stdio.h>
2       #include "mystrcpy.h"
3
4       int  a;
5       char msg[8];
6
7       int main(void)
8       {
9               a = 0x12345600;
10              printf("address of a    = %x\n", &a);
```

list 명령어는 다음과 같이 인수를 사용하면 현재 소스 파일 또는 지정된 파일의 특정 행을 포함한 소스 코드나 지정된 함수의 소스코드를 출력한다.

list [파일이름:]행번호

list [파일이름:]함수

정지점 설정

break 명령어는 파일의 행번호 또는 함수이름을 인수로 사용하여 디버깅을 위한 정지점을 설정한다. 다음은 함수 mystrcpy가 포함된 파일의 10행을 정지점으로 설정한다. 소스코드를 출력하여 행 번호를 확인한 후에 행 번호를 정지점으로 설정하는 것이 일반적이다.

```
(gdb) list mystrcpy                                ... 함수 소스코드 출력
1       #include "mystrcpy.h"
2
3       void mystrcpy(char t[], char s[])
4       {
5               int i;
6
7               i = 0;
8               while (s[i] != '\0') {
9                       t[i] = s[i];
10                      i++;
(gdb) b 10                                         ... b mystrcpy.c:10과 같음
```

```
Breakpoint 1 at 0x400589: file mystrcpy.c, line 10.
```

정지점을 설정한 후에 run 명령어를 사용하면 프로그램의 처음부터 실행하기 시작하여 다음과 같이 정지점에서 멈춘다.

```
(gdb) run                                       ... 실행
Starting program: /home/gdhong/book/ch10/gdb/my
address of a   = 6009e8
address of msg = 6009e0
before copy: a = 12345600

Breakpoint 1, mystrcpy (t=0x6009e0 "1", s=0x4006e7 "12345678A") at mystrcpy.c:10
10                       i++;
```

데이터 출력

print 명령어는 정지점에서 변수나 수식의 값을 출력한다. 다음은 변수 a의 값을 출력한 것이다. 변수 a는 16진수로 출력하려면 print /x를 사용한다.

```
(gdb) print a                         ... 정수 변수 a 출력 (10진수 출력)
$1 = 305419776
(gdb) print /x a                      ... 16진수 출력
$2 = 0x12345600
```

print는 기본적으로 변수의 자료형에 따라서 값을 출력하며 print /형식을 사용하여 출력 형식을 지정할 수 있다. 형식으로는 다음과 같은 문자를 사용할 수 있다.

x (16진수), d (부호있는 10진수), u (부호없는 10진수), o (8진수), t (2진수), a (주소)

프로그램의 연속 실행

continue 명령어는 정지된 프로그램을 다음 정지점을 만날 때까지 계속하여 실행시킨다.

```
(gdb) continue
Continuing.

Breakpoint 1, mystrcpy (t=0x6009e0 "12", s=0x4006e7 "12345678A") at mystrcpy.c:10
10                       i++;
```

자동 데이터 출력

display 명령어는 프로그램이 정지될 때마다 변수나 수식의 값을 자동적으로 출력되도록 한다.

어떠한 값을 정지할 때마다 반복하여 확인하려면 print 대신에 display를 사용하는 것이 좋다. 다음은 display 명령어를 사용하여 변수 i와 a의 값을 출력한 것이다.

```
(gdb) display i
1: i = 1
(gdb) display /x a
2: /x a = 0x12345600
```

continue 명령어를 다시 사용하면 정지점에서 멈추며 display로 설정되었던 변수나 수식의 값이 자동적으로 출력된다.

```
(gdb) c
Continuing.

Breakpoint 1, mystrcpy (t=0x6009e0 "1234", s=0x4006e7 "12345678A") at mystrcpy.c:10
10                          i++;
2: /x a = 0x12345600
1: i = 2
```

continue 명령어를 반복 사용하여 프로그램을 실행시키면 다음과 같이 변수 a의 값이 변경되는 경우를 만나게 된다.

```
(gdb) c
Continuing.

Breakpoint 1, mystrcpy (t=0x6009e0 "12345678AV4\022", s=0x4006e7 "12345678A")
     at mystrcpy.c:10
10                          i++;
2: /x a = 0x12345641                                   ... a의 값이 변경됨
1: i = 8
```

크기가 8인 배열의 첨자가 i가 8이므로 유효한 첨자의 범위를 벗어나서 사용했기 때문에 오류가 발생했음을 알 수 있다. 그런데 오류를 찾기 위해서 continue 명령어를 여러 번 반복 사용해야 하며 출력 값을 주의 깊게 확인해야 한다.

정지점 관련 기능

condition 명령어는 설정된 정지점에 정지되는 조건을 추가로 지정한다. 정지점에 조건이 지정되면 조건을 만족할 때에만 프로그램이 멈추게 된다. condition 명령어를 사용하기 위해서는 정지점 번호가 필요하며, info break 명령어를 사용하면 현재 설정된 정지점 정보를을 번호와 함께 확인할 수 있다. 다음은 앞에서 정지점으로 지정한 위치에서 변수 a가 초기값과 다를

때에 정지하도록 조건을 추가한 후, 프로그램 실행을 계속하였다.

```
(gdb) info break                                        ... 현재 설정된 정지점
Num     Type           Disp Enb Address            What
1       breakpoint     keep y   0x0000000000400589 in mystrcpy at mystrcpy.c:10
        breakpoint already hit 1 time
(gdb) cond 1 a != 0x12345600                            ... 정지 조건 설정
(gdb) info b                                            ... 현재 설정된 정지점
Num     Type           Disp Enb Address            What
1       breakpoint     keep y   0x0000000000400589 in mystrcpy at mystrcpy.c:10
        stop only if a != 0x12345600
        breakpoint already hit 1 time
(gdb) c
Continuing.

Breakpoint 1, mystrcpy (t=0x6009e0 "12345678AV4\022", s=0x4006e7 "12345678A")
    at mystrcpy.c:10
10                      i++;
2: /x a = 0x12345641
1: i = 8
```

위와 같이 정지 조건을 추가할 수도 있지만, break 명령어는 정지점을 설정할 때 다음과 같이 정지되는 조건을 함께 지정할 수도 있다.

```
(gdb) b 10 if a != 0x12345600                           ... 조건을 포함한 정지점 설정
```

설정된 정지점은 clear 또는 delete 명령어를 사용하여 없앨 수 있다. clear 명령어는 인수로 제공되는 행 또는 함수에 대해서 설정된 정지점을 제거하며, delete 명령어는 모든 정지점을 제거한다. 그리고 disable과 enable 명령어를 사용하면 정지점을 일시적으로 비활성화하였다가 다시 활성화 시킬 수 있다. 다음은 이 명령어들의 여러 가지 사용 예이다.

```
(gdb) cl 10                         ... 10행에 설정된 정지점 제거
(gdb) cl mystrcpy                   ... 함수에 설정된 정지점 제거
(gdb) d                             ... 모든 정지점 제거
(gdb) dis b                         ... 모든 정지점 비활성화
(gdb) dis b 1 3                     ... 1, 3번 정지점 비활성화
(gdb) en b                          ... 모든 정지점 활성화
(gdb) en b 1 3                      ... 1, 3번 정지점 활성화
```

watch 명령어는 특정 변수나 수식의 값이 변경될 때마다 프로그램을 멈추도록 지정할 수 있다. 정지점으로 프로그램의 위치 대신에 데이터 위치를 사용하는 것이므로 **데이터 정지점**이라고 부르기도 한다.

다음은 디버거를 다시 시작하여 변수 a 값을 데이터 정지점으로 설정하고 프로그램을 실행한 것이다. 앞에서 수행했던 조건을 사용한 정지점 설정과 같은 위치에서 프로그램이 멈추었다.

```
(gdb) watch a                                    ... 데이터 정지점 설정
Hardware watchpoint 1: a
(gdb) run                                        ... 프로그램 실행
Starting program: /home/gdhong/book/ch10/gdb/my
Hardware watchpoint 1: a

Old value = 0
New value = 305419776                            ... a의 초기값 설정
main () at my.c:10
10              printf("address of a      = %x\n", &a);
Missing separate debuginfos, use: debuginfo-install glibc-2.12-1.149.el6_6.7.x86_64
(gdb) c                                          ... 실행 계속
Continuing.
address of a      = 6009e8
address of msg[] = 6009e0
before copy: a = 12345600
Hardware watchpoint 1: a

Old value = 305419776
New value = 305419841                            ... a값이 변경됨
mystrcpy (t=0x6009e0 "12345678AV4\022", s=0x4006eb "12345678A") at mystrcpy.c:10
10                      i++;
(gdb) p /x a                                     ... a를 16진수로 출력
$1 = 0x12345641
(gdb) p i                                        ... i를 출력
$2 = 8
```

프로그램의 실행 제어

next와 step 명령어는 정지된 프로그램을 소스 코드의 한 줄 단위로 실행하고 정지시킨다. 두 명령어의 차이점은 함수 호출을 할 때에 next는 한 줄의 코드로 처리하고, step은 호출되는 함수로 들어간다. 두 명령어는 next 6과 같이 숫자 인수를 사용하면 해당 명령어가 지정된 수만큼 반복하여 수행된다.

다음은 두 동작을 보기 위한 예이다. mystrcpy 함수 호출이 있는 행에 정지점을 설정한 후에 먼저 step을 실행시켜 보았다. 함수로 들어감을 확인할 수 있다.

```
(gdb) l my.c:10
5       char msg[8];
6
7       int main(void)
```

```
8       {
9               a = 0x12345600;
10              printf("address of a     = %x\n", &a);
11              printf("address of msg[] = %x\n", msg);
12              printf("before copy: a = %x\n", a);
13              mystrcpy(msg, "12345678A");
14              printf("msg = %s\n", msg);
(gdb) b 13                                          ... 정지점 설정
Breakpoint 1 at 0x40051a: file my.c, line 13.
(gdb) run                                           ... 프로그램 실행
Starting program: /home/gdhong/book/ch10/gdb/my
address of a     = 6009e8
address of msg[] = 6009e0
before copy: a = 12345600

Breakpoint 1, main () at my.c:13
13              mystrcpy(msg, "12345678A");
Missing separate debuginfos, use: debuginfo-install glibc-2.12-1.149.el6_6.7.x86_64
(gdb) step                                  ... 단계 실행 - 함수로 들어감
mystrcpy (t=0x6009e0 "", s=0x4006eb "12345678A") at mystrcpy.c:7
7               i = 0;
```

다음은 step 대신에 next를 실행시킨 결과이다. 13행의 함수 호출문을 실행하고 14행으로 이동됨을 확인할 수 있다.

```
(gdb) next
14              printf("msg = %s\n", msg);
```

finish 명령어는 정지점이 없다면 현재 함수의 끝까지 실행하고 정지한다. next 대신에 step으로 잘못 사용한 경우에 함수 실행을 끝내고자 할 때에 사용하면 편리하다. 다음은 함수 mystrcpy 내에서 정지된 후에 finish를 실행한 것이다.

```
(gdb) finish
Run till exit from #0  mystrcpy (t=0x6009e0 "123456", s=0x4006eb "12345678A")
    at mystrcpy.c:10
main () at my.c:14
14              printf("msg = %s\n", msg);
```

until 명령어는 break와 같이 행번호나 함수이름을 인수로 제공하면 이 위치에 도달할 때까지 계속하여 실행한다. 이러한 until의 동작은 한 번만 사용하는 **임시 정지점**을 지정하여 실행하는 것이라고 할 수 있다.

until을 인수 없이 실행하면 다음 행 번호가 임시 정지점으로 사용되어, 현재 행보다 뒤에

있는 문장까지 실행하고 정지한다. 이 명령어를 반복문 내에서 사용하면 반복문 내의 문장들이 한 번을 초과하여 단계적 실행이 되지 않도록 한다. 다음은 until을 반복문에서 사용한 예이다.

```
(gdb) u                                     ... 단계적 실행과 같음
8           while (s[i] != '\0') {
(gdb) u                                     ... 단계적 실행과 같음
9                   t[i] = s[i];
(gdb) u                                     ... 단계적 실행과 같음
10                  i++;
(gdb) u                                     ... 단계적 실행과 같음
8           while (s[i] != '\0') {
(gdb) u                                     ... 반복문 종료 후 정지
12          t[i] = '\0';
```

함수호출의 역추적

bt(backtrace) 명령어는 함수 안에서 정지해 있을 때에 모든 스택 프레임에 대한 정보를 스택 프레임마다 한 줄로 출력하여 프로그램이 어디서 호출되었는지에 대한 정보를 제공한다. up 명령어는 스택 프레임을 위로 이동하고, down 명령어는 스택 프레임을 아래로 이동한다. 다음은 mystrcpy 함수에서 정지해 있을 때 이 명령어들을 실행한 예이다.

```
(gdb) bt
#0  mystrcpy (t=0x6009e0 "", s=0x4006eb "12345678A") at mystrcpy.c:7
#1  0x0000000000400529 in main () at my.c:13
(gdb) up
#1  0x0000000000400529 in main () at my.c:13
13          mystrcpy(msg, "12345678A");
(gdb) down
#0  mystrcpy (t=0x6009e0 "", s=0x4006eb "12345678A") at mystrcpy.c:8
8           while (s[i] != '\0') {
```

변수 값 변경

print 명령어를 다음과 같이 사용하면 디버거에서 변수 값을 변경할 수 있다.

```
(gdb) print a=100
$1 = 100
```

다음과 같이 set var 명령어를 사용해도 변수 값을 변경할 수 있으며, 디버깅 중에 변수 값을 변경하는 것은 프로그램의 실행에 영향을 줄 수 있다.

```
(gdb) set var a=200
$2 = 200
```

10.4 프로그래밍 관련 유틸리티

프로그램 수행 감시 – gprof

gprof 명령어는 프로그램의 수행을 감시하는 도구로서, 프로그램을 실행할 때에 각 함수의 호출 횟수와 소요 시간을 수집하여 출력한다. 프로그램의 성능을 향상시키기 위해서는 많이 호출되며 소요 시간이 긴 함수의 최적화를 하는 것이 바람직하다. gprof가 생성한 정보는 프로그램의 성능 향상을 위해서 어느 부분을 개선해야 하는 지를 결정하는 데 도움을 준다.

gprof의 사용법을 설명하기 위하여 다음의 테스트용 프로그램을 사용한다.

▸ **파일** mygprof.c

```
#include<stdio.h>

static void func2(void);
void func1(void);
void new_func1(void);

int main(void)
{
        int i;

        printf("Inside main()\n");
        for(i=0; i<0x1000000; i++)
                ;
        func1();
        func2();
        return 0;
}

void func1(void)
{
        int     i;

        printf("Inside func1 \n");
        for(i=0; i<100;i++)
                new_func1();
        return;
}

static void func2(void)
```

```
{
        int i;

        printf("Inside func2 \n");
        for(i=0; i<0x900000; i++)
                ;
        return;
}

void new_func1(void)
{
        int i;

        for(i=0; i<0x110000; i++)
                ;
        return;
}
```

이 프로그램에 대해서 gprof를 사용하기 위해서는 -pg 옵션을 사용하여 컴파일해야 한다. 디버깅 옵션인 -g는 목적파일을 링크할 때는 사용할 필요가 없지만, -pg 옵션은 목적파일을 링크 할 때에도 사용해야 한다.

```
$ cc -pg my.c -o mygprof
```

생성된 실행파일을 다음과 같이 실행시키면 gmon.out이라는 profile용 파일이 생성된다.

```
$ myprof
Inside main()
Inside func1
Inside func2
$ ls
gmon.out  mygprof.c  myprof
```

gprof 명령어는 다음과 같이 실행파일과 앞에서 생성된 profile용 파일을 인수로 하여 실행한다. profile용 파일이름이 gmon.out인 경우는 생략할 수 있다. -b 옵션은 간단한 출력을 제공하며, 실행 결과로 flat profile과 call graph가 출력된다. 이 옵션이 없으면 설명문을 포함한 긴 내용이 출력된다.

```
$ gprof -b myprof gmon.out          … 간단한 출력
Flat profile:

Each sample counts as 0.01 seconds.
  %   cumulative   self              self     total
```

```
time    seconds   seconds    calls  ms/call  ms/call  name
82.53      0.50      0.50      100     4.95     4.95  new_func1
11.79      0.57      0.07                             main
 6.74      0.61      0.04        1    40.42    40.42  func2
 0.00      0.61      0.00        1     0.00   495.16  func1


                      Call graph


granularity: each sample hit covers 2 byte(s) for 1.65% of 0.61 seconds

index % time    self  children    called     name
                                                 <spontaneous>
[1]    100.0    0.07    0.54                 main [1]
                0.00    0.50       1/1           func1 [3]
                0.04    0.00       1/1           func2 [4]
-----------------------------------------------
                0.50    0.00     100/100         func1 [3]
[2]     81.7    0.50    0.00     100         new_func1 [2]
-----------------------------------------------
                0.00    0.50       1/1           main [1]
[3]     81.7    0.00    0.50       1         func1 [3]
                0.50    0.00     100/100         new_func1 [2]
-----------------------------------------------
                0.04    0.00       1/1           main [1]
[4]      6.7    0.04    0.00       1         func2 [4]
-----------------------------------------------


Index by function name

   [3] func1                  [1] main
   [4] func2                  [2] new_func1
```

그리고 -a 옵션을 사용하면 함수를 포함한 파일 내에서만 호출될 수 있는 static 함수에 대한 프로파일은 출력되지 않는다.

```
$ gprof -a -b myprof  또는 gprof -ab myprof
Flat profile:

Each sample counts as 0.01 seconds.
  %   cumulative   self              self     total
 time   seconds   seconds    calls  ms/call  ms/call  name
 82.53      0.50      0.50      100     4.95     4.95  new_func1
 11.79      0.57      0.07                             main
```

```
  6.74      0.61     0.04       2    20.21  267.79  func1


                         Call graph


granularity: each sample hit covers 2 byte(s) for 1.65% of 0.61 seconds

index % time    self  children    called     name
                                                 <spontaneous>
[1]    100.0    0.07    0.54                 main [1]
                0.04    0.50       2/2           func1 [2]
-----------------------------------------------
                0.04    0.50       2/2           main [1]
[2]     88.3    0.04    0.50       2         func1 [2]
                0.50    0.00     100/100         new_func1 [3]
-----------------------------------------------
                0.50    0.00     100/100         func1 [2]
[3]     81.7    0.50    0.00     100         new_func1 [3]
-----------------------------------------------


Index by function name

   [2] func1                   [1] main                    [3] new_func1
```

C 프로그램 검사 - splint

UNIX에서는 C 프로그램을 검사하여 문법 오류는 아니지만 프로그램 실행 중에 발생할 수 있는 잠재적 오류를 찾아주는 lint라고 하는 유틸리티가 제공되었다. 리눅스에서는 splint (Secure programming lint) 명령어가 이러한 역할을 수행한다. splint는 인수로 제공된 C 프로그램에 대해서 보안 취약성과 흔히 범하는 프로그래밍 오류를 검사하여 알려준다. 잠재적 오류를 포함한 다음 프로그램을 예로 사용하여 splint를 사용해보자.

▸ 파일 bug.c

```
#include <stdio.h>
#include <stdlib.h>

void foo(void)
{
        int *p, *q;
        int a, b;                ... 변수 b는 사용되지 않음

```

```
        p = (int *)malloc(sizeof(int));
        *p = 100;                  ... 널 포인터 참조 가능
        free(p);
        a = *p;                            ... 기억장소 반환 후 사용
        free(q);                           ... 할당되지 않은 기억장소 반환
}
```

이 프로그램은 문법 오류가 없기 때문에 컴파일을 하면 정상적으로 컴파일되어 다음과 같이 오브젝트 파일을 생성한다.

```
$ cc -c bug.c
$ ls
bug.c  bug.o
```

그렇지만 splint를 수행하면 다음과 같이 이 프로그램에 대한 잠재적 오류를 찾아준다.

```
$ splint bug.c
Splint 3.1.2 --- 07 Feb 2011

bug.c: (in function foo)
bug.c:10:3: Dereference of possibly null pointer p: *p
  A possibly null pointer is dereferenced.  Value is either the result of a
  function which may return null (in which case, code should check it is not
  null), or a global, parameter or structure field declared with the null
  qualifier. (Use -nullderef to inhibit warning)
   bug.c:9:6: Storage p may become null
bug.c:12:7: Variable p used after being released
  Memory is used after it has been released (either by passing as an only param
  or assigning to an only global). (Use -usereleased to inhibit warning)
   bug.c:11:7: Storage p released
bug.c:13:7: Unallocated storage q passed as out parameter: q
  An rvalue is used that may not be initialized to a value on some execution
  path. (Use -usedef to inhibit warning)
bug.c:7:9: Variable b declared but not used
  A variable is declared but never used. Use /*@unused@*/ in front of
  declaration to suppress message. (Use -varuse to inhibit warning)

Finished checking --- 4 code warnings
```

심볼 출력 – nm

컴파일러에 의해서 생성된 실행 파일에는 심볼들이 포함되어 있다. nm 명령어는 이러한 심볼들을 출력한다. 다음은 앞에서 gdb를 사용하는 예로서 작성했던 실행파일에 대해서 nm을 사용한 예이다.

```
$ nm my
0000000000600808 d _DYNAMIC
... 중간 생략 ...
00000000004004c4 T main
00000000006009e0 B msg
000000000040055c T mystrcpy
                 U printf@@GLIBC_2.2.5
```

심볼 제거 – strip

컴파일러에 의해서 생성된 실행 파일에는 심볼들이 포함되어 있다. gdb와 gprof을 사용하기 위해서 -g와 -pg와 같은 옵션을 함께 사용하여 컴파일을 하면 더 많은 정보가 실행파일에 포함된다. strip 명령어는 실행파일에서 실행하는 데 필수적이 아닌 이러한 심볼들을 제거하여 실행파일의 크기를 줄인다.

다음은 strip 명령어에 의해서 심볼이 제거되기 전의 컴파일 옵션을 다르게 사용한 세 실행 파일의 크기를 보여준다.

```
$ ls -l my my-g my-O
-rwxr-xr-x 1 gdhong student 6882 2015-11-24 13:04 my
-rwxr-xr-x 1 gdhong student 6818 2015-11-24 13:05 my-O          ... -O 옵션
-rwxr-xr-x 1 gdhong student 8658 2015-11-24 13:05 my-g          ... -g 옵션
```

다음과 같이 이 실행파일들에 대해서 strip 명령어를 사용하여 심볼을 제거하면 실행파일의 크기가 작아진다.

```
$ strip my my-g my-O                              ... 심볼 제거
$ ls -l my my-g my-O
-rwxr-xr-x 1 gdhong student 4584 2015-11-24 13:35 my
-rwxr-xr-x 1 gdhong student 4520 2015-11-24 13:34 my-O
-rwxr-xr-x 1 gdhong student 4584 2015-11-24 13:34 my-g
```

심볼을 제거한 후에는 nm을 실행시키면 다음과 같이 심볼이 없다고 출력된다.

```
$ nm my
nm: my: no symbols
```

실행 파일 정보 – readelf

리눅스의 실행 파일과 오브젝트 파일은 ELF 형식을 주로 사용한다. 초기의 유닉스 운영체제에서는 a.out 형식을 사용하였는데 확장성의 한계와 동적 링크의 어려움으로 인하여 지금은

거의 사용되고 있지 않다. a.out 형식 다음에 COFF(Common Object File Format)형식이 사용되었으며, 그 후에 ELF(Executable Linking Format) 형식이 나와서 유닉스와 리눅스에서 널리 사용되고 있다.

ELF 파일의 형식은 다음 그림과 같다. **섹션**은 어셈블러나 링커가 사용하는 단위이며, **세그먼트**는 실행을 하기 위해서 메모리에 적재할 때에 사용하는 단위이다. 세그먼트는 1개 이상의 섹션으로 구성된다.

ELF 헤더
프로그램 헤더 테이블 (선택사항)
섹션 1
....
섹션 n
....
....
섹션 헤더 테이블

링크 관점 형식

ELF 헤더
프로그램 헤더 테이블
세그먼트 1
세그먼트 2
....
섹션 헤더 테이블 (선택사항)

실행 관점 형식

readelf 명령어는 ELF 형식의 오브젝트 파일이나 실행파일의 정보를 제공한다. 옵션을 사용하여 제공되는 정보의 종류를 정한다. 몇 개의 옵션의 동작만 살펴보자.

-S 옵션을 사용하면 ELF 섹션 헤더의 정보를 출력한다. 다음은 오브젝트 파일 my.o에 대해서 실행한 예이다.

```
$ readelf -S my.o
There are 13 section headers, starting at offset 0x200:

Section Headers:
  [Nr] Name              Type             Address           Offset
       Size              EntSize          Flags  Link  Info  Align
  [ 0]                   NULL             0000000000000000  00000000
       0000000000000000  0000000000000000           0     0     0
  [ 1] .text             PROGBITS         0000000000000000  00000040
       0000000000000088  0000000000000000  AX       0     0     4
  [ 2] .rela.text        RELA             0000000000000000  000006b8
       00000000000001c8  0000000000000018          11     1     8
  [ 3] .data             PROGBITS         0000000000000000  000000c8
       0000000000000000  0000000000000000  WA       0     0     4
  [ 4] .bss              NOBITS           0000000000000000  000000c8
       0000000000000000  0000000000000000  WA       0     0     4
  ... 이하 생략 ...
```

-l 옵션은 ELF 프로그램 헤더(세그먼트 헤더) 정보를 출력한다. 다음은 실행 파일 my에 대해서 실행한 예이다.

```
$ readelf -l my

Elf file type is EXEC (Executable file)
Entry point 0x4003e0
There are 8 program headers, starting at offset 64

Program Headers:
  Type           Offset             VirtAddr           PhysAddr
                 FileSiz            MemSiz              Flags  Align
  PHDR           0x0000000000000040 0x0000000000400040 0x0000000000400040
                 0x00000000000001c0 0x00000000000001c0  R E    8
  INTERP         0x0000000000000200 0x0000000000400200 0x0000000000400200
                 0x000000000000001c 0x000000000000001c  R      1
      [Requesting program interpreter: /lib64/ld-linux-x86-64.so.2]
  LOAD           0x0000000000000000 0x0000000000400000 0x0000000000400000
                 0x000000000000079c 0x000000000000079c  R E    200000
  LOAD           0x00000000000007a0 0x00000000006007a0 0x00000000006007a0
                 0x00000000000001ec 0x0000000000000210  RW     200000
  DYNAMIC        0x00000000000007c8 0x00000000006007c8 0x00000000006007c8
                 0x0000000000000190 0x0000000000000190  RW     8
  NOTE           0x000000000000021c 0x000000000040021c 0x000000000040021c
                 0x0000000000000044 0x0000000000000044  R      4
  GNU_EH_FRAME   0x00000000000006e4 0x00000000004006e4 0x00000000004006e4
                 0x000000000000002c 0x000000000000002c  R      4
  GNU_STACK      0x0000000000000000 0x0000000000000000 0x0000000000000000
                 0x0000000000000000 0x0000000000000000  RW     8

 Section to Segment mapping:
  Segment Sections...
   00
   01     .interp
   02     .interp .note.ABI-tag .note.gnu.build-id .gnu.hash .dynsym
.dynstr .gnu.version .gnu.version_r .rela.dyn .rela.plt .init .plt .text
.fini .rodata .eh_frame_hdr .eh_frame
   03     .ctors .dtors .jcr .dynamic .got .got.plt .data .bss
   04     .dynamic
   05     .note.ABI-tag .note.gnu.build-id
   06     .eh_frame_hdr
   07
```

소문자인 -s 옵션을 사용하면 심볼 테이블을 출력한다. 다음은 my.o에 대해서 실행한 예이다.

```
$ readelf -s my.o

Symbol table '.symtab' contains 14 entries:
   Num:    Value          Size Type    Bind   Vis      Ndx Name
     0: 0000000000000000     0 NOTYPE  LOCAL  DEFAULT  UND
     1: 0000000000000000     0 FILE    LOCAL  DEFAULT  ABS my.c
     2: 0000000000000000     0 SECTION LOCAL  DEFAULT    1
... 중간 생략 ...
     9: 0000000000000000   136 FUNC    GLOBAL DEFAULT    1 main
    10: 0000000000000004     4 OBJECT  GLOBAL DEFAULT  COM a
    11: 0000000000000000     0 NOTYPE  GLOBAL DEFAULT  UND printf
    12: 0000000000000001     8 OBJECT  GLOBAL DEFAULT  COM msg
    13: 0000000000000000     0 NOTYPE  GLOBAL DEFAULT  UND mystrcpy
```

-h 옵션은 ELF 헤더의 정보를 출력한다. 다음은 오브젝트 파일과 실행 파일의 헤더를 출력한 예이다. Type이 오브젝트 파일은 REL로, 실행 파일은 EXEC로 출력되어, 두 ELF 형식의 파일이 다른 유형임을 확인할 수 있다.

```
$ readelf -h my.o
ELF Header:
  Magic:   7f 45 4c 46 02 01 01 00 00 00 00 00 00 00 00 00
  Class:                             ELF64
  Data:                              2's complement, little endian
  Version:                           1 (current)
  OS/ABI:                            UNIX - System V
  ABI Version:                       0
  Type:                              REL (Relocatable file)
  Machine:                           Advanced Micro Devices X86-64
  Version:                           0x1
  Entry point address:               0x0
  Start of program headers:          0 (bytes into file)
  Start of section headers:          512 (bytes into file)
  Flags:                             0x0
  Size of this header:               64 (bytes)
  Size of program headers:           0 (bytes)
  Number of program headers:         0
  Size of section headers:           64 (bytes)
  Number of section headers:         13
  Section header string table index: 10
$ readelf -h my
ELF Header:
  Magic:   7f 45 4c 46 02 01 01 00 00 00 00 00 00 00 00 00
  Class:                             ELF64
  Data:                              2's complement, little endian
  Version:                           1 (current)
```

```
OS/ABI:                            UNIX - System V
ABI Version:                       0
Type:                              EXEC (Executable file)
Machine:                           Advanced Micro Devices X86-64
Version:                           0x1
Entry point address:               0x4003e0
Start of program headers:          64 (bytes into file)
Start of section headers:          2744 (bytes into file)
Flags:                             0x0
Size of this header:               64 (bytes)
Size of program headers:           56 (bytes)
Number of program headers:         8
Size of section headers:           64 (bytes)
Number of section headers:         30
Section header string table index: 27
```

실행 파일 섹션 크기 – size

size 명령어는 실행 파일과 오브젝트 파일의 tex, data, bss 섹션의 크기와 이들의 합을 출력한다.

```
$ size my
   text    data     bss     dec     hex filename
   1421     492      32    1945     799 my
```

10.5 라이브러리 생성 및 사용

라이브러리

라이브러리(library)는 컴파일된 오브젝트 파일들을 모아놓은 파일이다. 자주 사용하는 함수를 포함한 오브젝트 파일을 라이브러리에 보관하면, 함수를 편리하게 재사용할 수 있다. 라이브러리는 정적 라이브러리와 동적 라이브러리의 두 종류가 있다.

정적 라이브러리에 보관된 오브젝트 파일은 컴파일 과정에서 링크를 할 때에 실행 파일에 포함이 되어 사용된다. 동적 라이브러리에 보관된 오브젝트 파일은 실행 파일에는 공유 라이브러리를 사용한다는 표시만 하고, 실행 파일이 실행될 때에 동적으로 링크되어 사용된다. 최근에는 동적 라이브러리가 주로 사용된다.

정적 라이브러리 생성 – ar

정적 라이브러리는 ar 명령어를 사용하여 오브젝트 파일을 추가하여 생성한다. 이미 생성된 라이브러리 파일에 다른 오브젝트 파일을 추가할 수도 있다. ar은 다음과 같은 형식으로 사용한다.

```
ar 옵션 라이브러리 오브젝트파일 ...
```

정적 라이브러리의 파일 이름은 .a 의 확장자를 가지며, 대개 lib로 시작한다. ar의 주요 옵션은 다음과 같다.

옵션	동작
q	(quick append) 오브젝트 파일을 라이브러리의 끝에 추가한다. 같은 이름의 파일이 존재해도 추가된다.
r	(replace) 오브젝트 파일이 라이브러리에 존재하지 않으면 추가하고, 존재하면 기존 버전을 대치한다.
t	(table) 라이브러리에 보관된 오브젝트 파일의 목록을 출력한다.
x	(extract) 라이브러리에서 지정된 오브젝트 파일을 추출한다. 오브젝트 파일을 지정하지 않으면 모든 오브젝트 파일을 추출한다.
d	(delete) 라이브러리에서 지정된 오브젝트 파일을 삭제한다.
v	(verbose) 진행 상황을 자세히 출력한다.

다음은 앞에서 작성했던 함수 mystrcpy를 제공하는 오브젝트 파일 mystrcpy.o를 정적 라이브러리 libmy.a에 추가하는 예이다.

```
$ cc -c mystrcpy.c                    ... 오브젝트 파일 mystrcpy.o 생성
$ ar rv libmy.a mystrcpy.o            ... 정적 라이브러리에 추가
ar: creating libmy.a
a - mystrcpy.o
$ ar t libmy.a                        ... 정적 라이브러리 목록
mystrcpy.o
```

오브젝트 파일을 라이브러리에 보관하면 이 파일을 삭제하더라도, 나중에 라이브러리에서 추출할 수 있다.

```
$ rm mystrcpy.o                       ... 오브젝트 파일 삭제
$ ls mystrcpy.o
ls: cannot access mystrcpy.o: 그런 파일이나 디렉토리가 없습니다
$ ar xv libmy.a mystrcpy.o            ... 라이브러리에서 오브젝트 파일 추출
x - mystrcpy.o
$ ls mystrcpy.o
mystrcpy.o
```

정적 라이브러리 사용

my.c는 라이브러리 libmy.a에 보관되어 있는 함수 mystrcpy를 호출한다. 이 라이브러리를 사용하기 위해서는 컴파일할 때에 다음과 같이 라이브러리도 인수로 제공한다.

```
$ cc -o my my.c libmy.a
```

정적 라이브러리가 /usr/lib와 같은 기본 라이브러리 디렉토리에 있고 lib*name*.a 과 같이 이름이 lib로 시작된다면 다음과 같이 -l 옵션을 사용하여 확장자와 lib를 제외한 라이브러리 이름을 제공하여 컴파일할 수 있다.

```
$ cc -o my my.c -lname
```

정적 라이브러리가 기본 라이브러리 디렉토리에 있지 않다면 다음과 같이 -L 옵션을 사용하여 라이브러리 디렉토리를 지정할 수 있다.

```
$ cc my.c -L. -lmy -o my                ... 현재 디렉토리에 있는 libmy.a 사용
```

공유 라이브러리 생성 및 사용

정적 라이브러리를 사용하면 사용하는 오브젝트 파일이 실행파일에 포함되므로 여러 실행파일에 중복하여 저장되며, 실행 시에 메모리에 중복하여 적재되는 단점이 있다. 그리고 라이브러리에 저장된 프로그램이 수정될 때, 이 라이브러리를 사용한 프로그램을 다시 링크해야 한다. 공유 라이브러리를 사용하면 이러한 문제점을 모두 해결할 수 있다.

오브젝트 파일을 공유 라이브러리로 만들기 위해서는 먼저 -fPIC 또는 -fpic 옵션을 사용하여 소스코드를 컴파일하여 공유 라이브러리에 적합한 오브젝트 파일을 만든다. 여기서 PIC는 Positition Independent Code의 약어이다.

```
$ cc -fPIC -c mystrcpy.c
```

공유 라이브러리용 오브젝트 파일이 생성되었으면 다음과 같은 옵션을 사용하여 컴파일을 하여 오브젝트 파일을 포함하는 공유 라이브러리를 생성한다.

```
$ cc -shared -o libmy.so mystrcpy.o
```

여러 개의 오브젝트 파일을 인수로 사용하는 생성되는 라이브러리에 모두 포함된다. 공유 라이브러리가 생성되었으면 다음과 같이 공유 라이브러리와 함께 컴파일하여 실행파일을 생성

한다.

```
$ cc -o my my.c ./libmy.so                ... 컴파일
$ ./my                                    ... 실행
```

공유 라이브러리를 여러 사용자가 사용할 수 있도록 등록하여 사용하도록 하기 위해서는 다음과 같이 컴파일한다.

```
$ cc -shared -Wl,-soname,libmy.so.0 -o libmy.so.0.0.0 mystrcpy.o
```

여기서 -shared 옵션은 공유 라이브러리를 생성하기 위한 것이다. -Wl,은 링커의 옵션을 제공하는 것으로서 뒤에 이어서 나오는 -soname, libmy.so.0을 링커에게 전달하여 동적 링크를 할 때에 libmy.so.0이라는 라이브러리 파일을 사용하도록 한다. 실제 생성되는 라이브러리 파일 이름은 -o 옵션으로 지정된 libmy.so.0.0.0로서 동적 링크할 때 사용하는 라이브러리 이름 libmy.so.0과 차이가 있다. 라이브러리 이름의 세 단계의 숫자는 주번호, 부번호, 패치번호로서 라이브러리에 사소한 변화가 생겼을 때에 패치번호 또는 부번호를 수정한 라이브러리 파일을 다시 만든다.

컴파일할 때에는 libmy.so를 사용하고, 동적 링크를 할 때에 libmy.so.0을 사용하도록 하기 위해서 생성된 라이브러리 파일에 대해서 다음과 같이 심볼릭 링크 파일을 생성한다.

```
$ ln -s libmy.so.0.0.0 libmy.so           ... 컴파일 링크를 위한 파일
$ ln -s libmy.so.0.0.0 libmy.so.0         ... 동적 링크를 위한 파일
```

실행할 때에 공유 라이브러리를 동적 링크할 수 있도록 하기 위해서는 관리자의 작업이 필요하다. /etc/ld.so.conf 파일에 생성된 사용자의 공유 라이브러리가 위치한 디렉토리를 추가한 후에 ldconfig 명령어를 실행한다.

```
# cat /etc/ld.so.conf                     ... 관리자 계정에서 작업
include ld.so.conf.d/*.conf
/home/gdhong/book/ch10
# ldconfig                                ... /etc/ld.so.cache를 갱신
```

표준 라이브러리 디렉토리로 등록되는 공유 라이브러리는 이와 같이 관리자의 작업이 필요하므로 개별 사용자가 만들어서 사용하기는 쉽지 않다.

공유 라이브러리를 생성하고 동적 링크를 위한 설정을 마쳤으면 정적 라이브러리와 같은 방법으로 컴파일한다.

```
$ cc -o my my.c -L. -lmy
```

ldd 명령어는 실행파일에서 사용하는 공유 라이브러리 목록을 출력한다. 다음 예에서 실행 파일 my는 사용자 라이브러리인 libmy.so.0를 사용한다는 것을 확인할 수 있다.

```
$ ldd my
        linux-vdso.so.1 =>  (0x00007fff27fff000)
        libmy.so.0 => /home/gdhong/book/ch10/gdb/libmy.so.0 (0x00007f5496c73000)
        libc.so.6 => /lib64/libc.so.6 (0x0000003361400000)
        /lib64/ld-linux-x86-64.so.2 (0x0000003361000000)
```

10.6 소스코드 관리 시스템

소스코드 관리

프로그램을 개발할 때 소스코드는 계속적으로 수정 보완이 된다. 소스코드 관리 시스템은 개발 과정에서 작성한 모든 버전을 저장하고, 접근하고 보호하는 역할을 수행한다. 초기의 유닉스에서는 SCCS(Source Code Control System)가 소스코드 관리를 위해서 제공되었다. 그렇지만 현재의 리눅스에서는 SCCS가 제공되지 않으며 RCS(Revision Control System)가 이러한 기능을 수행한다. 여러 사용자들이 원격 시스템에서도 소스코드 관리 시스템을 사용할 수 있도록 RCS를 기반으로 CVS(Concurrent Versions System)이 개발되었으며, CVS의 부족한 점을 보완한 SVN(Subversion)도 개발되었다. 리누스 토발즈는 리눅스 커널의 소스코드 관리 시스템으로 사용하기 위하여 Git를 개발하였다. CVS나 SVN이 저장소를 중앙 서버를 사용하여 분산된 사용자에게 서비스를 제공하는 데 비하여, Git는 분산된 서버 환경을 사용하여, 저장소가 분산되어 있다.

여기서는 개인이나 디렉토리 사용 권한을 공유하는 그룹이 간편하게 사용할 수 있는 RCS에 대한 사용법만 소개하고자 한다. 나머지 시스템들을 사용하기 위해서는 관리자의 역할이 필요하며 이들의 사용법에 대해서는 관련 자료를 참조하기 바란다.

RCS 시작하기

RCS는 문서나 소스코드의 수정되는 버전들을 관리하는 도구이다. RCS를 사용하기 위해서는 먼저 버전 관리 대상인 파일이 있는 디렉토리 아래에 RCS라는 서브디렉토리를 생성하여 파일 저장소로 사용한다. RCS에서 모든 버전의 파일들을 이 디렉토리에 보관된다.

```
$ mkdir RCS
```

RCS에 파일 보관 – ci

ci(check in) 명령어는 파일을 RCS 저장소에 저장한다. RCS에 저장되는 파일은 확장자 ,v를 붙여서 저장된다. 버전 번호는 기본적으로 주번호와 부번호의 두 단계로 부여 되며, 최초로 저장하면 버전 1.1의 번호가 부여된다. ci를 사용하여 파일을 저장할 때에 사용자 기록을 남길 수 있으며 . 또는 Ctrl-D를 입력하면 기록이 종료된다. 파일이 RCS에 저장되면 현재 디렉토리의 파일은 삭제된다.

```
$ cat proj.c                                        ... 최초 버전
#include <stdio.h>

int main()
{
        printf("Hello");
}

$ ci proj.c                                         ... RCS에 저장
RCS/proj.c,v  <--  proj.c
enter description, terminated with single '.' or end of file:
NOTE: This is NOT the log message!
>> Initial Version
>> .
initial revision: 1.1
done
$ ls                                                ... 저장 후 파일을 삭제함
RCS
$ ls RCS                                            ... RCS에 저장된 파일
proj.c,v
```

ci 명령어에서 사용하는 주요 옵션은 다음과 같다.

옵션	동작
-l	파일을 RCS 저장소에 잠금상태로 저장하고, 현재 파일을 편집가능상태로 둠
-u	파일을 RCS 저장소에 저장하고, 현재 파일을 읽기전용으로 둠
-r[*rev*]	파일을 버전 rev으로 하여 저장함

RCS에서 파일 추출 – co

co (check out) 명령어는 RCS 저장소에 보관된 파일을 추출하여 현재 디렉토리로 가져온다.

co 명령어를 옵션없이 사용하면 파일은 읽기 전용 파일로 추출되어서 편집을 할 수 없다.

```
$ co proj.c                                        ... 파일 추출 (읽기 전용)
RCS/proj.c,v  -->  proj.c
revision 1.1
done
$ ls -l
합계 8
drwxr-xr-x 2 gdhong student 4096 2015-11-25 10:59 RCS
-r--r--r-- 1 gdhong student   54 2015-11-25 10:59 proj.c
```

파일을 편집하여 수정하려면 -l 옵션을 사용하여 RCS에 보관된 파일을 잠금상태로 추출해야 한다.

```
$ co -l proj.c                                     ... 파일 추출 (편집 가능)
RCS/proj.c,v  -->  proj.c
revision 1.1 (locked)
done
$ ls -l
합계 8
drwxr-xr-x 2 gdhong student 4096 2015-11-25 11:04 RCS
-rw-r--r-- 1 gdhong student   54 2015-11-25 11:04 proj.c
```

-l 옵션을 사용하여 파일을 추출하면 이 파일이 잠금상태가 되어 같은 저장소를 공유하는 다른 사용자가 이 파일을 -l 옵션을 사용하여 추출할 수 없기 때문에, 다른 사용자는 이 파일을 수정하여 저장할 수 없다.

co 명령어에서 사용하는 주요 옵션은 다음과 같다.

옵션	동작
-l	파일을 RCS 저장소에서 잠금상태로 만들고, 편집가능상태로 가져옴
-u	파일을 RCS 저장소에서 가져오며 잠금상태로 만들지 않음
-r[*rev*]	버전 rev의 파일을 가져옴

RCS에서의 수정 파일 관리

파일을 수정한 후에 다시 ci을 실행하면 수정된 파일을 부번호를 증가시킨 다음 버전 번호로 저장한다. ci를 -u 옵션을 사용하여 실행하면 파일을 RCS에 저장한 후에 삭제하지 않고 읽기 전용 상태로 만든다. 이것은 ci 다음에 co를 실행한 것과 같다.

```
$ cat proj.c                                            ... 수정된 파일
#include <stdio.h>

int main(void)
{
        printf("Hello\n");
}

$ ci -u proj.c                                          ... RCS를 unlokc 상태로 저장
RCS/proj.c,v  <--  proj.c
new revision: 1.2; previous revision: 1.1
enter log message, terminated with single '.' or end of file:
>> Second Revision
>> .
done
$ ls -l
합계 8
drwxr-xr-x 2 gdhong student 4096 2015-11-25 11:29 RCS
-r--r--r-- 1 gdhong student   60 2015-11-25 11:12 proj.c        ... 읽기 전용
```

이 파일을 편집하려면 co -l 명령어를 사용하여 잠금상태로 편집 가능한 파일을 추출해야 한다. ci를 -l 옵션을 사용하여 실행하면 파일을 RCS에 잠금상태로 저장하고, 파일은 편집가능 상태로 그대로 둔다. 이것은 ci 다음에 co -l을 실행한 것과 같다.

```
$ co -l proj.c                                          ... 파일을 잠금상태로 추출
RCS/proj.c,v  -->  proj.c
revision 1.2 (locked)
done
$ vi proj.c                                             ... 파일 편집
$ cat proj.c                                            ... 수정된 내용
#include <stdio.h>

int main(void)
{
        printf("Hello\n");
        return 0;
}

$ ci -l proj.c                                          ... 파일을 잠금상태로 저장
RCS/proj.c,v  <--  proj.c
new revision: 1.3; previous revision: 1.2
enter log message, terminated with single '.' or end of file:
>> Third version
>> .
done
```

```
$ ls -l
합계 8
drwxr-xr-x 2 gdhong student 4096 2015-11-25 11:34 RCS
-rw-r--r-- 1 gdhong student   71 2015-11-25 11:33 proj.c      .. 편집가능
```

파일의 내용이 많이 수정되어 버전의 주번호를 변경하려면 ci을 실행할 때에 -r 옵션을 사용하여 버전번호를 지정한다.

```
$ vi proj.c
$ ci -r2.0 proj.c                                      ... 버전번호 지정
RCS/proj.c,v  <--  proj.c
new revision: 2.0; previous revision: 1.3
enter log message, terminated with single '.' or end of file:
>> Second Major version
>> .
done
```

보관된 파일 버전 확인 – rlog

rlog 명령어는 다음과 같이 RCS 파일을 버전번호를 포함한 기록을 출력한다.

```
$ rlog proj.c

RCS file: RCS/proj.c,v
Working file: proj.c
head: 1.3
branch:
locks: strict
        gdhong: 1.3
access list:
symbolic names:
keyword substitution: kv
total revisions: 3;     selected revisions: 3
description:
Initial Version
----------------------------
revision 1.3    locked by: gdhong;
date: 2015/11/25 02:33:47;  author: gdhong;  state: Exp;  lines: +1 -0
Third version
----------------------------
revision 1.2
date: 2015/11/25 02:12:21;  author: gdhong;  state: Exp;  lines: +2 -2
Second Revision
----------------------------
revision 1.1
```

```
date: 2015/11/25 01:50:48;  author: gdhong;  state: Exp;
Initial revision
=============================================================================
```

새로운 가지 생성

최종 버전이 아닌 중간 버전을 파일을 추출하려면 co를 실행할 때에 -r 옵션을 사용하여 버전 번호를 지정한다. 중간 버전을 편집한 후에 ci를 사용하여 저장하면 상위 버전이 존재하기 때문에 새로운 가지의 버전을 관리할 수 있도록 1.2.1.1과 같이 두 단계가 추가된 새로운 버전 번호를 부여하여 저장한다.

```
$ co -l -r1.2 proj.c                    ... 특정 버전의 파일 추출
RCS/proj.c,v  -->  proj.c
revision 1.2 (locked)
done
$ vi proj.c
$ ci -l proj.c                          ... 두 단계가 추가된 버전 번호 부여
RCS/proj.c,v  <--  proj.c
new revision: 1.2.1.1; previous revision: 1.2
enter log message, terminated with single '.' or end of file:
>> .
done
```

RCS 파일 속성 변경

rcs 명령어를 사용하면 RCS 저장 파일의 속성을 변경할 수 있다. rcs를 -o옵션과 함께 버전을 지정하여 실행하면 RCS 파일에서 지정된 버전을 삭제한다.

```
$ rcs -o1.3 proj.c                      ... -o 옵션 : 버전 1.3 삭제
RCS file: RCS/proj.c,v
deleting revision 1.3
done

$ rlog proj.c                           ... 버전 2.0 다음에 1.2가 출력됨

RCS file: RCS/proj.c,v
Working file: proj.c
head: 2.0
branch:
locks: strict
        gdhong: 1.2.1.1
access list:
symbolic names:
keyword substitution: kv
```

```
total revisions: 4;     selected revisions: 4
description:
Initial Version
----------------------------
revision 2.0
date: 2015/11/25 02:40:23;  author: gdhong;  state: Exp;  lines: +2 -0
Second Major version
----------------------------
revision 1.2
date: 2015/11/25 02:12:21;  author: gdhong;  state: Exp;  lines: +2 -2
branches:  1.2.1;
Second Revision
... 이하 생략 ...
```

rcs를 -l 옵션을 사용하여 실행하면 지정된 RCS 파일을 잠금 상태로 만든다. 파일을 잠금 상태로 하지 않고 추출하였을 때에 co -l을 사용하여 다시 추출하지 않고 RCS 파일을 잠금상태로 만들 수 있다. 읽기 전용으로 추출된 파일을 편집하려면 쓰기 허가권을 부여하여야 한다.

```
$ co proj.c
RCS/proj.c,v  -->  proj.c
revision 2.0
writable proj.c exists; remove it? [ny](n): y
done
$ rcs -l proj.c                          ... 잠금상태로 지정
RCS file: RCS/proj.c,v
2.0 locked
done
$ ls -l                                  ... 이전에 추출된 파일은 여전히 읽기전용
합계 8
drwxr-xr-x 2 gdhong student 4096 2015-11-25 13:22 RCS
-r--r--r-- 1 gdhong student   96 2015-11-25 13:22 proj.c
$ chmod +w proj.c                        ... 쓰기허가권 부여 후 편집
```

RCS파일과의 비교 – rcsdiff

rcsdiff는 현재 편집 중인 파일과 RCS저장소에 저장된 파일과의 diff 명령을 실행하여 두 파일 간의 차이점을 출력한다. 버전번호가 부여되지 않으면 최신 버전과 비교한다.

```
$ vi proj.c                              ... 수정 편집
$ rcsdiff proj.c                         ... 최신 버전과 비교
===================================================================
RCS file: RCS/proj.c,v
retrieving revision 2.0
diff -r2.0 proj.c
```

```
6c6
<       printf("RCS system\n");
---
>       printf("RCS system !!!\n");
```

명령어

이 장에서는 다음과 같은 명령어를 소개하였다.

gcc	make	touch	gdb	gprof	splint	nm	strip
readelf	size	ar	ldd	ci	co	rcs	rcsdiff

Linux 복습문제

1. C 컴파일러의 많이 사용되는 주요 옵션 및 기능에 대해서 알아보시오.

2. make 유틸리티의 주요 용도는 무엇인가?

3. 정적 라이브러리와 공유 라이브러리의 차이점은 무엇인가?

4. C 프로그램 검사에 사용되는 리눅스 유틸리티는 무엇인가?

5. 소스코드 관리 시스템이란 무엇인가? 그리고 ci, co 명령어의 유용성에 대해서 논의해보시오.

Linux 연습문제

1. 다음을 순서대로 수행하시오.

(1) 다음과 같은 함수들을 작성하시오.

binary.c: 다음 함수를 포함함

```
void binary(int value)
{
     // value를 2진수로 출력함
}
```

binary.h: binary.c에서 정의된 함수의 prototype이 선언됨

base.c: 인수로 받은 10진수 정수들을 옵션에 따라서 16진수, 8진수, 2진수로 출력하는 main프로그램을 포함 (getopt 함수를 사용하여 옵션 처리)

base는 다음과 같이 실행된다.

$ base -x 280	... 16진수 출력
$ base -o 280	... 8진수 출력
$ base -b 280	... 2진수 출력
$ base -b -x 280	... 2진수와 16진수 출력
$ base -bo 280 400	... 두 숫자를 2진수, 16진수로 각각 출력

(2) 직접 gcc를 사용하여 컴파일하여 프로그램을 실행하시오.

(3) 작성한 프로그램에 대한 컴파일 명령어가 생략되어 있지 않은 Makefile을 작성하고 make를 실행하여 컴파일 동작을 확인하고 프로그램을 실행하시오.

(4) 작성한 프로그램에 대한 컴파일 명령어가 생략된 makefile을 작성하고 make를 실행하면서 컴파일 동작을 확인하고 프로그램을 실행하시오.

2. gdb를 사용하여 1번에서 작성한 프로그램을 실행하면서 다양한 디버거 기능을 확인하시오.

3. 1번에서 작성한 binary 함수를 포함한 오브젝트 파일을 ar을 사용하여 정적 라이브러리로 등록한 후에 base.c를 이 라이브러리와 함께 컴파일하여 사용하시오.

4. strip의 기능은 무엇인가? 그리고 1번에서 작성한 실행파일을 크기를 확인하고 이 파일에 대해서 strip을 수행한 후의 크기와 비교하시오.

chapter 11

시스템 관리

일반 사용자 계정으로 로그인하여 리눅스 시스템을 사용하는 사용자에 대해서는 시스템의 보호를 위하여 사용에 제약이 있다. 시스템 관리와 관련된 작업은 일반 사용자 계정으로 수행할 수 없으며 관리자 계정으로 작업을 해야 한다.

시스템 관리자는 시스템의 시작과 종료, 사용자 계정 관리, 파일 시스템의 유지와 백업, 주변 장치의 설치와 구성, 소프트웨어 설치 및 갱신, 네트워크 및 서비스 관리, 시스템의 보안 유지 등의 작업을 수행한다. 여기서는 리눅스 시스템 설치 이후에 필요한 시스템 관리자의 작업을 중심으로 소개하고자 한다.

11.1 관리자로 작업하기

관리자 권한 얻기

관리자로 작업하려면 다음의 세 가지 방법을 사용하여 관리자 권한을 획득한다.

- 첫째, root 사용자로 로그인한다.
- 둘째, su 명령어를 인수 없이 사용하여 root 사용자 권한의 셸을 생성한다.
- 셋째, sudo 명령어를 사용하여 명령어를 root 권한으로 실행한다.

이 중에서 첫째 방법은 가급적이면 사용하지 않는 것이 좋으며, 원격 접속을 할 때에는 보안 문제 때문에 대부분의 리눅스 시스템은 root 사용자로 원격 로그인하는 것을 허용하지 않도록 설정되어 있다. 둘째 방법이 가장 일반적으로 사용하는 방법이다. su를 실행하면 권한만 root로 변경되며, su -를 실행하면 root의 로그인 초기화 파일이 실행되어 직접 로그인 할 때와 같은 환경 설정이 이루어진다.

```
$ su                                   ... root 권한
Password:
```

```
$ su -                                 ... root 권한, root 로그인 초기화 동작
Password:
```

su를 사용하여 root 권한을 얻는 방법을 사용하면, 어느 사용자가 root 권한을 얻어서 사용하는지 확인할 수 있게 된다.

sudo는 다음 형식을 사용하여 명령어를 다른 사용자 권한으로 실행하며, 사용자가 지정되지 않으면 root 권한으로 실행한다. sudo를 수행할 때 비밀번호를 묻는 경우에는 다른 사용자가 아니라 현재 사용자의 비밀번호를 입력한다.

```
sudo 명령어                    ... root 권한으로 실행
sudo -u 사용자 명령어          ... 사용자 권한으로 실행
```

sudo 명령어는 일부 사용자에게 시스템 관리를 할 수 있도록 root 권한으로 실행해야 하는 시스템 관리를 위한 일부 명령어에 대한 사용권한을 주기 위하여 주로 사용된다.

sudo 권한 설정

sudo를 사용하기 위해서는 사용자의 sudo 사용 권한이 /etc/sudoers 파일에 등록되어 있어야 한다. sudo를 사용할 수 있는 사용자의 암호가 유출되면 root 계정의 암호가 유출된 것과 마찬가지이므로 sudo를 사용할 수 있는 사용자와 이들이 사용할 수 있는 명령어를 제한하는 것이 필요하다. 예를 들어서 시스템 종료는 관리자 권한으로 수행해야 하므로 제한된 사용자가 sudo를 사용하여 시스템 종료 명령어만 수행할 수 있도록 sudoers 파일에 등록할 수 있다.

sudoers 파일의 설정 형식은 다음과 같다.

```
사용자 호스트=(다른 사용자) 명령어
```

다음은 sudoers 파일의 설정 예로서 사용자 user1은 모든 사용자 권한으로 모든 명령어를 수행할 수 있으며, 사용자 user2는 root의 권한으로 지정된 두 명령어를 수행할 수 있다. 두 번

째 예와 같이 다른 사용자가 지정되지 않으면 (root)와 같은 의미로 사용된다.

```
user1 ALL=(ALL) ALL
user2 ALL=/sbin/useradd, /sbin/shutdown
```

시스템 관리 도구의 경로

시스템 관리에 사용되는 많은 명령어들은 /sbin과 /usr/sbin 디렉토리에 위치한다. 관리자 권한을 얻었을 때 이 디렉토리가 경로에 포함되어 있지 않으면 다음과 같이 이 디렉토리들을 경로에 추가해야 한다.

```
$ PATH=/sbin:/usr/sbin:$PATH
```

일반 사용자는 대개 이 디렉토리들을 경로에 포함시키지 않는다. 이렇게 하면 사용자가 실수로 시스템 관리용 명령어들을 실행하는 것을 방지할 수 있다.

11.2 시스템 시작 및 종료

시스템 종료

시스템에 전원을 공급하면 시스템의 초기화 작업을 자동적으로 수행하면서 시스템이 시작된다. 그렇지만 시스템을 종료하려면 shutdown, halt, reboot와 같은 시스템 종료 명령어를 사용하여 안전하게 종료해야 한다. 이러한 절차 없이 전원을 차단하면 비정상적인 종료로 인하여 여러 가지 문제가 발생할 수 있으므로 주의해야 한다.

시스템을 종료할 때 일반적으로 사용하는 명령어는 shutdown이다. shutdown은 다음 형식을 사용하며 옵션에 따라서 다양한 시스템 종료 방법을 제공한다.

```
shutdown [-옵션] 시간 [메시지]
```

shutdown이 지원하는 옵션에 대한 동작은 다음과 같다.

옵션	동작
-h	shutdown 후에 시스템 종료
-r	shutdown 후에 시스템 재부팅
-f	빠른 시스템 재부팅
-c	진행 중인 shutdown 명령을 취소
-k	실제로 shutdown을 하지 않고 사용자에게 경고 메시지만 보냄

시간 인수는 종료 작업을 시작하는 시간을 나타내며 hh:mm 형식의 절대시간 또는 +m 형식의 분 단위의 상대시간으로 지정할 수 있다. 그리고 now는 +0과 같은 의미로 즉시 작업을 시작하게 한다. 메시지 인수는 종료 작업을 하기 전에 현재 로그인한 사용자들에게 전달된다.

다음은 shutdown의 여러 가지 사용 예이다.

```
# shutdown -h now                               ... 즉시 시스템 종료
# shutdown -h +3 "System will be shutdown in 3 min"
                                                ... 메시지를 보내고 3분 후에 시스템 종료
# shutdown -r 18:00                             ... 18:00에 시스템 재부팅
# shutdown -c                                   ... 진행 중인 shutdown 작업 취소
```

시스템 종료를 위해서 halt, poweroff와 reboot 명령어를 사용할 수도 있다. halt, poweroff와 reboot 명령어는 /var/log/wtmp 파일에 시스템 종료 기록을 남기고 시스템 정지, 전원 차단과 시스템 재부팅 작업을 각각 수행한다.

```
# halt                                          ... 시스템 종료
# reboot                                        ... 시스템 재부팅
```

시스템 실행 레벨

리눅스 시스템은 0부터 6까지의 시스템을 시작할 때의 실행 레벨(runlevel)이 있다. 각 실행 레벨의 의미는 /etc/inittab 파일에 소개되어 있다.

▸ **파일** /etc/inittab

```
... 생략 ...
# Default runlevel. The runlevels used are:
#   0 - halt (Do NOT set initdefault to this)
#   1 - Single user mode
#   2 - Multiuser, without NFS (The same as 3, if you do not have networking)
#   3 - Full multiuser mode
```

```
#   4 - unused
#   5 - X11
#   6 - reboot (Do NOT set initdefault to this)
#
id:5:initdefault:
```

이 파일에서 마지막 줄에 있는 숫자 5가 시스템이 부팅될 때의 실행 레벨을 결정한다. 리눅스 시스템은 주로 실행 레벨 3 또는 5로 부팅된다. 윈도우를 사용하지 않고 주로 서버 용도로 사용하는 경우에는 실행 레벨 3으로, 윈도우 환경을 사용하는 경우에는 실행 레벨 5로 부팅하도록 설정한다. 실행 레벨 1은 단일 사용자 모드로서 로그인 없이 root 계정으로 작업할 수 있다.

초기화 작업을 위한 스크립트 프로그램들이 /etc/rc.d/init.d 디렉토리에 있으며, 각 실행 레벨에 대한 초기화 작업을 위한 스크립트들이 /etc/rc*.d 디렉토리에 있어서 리눅스 시스템을 시작할 때 실행 레벨에 따라서 해당 스크립트들이 자동적으로 실행된다.

다음과 같이 runlevel 명령어를 사용하면 이전과 현재의 실행 레벨(runlevel)을 확인할 수 있다. 이전 시스템의 실행 레벨이 없으면 N으로 출력된다.

```
$ runlevel
N 5
```

리눅스의 최신 버전에서는 init 기반의 서비스 초기화 작업 대신에 systemd 기반으로 서비스 초기화 작업을 수행하고, 실행 레벨 대신에 target을 사용하며 동작의 의미를 나타내는 이름을 사용한다. multi-user.target과 graphical.target은 실행 레벨 3과 5에 해당하고, poweroff.target과 reboot.target은 실행 레벨 0과 6에 해당한다.

telinit – 시스템 실행 레벨 변경

리눅스 시스템의 실행 레벨은 telinit 명령어를 사용하여 변경할 수 있다. 인수로 다음과 같이 실행 레벨을 사용한다.

```
# telinit 0                                    ... 실행레벨 0로 변경 - 종료
```

실행 레벨을 0으로 변경하면 시스템이 종료되며, 6으로 변경하면 시스템이 재부팅된다. 그리고 S 또는 s를 인수로 사용하면 단일 사용자 모드로 전환된다.

systemd 기반의 서비스 초기화 작업을 수행하는 최근 리눅스 버전에서는 systemctl 명령어가 systemd 서비스 제어에 사용되며, telinit와 앞에서 소개한 halt, poweroff, reboot 모두 systemctl에 심볼릭 링크 되어 systemctl이 이러한 작업을 수행한다. 다음은 systemctl을 직접 사용하여 시스템을 종료하는 예이다.

```
# systemctl isolate poweroff.target          ... 시스템 종료
```

systemctl 명령어는 여러 가지 많은 기능을 제공하지만 이 명령어 사용법에 대한 자세한 소개는 생략한다.

11.3 사용자 관리

리눅스는 기본적으로 여러 사용자들이 동시에 사용할 수 있는 다중 사용자 시스템이다. 시스템 관리자는 사용자 계정을 만들고 사용 권한을 통제해야 한다.

사용자 계정에 대한 정보는 /etc/passwd 파일에 기록되어 있다. 이 파일에 한 명의 사용자에 대한 로그인 ID, 사용자 ID, 그룹 ID, 사용자 설명, 홈 디렉토리, 로그인 셸 정보가 다음과 같이 한 행으로 기록되어 있다.

```
gdhong:x:1000:1000:홍길동:/home/gdhong:/bin/bash
```

x로 표시된 정보는 초기의 유닉스 시스템에서 비밀번호를 암호화하여 저장한 필드로서, 현재에는 보안상의 이유로 /etc/shadow 파일에 별도로 보관한다.

사용자들은 하나 이상의 그룹에 속하여 있다. 그룹에 대한 정보는 /etc/group에, 그룹에 대한 암호는 /etc/gshadow에 저장되어 있다.

사용자 계정 추가

/etc/passwd 파일을 직접 편집하여 사용자 계정을 만들 수도 있지만, 홈 디렉토리 생성 및 권한 설정 등 여러 가지 부수적인 작업을 함께 수행해야 하므로 권장하지 않는다. 대신에 useradd 명령어를 사용하여 사용자 계정을 만든다.

다음과 같이 옵션 없이 사용자 이름을 인수로 사용하여 실행하면 이 사용자에 대한 계정이 만들어 진다. 사용자 ID, 그룹 ID와 홈 디렉토리가 기본 설정을 사용하여 사용자를 위하여 새로 생성된다.

```
useradd skyun
```

이 명령어를 실행한 후에 다음과 같이 /etc/passwd의 마지막 줄을 확인하면 사용자가 추가되었음을 확인할 수 있다.

```
# cat /etc/passwd
... 생략 ...
skyun:x:1001:1001::/home/skyun:/bin/bash
```

사용자 계정을 생성한 다음에 다음과 같이 사용자 계정에 대한 암호를 passwd 명령어를 사용하여 초기화해야 사용자가 로그인을 할 수 있게 된다.

```
# passwd skyun
Changing password for user skyun.
New password:
Retype new password:
passwd: all authentication tokens updated successfully.
#
```

관리자는 초기화한 암호를 사용자에게 알려주고, 사용자가 암호를 다시 변경하여 사용하도록 권고해야 한다.

useradd 명령에서 사용하는 주요 옵션은 다음과 같다. 옵션을 사용하면 기본 설정 대신에 사용자 계정에 대한 여러 정보들을 직접 지정할 수 있다.

옵션	동작
-u *uid*	사용자 ID를 uid로 지정
-g *gid*	그룹 ID를 gid로 지정
-G *gid*	2차 그룹 ID를 gid로 지정
-d *dir*	홈 디렉토리를 dir로 지정
-s *shell*	로그인 셸을 shell로 지정
-c *comment*	사용자에 대한 설명을 comment로 지정
-e *expire*	계정의 만료일을 YYYY-MM-DD 형식으로 지정
-f *inactive*	계정의 유효일을 inactive로 지정
-D	기본 설정을 설정하거나 출력

다음은 옵션을 사용하여 사용자 계정을 생성하는 예이다.

```
useradd -s /bin/csh -d /home/guest -u 2000 -g 1000 -c Guest guest
```

직접 지정하는 그룹 ID가 기존에 등록된 번호가 아닌 경우에는 다음과 같이 groupadd 명령어를 사용하여 이 그룹 ID를 사용하는 그룹을 등록해야 한다.

```
# groupadd -g 1000 foreign
```

사용자 계정 생성 시에 사용하는 기본 정보가 /etc/default/useradd 파일에 저장되어 있다. /etc/login.defs 파일에는 사용자 계정의 비밀번호 정책에 대한 정보를 가지고 있다. 그리고 /etc/skel 디렉토리에는 사용자 계정 생성 시에 사용자의 홈 디렉토리에 필요한 환경 파일들이 있어서 계정 생성 시에 복사하여 사용한다.

사용자 계정 정보 수정 및 삭제

usermod 명령어는 사용자 계정의 정보를 수정할 때 사용하며, 사용하는 옵션은 useradd의 옵션과 대부분 같다. 다음은 사용자의 그룹 ID를 변경하는 예이다.

```
# usermod -g 1000 skyun
```

userdel 명령어는 사용자 계정을 삭제한다. 옵션없이 사용하면 인수로 지정된 사용자 계정만 삭제하며 사용자의 홈 디렉토리는 그대로 남아 있다. -r 옵션을 사용하면 홈 디렉토리도 함께 삭제된다.

```
# userdel guest                          ... 사용자 계정만 삭제
# userdel -r guest                       ... 사용자 홈 디렉토리도 함께 삭제
```

-r 옵션을 사용하더라도 userdel은 홈 디렉토리 이외에 위치한 해당 사용자가 소유한 파일을 삭제하지는 않는다. 다음과 같이 find 명령어를 사용하여 계정이 삭제된 사용자 소유의 모든 파일을 삭제할 수 있다.

```
# find / -user 2000 -exec rm -r {} \;... 사용자 ID가 2000인 파일 삭제
```

11.4 소프트웨어 관리

리눅스에서 소프트웨어는 소스 코드 또는 바로 설치하여 사용할 수 있는 패키지 형태로 배포된다. 리눅스에서 주로 사용하는 패키지 형태에는 레드햇 계열에서 사용하는 rpm과 데비안 계열에서 사용하는 deb가 있다. 여기서는 레드햇 계열의 패키지 설치에 대해서 소개한다.

RPM 패키지 관리

RPM(Redhat Package Manager)은 레드햇 사에서 만든 패키지 관리 도구이다. rpm형식의 패키지 파일의 이름은 다음과 같이 확장자가 .rpm이며 패키지 이름(flex), 버전(2.5.37), 패키지 릴리즈(3.el7), 프로세서 아키텍쳐(x86_64)가 결합되어 구성된다.

```
flex-2.5.37-3.el7.x86_64.rpm
```

rpm 명령어가 rpm 형식의 패키지 관리에 사용된다. rpm에서 사용하는 주요 옵션에 대한 동작은 다음과 같으며, 옵션 별로 세부 동작을 지정하기 위하여 추가적인 옵션이 사용될 수 있다.

옵션	동작
-q	(query) 설치된 패키지 정보 조회
-V	(verify) 설치된 패키지 검사
-i	(install) 패키지 설치
-U	(upgrade) 패키지 업그레이드
-e	(erase) 패키지 삭제

다음은 설치된 패키지에 대한 정보를 조회하는 여러 가지 사용 예이다.

```
# rpm -qa                                 ... 설치된 전체 패키지 확인
net-tools-2.0-0.17.20131004git.el7.x86_64
cups-libs-1.6.3-22.el7.x86_64
... 이하 생략 ...
# rpm -qa | grep flex                     ... 패키지가 설치되었는지 확인
flex-2.5.37-3.el7.x86_64
# rpm -ql flex                            ... 패키지가 생성한 파일들을 확인
/usr/bin/flex
/usr/bin/flex++
/usr/bin/lex
... 이하 생략 ...
# rpm -qf /bin/flex                       ... 파일을 설치한 패키지 확인
flex-2.5.37-3.el7.x86_64
# rpm -qi flex                            ... 패키지의 상세 정보 확인
Name        : flex
Version     : 2.5.37
Release     : 3.el7
Architecture: x86_64
... 이하 생략 ...
# rpm -qR flex                            ... 패키지의 의존 파일/라이브러리 확인
/bin/sh
```

```
/bin/sh
/sbin/install-info
/sbin/install-info
libc.so.6()(64bit)
... 이하 생략 ...
```

다음은 rpm 패키지를 설치하는 예이다. -v는 설치과정을 출력하며, -h는 해시기호 #를 사용하여 진행상황을 출력한다.

```
# rpm -ivh tftp-0.49-7.el6.x86_64.rpm          ... 패키지 설치 (진행상황 출력)
Preparing...                          ################################### [100%]
Updating / installing...
   1:tftp-0.49-7.el6                  ################################### [100%]
```

설치하려는 rpm 패키지가 다른 패키지에 의존성이 있는 경우에는 오류가 발생한다. 이 때에는 의존하는 패키지를 먼저 설치한 후에 이 패키지를 설치해야 한다.

다음은 설치된 패키지를 새로운 버전으로 업그레이드하는 예이다.

```
# rpm -Uvh tftp-5.2-12.el7.x86_64.rpm ... 패키지 업그레이드
 Preparing...                         ################################### [100%]
Updating / installing...
   1:tftp-5.2-12.el7                  ################################### [ 50%]
Cleaning up / removing...
   2:tftp-0.49-7.el6                  ################################### [100%]
```

패키지를 업그레이드할 때에는 새로운 버전을 설치하고 이전 버전을 삭제한다. 이전 버전이 없는 경우에는 패키지를 그대로 설치한다. 이와 같이 -U 옵션은 -i 옵션 기능을 포함하고 있으므로 -U 옵션을 더 많이 사용한다.

다음은 설치된 패키지를 삭제하는 예이다.

```
# rpm -ev tftp                                 ... 패키지 삭제
Preparing packages...
tftp-5.2-12.el7.x86_64
# rpm -qa | grep tftp                          ... 삭제되었는지 확인
# _
```

yum을 이용한 패키지 관리

rpm 패키지를 설치하려면 먼저 설치하려는 패키지에 대한 rpm 파일을 다운로드 한 후에 설치해야 한다. 그리고 다른 패키지에 의존성이 있는 경우에는 다른 패키지를 먼저 설치해야 한다.

yum 명령어를 사용하면 rpm 패키지를 설치하는 데 따르는 이러한 불편한 점을 없앨 수 있다.

yum은 Yellowdog Update Modifierd의 약자로서 미국 듀크 대학교에서 개발한, rpm 패키지의 자동 업데이트를 제공하는 패키지 관리도구이다. 이 도구를 사용하면 원격 저장소에서 설치 가능한 패키지를 찾아서 다운로드하여 설치해주며, 의존 패키지도 함께 설치하여 의존성 문제도 해결한다.

yum 명령어는 다음 형식으로 사용한다.

```
yum [-옵션] 명령 [패키지이름]
```

yum에서 제공하는 주요 명령들은 다음과 같다.

명령	동작
install	패키지를 설치
update	패키지를 업데이트
remove	패키지를 삭제
info	패키지 정보 확인
list	패키지 목록 확인

다음은 yum 명령어의 여러 가지 사용 예이다.

```
# yum list                    ... 모든 패키지 목록을 출력
# yum list all                ... 모든 패키지 목록을 출력
# yum list installed          ... 설치된 패키지 목록을 출력
# yum list available          ... 설치가능한 패키지 목록을 출력
# yum list updates            ... 업데이트 가능한 패키지 목록을 출력

# yum install tftp            ... tftp 패키지를 설치

# yum update tftp             ... tftp 패키지를 업데이트
# yum update                  ... 업데이트 가능한 모든 패키지를 업데이트

# yum remove tftp             ... tftp 패키지를 삭제

# yum info tftp               ... tftp 패키지 정보를 출력
```

debian, ubuntu 계열의 리눅스에서는 apt-get 명령어가 yum가 비슷한 역할을 수행한다. 이에 대한 자세한 내용은 관련 자료를 참조하기 바란다.

11.5 파일시스템 관리

파일시스템

파일시스템은 파일들을 체계적 조직화하여 관리하는 체계이다. 저장 매체에 자료를 저장하는 구조와 파일과 디렉토리를 관리하는 방식 등에 따라서 다양한 파일시스템이 존재한다. 실제의 저장 매체가 존재하지 않는 특수한 용도의 파일 시스템들도 많이 있다.

리눅스는 상당히 많은 종류의 파일시스템을 지원한다. 현재의 커널이 지원하는 파일시스템은 다음과 같이 /proc/filesystems 파일의 내용에서 확인할 수 있다. 앞에 nodev가 표시된 파일시스템은 저장 매체에 연결되지 않은 것이다.

```
$ cat /proc/filesystems
... 생략 ...
        ext4
nodev   rpc_pipefs
nodev   autofs
nodev   fuse
        fuseblk
... 생략 ...
```

리눅스의 디스크가 사용하는 파일시스템은 ext2, ext3, ext4로 진화하였으며, 최근에는 xfs를 사용하는 버전도 존재한다.

mount/umount – 파일시스템 마운트

리눅스는 여러 개의 파일 시스템이 존재하더라도 하나의 디렉토리 계층구조를 사용한다. 이러한 단일 계층구조는 한 파일시스템을 루트(/)를 가지고 있는 파일시스템의 빈 디렉토리에 연결하여 만든다.

mount 명령어는 어떠한 장치의 파일시스템을 루트 파일시스템의 특정 디렉토리에 연결하기 위해 사용한다. 다음과 같이 인수 없이 사용하면 현재 마운트된 정보를 출력한다.

```
$ mount
/dev/mapper/vg_magics-lv_root on / type ext4 (rw)
proc on /proc type proc (rw)
sysfs on /sys type sysfs (rw)
devpts on /dev/pts type devpts (rw,gid=5,mode=620)
tmpfs on /dev/shm type tmpfs (rw)
```

```
/dev/sda1 on /boot type ext4 (rw)
... 이하 생략 ...
```

리눅스 시스템이 시작할 때에 마운트되는 장치에 대한 정보는 /etc/fstab 파일에 저장되어 있으며 이 정보를 사용하며 mount 명령어를 자동적으로 수행하여 파일시스템들을 연결하여 루트 파일시스템을 확장시킨다. 현재 마운팅된 정보는 /etc/mtab 파일에 있으며 이 정보는 인수 없이 실행한 mount 명령어의 출력과 같다.

mount를 사용하여 특정 장치의 파일시스템(여기서는 usb 메모리를 나타내는 /dev/sdb1)을 마운트하려면 다음과 같이 장치를 마운트하기 위한 빈 디렉토리를 생성한 후에 mount를 사용하여 이 장치를 이 디렉토리로 마운트한다.

```
# mkdir /mnt/usb                              ... 빈 디렉토리 생성
# ls /mnt/usb                                 ... 빈 디렉토리 확인
# mount /dev/sdb1 /mnt/usb                    ... 장치를 이 디렉토리에 마운트
# ls /mnt/usb                                 ... 마운트된 디렉토리 확인
...
```

usb 메모리나 CD와 같은 장치를 넣으면 대개 자동으로 마운트가 되지만, 위와 같이 mount 명령어를 사용하여 직접 마운트할 수도 있다. /etc/filesystems 파일에는 마운트할 때에 자동적으로 탐지될 수 있는 파일시스템의 유형들을 포함하고 있다. 이러한 유형의 파일은 mount할 때에 파일시스템의 유형을 지정할 필요가 없다. 이러한 파일 시스템이 아니라면 mount를 사용할 때에 -t 옵션을 사용하여 파일시스템의 유형을 직접 지정해야 하며 다음은 다른 호스트의 특정 위치의 파일시스템을 nfs 파일시스템으로 마운트하는 예이다. 원격 시스템의 파일시스템을 연결하려면 원격시스템에서 접근을 허용해야 한다.

```
# mount -t nfs hostname:/home/export /mnt/remote
```

이러한 파일시스템 마운트를 시스템이 시작할 때에 자동적으로 수행하도록 하려면 앞에서 언급한 /etc/fstab 파일에 다음 내용을 추가한다. fstab 파일의 각 줄은 장치명, 마운트 지점, 옵션, 덤프 설정과 파일 검사 옵션을 순서대로 기록한다.

```
hostname:/home/export /mnt/remote    nfs    rw  0   0
```

파일시스템의 연결을 해제하려면 다음과 같이 umount 명령어를 사용하며, 마운트 지점 또는 장치이름을 인수로 사용한다.

```
# umount /mnt/usb                      ... 마운트 지점에 대한 연결 해제
```

```
# umount /dev/sdb1                    ... 장치에 대한 연결 해제
```

df – 파일 시스템 별 디스크 사용량 확인

df는 현재 사용 중인 파일 시스템의 디스크의 전체용량, 사용량, 사용가능 용량, 마운트 정보 등을 출력한다. 다음은 df를 인수 없이 실행한 예이다.

```
$ df
Filesystem     1K-blocks    Used Available Use% Mounted on
/dev/sda3       18555904 5193264  13362640  28% /
devtmpfs          486224       0    486224   0% /dev
tmpfs             500664     156    500508   1% /dev/shm
tmpfs             500664    7172    493492   2% /run
tmpfs             500664       0    500664   0% /sys/fs/cgroup
/dev/sda1         303788  198420    105368  66% /boot
```

df는 일반적으로 다음과 같은 형식을 사용하며

```
df [옵션] [파일시스템]
```

파일 시스템에 대한 디스크 사용량 정보를 다음과 같은 옵션을 사용하여 다양한 형태로 출력한다.

옵션	동작
-a	dummy 파일시스템을 포함한 모든 파일 시스템을 대상으로 함
-k	디스크 용량을 KB 단위로 출력
-m	디스크 용량을 MB 단위로 출력
-B size	디스크 용량을 size B 단위로 출력
-h	디스크 용량을 알기 쉬운 단위(GB, MB, KB 등)로 출력
-t type	지정한 유형의 파일 시스템을 대상으로 정보를 출력
-T	파일 시스템의 유형도 함께 출력

du – 사용자별 디스크 사용량 확인

du(disk usage)는 디렉토리의 디스크 사용량을 출력한다. 디스크 사용량은 인수로 지정된 디렉토리의 모든 서브 디렉토리 별로 출력하며, 인수를 지정하지 않으면 현재 디렉토리를 대상으로 한다. 다음은 du를 옵션 없이 사용한 예이다.

```
$ du /usr
4       /usr/lib/bonobo/servers
8       /usr/lib/bonobo
68      /usr/lib/cups/driver
... 이하 생략 ...
```

du에 대해서 -s 옵션을 사용하면 서브 디렉토리에 대한 출력은 하지 않고 인수 디렉토리에 대한 디스크 사용량 합계만 출력한다. 출력 크기 단위에 대한 옵션은 df와 같이 -k, -m, -h를 같은 의미로 사용한다. 다음은 옵션을 사용한 예이다.

```
$ du -s /usr                        ... 디렉토리의 사용량 합계를 출력
du: cannot read directory `/usr/lib64/audit': 허가 거부
... 중간 생략 ...
5474416 /usr
$ du -sh /usr                       ... 디렉토리의 사용량 합계를 알기쉬운 단위로 출력
du: cannot read directory `/usr/lib64/audit': 허가 거부
... 중간 생략 ...
5.3G /usr
```

파일시스템 검사

fsck는 파일시스템을 검사하는 명령어이다. 파일시스템을 검사하기 위해서는 먼저 파일시스템에 대한 마운트를 해제한다. 파일시스템 검사는 실제로는 파일시스템에 따라서 다른 명령어를 사용하며 fsck는 적절한 명령어를 실행시키는 역할을 한다.

파일시스템 검사 명령어들은 다음과 같이 /sbin 디렉토리에서 확인할 수 있다.

```
$ ls /sbin/*fsck*
/sbin/btrfsck  /sbin/fsck         /sbin/fsck.ext3       /sbin/fsck.msdos
/sbin/dosfsck  /sbin/fsck.cramfs  /sbin/fsck.ext4       /sbin/fsck.vfat
/sbin/e2fsck   /sbin/fsck.ext2    /sbin/fsck.ext4dev
```

다음은 usb 메모리 장치에 대해서 파일시스템 검사를 하는 예이다. fsck가 fsck.fat(실제로는 fsck.vfat)를 불러서 실행시킴을 확인할 수 있다.

```
# fsck /dev/sdb1
fsck from util-linux 2.23.2
fsck.fat 3.0.20 (12 Jun 2013)
... 이하 생략 ...
```

파일시스템 백업

저장 장치가 예기치 않은 고장이나 장애가 발생하는 것에 대비해서 파일들을 별도의 장치나 다른 곳에 백업(backup)할 필요가 있다. 백업에는 보관할 데이터를 전부 백업하는 전체 백업과 이전에 수행한 전체 백업에서 변경된 부분을 저장하는 증분 백업이 있다.

6.6절에서 소개했던 tar 명령어는 파일시스템 백업을 하는 데 사용될 수 있다. tar 이외에도 cpio와 dd를 파일 시스템 백업에 사용할 수 있다.

cpio – 보관 파일로 파일 복사

cpio(copy in out)은 파일들을 cpio 형식의 보관(archive) 파일로 복사하거나, cpio 형식의 보관 파일로부터 파일을 복원하는 데 사용된다. 보관 파일로 백업 장치를 사용하여 파일들을 백업할 수 있다.

cpio를 사용한 보관파일 생성은 -o 옵션을 사용하여 수행한다. 보관파일로 복사하여 저장할 파일들의 목록을 표준입력을 통해서 제공하고, cpio 형식의 보관파일을 표준 출력으로 생성한다. 복사할 파일 목록은 대개 미리 파일로 작성하여 표준입력 방향전환으로 제공하거나, ls 명령어를 사용하여 생성한 후 cpio에 파이프로 연결하여 제공하며, 표준출력으로 생성된 보관파일은 파일로 방향 전환하여 저장한다. 다음은 보관파일을 생성하는 예이다. -v 옵션은 복사가 진행 중인 파일이름을 보여준다.

```
$ ls *.pl | cpio -o > pl.cpio ... 보관파일로 파일들을 복사
4 blocks
$ ls *.pl | cpio -ov > pl.cpio         ... 진행상황을 표시
arr.pl
file.pl
hash.pl
hello.pl
if.pl
if2.pl
op.pl
var.pl
4 blocks
$ ls | cpio -o > /dev/st0              ... 테이프 장치로 백업
```

보관파일로부터의 파일 복원은 -i 옵션을 사용하여 수행한다. 표준 입력으로 제공되는 cpio 형식의 보관파일을 읽어서 인수로 지정된 파일들을 복원한다. -t 옵션을 함께 사용하면 보관파일에 저장된 파일 목록을 출력하며, -d 옵션은 필요한 경우에 디렉토리를 생성한다. 다음은 보관파일로 부터 파일들을 복원하는 예이다.

```
$ cpio -it < pl.cpio                    ... 보관파일의 파일 목록 출력
arr.pl
file.pl
hash.pl
hello.pl
if.pl
if2.pl
op.pl
var.pl
4 blocks
$ cpio -iv file.pl < pl.cpio            ... 보관파일 pl.cpio에서 file.pl을 복원
file.pl
4 blocks
$ $ cpio -i < pl.cpio                   ... 보관파일 pl.cpio의 모든 파일을 복원
4 blocks
```

cpio는 보관 파일 생성과 복원 기능 이외에도 서브 디렉토리를 포함한 디렉토리 복사 기능을 제공한다. -p 옵션이 디렉토리 복사에 사용되며 복사할 파일들의 목록은 표준 입력으로 제공한다. 이 기능은 cp -r 명령어를 사용하여 수행할 수도 있다. -l 옵션을 함께 사용하면 복사 대신에 심볼릭 링크를 수행한다. 다음은 지난 7일간 수정된 파일들을 다른 디렉토리로 복사하는 예이다.

```
$ find . -mtime -7 -print | cpio -pd ../backup... 디렉토리로 파일 복사
2 blocks
```

dd – 장치 간 파일 복사

dd(device to device copy)는 원래 한 장치에서 다른 장치로 파일을 복사하는 명령어로서 필요한 경우에 파일 형식의 변환 동작도 포함할 수 있다. dd는 기본적으로 표준 입력을 표준 출력으로 복사하는 데 대개는 if와 of 옵션을 사용하여 복사할 대상을 지정한다. 다음은 dd에서 사용하는 옵션에 대한 동작이다.

옵션	동작
if=*infile*	표준입력 대신 infile에서 입력
of=*outfile*	표준출력 대신 outfile로 출력
ibs=*n*	n바이트 단위로 입력
obs=*n*	n바이트 단위로 출력
bs=*n*	n바이트 단위로 입출력
skip=*n*	입력의 시작에서 n블록을 건너뛰고 입력
seek=*n*	출력의 시작에서 n블록을 건너뛰고 출력
count=*n*	n블록만 복사
conv=*type*,...	복사하면서 type으로 지정된 변환동작 수행(매뉴얼 참조)

다음은 dd를 사용하여 특정 파티션을 테이프로 백업하는 예이다.

```
# dd if=/dev/sda3 of=/dev/st0
```

dd는 다음과 같이 0으로 채워진 희소 파일을 만드는 데 사용할 수 있다. 1GB 크기의 파일 sparse.img가 생성되는 데 실제로 점유하는 디스크 공간은 없다.

```
$ dd if=/dev/zero of=sparse.img bs=1024M count=0 seek=1024  ... 희소파일 생성
0+0 records in
0+0 records out
0 bytes (0 B) copied, 0.000164344 s, 0.0 kB/s
$ ls -sl                        ... 디스크 블록 개수를 포함한 파일 정보 출력
total 0
0 -rw-rw-r--. 1 gdhong gdhong 1099511627776 Jan 12 17:27 sparse.img
```

11.6 네트워크 관리

MAC 주소

전 세계의 네트워크에 연결된 장치들은 IP 주소로 식별된다. 그렇지만 물리적 계층에서 통신을 할 때에는 네트워크 인터페이스 어댑터에 부여된 하드웨어 주소를 사용한다. 하드웨어 주소는 MAC(Medium Access Control) 주소, 물리 주소라고도 하며, 현재 대부분의 LAN(Local Area Network)이 이더넷을 사용하기 때문에 이더넷 주소라고도 부른다.

MAC 주소는 48비트로 되어 있으며 다음과 같이 콜론(:) 이나 -로 구분된 6개의 16진수로 표기한다. 이 형식의 주소는 이더넷 뿐 만 아니라 대부분의 유무선 LAN과 블루투스에서 사용된다.

3C:D9:2B:EC:45:E0 또는 3C-D9-2B-EC-45-E0

MAC 주소에서 상위 24비트는 제조업체의 식별코드이고, 하위 24비트는 제조업체에 부여한 일련번호이다. 사용자가 MAC 주소를 수정하는 것이 가능하지만 특별한 경우가 아니면 수정하지 않는 것이 좋다.

네트워크를 통한 통신은 1차적으로 같은 LAN에 연결되어 있는 장치 간에 이루어지며, 시스템은 같은 LAN에 연결된 장치에 대한 MAC 주소를 알아야 한다. 같은 LAN에 연결된 IP 주소에 대한 MAC 주소 정보는 주소 변환 프로토콜(Address Resolution Protocol: ARP)을 사용하여 얻으며, 수집된 IP 주소와 MAC 주소 간의 변환 정보는 계속적인 사용을 위해 arp 캐시에 저장된다.

arp 명령어는 arp 캐시에 저장된 주소 정보를 다음과 같이 출력한다. Address는 IP 주소를, HWaddress는 MAC 주소를 나타낸다.

```
$ arp
Address                  HWtype  HWaddress           Flags Mask            Iface
165.132.221.71           ether   3c:07:54:7d:6d:be   C                     eth0
165.132.221.108          ether   00:16:36:76:46:26   C                     eth0
165.132.221.1            ether   00:0f:f7:67:f0:ff   C                     eth0
```

서브넷 마스크와 브로트캐스트 주소

IP 주소의 상위 부분은 네트워크 식별에 사용되는 네트워크 주소이고, 하위 부분은 같은 네트워크 내에서 호스트를 식별하는 호스트 주소이다. 서브넷 마스크(subnet mask) 값은 네트워크 부분이 어디까지인지 알려준다. 예를 들어서 서브넷 마스크가 다음과 같으면 IP 주소의 상위 24비트가 네트워크 주소이고, 하위 8비트가 호스트 주소가 된다.

netmask = 255.255.255.0 (2진수 11111111 11111111 11111111 00000000)

브로드캐스트 주소는 호스트 부분이 모두 1인 IP 주소를 말하며 같은 네트워크에 있는 모든 장치에 메시지를 보낼 때에 사용된다. 예를 들어서 현재 시스템의 IP주소가 165.132.221.200 이고 서브넷 마스크가 255.255.255.0이면 브로드캐스트 주소는 하위 8비트를 모두 1로 만든 165.132.221.255가 된다.

네트워크 인터페이스 설정

7.5절에서 ifconfig 명령어를 네트워크 인터페이스 설정을 확인하는 데 사용했다. 관리자 권한이 있다면 이 명령어는 네트워크 인터페이스 설정을 변경하는 데 사용할 수 있다. ifconfig를 네트워크 인터페이스 이름을 인수로 하여 실행하면 해당 인터페이스의 설정 정보가 출력된다.

```
# ifconfig eth0
eth0      Link encap:Ethernet  HWaddr 00:0C:29:E8:B6:EA
          inet addr:192.168.234.132  Bcast:192.168.234.255  Mask:255.255.255.0
          inet6 addr: fe80::20c:29ff:fee8:b6ea/64 Scope:Link
          UP BROADCAST RUNNING MULTICAST  MTU:1500  Metric:1
          RX packets:24 errors:0 dropped:0 overruns:0 frame:0
          TX packets:34 errors:0 dropped:0 overruns:0 carrier:0
          collisions:0 txqueuelen:1000
          RX bytes:3825 (3.7 KiB)  TX bytes:3510 (3.4 KiB)
          Interrupt:19 Base address:0x2024
```

특정 네트워크 인터페이스의 사용을 비활성화 또는 활성화 하려면 다음과 같이 down 또는 up 옵션을 지정한다.

```
# ifconfig eth0 down                        ... 비활성화
# ifconfig eth0 up                          ... 활성화
```

네트워크 인터페이스를 비활성화 한 후에 네트워크 설정을 확인하면 inet과 inet6 부분이 출력되지 않으며, UP과 RUNNING이 없어져서 인터페이스 연결이 끊어진 것을 확인할 수 있다.

```
$ ifconfig eth0
eth0      Link encap:Ethernet  HWaddr 00:0C:29:E8:B6:EA
          BROADCAST MULTICAST  MTU:1500  Metric:1
          RX packets:24 errors:0 dropped:0 overruns:0 frame:0
          TX packets:36 errors:0 dropped:0 overruns:0 carrier:0
          collisions:0 txqueuelen:1000
          RX bytes:3825 (3.7 KiB)  TX bytes:3662 (3.5 KiB)
          Interrupt:19 Base address:0x2024
```

ifconfig를 사용하여 다음과 같이 네트워크 인터페이스의 IP 주소, 서브넷 마스크, 브로드캐스트 주소를 직접 지정할 수 있다. 서브넷 마스크는 netmask와, 브로드캐스트 주소는 broadcast와 함께 지정하며 이 값들 중 일부만 설정할 수도 있다.

```
$ ifconfig eth0 192.168.234.150 netmask 255.255.255.0 broadcast 192.168.234.255
```

게이트웨이(gateway)는 다른 네트워크로 전송하는 연결점에 있는 장치이다. 목적지가 같은 네트워크에 있지 않으면 게이트웨이를 경유지로 하여 패킷을 전송한다. route 명령어는 다음과 같이 기본 게이트웨이를 설정하는 데 사용된다. 여기서 gw는 게이트웨이 주소와 함께 사용되며 dev는 게이트웨이가 연결된 네트워크 인터페이스 장치 이름과 함께 사용된다.

```
$ route add default gw 192.168.234.2 dev eth0
```

route를 인수 없이 실행하면 현재 설정된 라우팅 테이블 정보가 출력되며, 여기에서 기본 게이트웨이 주소를 확인할 수 있다.

```
$ route
Kernel IP routing table
Destination     Gateway         Genmask         Flags Metric Ref    Use Iface
192.168.234.0   *               255.255.255.0   U     0      0        0 eth0
192.168.122.0   *               255.255.255.0   U     0      0        0 virbr0
link-local      *               255.255.0.0     U     1002   0        0 eth0
default         192.168.234.2   0.0.0.0         UG    0      0        0 eth0
```

앞에서와 같이 설정하는 것은 일시적으로 적용되며 시스템이 재부팅되면 기본 설정으로 지정된다. 네트워크 설정 변경을 영구히 적용하려면 리눅스 배포판에 따라서 다음 파일 중에서 설정을 변경해야 한다.

/etc/sysconfig/network-scripts/ifcfg-eth0 또는 /etc/network/interfaces

기본 네트워크 설정 정보가 ifcfg-eth0 파일에 저장된 경우에 DHCP 서버에서 IP 주소를 비롯한 필요한 정보를 제공받는 설정을 사용하면 이 파일의 내용이 다음과 같이 되어 있다.

▸ 파일 ifcfg-eth0 - 동적 IP 주소

```
TYPE=Ethernet
BOOTPROTO=dhcp
...
```

이러한 설정을 다음과 같이 BOOTPROTO를 static으로 하여 고정 IP 주소로 변경할 수 있으며 IP 주소 뿐 만 아니라 서브넷 마스크와 게이트웨이 주소도 함께 지정해야 한다.

▸ 파일 ifcfg-eth0 - 고정 IP 주소

```
TYPE=Ethernet
BOOTPROTO=static                    ... 변경
IPADDR=192.168.234.132              ... 추가
```

```
NETMASK=255.255.255.0                  ... 추가
GATEWAY=192.168.234.2                  ... 추가
...
```

DNS 서버 지정

리눅스는 호스트 이름을 IP 주소로 변환해주는 서비스를 제공하는 DNS 서버의 주소를 다음과 같이 /etc/resolv.conf 파일에 nameserver 키워드 다음에 등록한다.

▸ **파일** /etc/resolv.conf

```
domain yonsei.ac.kr
search yonsei.ac.kr
nameserver 165.132.237.21
nameserver ...
```

여러 개의 nameserver가 등록된 경우에 첫째 서버가 동작하지 않으면 그 다음 서버들을 순서대로 사용한다.

네트워크 상태 확인 – netstat, ss, ip

netstat 명령어는 네트워크 연결 상태, 라우팅 테이블, 인터페이스 관련 통계 정보 등을 출력하여 옵션에 대한 동작은 다음과 같다.

옵션	동작
-a	모든 소켓 정보를 출력
-r	라우팅 정보를 출력
-n	호스트 이름 대신에 IP 주소를 출력
-i	네트워크 인터페이스 정보를 출력
-s	프로토콜별 네트워크 통계 정보 출력
-p	소켓과 관련된 프로세스 이름과 PID를 출력
-g	멀티캐스트 그룹 정보를 출력

최근에는 라우팅 테이블을 출력하는 netstat -r은 ip route로, 네트워크 인터페이스 정보를 출력하는 netstat -i는 ip -s link로, 멀티캐스트 그룹 정보를 출력하는 netstat -g는 ip maddr로, 그 이외의 netstat 기능은 ss 명령어로 대체하여 사용할 것을 권장하고 있다.

11.7 서버 관리

네트워크 통해서 원격 호스트로부터 여러 가지 서비스를 받기 위해서는 원격 호스트에서 해당되는 서버가 동작하고 있어야 한다. 이 절에서는 서버 동작에 대한 개요와 많이 사용되는 여러 가지 서버를 설정하는 방법에 대해서 소개한다.

서버 개요

네트워크를 통해서 서비스를 제공하기 위해서는 서비스를 제공하는 데몬이라고 부르는 서버 프로세스를 동작시켜야 한다. 각종 서비스를 제공하는 데몬은 다음과 같은 두 가지 유형이 있으며, 유형에 따라서 구동하는 방식에 차이가 있다.

- **단독(standalone) 유형 :** 서버 프로세스가 직접 구동되어 서비스 요청을 기다린다. 서비스 요청에 대해서 직접 응답하므로 응답 속도가 빠르다. 그렇지만 프로세스가 메모리에 상주해서 자원을 점유하는 단점이 있다. 서비스 요청에 빈번한 서버에서 주로 사용한다.
- **xinetd 유형 :** 슈퍼 데몬이라고 부르는 xinetd 데몬을 통해서 서비스 요청을 받으며, 서비스 요청을 받으면 해당 서비스에 대한 서버 프로세스가 구동되며, 서비스가 끝나면 서버 프로세스가 종료된다. 이 때문에 단독 유형에 비해서 서비스 요청에 대한 응답속도가 느리다. 그렇지만 해당 서버가 메모리에 상주하지 않기 때문에 자원이 절약된다. 서비스 요청이 많지 않거나, 빠른 처리가 필요하지 않은 서버에서 주로 사용한다.

서버 프로세스에 대한 세부 설정은 관련된 설정 파일의 내용에 의해서 정해지며, 리눅스 운영체제의 초기화 동안에 사용하는 것으로 설정된 단독 유형 서버 프로세스와 xinetd 데몬 프로세스가 구동된다. 서버 프로세스는 시스템을 사용하는 동안 관리자가 동작을 시작, 중지, 재시작을 할 수 있다. 특히 서버의 설정 파일이 변경된 경우에는 서버 프로세스를 재시작해야 변경된 설정이 적용된다.

단독 유형의 데몬은 주로 /etc/init.d 디렉토리에 데몬의 동작을 제어하는 실행 스크립트 파일이 있으며 초기화 동안 실행된다. 그리고 다음과 같이 실행 스크립트를 직접 실행하여 동작을 제어할 수도 있다. xinetd 데몬도 단독 유형의 데몬이므로 이와 같이 실행시킨다.

```
# /etc/init.d/httpd command
```

위에서 데몬 실행 스크립트의 제어 명령은 start, stop, restart 중 하나를 사용한다. 그리고 다음과 같이 service 명령어를 사용해도 같은 동작을 수행한다.

```
# service httpd command
```

xinetd 유형의 데몬은 /etc/xinetd.d 디렉토리에 관련된 설정 파일이 있다. 설정 파일이 변경된 경우에는 다음과 같이 xinetd 데몬을 재시작하여야 변경된 설정이 적용된다.

```
# /etc/init.d/xinetd restart
# service xinetd restart
```

이 절의 나머지 부분에서는 기본적인 서비스인 telnet, ssh, ftp 서버의 설정에 대해서 소개하며, 웹 서버, 데이터베이스 서버, 메일 서버, DNS 서버, DHCP 서버, 네트워크를 통한 파일 공유를 위한 NFS 서버, 윈도우와의 파일 공유를 위한 Samba 서버 등 여러 서비스에 대한 사항은 별도 자료를 참조하기 바란다.

Telnet 서버

telnet 서버는 기본적으로 설치되어 있지 않은 경우가 많다. telnet 서버의 설치여부는 다음과 같이 설치 패키지를 조사하여 확인할 수 있다.

```
# rpm -qa | grep telnet
telnet-0.17-59.el7.x86_64
```

위와 같이 출력되면 telnet 클라이언트만 설치된 것이므로 telnet 서버를 다음과 같이 설치해야 한다.

```
# yum install telnet-server
```

systemctl 명령어를 사용하는 리눅스 배포판의 최신 버전에서는 다음과 같이 systemctl 명령어를 사용하여 telnet 서버를 활성화한다. 활성화 서비스 이름은 telnet.socket이다.

```
# systemctl start telnet.socket
```

이전 버전에서는 telnet 서버는 슈퍼 데몬인 xinetd를 경유하여 동작하므로 telnet-server를 설치할 때에 xinetd도 함께 설치된다. 그리고 다음과 같이 telnet 서버를 활성화시킨다.

먼저 /etc/xinetd.d/telnet 파일을 다음과 같이 disable 값을 yes에서 no로 바꾼다.

▸ **파일 telnet**

```
service telnet
{
        flags           = REUSE
        socket_type     = stream
        wait            = no
        user            = root
        server          = /usr/sbin/in.telnetd
        log_on_failure  += USERID
        disable         = no                                ... 수정
}
```

그 다음에 xinetd 서버를 다음과 같이 동작시킨다.

```
# service xinetd start
xinetd (을)를 시작 중:                                   [  OK  ]
```

telnet 서버가 설치되어 서비스를 시작하였으면 locahost로 telnet 접속을 하여 동작을 확인한다. 접속이 정상적으로 이루어지면 성공적으로 설치되어 동작하는 것이다.

```
# telnet localhost
Trying ::1...
Connected to localhost.
Escape character is '^]'.

Kernel 3.10.0-327.3.1.el7.x86_64 on an x86_64
localhost login: Connection closed by foreign host.
```

SSH 서버

ssh 서버는 기본적으로 설치되어 있는 경우가 많다. localhost로 ssh 접속을 하여 동작을 확인할 수 있다.

```
$ ssh localhost
```

다음과 같이 ssh 서버의 설치 여부를 확인할 수도 있다.

```
# rpm -qa | grep ssh
openssh-6.6.1p1-22.el7.x86_64
libssh2-1.4.3-10.el7.x86_64
openssh-server-6.6.1p1-22.el7.x86_64
openssh-clients-6.6.1p1-22.el7.x86_64
```

만약에 openssh-server가 설치되어 있지 않다면 yum을 사용하여 telnet-server와 같은 방법으로 설치한다.

FTP 서버

ftp 서버가 설치되었는지 여부를 다음과 같이 확인할 수 있다.

```
# rpm -qa | grep ftp
ftp-0.17-66.el7.x86_64
```

대표적인 ftp 서버는 vsFTPD (very secure FPT daemon)이다. ftp 서버가 설치되지 않았으면 다음과 같이 vsfptd를 설치한다.

```
# yum install vsftpd
```

ftp 서버는 슈퍼 데몬인 xinetd에 의해서 동작하도록 설정할 수도 있고 독자적으로 동작하도록 설정할 수도 있다. ftp 서버가 독자적으로 동작하기 위해서는 /etc/vsftpd/vsftpd.conf 파일에서 “listen=NO”이면 “listen=YES”로 수정하고 다음과 같은 명령어를 실행하여 vsftpd 데몬을 동작시킨다.

```
# service vsftpd start 또는
# systemctl start vftpd.service
```

ftp 서버가 설치되어 서비스를 시작하였으면 locahost로 ftp 접속을 하여 동작을 확인한다. 접속이 정상적으로 이루어지면 성공적으로 설치되어 동작하는 것이다.

```
$ ftp localhost
Trying ::1...
ftp: connect to address ::1연결이 거부됨
Trying 127.0.0.1...
Connected to localhost (127.0.0.1).
220 (vsFTPd 3.0.2)
Name (localhost:gdhong):
```

명령어

이 장에서는 다음과 같은 명령어를 소개하였다.

sudo	shutdown	halt	reboot	poweroff	runlevel		
telinit	systemctl	useradd	groupadd	usermod	userdel		
rpm	yum	mount	umount	df	du	fsck	cpio
dd	arp	ifconfig	route	netstat	ss	ip	service

Linux 복습문제

1. 컴퓨터 사용을 종료할 때에 단순히 전원을 끄지 않고 shutdown 명령어 등을 사용하는 이유에 대해서 알아보시오.
2. root로 로그인하지 않고 관리자 작업을 하기위해서 어떤 명령어를 사용하는가?
3. 사용자의 비밀번호는 어느 파일에 저장되는가?
4. 레드헷 계열 리눅스에서 rpm과 yum의 기능에 대해서 비교하여 설명하시오.
5. 리눅스에서 CD나 usb와 같은 외부 장치들을 어떻게 사용하는가?
6. df와 du의 기능을 비교 설명하시오.
7. 파일시스템 백업에 사용되는 3개의 명령어는 무엇인가?
8. ifconfig의 기능은 무엇인가?
9. IP 주소를 지정하는 방법에 대해서 설명하시오.
10. 서버의 설정을 바꾸었을 때에 변경된 설정을 적용하기 위해서 어떻게 해야 하는가?

Linux 연습문제

1. 리눅스 운영체제의 배포판을 입수하여 자신의 컴퓨터에 직접 설치하거나, 윈도우 운영체제에서 VirtualBox 또는 VMware와 같은 가상머신을 설치하고 가상머신에 리눅스를 설치한 후에, 관리자 권한으로 관리에 필요한 여러 작업을 수행하여 동작을 확인해보시오.

chapter 12

시스템 프로그래밍

이 장에서는 리눅스에서 제공하는 시스템 호출을 사용하는 기본적인 시스템 프로그래밍에 대해서 소개한다. 먼저 시스템 호출의 에러 코드 및 에러 처리를 다루고, 시그널을 사용한 예외 처리, 저수준의 파일 입출력, 파일 입출력과 유사한 소켓을 사용한 네트워크 프로그래밍, 마지막으로 다중 프로세스 프로그래밍을 소개한다.

12.1 에러 처리

대부분의 시스템 호출은 동작을 성공적으로 수행하지 못하는 에러가 발생하면 -1 값을 반환하여 에러 발생을 알려준다. 그렇지만 이 값만으로는 에러 발생 이유를 알 수 없으며, 다음과 같이 **전역변수** errno를 사용하여 에러에 대한 추가적인 정보를 제공한다.

- **전역변수 errno** : 가장 최근에 에러가 발생한 시스템 호출의 에러 종류를 나타내는 숫자 에러 코드를 저장한다. 전역변수 errno를 사용하기 위해서는 헤더파일 <errno.h>를 포함해야 한다.

이 헤더 파일에는 에러 코드를 포함하고 있으며 다음과 같이 정의되어 있다.

```
#define EPERM          1     /* Operation not permitted */
#define ENOENT         2     /* No such file or directory */
#define ESRCH          3     /* No such process */
#define EINTR          4     /* Interrupted system call */
#define EIO            5     /* I/O error */
...
```

errno 값은 처음에 0으로 초기화되며, 시스템 호출이 성공하면 영향이 없고, 에러가 발생하여 실패하면 연관되는 에러 코드로 설정된다.

시스템 호출의 에러는 에러 코드로 이유를 알 수 있지만, 함수 perror()를 사용하면 에러 코드에 대한 설명을 나타내는 에러 메시지를 출력한다.

```
#include <stdio.h>
void perror(const char *s);
```

화면에 문자열 s를 출력하고, 그 다음에 콜론과 시스템 호출 에러에 대한 설명을 출력한다.

이 함수는 앞으로 소개할 여러 시스템 호출의 에러 메시지 출력에 사용될 것이다. 다음은 이 함수를 사용하여 파일 오픈 동작의 에러 메시지를 출력하는 프로그램이다. 이 프로그램에서 시스템 호출 함수를 직접 사용하지 않았지만 fopen 함수를 실행하는 과정에서 시스템 호출 open 함수가 사용된다. 여기서 파일 file.txt는 존재하지 않는 파일이라고 가정한다.

```
/* ex-perror.c */
#include <stdio.h>

int main(void)
{
    if (fopen("file.txt","r") == NULL) {
            perror("fopen error");
    }
}
```

실행

```
$ ./ex-perror
fopen error: No such file or directory
```

그리고 함수 strerror()는 에러 코드에 대한 에러 메시지를 반환한다. 사용자는 출력문을 사용하여 이 함수가 반환하는 에러 메시지를 다른 출력과 함께 사용하여 원하는 형식으로 출력할 수 있다.

```
#include <string.h>
char *strerror(int errnum);
```

에러 코드 errnum에 대한 설명을 나타내는 에러 메시지를 반환한다.

다음은 시스템 호출에 대한 에러 메시지를 에러 코드 번호와 함께 출력하는 프로그램이다.

```
/* ex-strerror.c */
#include <stdio.h>
#include <errno.h>
#include <string.h>

int main(void)
{
    if (fopen("file.txt","r") == NULL) {
        printf("<%d> : %s\n", errno, strerror(errno));
    }
}
```

실행

```
$ ./ex-strerror
<2> : No such file or directory
```

12.2 시그널과 예외 처리

프로그램이 실행되는 도중에 프로그램 내부 또는 외부에서 다음과 같은 예상하지 못한 사건이 발생하면 이를 처리할 필요가 있다.

- 부동소수점 연산 에러
- 정전
- 알람
- 자식 프로세스의 종료
- 사용자로부터의 종료 요청(Ctrl-C)
- 사용자로부터의 일시 정지 요청(Ctrl-Z)
- 유효하지 않은 메모리 참조 등.

예외(exception)라고도 부르는 이런 종류의 사건들은 기본적으로 운영체제에서 CPU의 인터럽트 또는 예외 방식을 사용하여 처리하지만, 리눅스에서는 예외가 발생한 응용 프로그램의 프로세스에 **시그널**(signal)을 보내어 사건 발생을 알려주어 응용 프로그램에서 사건을 처리할 수 있도록 하는 기능을 제공한다.

시그널 종류

리눅스에서는 시그널이 전달하는 사건의 종류를 구분하기 위해서 시그널 번호를 부여하며, 프로그래머의 편의를 위하여 시그널 번호는 <signal.h>에 기호 상수로 정의되어 있으며 다음 표에 주요한 기호 상수로 정의된 시그널 이름과 의미를 나타내었다.

시그널 이름	번호	의미	기본 동작
SIGHUP	1	터미널 연결 종료	종료
SIGINT	2	Ctrl-C 입력에 의한 종료 시그널	종료
SIGQUIT	3	Ctrl-\ 입력에 의한 종료 시그널	종료(코어덤프)
SIGABRT	6	abort() 함수에 의해서 발생하는 종료 시그널	종료(코어덤프)
SIGKILL	9	종료 시그널, 무시할 수 없어서 확실하게 종료	종료
SIGTERM	15	kill 명령어가 기본적으로 전송하는 종료 시그널, 시그널을 잡아서 처리 가능	종료
SIGCHLD	18	자식 프로세스가 종료/중지, wait 계열 함수에서 받음	무시
SIGSTOP	23	프로세스 정지 시그널, 무시할 수 없음	정지
SIGTSTP	24	Ctrl-Z 입력에 의한 프로세스 정지 시그널	정지
SIGCONT	25	프로세스 실행 재개 시그널	계속
SIGTTIN	26	후면처리 프로세스가 터미널 입력 시도	정지
SIGTTOU	27	후면처리 프로세스가 터미널 출력 시도	정지
SIGILL	4	잘못된 기계어 명령어 실행	종료(코어덤프)
SIGTRAP	5	중단점 설정 시 중단점에서 발생, 디버거에서 사용	종료(코어덤프)
SIGFPE	8	부동소수점 연산 오류, 0으로 나누기와 오버플로 포함	종료(코어덤프)
SIGBUS	10	잘못된 메모리 접근으로 인한 버스 오류	종료(코어덤프)
SIGSEGV	11	유효하지 않은 메모리 참조로 인한 segmentation fault 발생	종료(코어덤프)
SIGPIPE	13	입력 프로세스가 없는 파이프에 대한 쓰기 시도	종료
SIGALRM	14	alarm() 함수에 의해서 발생하는 알람 시그널	종료
SIGUSR1	16	사용자 정의 시그널	종료
SIGUSR2	17	사용자 정의 시그널	종료

커널뿐만 아니라 사용자 프로세스도 허가권이 있다면 다른 프로세스에게 시그널을 보낼 수 있다. 프로세스에 시그널이 전달되었을 때 별도의 처리 루틴이 준비되어 있지 않으면 위의 표에 명시된 기본 동작에 따라서 자동적으로 처리를 한다. 시그널 처리에 대한 기본 동작은 다음 중 하나로 정의되어 있다.

- **종료 :** 프로세스를 종료한다.
- **코어덤프 종료 :** 프로세스를 종료하고 프로세스의 메모리 내용을 파일에 저장한다. 이 파일을 코어덤프 파일이라고 하며, 문제의 원인을 찾는 데 사용할 수 있다.
- **무시 :** 시그널을 무시한다.
- **정지 :** 프로세스를 일시 정지한다.
- **계속 :** 일시 정지된 프로세스를 다시 시작한다.

시그널을 현재 터미널을 사용 중인 전면 프로세스에게 전달하는 가장 간단한 방법은 키보드에서 Ctrl-C 또는 Ctrl-Z를 입력하는 것이다. Ctrl-C 입력은 프로세스를 종료시키고, Ctrl-Z 입력은 프로세스를 일시 정지시킨다. 그리고 다음과 같이 kill 명령어를 사용하면 임의의 시그널을 다른 프로세스에게 보낼 수 있다. 이 명령어에서 옵션으로 - 다음에 시그널 번호 또는 이름을 사용하여 시그널 종류를 지정할 수 있다.

```
$ sleep 100 &                                    ... 후면 처리 실행
[1] 18723
$ ps
  PID TTY          TIME CMD
17590 pts/0    00:00:00 bash
18723 pts/0    00:00:00 sleep
18724 pts/0    00:00:00 ps
$ kill -8 18723                                  ... 8번 시그널 전송
$
[1]+  부동 소수점 예외 (core dumped) sleep 100
```

kill 명령어로 8번 시그널을 전송하였으며, 8번 시그널을 받은 sleep 프로세스는 기본 동작인 코어덤프 종료를 하게 되며, 리눅스에서 코어덤프 파일은 /var/crash 디렉토리에 생성된다.

알람 시그널 요청

프로그램에서 발생시키는 시그널을 확인할 수 있는 가장 간단한 방법은 alarm() 함수를 사용하는 것이다.

```
#include <unistd.h>

unsigned int alarm(unsigned int seconds);
```

seconds 초 후에 이 함수를 호출한 프로세스에게 SIGALRM 시그널을 보내도록 알람 설정을 한다. 이전에 설정된 알람이 있으면 취소하고 새로 설정하고, 인수가 0이면 대기 중인 알람은 취소된다. 그리고 이전에 설정된 알람이 있다면 남은 초단위 시간을, 없으면 0을 반환한다.

다음은 alarm 함수를 사용하는 무한 루프로 구성된 간단한 프로그램이다.

```
/* ex-alarm.c */
#include <stdio.h>
#include <unistd.h>

int main(void)
{
    alarm(3);
    printf("infinite loop\n");
    while (1)
        ;
    printf("no execution\n");
}
```

실행

```
$ ./ex-alarm
infinite loop
자명종 시계                          ... SIGALRM에 의한 종료 (기본 동작)
```

시그널 처리

각 시그널에 대해서 기본 동작이 미리 정의되어 있으나, 응용 프로그램에서 시그널 처리 루틴을 작성하여 기본 동작 대신에 사용할 수 있다. 다만 무시할 수 없는 시그널에는 적용되지 않는다. 시그널 처리 루틴은 함수로 작성되며, 다음과같은 signal 함수를 사용하여 지정할 수 있다.

```
#include <signal.h>

sighandler_t signal(int signum, sighandler_t handler);
```

시그널 번호 signum에 대한 시그널 처리 함수를 handler로 지정하여 등록한다. sighandler_t 자료형은 다음과 같이 정수 인수를 갖고, 반환값이 void인 함수의 포인터로 정의된 자료형으로서 시그널 처리 함수는 이와 형식으로 정의되어야 한다.

```
typedef void (*sighandler_t)(int);
```

그리고 시그널 처리 함수로 사용자 정의 함수 대신에 다음을 사용할 수 있다.

- SIG_IGN : 시그널을 무시한다. SIGKILL과 SIGSTOP에 대해서는 적용되지 않는다.
- SIG_DFL : 미리 정해진 기본 동작을 사용한다.

signal 함수는 이전에 등록된 해당 시그널에 대한 처리 함수를 반환한다. 이 값을 저장하면 시그널 처리에 일시적으로 사용자 정의 함수를 사용한 후에 원래의 처리 동작으로 되돌릴 때에 유용하다.

앞의 예에서는 무한 루프 상태에서 알람 시그널을 기다렸다. 이러한 동작은 비효율적일 수 있다. 다른 작업을 수행하지 않고 시그널을 받을 때까지 기다리는 동작은 무한 루프 대신에 다음과 같은 pause 함수를 사용할 수 있다.

```
#include <unistd.h>

int pause(void);
```

호출한 프로세스를 정지시키고, 시그널을 받을 때 실행을 재개하고 수신한 시그널 번호를 반환한다.

다음은 Ctrl-C를 처리하는 시그널 처리 루틴을 등록하여 사용하는 프로그램이다. 이 프로그램에서 무한 루프에서 시그널을 기다리는 것 대신에 pause 함수를 사용하여 시그널을 기다린다.

```
/* ex-signal.c */
#include <stdio.h>
#include <signal.h>
#include <unistd.h>
#include <stdlib.h>

void sigint_handler(int sig);

int main(void)
{
    signal(SIGINT, sigint_handler);
    pause();
```

```
    printf("Bye main\n");
}

void sigint_handler(int sig)
{
    printf("Ctrl-C is pressed!\n");
    fflush(stdout);
    sleep(3);
    printf("Bye signal handler\n");
//  exit(1);        /* 이것을 포함하는 시그널 처리함수에서 종료 */
}
```

실행

```
$./ex-signal
^CCtrl-C is pressed!            ... ^C는 Ctrl-C 입력
Bye signal handler
Bye main
```

실행

```
$./ex-signal                    ... exit(1)이 포함된 프로그램
^CCtrl-C is pressed!            ... ^C는 Ctrl-C 입력
Bye signal handler
```

이 프로그램에서 먼저 Ctrl-C로 인한 시그널 SIGINT에 대한 시그널 처리 함수 sigint_handler를 signal 함수를 사용하여 등록하고 pause 함수를 사용하여 프로세스를 정지한 상태에서 시그널 수신을 기다린다. 시그널 수신이 되면 프로세스 실행을 재개하는 데 수신된 시그널이 SIGINT이면 등록된 처리함수 sigint_handler를 먼저 실행하고 시그널 수신 때문에 중단된 지점부터 계속하여 실행한다. 시그널 처리 함수에서 마지막에 주석 처리된 exit(1)을 주석을 없애서 포함한다면 시그널 처리 함수에서 프로그램이 종료된다.

시그널이 프로세스에게 전송되었지만 프로세스가 아직 수신하지 않은 시그널을 **대기 시그널**이라고 한다. 특정 유형에 대해서 최대 1개의 대기 시그널을 보관할 수 있기 때문에 대기 시그널과 같은 유형의 시그널이 전송되면 저장되지 않고 폐기된다.

정교한 시그널 처리

signal 함수를 사용하는 것보다 정교하게 시그널을 처리하기 위하여 다음과 같은 sigaction 함수를 사용할 수 있다. signal 함수에서는 하나의 정수 인수를 사용하는 시그널 처리 함수를 등록하여 사용하지만, 이 sigaction 함수를 사용하면 더 많은 인수를 사용하는 시그널 처리 함수를 등록하여 사용할 수 있다.

```
#include <stdio.h>

int sigaction(int signum, const struct sigaction *act, struct sigaction
*oldact)
```

signum 번호의 시그널에 대한 처리 동작을 act가 지시하는 동작으로 변경하고, 기존 동작은 oldact에 저장한다. 동작이 성공하면 0을, 실패하면 -1을 반환한다.

sigaction 함수에서 시그널 번호 인수로 SIGKILL과 SIGSTOP은 사용할 수 없다. 시그널 처리 동작은 다음과 같은 구조체로 정의된다.

```
struct sigaction {
    void     (*sa_handler)(int);        /* 시그널 처리함수 */
    void     (*sa_sigaction)(int, siginfo_t *, void *);
    sigset_t  sa_mask;                /* 차단할 시그널 집합 */
    int       sa_flags;               /* 시그널 처리 절차 수정에 사용되는 플래그 */
};
```

이 구조체에서 두 번째 필드 sa_sigaction은 sa_flags가 SA_SIGINFO일 때 sa_handler 대신에 동작하는 처리 함수를 나타내며 하나의 정수 인수를 사용하는 sa_handler보다 더 많은 인수를 사용할 수 있다. 이 함수의 첫째 인수는 시그널 번호, 둘째 인수는 시그널이 발생한 이유를 포함하는 구조체에 대한 포인터, 셋째 인수는 커널이 프로세스의 사용자 스택에 저장한 정보에 대한 포인터이다.

세 번째 필드 sa_mask는 시그널 처리 동안에 차단할 시그널 집합을 나타내며 비트맵으로 표현된다. 시그널 집합은 다음 함수를 사용하여 적절히 설정하여 사용한다.

```
#include <signal.h>

int sigemptyset(sigset_t *set);
int sigfillset(sigset_t *set);
int sigaddset(sigset_t *set, int signum);
int sigdelset(sigset_t *set, int signum);
int sigismember(const sigset_t *set, int signum);
```

sigemptyset은 차단할 시그널이 없도록 시그널 집합 set을 공집합으로 설정한다. sigfillset은 모든 시그널을 차단하도록 시그널 집합 set에 모든 시그널을 포함한다.

```
sigaddset은 시그널 집합 set에 시그널 번호 signum을 추가한다.
sigdelset은 시그널 집합 set에서 시그널 번호 signum을 삭제한다.
sigismember는 시그널 번호 signum이 시그널 집합 set의 원소 여부를 반환한다.
```

네 번째 필드 sa_flags는 시그널 처리 동작을 수정하는 데 사용되며 다음과 같은 값을 가질 수 있으며 OR 연산으로 여러 개의 플래그를 동시에 지정할 수 있다.

플래그	기능
SA_SIGINFO	시그널 처리 함수로 sa_handler 대신에 sa_sigaction을 사용함
SA_RESTART	시그널 처리로 인하여 중인터럽트된 시스템 호출이 자동으로 재시작됨
SA_NOCLDSTOP	signum이 SIGCHLD인 경우 자식 프로세스가 중단되거나 재개되었을 때 시그널을 받지 않음
SA_NOCLDWAIT	signum이 SIGCHLD인 경우, 자식 프로세스가 종료되었을 때 좀비 프로세스로 만들지 않음
SA_RESETHAND	시그널 처리 함수에 진입할 때 시그널 처리 동작을 기본 설정(SIG_DFL)으로 재설정함
SA_NODEFER	시그널 처리 함수가 실행되는 동안 같은 시그널 수신을 차단하지 않음
SA_ONSTACK	sigaltstack 함수가 제공하는 대체 시그널 스택에서 시그널 처리 함수를 호출하며, 대체 시그널 스택이 없으면 기본 스택이 사용됨

다음은 Ctrl-C를 2번 입력해야 프로그램이 종료되게 하는 프로그램이다. SIGINT 시그널 처리 함수로 처음에는 사용자 정의 함수를 사용하고, 첫 번째 Ctrl-C 입력을 할 때 실행되는 사용자 정의 함수에서 SIGINT 시그널 처리 함수를 기본 동작으로 변경하여 두 번째 Ctrl-C 입력에 대해서 프로그램이 종료되게 한다.

```
/* ex-sigaction.c */
#include <stdio.h>
#include <stdlib.h>
#include <signal.h>
#include <unistd.h>

struct sigaction newact, oldact;
void sigint_handler(int sig);

int main(int argc, char** argv)
{
    sigset_t set;
```

```
    /* Install the SIGINT handler */
    sigemptyset(&newact.sa_mask);
    newact.sa_flags = 0;
    newact.sa_handler = sigint_handler;
    sigaction(SIGINT, &newact, &oldact);  /* save old handler in oldact */

    /* Wait for the receipt of a signal */
    printf("Press Ctrl-C two times to quit.\n");
    while (1) {
      sleep (1);
    }
    printf("Bye main\n");
    return 0;
}

void sigint_handler(int sig) /* SIGINT handler */
{
    printf("Received signal = %d\n", sig);
    sleep(1);
    sigaction(SIGINT, &oldact, NULL);   /* restore old handler */
}
```

실행

```
$ ./ex-sigaction
Press Ctrl-C two times to quit.
^CReceived signal = 2
^C
```

비지역성 점프

C언어에서는 goto 문은 동일 함수 내의 지정된 레이블 위치로 점프할 수 있지만 다른 함수의 위치로는 점프할 수 없다. 다른 함수 위치로 점프를 하는 것을 **비지역성 점프**라고 한다. 비지역성 점프는 잘못 사용하는 경우 논리적으로 코드가 복잡해지는 위험성이 있지만 에러 처리 후에 지정된 위치로 점프를 하고자 하는 경우에 매우 유용하다. 예를 들어서 시그널 처리 함수는 실행한 후 시그널이 발생한 지점에서 프로그램 실행에 재개된다. 그렇지만 함수 호출/반환 방식에서 벗어나 시그널 처리 후에 특정 위치에서 프로그램 실행을 재개시키고자 하는 경우에 비지역성 점프가 사용될 수 있다.

비지역성 점프를 구현하기 위하여 setjmp와 longjmp 함수를 사용할 수 있다.

```
#include <setjmp.h>

int setjmp(jmp_buf env);
void longjmp(jmp_buf env, int val);
```

비지역성 점프를 하고자 하는 위치의 바로 앞에서 setjmp 함수를 호출하면 비지역성 점프의 위치가 setjmp 함수의 리턴 위치로 설정된다. 프로그램의 다른 곳에서 longjmp 함수를 호출하면 그림 12.1과 같이 setjmp 함수에서 설정한 비지역성 점프 위치로 점프를 하게 된다. longjump 함수는 임의의 함수에서 호출할 수 있기 때문에 다른 함수 위치로 점프하는 것이 가능하다.

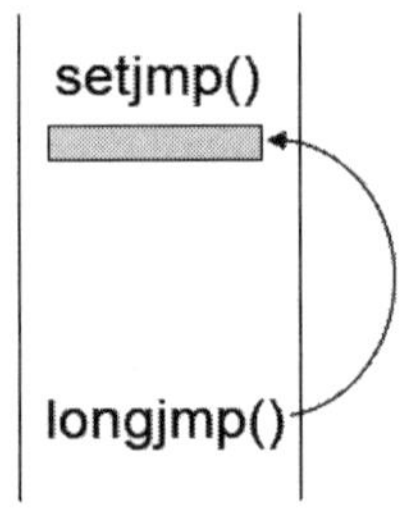

그림 12.1 비지역성 점프

setjmp 함수는 레지스터들과 시그널 마스크 등의 값으로 구성되는 호출 환경을 인수로 전달된 jmp_buf 자료형의 env 변수에 저장한다. env 변수에 저장된 값에는 비지역성 점프에 필요한 모든 정보가 포함되어 있다. env 변수는 전역 변수 또는 파일 내에서 사용 가능한 static 전역 변수로 선언한다.

longjmp 함수를 호출하면 이 함수 다음 위치로 리턴되는 것이 아니라 인수로 전달되는 setjmp 함수에 의해서 설정된 jmp_buf 자료형의 env 변수에서 지정되는 위치로 비지역성 점프를 수행한다. 즉, 그림 12.1과 같이 longjmp 함수가 리턴 위치는 setjmp의 리턴 위치와 같다. 이 때문에 setjmp 함수는 한 번 호출되지만 여러 번 리턴 될 수 있으며, longjmp 함수는 호출되지만 리턴되지 않는다.

두 함수의 리턴 위치가 같으므로 어느 함수에서 리턴 되었는지 구분할 필요가 있다. 이를 위하여 setjmp 함수는 0을 반환하며, longjmp 함수는 두 번째 인수 val을 반환한다. 두 번째 인수 val은 setjmp 함수 호출과 구분할 수 있도록 0이 아닌 값을 제공해야 한다.

비지역성 점프의 전형적인 사용 예는 여러 번 함수 호출이 중첩된 상태에서 마지막 호출 함수에서 최초 호출이 포함된 함수의 특정 위치로 직접 점프하는 것이다. 다음 프로그램은 이러한 예로서 main에서 foo 함수를, foo에서 bar 함수를 호출하고, bar 함수에서 longjmp를 사용하여 최초 호출이 포함된 main 함수의 setjmp 함수 호출 리턴 위치로 직접 점프를 수행한다.

```
/* ex-setjmp1.c */
#include <stdio.h>
#include <setjmp.h>

jmp_buf buf;    /* jump buffer */
void foo(void), bar(void);

int main()
{
    if (setjmp(buf)!=0) {
        printf("return from long jump\n");
        return 0;
    }
    printf("return from setjmp\n");

    foo();
    printf("return from foo\n");
    return 0;
}

/* Deeply nested function foo */
void foo(void)
{
    bar();
}

void bar(void)
{
    longjmp(buf, 1);    /* setjmp함수 리턴 위치로 점프 */
                        /* 둘째 인수는 nonzero 사용    */
}
```

실행

```
$ ./ex-setjmp1
return from setjmp
return from long jump
```

실행 결과에서 setjmp 함수를 호출 직후에는 리턴값이 0이므로 if문의 다음으로 진행되어 return from setjmp 메시지가 출력되었다. 그리고 foo, bar 함수가 중첩 호출되고, bar 함수에서 longjmp를 사용하여 setjmp 함수 리턴 위치로 비지역성 점프를 하였다. 이때에는 리턴값이 1이므로 if문이 참이서 return from long jump 메시지가 출력되었으며 foo 함수와 bar 함수는 정상적으로 리턴되지 않아서 return from foo 메시지는 출력되지 않음을 확인할 수 있다.

longjmp 함수에서 인수로 제공하는 setjmp의 리턴값으로 longjmp 함수 호출의 위치를 식별할 수 있다. 다음은 에러가 발생했을 때 점프할 위치를 setjmp 함수를 사용하여 지정하고, 에러 발생했을 때 longjmp를 사용하여 이 위치로 분기하고, 리턴 값으로 에러의 종류를 구분하여 처리하는 프로그램이다.

```
/* ex-setjmp2.c */
#include <stdio.h>
#include <setjmp.h>
#include <stdlib.h>

jmp_buf buf;        // jump buffer

int error1 = 0;
int error2 = 1;

void foo(void);
void bar(void);

int main()
{
    switch(setjmp(buf)) {
    case 0: // from setjmp call
        printf("error1 = %d, error2 = %d\n", error1, error2);
        foo();
        break;
    case 1:
        printf("Detected an error1 condition in foo\n");
        break;
    case 2:
        printf("Detected an error2 condition in bar\n");
        break;
    default:
        printf("Unknown error condition\n");
    }
    exit(0);
}

/* Deeply nested function foo */
void foo(void)
{
    if (error1)
        longjmp(buf, 1);
    bar();
```

```
}

void bar(void)
{
    if (error2)
        longjmp(buf, 2);
}
```

실행

```
$ ./ex-setjmp2
error1 = 0, error2 = 1
Detected an error2 condition in bar
```

실행

```
$ ./ex-setjmp2                              ... error1 = 1 로 코드 수정 후 실행
error1 = 1, error2 = 1
Detected an error1 condition in foo
```

프로그램에서 error1과 error2는 함수 foo와 bar에서 에러가 발생하였을 알려주는 플래그이며, 테스트 목적으로 값을 지정하였다. 첫 번째 실행 예는 함수 bar에서 에러가 발생하여(error2 = 1) 리턴값 2를 반환하며 비지역성 점프를 수행하며, 두 번째 실행 예는 함수 foo에서 에러가 발생하여(error1 = 1) 리턴값 1을 반환하여 비지역성 점프를 수행한다. main의 switch 문은 setjmp 함수 호출의 리턴값에 따라서 처리한다. 여기서 setjmp 함수의 리턴값은 위의 프로그램과 같이 직접 사용해야 하며, 다음과 같이 리턴값을 변수에 저장한 후 사용하지 않아야 한다.

```
int rc;

rc = setjmp(buf);      /* 잘못된 사용 */
switch(rc) {
    ...
}
```

12.3 시스템 수준 파일 입출력

Linux

파일 입출력 기능은 저장 장치에 있는 정규 파일 뿐만 아니라 입출력 장치나 파이프, 소켓과 같은 프로세스 간 통신에 사용되는 장치와 같은 특수 파일을 포함한 모든 파일에 대해서 사용할 수 있다. C 표준 라이브러리에서는 fopen, fclose, fscanf, fprintf, fread, fwrite 등과 같은 고급 기능의 파일 입출력 함수를 제공한다. 이러한 고급 입출력 함수들은 운영체제가 제공하는 시스템 수준의 파일 입출력 함수를 사용하여 구현되어 있다. 대개는 고급 파일 입출력 함수를 사용해도 충분하므로 사용자가 시스템 수준의 입출력 함수를 직접 사용하지 않아도 된다.

그렇지만 시스템 수준의 입출력 함수의 동작을 이해하면 프로세스, 가상 메모리, 링킹과 적재 등의 다른 시스템 개념을 이해하는 데 도움이 된다. 그리고 고급 입출력 함수를 사용하여 수행하는 것이 불가능하거나 부적절한 경우가 존재한다. 예를 들어서 파일 크기나 파일 생성 시간과 같은 메타 데이터 접근은 고급 파일 입출력 함수를 사용하여 수행하지 못하며, 이러한 경우는 시스템 수준의 파일 입출력 함수를 사용해야 한다.

리눅스 I/O

리눅스에서 파일은 m개의 연속된 바이트 $B_0, B_1, B_2, \cdots, B_k, \cdots, B_{m-1}$으로 표현된다. 리눅스 커널은 정규 파일 뿐만 아니라 디스크, 터미널, 네트워크와 같은 모든 I/O 장치들도 파일로 다루어서 입력과 출력을 같은 형태의 통일된 방식으로 수행되도록 한다. 정규 파일의 연속된 바이트는 파일의 연속적인 위치에 저장된 바이트들을 나타내지만, 터미널의 연속된 입력 바이트는 터미널에서 컴퓨터로 연속적으로 전달되는 바이트들을 나타낸다.

파일 유형

리눅스의 파일은 앞에서도 소개했듯이 다음과 같은 유형으로 구분된다.

- **정규파일(regular file)** : 저장 장치에 저장된 임의의 데이터가 저장된 파일이다. 텍스트 문자들로 구성된 **텍스트 파일**과 임의의 데이터로 구성된 **이진 파일**로 구분된다.
- **디렉토리(directory)** : 디렉토리에 속한 파일의 목록이 저장된 파일로서 각 파일의 정보는 파일 이름과 파일 링크 등으로 구성된다.
- **소켓(socket)** : 네트워크 상에 있는 다른 프로세스와 통신하기 위해 사용되는 특수 파일이다.
- **기명 파이프(named pipe)** : 파이프 방식으로 프로세스 간의 통신을 하는 데 사용되는 FIFO 기능을 갖는 특수 파일이다.
- **심볼릭 링크(symbolic link)** : 특정 파일 또는 디렉토리에 대한 경로를 저장하는 파일로서 이 경로에 있는 원본 파일를 경유하여 파일을 참조한다.
- **문자 장치(character device)와 블록 장치(block device)** : 문자 단위 또는 블록 단위로 입출력이 수행되는 입출력 장치를 나타내는 특수 파일이다.

정규 파일에서 텍스트 파일은 대개 문자들이 ASCII 코드나 유니코드로 표현된다. 그리고 텍스트 파일은 줄(line)의 연속으로 구성되며 각 텍스트 줄은 '\n'(ASCII 코드 0xA)과 같은 개행문자(line feed)로 끝난다. 윈도우 운영체제나 인터넷 프로토콜에서는 캐리지 리턴 문자도 함께 사용하여 '\r'과 '\n'의 연속으로 줄의 끝을 나타낸다.

이진 파일에는 기계 명령어로 구성된 이진 실행파일, 여러 유형의 이미지 파일, 문서 형식 정보도 함께 포함하는 워드프로세서 문서 파일 등이 포함된다.

리눅스에서 텍스트 파일의 줄의 끝을 표시하는 문자를 확인하기 위해 앞에서 배웠던 같이 octal dump 명령어 od를 사용할 수 있다. 여기서 linux.txt는 리눅스에서 편집한 텍스트 파일이고 windows.txt는 Windows에서 편집한 텍스트 파일을 리눅스 시스템으로 가져온 것이다.

```
$ od -c linux.txt
0000000   l   i   n   e       1  \n   l   o   n   g       l   i   n   e
0000020       2  \n   f   i   l   e       i   n   p   u   t       o   u
0000040   t   p   u   t  \n
0000045
$ od -c windows.txt
0000000   w   i   n   d   o   w   s  \r  \n   t   e   x   t       f   i
0000020   l   e  \r  \n   f   i   l   e       i   n   p   u   t       o
0000040   u   t   p   u   t
0000045
```

이 예에서 리눅스 텍스트 파일은 줄의 끝이 '\n'이고, 윈도우 텍스트 파일은 줄의 끝이 '\r'과 '\n'의 연속임을 확인할 수 있다.

파일 열기

파일에 대해서 읽기, 쓰기 등의 작업을 수행하려면 먼저 파일 열기(open)를 수행해야 한다. open 함수는 이러한 동작을 할 수 있도록 해준다.

```
#include <sys/types.h>
#include <sys/stat.h>
#include <fcntl.h>

int open(const char *filename, int flag);
int open(const char *filename, int flag, mode_t mode);
```

파일 경로명이 filename인 파일을 읽거나 쓰기 위하여 파일 열기를 수행한다. flag는 입출력 방식을 지정한다. mode는 flag에서 파일 생성 모드(O_CREAT)가 설정된 경우 반드시 지정해야 한다. 파일 열기가 성공적으로 이루어지면 파일 기술자 번호를 반환한다.

현재 프로세스에서 오픈 파일에 대한 정보는 오픈 파일 테이블에 저장되며 open 함수는 파일 열기가 성공하면 이 테이블의 인덱스인 파일 기술자 번호를 반환한다. 파일 기술자 번호는 오픈 파일 테이블의 현재 사용되지 않고 있는 가장 작은 인덱스를 반환한다. 파일 열기가 실패하면 -1을 반환한다. 파일 경로명인 filename은 파일 이름뿐만 아니라 파일의 상대 경로 이름과 절대 경로 이름을 사용할 수 있다.

flag는 파일에 대한 입출력 방식을 지정하며 다음 표와 같은 미리 정의된 플래그를 사용할 수 있다. flag에서 파일 생성 모드(O_CREAT)가 설정된 경우 파일이 존재하지 않으면 빈 파일을 생성하여 파일 열기를 수행한다.

플래그	기능
O_RDONLY	읽기 전용
O_WRONLY	쓰기 전용
O_RDWR	읽기와 쓰기
O_CREAT	파일이 없으면 빈 파일을 생성한다. (파일을 생성할 권한이 필요함)
O_EXCL	O_CREAT가 설정되고 파일이 존재하면 open 동작이 실패한다.
O_APPEND	파일 추가 동작을 위하여 파일 포인터를 파일 끝에 위치시킨다.
O_TRUNC	쓰기용으로 파일 열기를 할 때 파일이 존재하면 파일을 모두 지운다(길이 0).

flag는 다음과 같이 여러 개의 플래그를 OR 연산으로 결합하여 사용할 수 있다.

- **O_WRONLY | O_TRUNC :** 쓰기 전용, 존재하면 파일 지우고 새로 쓰기
- **O_WRONLY | O_CREAT | O_TRUNC :** 쓰기 전용, 파일이 없으면 생성, 존재하면 파일 지우고 새로 쓰기
- **O_WRONLY | O_APPEND | O_CREAT :** 쓰기 전용, 파일이 없으면 생성, 존재하면 파일 끝에 추가하여 쓰기
- **O_RDWR | O_CREAT | O_TRUNC :** 읽기 쓰기용, 파일이 없으면 생성, 존재하면 파일 지우고 새로 쓰기

고급 기능의 파일 열기 함수 fopen() 에서 사용되는 모드에 대한 open 함수의 flag와의 관계는 다음 표와 같다.

fopen() 모드	open() flag
r	O_RDONLY
w	O_WRONLY | O_CREAT | O_TRUNC
a	O_WRONLY | O_CREAT | O_APPEND
r+	O_RDWR
w+	O_RDWR | O_CREAT | O_TRUNC
a+	O_RDWR | O_CREAT | O_APPEND

세 번째 인수인 mode는 flag에서 O_CREAT가 설정되었을 때 파일 생성 권한을 지정하기 위하여 사용해야 한다. mode는 0644와 같이 소유자, 그룹, 기타 사용자에 대한 읽기, 쓰기, 실행 권한을 8진수로 나타내어 사용한다. 여기서 0644는 2진수로 110 100 100 소유자는 읽기/쓰기 권한을 그룹과 기타 사용자는 읽기 권한이 주어진 것을 나타낸다. 즉 rw-r--r--로 표현되는 권한이다.

mode 지정에 8진수 표기 대신에 다음 표와 같은 기호 상수를 사용할 수 있으며, 이 상수들도 OR 연산으로 결합하여 사용할 수 있다.

상수명	기능
S_IRUSR	소유자 읽기 권한
S_IWUSR	소유자 쓰기 권한
S_IXUSR	소유자 실행 권한
S_IRGRP	그룹 읽기 권한
S_IWGRP	그룹 쓰기 권한
S_IXGRP	그룹 실행 권한
S_IROTH	기타 사용자 읽기 권한
S_IWOTH	기타 사용자 쓰기 권한
S_IXOTH	기타 사용자 실행 권한
S_ISUID	set-user-ID 권한
S_ISGID	set-group-ID 권한
S_ISVTX	sticky 권한

mode가 0644인 것은 이 상수들을 OR 연산으로 결합하여 다음과 같이 나타낼 수 있다.

```
mode = S_IRUSR | S_IWUSR | S_IRGRP | S_IROTH
```

프로세스가 생성될 때 기본적으로 터미널과 관련되는 3개의 장치 파일이 파일 기술자 번호 0, 1, 2로 파일 열기가 이루어진다.

- **0번 :** 표준 입력(stdin)
- **1번 :** 표준 출력(stdout)
- **2번 :** 표준 에러 출력(stderr)

그러므로 파일 열기에서 반환되는 파일 기술자 번호는 기본적으로 오픈된 파일을 닫지 않는다면 3번부터 사용하게 된다.

파일 닫기

파일 입출력 작업이 완료되어 더 이상 파일을 사용하지 않으려면 close 함수를 사용하여 오픈 파일을 닫는다.

```
#include <unstd.h>

int close(int fd);

파일 기술자 번호 fd인 파일에 대한 닫기를 수행한다. 성공하면 0을 실패하면
-1을 반환한다.
```

close 함수는 오픈된 파일에 대해서만 사용해야 하며, 닫힌 파일이 사용했던 파일 기술자 번호는 다른 파일이 다시 사용할 수 있다. 이미 닫았거나 사용 중이 아닌 파일 기술자 번호를 사용하여 파일 닫기를 하면 에러이다.

다음은 읽기 전용으로 파일 열기를 수행하는 프로그램이다.

```
/* ex-open1.c */
#include <stdio.h>
#include <sys/types.h>
#include <sys/stat.h>
#include <fcntl.h>
#include <stdlib.h>
#include <unistd.h>

int main()
```

```
{
        int fd;

        /* Open an existing file for reading */
        fd = open("foo1.txt", O_RDONLY);
        if (fd < 0) {
                perror("open");
                exit(1);
        }
        printf("fd = %d\n", fd);        /* fd : 3 */
        close(fd);

        return 0;
}
```

실행

```
$ ./ex-open1
open: No such file or directory
```

실행

```
$ ./ex-open1                         ... 파일 foo1.txt가 존재하는 경우
fd = 3
```

이 프로그램은 존재하지 않는 파일에 대해서는 파일 열기 에러가 발생하며, 에러 메시지를 출력하고 작업을 종료한다, 파일이 존재하여 파일 열기가 성공하면 파일 기술자 번호를 출력하고 파일을 닫는다.

다음은 쓰기 전용으로 파일 열기를 한 후에 같은 파일을 읽기 전용으로 다시 파일 열기를 수행하는 프로그램이다.

```
/* ex-open2.c */
#include <stdio.h>
#include <sys/types.h>
#include <sys/stat.h>
#include <fcntl.h>
#include <stdlib.h>
#include <unistd.h>

int main()
{
    int fd1, fd2;

    /* Create a new file for writing */
    fd1 = open("foo2.txt", O_WRONLY | O_CREAT | O_TRUNC, 0664);
    if (fd1 < 0) {
        perror("write open");
        exit(1);
```

```
        }
        printf("write fd = %d\n", fd1);

        /* Open an existing file for reading */
        if ( (fd2 = open("foo2.txt", O_RDONLY)) < 0) {
            perror("read open");
            exit(1);
        }
        printf("read fd = %d\n", fd2);
        return 0;
}
```

실행

```
$ ./ex-open2
write fd = 3
read fd = 4
```

이 프로그램은 존재하지 않는 파일을 쓰기용으로 오픈하면 빈 파일을 생성한다. 그리고 쓰기용으로 이미 오픈된 파일을 읽기용으로 다시 오픈할 수 있다. 두 파일은 같은 파일이지만 입출력 모드가 다르며 중복하여 오픈할 수 있으며, 연속하여 오픈했기 때문에 파일 기술자 번호가 3과 4로 순서대로 부여되었다.

파일 읽기와 쓰기

시스템 수준의 파일 입력 함수로 read 함수를, 파일 출력 함수로 write 함수를 제공한다.

```
#include <unstd.h>

ssize_t read(int fd, void *buf, size_t count);
ssize_t write(int fd, const void *buf, size_t count);
```

read 함수는 파일 기술자 번호 fd인 파일의 현재 파일 위치에서 최대 count 바이트를 읽어서 메모리 버퍼 buf로 복사한다. 인수 count는 버퍼의 최대 크기를 나타낸다. read 함수는 실제로 입력한 바이트 수를 반환하며, 에러이면 -1을, 파일 끝에 도달하면 0을 반환한다. 파일에서 데이터가 입력되면 현재 파일 위치는 입력한 바이트 수만큼 다음으로 변경된다.

write 함수는 메모리 버퍼 buf에 있는 count 바이트의 데이터를 파일 기술자 번호 fd인 파일의 현재 파일 위치부터 쓰기를 한다. 실제로 파일로 출력된 바이트 수를 반환하여, 에러이면 -1을 반환한다. 파일로 데이터가 출력되면 현재 파일 위치는 출력한 바이트 수만큼 다음으로 변경된다. 그림 12.2는 read 또는 write 함수의 수행 결과로 파일의 현재 위치가 갱신되는 동작을 나타낸다. 두 함수에서 인수 count는 size_t 자료형을, 반환값은 ssize_t 자료형을 사용하였다. size_t는 unsigned long으로 정의된 자료형으로 음수를 사용하지 않지만, 반환값은 에러를 나타내는 음수 -1을 사용해야 하므로 long으로 정의된 부호 있는 자료형인 ssize_t 자료형을 사용하였다.

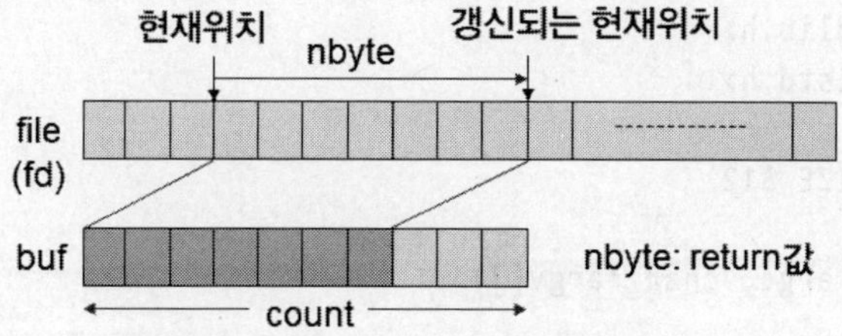

그림 12.2 파일 현재 위치의 갱신 동작

read 함수와 write 함수는 전송 요청한 바이트 수인 count 값보다 더 적은 크기의 데이터가 입력되거나 출력될 수 있다. 이러한 **짧은 카운트(short count)** 값은 에러가 아니며 여러 가지 이유로 발생할 수 있다. 다음은 짧은 카운트가 반환될 수 있는 예이다.

- **파일 끝에 도달 :** read 함수를 수행하는 동안 파일 끝(EOF)에 도달하면 입력 가능한 데이터는 준비된 버퍼 크기 count보다 작은 값일 수 있다.

- **터미널에서 줄 단위 입력 :** 터미널에서 문자를 읽을 때는 개행문자 '\n'을 만날 때까지 줄 단위로 입력된다. 그러므로 read 함수는 줄의 길이가 count보다 작다면 실제 입력된 바이트 수인 줄의 길이가 반환된다.

- **네트워크 소켓 입출력 :** 나중에 간단히 소개할 예정이지만 네트워크 소켓도 파일 기술자 번호가 부여되며 read와 write 함수를 사용할 수 있다. 네트워크의 내부 버퍼링 제약과 긴 네트워크 지연시간으로 인해서 요청한 길이의 모든 데이터 전송이 완료되지 않아서 read와 write 함수는 count보다 짧은 카운트를 반환할 수 있다

그렇지만 디스크에 저장되는 파일에 대한 입출력은 read 함수에서 파일 끝에 도달하는 경우를 제외하면 이러한 짧은 카운트를 반환하는 경우가 발생하지 않는다.

read와 write 함수를 사용하는 파일 입출력 프로그램을 작성할 때 짧은 카운트 반환값에 대해서 항상 고려해야 한다.

다음은 파일 끝에 도달할 때까지 read 함수를 반복 사용하여 파일 입력을 하여 파일의 크기를 계산하는 프로그램이다. read 함수의 반환값이 0 이하가 되면 에러이거나 파일 끝에 도

달한 것이므로 반복을 종료한다.

```
/* ex-fsize.c */
#include <stdio.h>
#include <sys/types.h>
#include <sys/stat.h>
#include <fcntl.h>
#include <stdlib.h>
#include <unistd.h>

#define BUFSIZE 512

int main(int argc, char *argv[])
{
     int fd;
     char buf[BUFSIZE];
     ssize_t nbyte;
    long size;

     fd = 0;  /* default : standard input */
     if (argc > 1) {
          fd = open(argv[1], O_RDONLY);
          if (fd < 0) { perror("open"); exit(1); }
    }
    size = 0;
    while ( nbyte = read(fd, buf, BUFSIZE), nbyte > 0) {
         printf("read %ld bytes\n", nbyte);
         size += nbyte;
    }
    close(fd);
    printf("file size = %ld byte\n", size);
    return 0;
}
```

실행

```
$ ./ex-fsize ex-fsize.c          ... 소스 파일을 명령어 인수로 사용
read 512 bytes
read 69 bytes
file size = 581 byte
```

실행

```
$ ./ex-fsize
system programming       ... 입력
read 19 bytes
system level I/O         ... 입력
read 17 bytes
bye                      ... 입력
read 4 bytes
file size = 40 byte      ... EOF를 위해 Ctrl-D 입력
```

첫 번째 실행 예는 명령어 행 인수로 소스 파일 이름 ex-fsize.c를 제공하여 이 파일에서 읽은 바이트 수의 합을 계산하여 파일 크기를 얻어서 출력한다. 그리고 read 함수가 에러가 발생하거나 입력 데이터가 더 이상 없어서 0이하의 반환값을 제공할 때까지 버퍼 크기로 파일 읽기를 반복한다. 반복문에서 실제로 읽은 바이트 수 nbyte를 출력하였고, 파일 끝에 도달할 때 짧은 카운트가 반환됨을 확인할 수 있다. 그 다음의 read 함수 호출은 파일 끝에 도달하여 입력 데이터가 더 이상 없으므로 0을 반환하여 반복이 종료된다.

두 번째 실행 예는 명령어 행 인수를 제공하지 않아서 기본 입력 파일로 지정된 표준 입력으로부터 입력을 받는다. 표준 입력은 기본적으로 터미널로 지정되며 줄 단위 입력을 하므로 [Enter]가 입력될 때마다 read 함수 동작이 완료되며 줄의 길이가 반환됨을 확인할 수 있다. 표준 입력을 종료하기 위해서는 파일 끝을 나타내는 Ctrl-D(윈도우에서는 Ctrl-Z)를 입력하며, 최종적으로 표준 입력으로 입력된 모든 문자 개수를 출력한다.

다음은 read와 write 함수를 사용하여 파일을 복사하는 프로그램이다.

```
/* ex-fcopy.c */
#include <stdio.h>
#include <sys/types.h>
#include <sys/stat.h>
#include <fcntl.h>
#include <stdlib.h>
#include <unistd.h>

#define BUFSIZE 512

int main(int argc, char *argv[])
{
    int fd1, fd2;
    char buf[BUFSIZE];
    ssize_t nbyte;
    long size;

    fd1 = 0;                /* standard input */
    fd2 = 1;                /* standard output */
    if (argc > 1) {
        fd1 = open(argv[1], O_RDONLY);
        if (fd1 < 0) { perror("open read"); exit(1); }
    }
    if (argc > 2) {
        fd2 = open(argv[2], O_WRONLY | O_CREAT | O_TRUNC, 0644);
        if (fd2 < 0) { perror("open write"); exit(1); }
    }
    size = 0;
```

```
    while ( nbyte = read(fd1, buf, BUFSIZE), nbyte > 0)
        write(fd2, buf, nbyte);
    return 0;
}
```

실행

```
$ ./ex-fcopy ex-fcopy.c fcopy.c      ... 소스 파일을 다른 파일로 복사
$ ls -l ex-fcopy.c fcopy.c           ... 파일 크기, 파일 권한 확인
-rw-rw-r-- 1 skyun skyun 661  8월 22 12:31 ex-fcopy.c
-rw-r--r-- 1 skyun skyun 661  8월 22 12:33 fcopy.c
```

이 프로그램에서 메모리 버퍼 buf의 크기는 512바이트이며, 파일의 내용은 512바이트 단위로 읽어서 버퍼에 저장한 후 버퍼에 있는 내용 전부를 두 번째 파일에 쓴다. write 함수에서 길이 인수는 버퍼에 실제로 저장된 데이터의 길이를 제공해야 하므로 버퍼의 크기 BUFSIZE가 아니라 입력된 크기인 nbyte를 사용해야 한다.

파일 메타데이터 읽기

파일의 메타데이터는 파일의 내용이 아닌 파일에 대한 정보를 말한다. 파일 메타데이터의 예로서 파일 생성시간, 수정시간, 접근 권한, 소유자, 파일 크기 등을 들 수 있다. 파일의 메타데이터는 커널이 관리하며 stat 함수나 fstat 함수를 사용하여 접근할 수 있다.

```
#include <sys/types.h>
#include <sys/stat.h>
#include <unistd.h>

int stat(const char *pathname, struct stat *statbuf);
int fstat(int fd, struct stat *statbuf);
int lstat(const char *pathname, struct stat *statbuf);
```

파일 메타데이터는 다음과 같은 구조체 stat의 멤버로 구성되며 stat, fstat, 또는 lstat 함수를 호출할 때 stat 구조체 변수를 선언한 후 이 변수의 주소를 두 번째 인수로 제공하면 파일 메타데이터가 구조체 변수에 채워진다.

```
struct stat {
    dev_t       st_dev;     /* Device */
    ino_t       st_ino;     /* inode */
    mode_t      st_mode;    /* Protection and file type */
    nlink_t     st_nlink;   /* Number of hard links */
    uid_t       st_uid;     /* User ID of owner */
    gid_t       st_gid;     /* Group ID of owner */
```

```
    dev_t          st_rdev;       /* Device type (if inode device) */
    off_t          st_size;       /* Total size, in bytes */
    unsigned long st_blksize;     /* Blocksize for filesystem I/O */
    unsigned long st_blocks;      /* Number of blocks allocated */
    time_t         st_atime;      /* Time of last access */
    time_t         st_mtime;      /* Time of last modification */
    time_t         st_ctime;      /* Time of last change */
};
```

stat 함수는 파일의 경로명을 첫째 인수로, fstat 함수는 오픈된 파일의 파일 기술자 번호를 첫째 인수로 제공하는 것을 제외하면 두 함수의 동작은 같다. 심볼릭 링크 파일은 연결된 된 파일에 대해서 동작한다. lstat 함수에서는 심볼릭 링크 파일은 파일 자체에 대해서 동작한다.

파일 메타데이터 멤버 중에서 st_size는 바이트 단위의 파일의 크기를, st_mtime은 마지막 수정시간을, st_ctime은 마지막 상태 변경 시간을 나타낸다. 그리고 st_mode는 파일 권한 비트와 파일 유형 정보를 모두 포함한다. 파일 유형은 st_mode 멤버에 대해서 다음 표의 매크로를 사용하거나 비트 마스크 상수를 사용하여 확인할 수 있다. 그리고 파일 접근 권한은 open 함수의 비트 마스크 역할을 하는 mode 인수를 설명할 때 소개한 기호 상수를 st_mode 멤버와 AND 연산하여 확인할 수 있다.

파일 유형	유형을 확인하는 매크로	비트 마스크 상수
정규 파일	S_ISREG(m)	S_IFREG
디렉토리	S_ISDIR(m)	S_IFDIR
문자 장치 파일	S_ISCHR(m)	S_IFCHR
블록 장치 파일	S_ISBLK(m)	S_IFBLK
FIFO 특수 파일	S_ISFIFO(m)	S_IFIFO
심볼릭 링크	S_ISLNK(m)	S_IFLNK
소켓 특수 파일	S_ISSOCK(m)	S_IFSOCK
파일 유형 비트 마스크	-	S_IFMT

다음은 파일 메타데이터의 st_mode 정보를 사용하여 파일의 정규파일, 디렉토리 여부와 실행권한 여부를 판단하여 출력하는 프로그램이다.

```
/* ex-fmeta.c */
#include <stdio.h>
#include <sys/types.h>
#include <sys/stat.h>
#include <unistd.h>
```

```
#include <stdlib.h>

int main(int argc, char *argv[])
{
     struct stat fstat;
     int mode;
     char *ftype, *exeok;

     if (argc < 2) {
          fprintf(stderr, "Usage: %s filename\n", argv[0]);
          exit(1);
     }
     if (stat(argv[1], &fstat) < 0) { perror("stat"); exit(2); }

     printf("file size = %ld bytes\n", fstat.st_size);

     mode = fstat.st_mode;
     if (S_ISREG(mode)) ftype = "regular";
     else if (S_ISDIR(mode)) ftype = "directory";
     else ftype = "others";

     if (mode & S_IXUSR) exeok = "yes";
     else exeok = "no";
     printf("file type : %s\nexe permission : %s\n", ftype, exeok);

     return 0;
}
```

실행

```
$ ./ex-fmeta ex-fmeta.c
file size = 675 bytes
file type : regular
exe permission : no
```

실행

```
$ ./ex-fmeta ex-fmeta
file size = 8616 bytes
file type : regular
exe permission : yes
```

실행

```
$ ./ex-fmeta /etc
file size = 12288 bytes
file type : directory
exe permission : yes
```

첫 번째 실행 예는 소스 코드 파일을, 두 번째 실행 예는 컴파일된 실행 파일을, 세 번째 실행 예는 디렉토리를 인수로 제공하여 실행하였다. 결과에서 소스 코드와 실행 파일은 모두 정규 파일이고, 컴파일된 실행 파일과 디렉토리는 모두 실행 권한이 있음을 확인할 수 있다.

디렉토리 내용 읽기

디렉토리는 파일과 디렉토리들로 구성될 수 있으며 디렉토리 파일은 디렉토리에 속하는 파일과 디렉토리들의 이름과 관련된 i-node 번호를 저장한다. 파일의 i-node 블록에 파일의 메타데이터와 파일 내용이 지정된 위치가 저장된다. 디렉토리에 속하는 디렉토리를 서브 디렉토리 또는 자식 디렉토리라고 부른다. 각 디렉토리 항목은 다음과 같은 구조체이다.

```
struct dirent {
    ino_t d_ino;        /* inode number */
    char d_name[256];           /* Filename */
};
```

디렉토리도 파일의 한 종류이므로 open, read, close 함수를 사용하여 정보를 읽을 수 있으나, 파일이 정해진 형식으로 되어 있으므로 사용자가 편리하게 사용하도록 디렉토리용 라이브러리 함수가 제공된다.

```
#include <sys/types.h>
#include <dirent.h>

DIR *opendir(const char *name);

name의 디렉토리를 열고 성공하면 DIR 구조체 포인터를, 실패하면 NULL을 반환
한다.
```

디렉토리 내용을 읽기 위해서는 먼저 opendir 함수를 사용하여 디렉토리 항목들로 구성되는 디렉토리 스트림을 만들고 이 위치를 얻는다. 디렉토리 스트림은 디렉토리 항목들의 리스트로서 DIR 구조체 자료형으로 표현되며, opendir 함수는 DIR 구조체의 포인터를 반환한다.

```
#include <dirent.h>

struct dirent *readdir(DIR *dirp);
int closedir(DIR *dirp);

readir은 DIR 포인터가 가리키는 디렉토리에서 한 번에 하나씩 디렉토리 엔토
리를 반환하고, 다음 엔트리가 없으면 NULL을 반환한다.
closedir은 DIR 포인터가 가리키는 디렉토리를 닫는다.
```

디렉토리 스트림 dirp에 대해서 readdir 함수를 호출하면 다음 디렉토리 엔트리에 대한 dirent 구조체 포인터를 반환한다. NULL이 반환될 때까지 readdir 함수를 반복하여 호출하면 모든 디렉토리 엔트리를 얻어서 필요한 처리를 수행할 수 있다. opendir 함수로 오픈한 디렉토리는 closedir 함수를 사용하여 닫는다.

다음은 디렉토리에 있는 모든 파일 이름을 출력하는 프로그램이다.

```
/* ex-ls.c */
#include <stdio.h>
#include <stdlib.h>
#include <sys/types.h>
#include <dirent.h>
#include <errno.h>

int main(int argc, char **argv)
{
        DIR *dp;
        struct dirent *dep;

        if (argc != 2) {
                printf("usage: %s pathname\n", argv[0]);
                exit(1);
        }
        dp = opendir(argv[1]);
        if (dp == NULL) { perror("opendir"); exit(1); }

        errno = 0;
        while (dep = readdir(dp), dep != NULL) {
                printf("%s\n", dep->d_name);
        }
        if (errno != 0)
                perror("readdir");

        closedir(dp);
        exit(0);
}
```

실행

```
$ ls            현재 디렉토리의 파일 내용
.  ..  ex-ls  ex-ls.c
$ ./ex-ls .     현재 디렉토리(.)에 대해서 프로그램 수행
..
ex-ls
.
ex-ls.c
```

이 프로그램에서 파일 이름은 readdir 함수가 반환하는 순서대로 출력하는데, 파일 이름이 정렬되어 있지 않은 상태임을 확인할 수 있다. 현재 디렉토리의 모든 파일 목록을 확인하기 위해서 프로그램 실행 전에 ls -a 명령어를 실행하였다.

파일 제거하기

디렉토리에는 디렉토리에 속하는 파일들의 파일 이름과 파일에 대한 i-node 번호가 보관되어 있다. 디렉토리에 있는 파일의 제거는 디렉토리에서 파일에 대한 정보를 제거하여 파일의 i-node와의 링크가 없애는 동작으로 이루어진다. 파일 제거에는 다음과 같은 unlink 함수가 사용된다.

```
#include <unistd.h>

int unlink(const char *pathname);
```

파일 경로 이름 pathname으로 지정된 파일 이름을 디렉토리에서 제거하기 위하여 해당 파일과의 링크를 삭제한다. 성공하면 0을 실패하면 -1을 반환한다.

unlink 함수는 기본적으로 디렉토리에서 파일 이름에 대한 엔트리를 삭제하여 파일 링크를 없애고 해당 파일에 대한 참조 카운트를 감소시키는 동작을 수행한다. 제거되는 파일 이름이 해당 파일과의 마지막 링크이고 이 파일을 오픈한 프로세스가 없으면 파일을 삭제하고 점유 공간을 해제한다.

파일 공유

리눅스에 파일은 여러 가지 방법으로 공유될 수 있다. 오픈된 파일에 대해서 커널은 다음과 같이 세 가지 자료구조에 필요한 정보를 저장된다.

- **파일 기술자 테이블 :** 프로세스는 자신만의 파일 기술자 테이블을 가지고 있다. open 함수가 반환하는 파일 기술자 번호는 파일 기술자 테이블의 대한 인덱스이다.
- **오픈 파일 테이블 :** 커널에 모든 프로세스가 공유하는 파일 테이블이 있으며, 프로세스들이 오픈한 파일들에 대한 필요한 정보가 이 테이블의 엔트리에 저장된다. 각 프로세스의 파일 기술자 테이블에서의 이 테이블 엔트리에 대한 참조 횟수, v-노드 테이블의 엔트리에 대한 포인터, 현재의 파일 오프셋 위치 등이 저장된다. 프로세스에서 파일을 닫으면, 닫힌 파일이 참조하던 파일 테이블의 엔트리의 참조 횟수를 감소시킨다. 참조 횟수가 0이 되면 이 엔트리를 모든 프로세스가 사용하지 않는 것이므로 파일 테이블에서 없앤다.

- **v-노드 테이블** : 커널에 파일 테이블과 같이 모든 프로세스가 공유하는 테이블로서, 파일 메타데이터를 포함하는 i-node 정보와 오픈 파일 테이블에서의 참조 횟수 등이 저장된다. v-노드 테이블의 정보는 각 파일에 대해서 하나씩 존재한다.

같은 파일을 여러 번 오픈하면 파일 기술자 테이블 뿐만 아니라 오픈 파일 테이블에서도 여러 개의 엔트리를 가지며, 오픈 파일 테이블에서 현재의 파일 오프셋이 각 엔트리마다 개별적으로 관리된다. 그렇지만 v-노드 테이블에서는 같은 파일에 대해서 하나의 엔트리를 가진다. 그림 12.3은 파일 기술자 테이블, 오픈 파일 테이블과 v-노드 테이블의 관계를 나타낸다. 이 그림에서 같은 파일을 두 번 오픈하여 파일 기술자 테이블과 오픈 파일 테이블에서는 두 개의 엔트리를 사용하지만 v-노드 테이블에서는 하나의 엔트리를 사용하는 예를 보여준다. 그리고 오픈 파일 테이블의 엔트리는 자식 프로세스와 부모 프로세스가 공유할 수 있다.

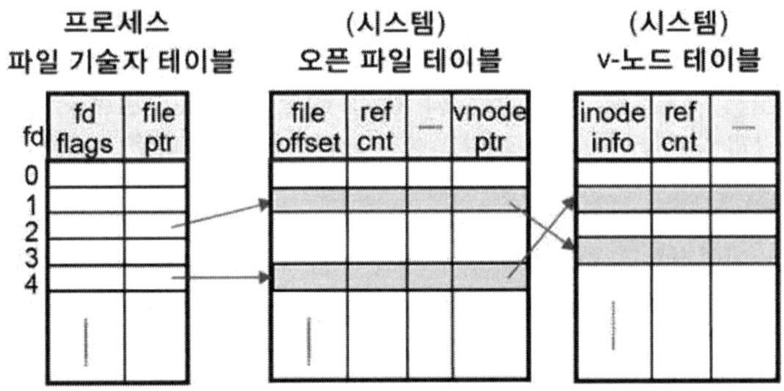

그림 12.3 파일 기술자 테이블, 오픈파일 테이블, v-노드 테이블의 관계

다음은 같은 파일을 읽기용으로 두 번 오픈하여 각각의 오픈 파일에 대해서 읽기를 수행하는 프로그램이다.

```
/* ex-fshare.c */
#include <stdio.h>
#include <sys/types.h>
#include <sys/stat.h>
#include <fcntl.h>
#include <stdlib.h>
#include <unistd.h>

int main()
{
    int fd1, fd2;
    char c1, c2;
```

```
    /* Open an existing file for reading */
    fd1 = open("foo.txt", O_RDONLY);
    if (fd1 < 0) { perror("open"); exit(1); }
    fd2 = open("foo.txt", O_RDONLY);
    if (fd2 < 0) { perror("open"); exit(1); }
    /* read fd1 */
    read(fd1, &c1, 1);
    printf("c1 = %c\n", c1);
    read(fd1, &c1, 1);
    printf("c1 = %c\n", c1);
    /* read fd2 */
    read(fd2, &c2, 1);
    printf("c2 = %c\n", c2);

    return 0;
}
```

실행

```
$ cat foo.txt
abcdefg
$ ./ex-fshare
c1 = a                              ... fd1 파일을 처음부터 read
c1 = b
c2 = a                              ... fd2 파일을 처음부터 read
```

위의 결과에서 같은 파일을 두 번 오픈할 때 각각의 오픈 파일의 현재 파일 오프셋 위치가 처음부터 시작되고 서로 독립적으로 동작함을 확인할 수 있다.

입출력 방향 전환

셸이 다음과 같이 표준 입력과 표준 출력을 다른 파일로 재지정하는 방향 전환(redirection) 기능을 제공함을 이미 배웠다.

```
$ 명령어 > 출력파일                    ... 표준출력 방향전환
$ 명령어 < 입력파일                    ... 표준입력 방향전환
$ 명령어 < 입력파일  > 출력파일        ... 표준입출력 방향전환
```

이러한 방향 전환 기능은 dup2 시스템 호출 함수를 사용하여 구현할 수 있다.

```
#include <unistd.h>

int dup(int oldfd);
int dup2(int oldfd, int newfd);
```

dup는 파일 기술자 테이블의 oldfd 번호의 엔트리 내용을 복제하여 새로운 파일 기술자를 생성하여 새로 생성된 파일 기술자 번호를 반환한다. 실패하면 -1을 반환한다.
dup2는 파일 기술자 테이블의 oldfd 번호의 엔트리 내용을 newfd 번호의 엔트리에 복제하고 새로운 파일 기술자 번호를 반환한다. 실패하면 -1을 반환한다.

다음은 같은 파일을 두 번 오픈하는 것 대신에 dup 함수를 사용하여 파일 기술자 내용을 복제하여 사용하는 프로그램이다.

```
/* ex-dup.c */
#include <stdio.h>
#include <sys/types.h>
#include <fcntl.h>
#include <stdlib.h>
#include <unistd.h>

int main()
{
        int fd1, fd2;
        char c1, c2;

        /* Open an existing file for reading */
        fd1 = open("foo.txt", O_RDONLY);
        if (fd1 < 0) { perror("open"); exit(1); }
        fd2 = dup(fd1);  /* duplicate fd1 file descriptor */
        if (fd2 < 0) { perror("dup"); exit(1); }
        /* read fd1 */
        read(fd1, &c1, 1);
        printf("c1 = %c\n", c1);
        read(fd1, &c1, 1);
        printf("c1 = %c\n", c1);
        /* read fd2 */
        read(fd2, &c2, 1);
        printf("c2 = %c\n", c2);

        return 0;
}
```

```
$ cat foo.txt
abcdefg
$ ./ex-dup
c1 = a
c1 = b
c2 = c
```

위의 결과는 파일을 두 번 오픈하여 공유하는 것과는 다르게 파일 기술자의 내용이 복제되어 그림 12.4와 같이 오픈 파일 테이블 엔트리를 공유하므로 현재 파일 오프셋을 같이 사용하여 fd2 번호의 파일을 읽을 때 fd1 번호의 파일이 읽은 위치 다음을 이어서 읽는다.

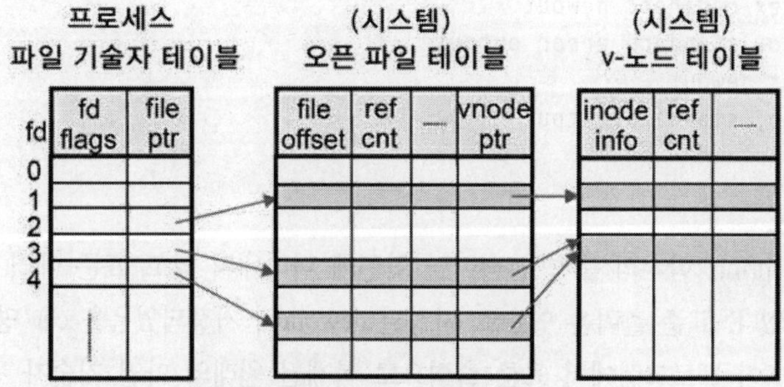

그림 12.4 dup 복제된 파일 기술자

이미 오픈된 파일을 다른 파일로 재지정하여 방향 전환하려면 dup 함수를 사용하는 것보다는 복제 대상인 파일 기술자 번호를 함께 지정하는 dup2를 사용한다. 다음은 표준 출력을 인수로 지정되는 파일로 방향 전환하는 프로그램이다.

```
/* ex-redirect.c */
#include <stdio.h>
#include <sys/types.h>
#include <fcntl.h>
#include <stdlib.h>
#include <unistd.h>

int main(int argc, char *argv[])
{
    int fd;

    if (argc < 2) {
        fprintf(stderr, "usage: %s outfile\n", argv[0]);
```

```
        exit(1);
    }
    fd = open(argv[1], O_WRONLY | O_CREAT | O_TRUNC, 0644);
    if (fd < 0) { perror("open"); exit(1); }

    if (dup2(fd, 1) < 0) {  /* stdout redirection : duplicate fd to 1 */
        perror("dup2"); exit(1);
    }
    close(fd);      /* close redirected output file fd */

    printf("Hello, standard output\n");
    fprintf(stderr, "Hello, standard error output\n");
    return 0;
}
```

실행

```
$ ./ex-redirect newout
Hello, standard error output
$ cat newout
Hello, standard output
```

실행 결과에서 printf 함수의 출력이 터미널 화면에 나타내지 않고 표준 에러 출력만 나타남을 확인할 수 있다. 표준 출력은 인수로 지정된 newout에 저장되었음을 cat 명령어를 사용하여 확인하였다. 이 프로그램에서 표준 출력으로 복제된 원래의 파일 기술자 번호는 더 이상 사용되지 않으므로 닫았다.

표준 입출력

C언어는 표준 입출력 라이브러리에서 우리가 많이 사용하고 있는 다음과 같은 고수준의 표준 입출력 함수를 제공하여 응용 프로그래머가 시스템 레벨의 입출력 함수를 사용하지 않고 간편하게 입출력을 할 수 있게 한다.

- **파일 열기, 닫기 :** fopen, fclose
- **바이트 단위 입출력 :** fread, fwrite
- **줄 단위 텍스트 입출력 :** fgets, fputs
- **형식지정 입출력 :** fscanf, fprintf
- **문자 단위 입출력 :** fgetc, getc, fputc, putc, ungetc

여기서 줄 단위 텍스트 입출력 함수와 형식지정 입출력 함수는 텍스트 파일에 대해서만 사용하고 이진 파일에 대해서는 사용하지 않아야 한다.

표준 입출력 라이브러리는 오픈한 파일을 스트림 버퍼를 통하여 입출력이 되는 스트림(stream)으로 추상화하여 다룬다. 스트림은 미리 정의된 구조체 자료형인 FILE 자료형으로 표현되며, fopen 함수를 사용하여 파일 열기를 하면 생성된 스트림에 대한 FILE 구조체 포인터가 반환된다. 프로그램이 시작할 때 기본적으로 다음과 같은 3개의 스트림이 오픈된다.

```
#include <stdio.h>

extern FILE *stdin;          /* standard input (fd=0) */
extern FILE *stdout;         /* standard output (fd=1) */
extern FILE *stderr;         /* standard error output (fd=2) */
```

그러므로 이 파일 스트림은 다음과 같이 오픈 과정 없이 바로 사용할 수 있다.

```
fprintf(stdout, "message\n");            /* printf 함수와 같음 */
fprintf(stderr, "error message\n");      /* 표준 에러 출력 */
```

시스템 호출 함수인 read, write는 커널 호출이 필요하여 10000 클럭 사이클 이상의 시간이 소요되므로, 입출력을 문자단위로 수행할 때 read 또는 write 함수를 바로 호출하면 비효율적이게 된다.

스트림 입력에 대해서 read 함수를 사용하여 블록 단위로 입력하여 스트림 버퍼에 저장하고, 고수준의 문자단위 입력함수 fgetc와 getc는 스트림 버퍼에서 한 번에 한 바이트씩 입력한다. 그그리고 버퍼가 비었으면 다시 블록 단위 입력을 수행한다. 터미널 입력에 대해서는 [Enter]가 입력될 때까지의 줄 단위의 입력을 버퍼에 저장하여 사용한다. ungetc 함수는 스트림 버퍼의 현재 위치를 이전으로 되돌리고 인수로 제공된 문자를 이전 위치에 저장한다. ungetc 함수를 호출하여 방금 읽은 문자를 버퍼로 되돌려 주면 이 문자를 다음에 다시 읽을 수 있다. 그림 12.5는 스트림 입력에 대한 동작을 보여준다.

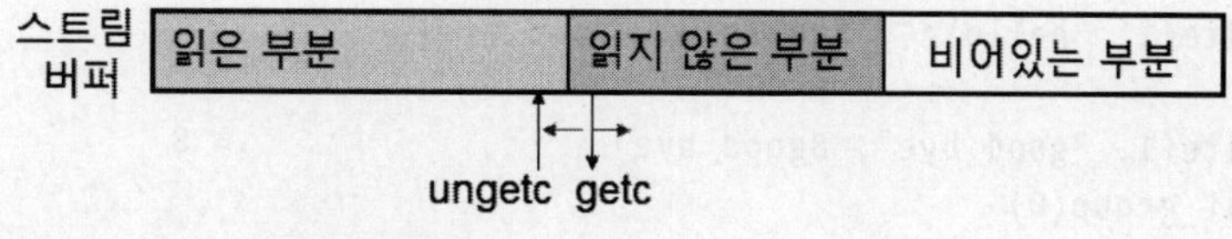

그림 12.5 스트림 버퍼와 입력 동작

스트림 출력에 대해서는 출력 문자들을 먼저 스트림 버퍼에 저장한다. 그리고 '\n' 이 출력되거나 fflush 함수가 호출될 때 write 함수를 사용하여 스트림 버퍼에 저장된 내용을 모두 출력하고 버퍼를 비운다. 프로그램이 종료될 때도 같은 동작을 수행한다. 그림 12.6은 스트림 출력에 대한 동작을 보여준다.

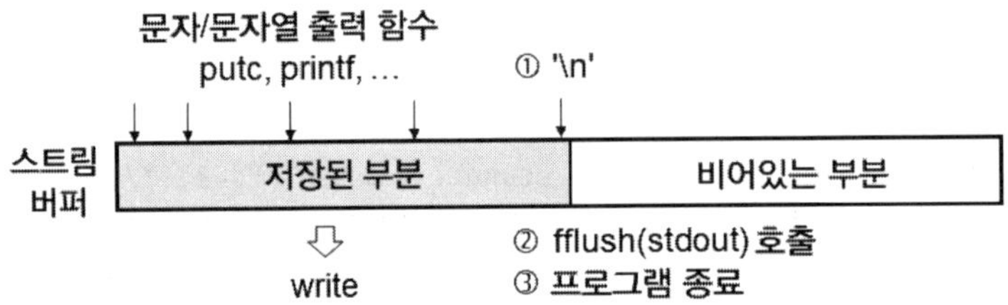

그림 12.6 스트림 버퍼와 출력 동작

이러한 스트림 입출력 동작은 strace 명령어를 사용하여 확인할 수 있다. 다음은 고수준의 표준 출력 함수를 여러 번 사용하는 프로그램이다.

```
/* ex-streamio.c */
#include <stdio.h>

int main()
{
    printf("h");
    printf("e");
    printf("l");
    /* fflush(stdout); */
    printf("l");
    printf("o");
    printf("\n");
    printf("good ");
    printf("bye");
    return 0;
}
```

실행

```
$ strace ./ex-streamio
...
write(1, "hello\n", 6hello
)                = 6
write(1, "good bye", 8good bye)                = 8
exit_group(0)
...
```

이 프로그램은 printf를 8번 호출하였는 데 시스템 레벨 출력함수인 write는 '\n'이 출력될 때와 프로그램이 종료할 때 2번 호출되었음을 확인할 수 있다. 주석 처리된 fflush 함수를 사용하면 이 시점에서도 write 함수가 호출된다.

다음은 고수준의 문자 입력 함수를 여러 번 사용하는 프로그램이다.

```
/* ex-streamio2.c */
#include <stdio.h>

int main()
{
    int a, b, c, d, e;
    a = getchar();
    b = getchar();
    c = getchar();
    ungetc(c, stdin);                    /* 방금 읽은 문자를 버퍼에 반환 */
    d = getchar();
    e = getchar();
    printf("%c%c%c%c%c\n", a, b, c, d, e);
    return 0;
}
```

실행

```
$ ./ex-streamio2
abcdefg                            ... 이탤릭체는 입력
abccd
$ strace ./ex-streamio2
...
read(0, abcdefg                    ... 이탤릭체는 입력
"abcdefg\n", 1024)          = 8
...
write(1, "abccd\n", 6abccd
)                           = 6
...
```

이 프로그램은 getchar을 5번 호출하여 5개의 문자를 입력받는 데, 시스템 레벨 입력 함수인 read는 [Enter]가 입력될 때 한 번 호출되어 8개의 문자를 입력받아서 스트림 버퍼에 저장되며 getchar 함수는 여기에 저장된 문자를 하나씩 읽는다. 중간에 ungetc 함수를 사용하여 방금 읽은 문자를 버퍼로 반환하였으며, 이 때문에 문자 변수 c와 d에는 같은 문자가 입력된다.

다음은 인수로 지정되는 파일을 고수준의 줄 단위 입력함수 fgets를 사용하여 읽고, 줄 단위 출력함수 fputs를 사용하여 화면에 내용을 출력하는 동작을 파일 끝에 도달할 때까지 반복하는 프로그램이다. 인수가 없는 경우에는 표준 입력을 읽어서 출력한다.

```
/* ex-fshow.c */
#include <stdio.h>
#include <stdlib.h>
#define BUFSIZE 1024
int main(int argc, char *argv[])
{
     char buf[BUFSIZE];
     FILE *fp;

     fp = stdin;     /* default input file : standard input */
     if (argc > 1) {
          fp = fopen(argv[1], "r");
          if (fp==NULL) { perror("fopen"); exit(1); }
     }
     while ( fgets(buf, BUFSIZE, fp) != NULL)
          fputs(buf, stdout);
     return 1;
}
```

실행

```
$ cat demo.txt                                ... 예시 파일 내용 확인
An electric car or battery electric car is
an automobile that is propelled
by one or more electric motors.
$ ./ex-fshow demo.txt                         ... 프로그램 실행
An electric car or battery electric car is
an automobile that is propelled
by one or more electric motors.
$ strace ./ex-fshow demo.txt                  ... strace에서 프로그램 실행
...
read(3, "An electric car or battery elect"..., 4096) = 107
...
write(1, "An electric car or battery elect"..., 44) = 44
write(1, "an automobile that is propelled\n", 32) = 32
write(1, "by one or more electric motors.\n", 32) = 32
read(3, "", 4096)                             = 0
...
```

이 프로그램의 strace를 사용한 실행 결과에서 파일 입력은 read 함수를 사용하여 4096 바이트 단위로 입력되어 스트림 버퍼에 저장되며, fgets 함수를 호출할 때마다 이 버퍼에서 '\n'을 만날 때까지의 문자열을 buf로 복사하여 준다. fgets 함수를 호출할 때 스트림 버퍼가 비어 있으면 read 함수를 사용하여 파일에서 최대 4096 바이트를 추가로 입력받는다. 이 예에서는 파일 크기가 작으므로 추가 입력은 발생하지 않으며 파일 끝에 도달하면 read 함수가 0을 반환하여 반복이 종료된다.

시스템 레벨 I/O와 표준 I/O

저수준의 시스템 레벨 I/O는 리눅스 커널에서 구현하여 응용 프로그램에 직접 서비스를 제공하는 것으로서 입출력 오버헤드가 작고, 파일 데이터 뿐 만 아니라 파일 메타데이터를 접근하는 기능을 제공한다. 그렇지만 버퍼 단위로 입출력할 때 발생할 수 있는 짧은 카운터 문제를 직접 처리해야 하고, 줄 단위의 텍스트 입출력을 할 때 버퍼 관리가 필요한데 이 과정은 까다롭고 에러가 발생하기 쉬우므로 주의를 기울여 작성해야 한다.

이에 비해서 표준 I/O 기능은 버퍼링이 표준 I/O 내에서 이루어져서 응용 프로그램이 간편하게 입출력을 할 수 있으며 응용 프로그램에서 적은 크기 단위로 입출력을 여러 번 수행하더라도 read 또는 write 함수는 줄 단위 또는 블록 단위로 수행하여 시스템 레벨 I/O의 호출 횟수를 줄여서 입출력 효율을 높이며 표준 I/O 내부에서 짧은 카운터 처리를 수행하여 응용 프로그램이 이에 대한 처리를 할 필요가 없다. 그렇지만 파일 메타데이터 접근 기능을 제공하지 않으며 나중에 소개할 비동기 signal이 발생하였을 때 안전하게 동작하지 않을 수 있으며, 네트워크 소켓 입출력에 적합하지 않다.

정리를 하면 응용 프로그램은 일반적으로는 고수준의 파일 입출력 기능을 사용하여 입출력을 하지만 비동기 signal에 대한 처리 루틴에서는 동작의 안정성을 위해서 저수준의 시스템 레벨 입출력 기능을 사용한다. 그리고 네트워크 소켓 입출력에서도 저수준의 read/write 함수를 사용하여 입출력한다.

12.4 소켓과 네트워크 프로그래밍

서로 다른 컴퓨터에 있는 프로세스 간의 네트워크를 통한 통신을 위해서 **소켓(socket)**을 사용할 수 있다. 소켓은 프로세스 간의 양방향 통신을 지원하며, 같은 컴퓨터에 있는 프로세스 간의 통신에도 사용할 수 있다.

프로세스 간에 양방향 통신은 전형적으로 그림 12.7과 같은 **클라이언트-서버 모델**을 기반으로 동작을 한다. **클라이언트**는 서버에 서비스를 요청하는 프로세스이며, **서버**는 접근할 수 있는 자원을 이용하여 클라이언트의 서비스 요청을 처리하여 클라이언트에 서비스 결과를 응답해주는 프로세스이다. 하나의 서버 프로세스에 대해서 다수의 클라이언트 프로세스가 존재할 수 있다.

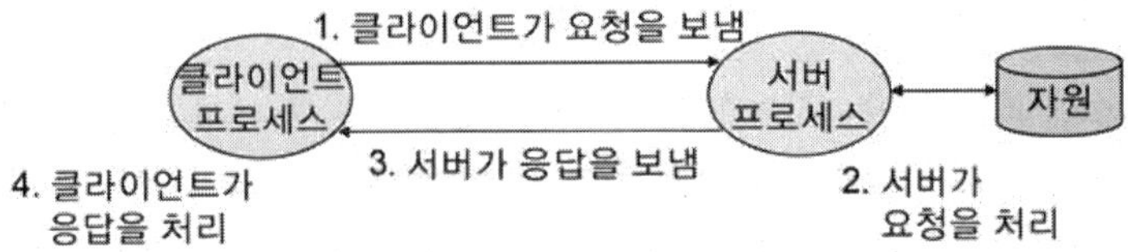

그림 12.7 클라이언트-서버 모델

소켓은 클라이언트-서버 모델의 기반의 네트워크 프로그램 작성에 적합하며, 여러 종류의 소켓이 존재하지만, 다음과 같은 두 종류의 소켓이 대표적이다.

- **유닉스 소켓(AF_UNIX)** : 같은 호스트 내의 프로세스 간의 통신 방법
- **인터넷 소켓(AF_INET)** : IPv4 주소체계를 사용하는 인터넷에 연결된 다른 호스트에 있는 프로세스 간의 통신 방법(같은 호스트 내의 프로세스 간의 통신도 가능하다.)

응용 프로그램 측면에서는 소켓이 생성되면 파일 오픈과 같이 파일 기술자 번호가 반환되어 파일 입출력과 유사한 입출력 과정을 사용한다. 파일을 오픈할 때는 파일의 경로 이름을 사용하지만, 소켓을 생성할 때는 **소켓 주소**를 사용한다.

소켓 주소

유닉스 소켓은 같은 호스트 내에서 사용되므로 소켓 주소는 파일 이름과 비슷한 소켓 이름을 사용하며 다음과 같은 구조체로 표현되며 <sys/un.h>를 포함하여 사용한다.

```
struct sockaddr_un {
    unsigned short sun_family;   /* sun_family = AF_UNIX */
    char sun_path[108];           /* Pathname */
};
```

인터넷 소켓은 다른 호스트와 연결해야 하므로 소켓 주소는 IP주소와 포트 번호로 구성되며 다음과 같은 구조체로 표현되며 <netinet/in.h>를 포함하여 사용한다.

```
struct sockaddr_in {
    unsigned short  sin_family;      /* sin_family = AF_INET */
    unsigned short  sin_port;        /* in network byte order, e.g. htons(3490) */
    struct in_addr  sin_addr;        /* 32-bit IP address */
    char   sin_zero[8];              /* unused */
};
```

위에서 32비트 IP주소를 나타내는 구조체는 다음과 같이 정의된다.

```
struct in_addr {
    int32_t  s_addr;            /* address in network byte order */
};
```

소켓 주소 유형이 여러 가지가 존재하지만, 소켓 주소는 다음과 같은 일반적인 형식을 가진다.

```
struct sockaddr {
   uint32_t sa_family;          /* protocol family */
    char sa_data[14];           /* address data */
  };
```

14바이트 크기의 주소 데이터의 구체적인 형식은 소켓 주소 유형에 따라 정해지며, 인터넷 소켓은 2바이트 포트 번호와 4바이트 IP주소를 사용하며, 나머지 8바이트는 사용하지 않는다. 소켓 주소를 인수로 사용하는 함수들이 이 형식의 포인터 인수를 사용하므로, 소켓 주소를 인수로 전달할 때는 (struct sockaddr *)를 사용하여 형 변환하여 사용한다.

소켓 프로그래밍 절차

소켓을 이용한 통신을 하는 절차는 그림 12.8과 같이 서버와 클라이언트가 서로 다른 과정으로 준비를 하며 연결이 이루어지면 클라이언트 요청 메시지를 서버가 받고, 서버의 응답 메시지를 클라이언트가 받는 동작을 수행한다. 클라이언트와 서버 간의 대화 절차는 응용 프로그램의 통신 프로토콜에 의해서 정해진다.

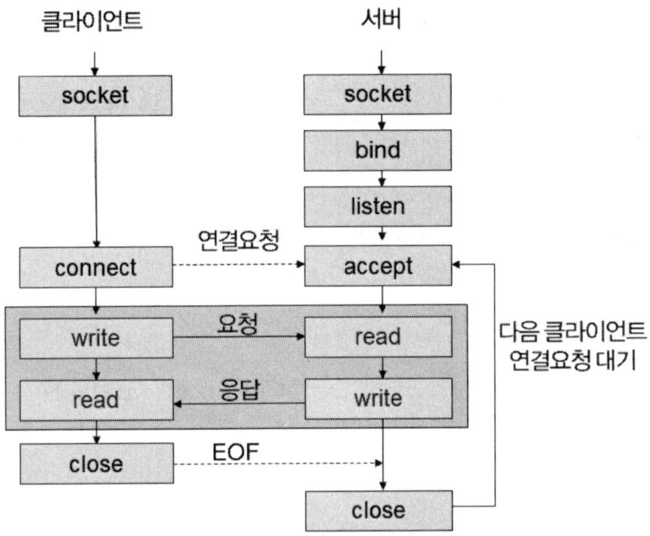

그림 12.8 소켓 프로그래밍 절차

클라이언트의 동작은 다음과 같은 순서로 수행한다.

1. socket 함수를 사용하여 소켓을 만든다.
2. connect 함수를 사용하여 생성된 소켓에 서버의 소켓 주소를 지정하고, 연결을 요청한다.
3. 연결 요청이 수락되면 connect 함수가 반환되며, 소켓에 대해서 write 함수를 사용하여 서버에 서비스를 요청하고, read 함수를 사용하여 서버로부터 응답을 받는다.

서버의 동작은 다음과 같은 순서로 수행한다.

1. socket 함수를 사용하여 소켓을 만든다.
2. bind 함수를 사용하여 생성된 소켓에 서버의 소켓 주소를 지정한다.
3. listen 함수를 사용하여 클라이언트 요청에 대한 대기 큐를 만든다.
4. accept 함수를 사용하여 대기 큐에 도착한 클라이언트 연결 요청을 수락한다.
5. 연결 요청이 수락되면 클라이언트와의 통신을 위한 소켓이 생성되고, 이 소켓에 대해서 read 함수를 사용하여 클라이언트의 요청을 받아서 처리한 후, write 함수를 사용하여 클라이언트로 수행 결과에 대한 응답을 보내는 동작을 수행한다.

이처럼 서버에서는 연결 요청을 받는 소켓과는 별도로 클라이언트와의 통신에 사용되는 연결 소켓이 생성되어 클라이언트의 서비스를 처리하는 동안 사용되며, 서비스가 종료되면 close 함수를 사용하여 닫는다. 그림 12.9는 클라이언트와 서버 간의 소켓 연결 형태를 보여준다. 서버에서 연결 요청을 받는 소켓은 클라이언트의 연결 요청에 대한 끝점(endpoint) 역할을 하여 서버가 동작하는 동안 계속하여 존재한다. 클라이언트와 서버 간에 통신을 위한 연결 소켓은 양방향 통신을 위한 양쪽의 끝점 역할을 하며 서비스하는 동안만 존재한다. 서버가 여러 클라이언트의 서비스를 병행하여 처리하는 경우 그림 12.9 (b)와 같이 여러 개의 연결 소켓이 존재할 수 있다. 이때 연결 요청을 받는 소켓은 같은 소켓을 사용한다.

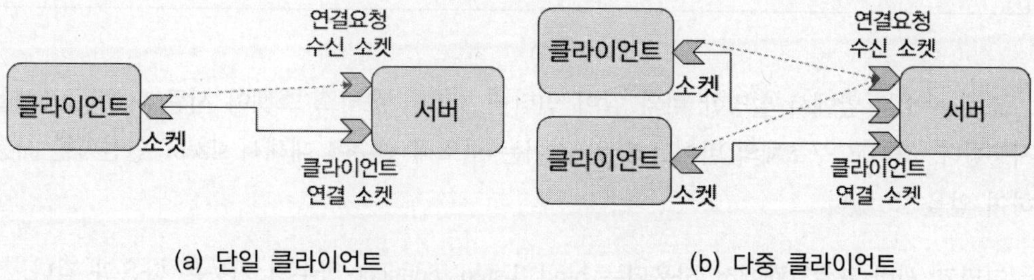

그림 12.9 소켓 연결 형태

소켓 프로그래밍에 사용되는 여러 함수들의 기능을 살펴보자. 클라이언트와 서버에서 소켓 생성에 사용되는 socket 함수의 기능은 다음과 같다.

```
#include <sys/types.h>
#include <sys/socket.h>
int socket(int domain, int type, int protocol);

소켓을 생성하고 소켓을 위한 파일 기술자 번호를 반환하고, 실패하면 -1을 반
환한다.
domain은 인터넷 소켓, 유닉스 소켓 등과 같은 통신에 사용될 프로토콜 계열을
지정하고, type은 TCP, UDP 등과 같은 전송 형태 지정한다. 그리고 protocol은
domain과 type으로 지정되는 프로토콜 계열에 속하는 특정 프로토콜 지정에 사
용하며, 일반적으로 사용하는 프로토콜에 대해서는 0을 사용한다.
```

socket 함수에서 domain 인수로 인터넷 소켓은 AF_INET을, 유닉스 소켓은 AF_UNIX를 사용한다. 그리고 protocol 인수로 TCP와 같은 연결 기반의 스트림 전송은 SOCK_STREAM을, UDP와 같은 비연결 데이터그램 전송은 SOCK_DGRAM을 사용한다. 소켓은 소켓 주소가 지정되지 않은 상태로 생성된다.

클라이언트 프로그램에서 사용하는 connect 함수의 기능은 다음과 같다.

```
#include <sys/types.h>
#include <sys/socket.h>

int connect(int sockfd, const struct sockaddr *addr, socklen_t addrlen);
```

소켓 sockfd가 addr이 가리키는 소켓 주소 구조체가 나타내는 서버 소켓과 연결을 요청한다. 연결에 성공하면 0을, 실패하면 -1을 반환한다. addrlen은 소켓 주소 구조체의 바이트 단위 길이이다.

소켓 주소는 앞에서 설명한 바와 같이 인터넷 소켓과 유닉스 소켓이 서로 다른 구조체를 사용한다. 그리고 구조체의 바이트 단위 길이는 구조체 변수에 대해서 sizeof 연산자를 사용하여 얻을 수 있다.

그리고 서버 프로그램에서 사용되는 bind, listen, connect 함수의 기능은 다음과 같다.

```
#include <sys/types.h>
#include <sys/socket.h>
int bind(int sockfd, const struct sockaddr *addr, socklen_t addrlen);
```

소켓 sockfd에 addr이 가리키는 소켓 주소 구조체가 나타내는 소켓 주소로 서버의 소켓 주소를 지정한다. 성공하면 0을, 실패하면 -1을 반환한다. addrlen은 소켓 주소 구조체의 바이트 단위 길이를 나타낸다.

서버에서 사용하는 bind 함수의 형식은 클라이언트에서 사용하는 connect 함수의 형식과 같으며, 두 번째 인수로 제공되는 소켓 주소는 두 함수 모두 서버의 소켓 주소이다.

```
#include <sys/types.h>
#include <sys/socket.h>
int listen(int sockfd, int backlog);
```

소켓 sockfd에 대한 연결 요청이 수락될 때까지 대기하는 큐의 최대 길이를 backlog로 지정한다. 성공하면 0을, 실패하면 -1을 반환한다.

서버의 소켓에 여러 개의 클라이언트로부터 연결 요청이 거의 동시에 들어오면, 서버는 모든 연결 요청을 동시에 수락할 수 없으므로, 연결 요청에 대한 대기 큐가 필요하며 listen 함수는 대기 큐의 길이를 지정한다.

```
#include <sys/types.h>
#include <sys/socket.h>
int accept(int sockfd, const struct sockaddr *addr, socklen_t *addrlen);
```

연결 기반 통신용 소켓 sockfd에 대해서 연결 요청을 수락하기 위하여 사용된다. 대기 큐의 맨 앞에 있는 연결 요청에 대해서 클라이언트와 연결된 새로운 소켓을 생성하여 소켓에 대한 파일 기술자 번호를 반환한다. 실패하면 -1을 반환한다.
addr은 상대편(클라이언트)의 소켓 주소를 저장하기 위한 소켓 주소 구조체에 대한 포인터이며, 함수 호출 후에 필요한 정보로 채워진다. addrlen은 상대편 소켓 주소의 바이트 단위 길이를 저장할 변수의 주소이다.

클라이언트와 서버 간에 연결이 이루어지면 소켓을 통하여 데이터를 주고받을 수 있다. 서버는 클라이언트와의 통신에 accept 함수가 반환한 연결 소켓을 사용한다. 소켓이 생성될 때 파일 기술자 번호가 반환되므로, 파일 입출력과 마찬가지로 read와 write 함수를 사용하여 메시지를 받거나 보낼 수 있다. 클라이언트와 서버 간의 구체적인 대화 절차는 해당 프로그램에서 사용하는 프로토콜에 따라서 정해진다.

인터넷 소켓 프로그래밍

가장 간단한 인터넷 소켓 프로그램의 예로 인터넷 소켓을 사용하여 서버가 클라이언트에 대해서 에코 서비스를 제공하는 프로그램을 작성해보자. 이를 위해서 서버는 자신의 IP주소 또는 호스트 이름과 포트 번호를 공개해야 한다.

다음은 에코 서비스를 요청하는 클라이언트 프로그램이다.

```
/* isock_cli.c */
#include <sys/types.h>
#include <sys/stat.h>
#include <sys/socket.h>
#include <netinet/in.h>
#include <netdb.h>
#include <stdlib.h>
#include <stdio.h>
#include <unistd.h>
#include <string.h>
```

```
#define MAXLINE 1024

int main(int argc, char *argv[])
{
    char *hostname;
    int port;
    struct hostent *hp;
    struct sockaddr_in serveraddr;
    int sfd;
    char buf[MAXLINE], bufin[MAXLINE];
    int msg_size;

    if (argc != 3) {
        printf("Usage : %s host_name port_number\n", argv[0]);
        exit(1);
    }
    hostname = argv[1];      /* 호스트이름 */
    port = atoi(argv[2]);    /* 포트번호를 정수로 변환 */
    hp = gethostbyname(hostname);    /* 호스트 이름을 IP 주소 리스트로 변환 */
    if (hp == NULL) { perror("gethostbyname"); exit(1); }

    sfd = socket(AF_INET, SOCK_STREAM, 0);
    if (sfd < 0) { perror("socket"); exit(1); }

    bzero(&serveraddr, sizeof(serveraddr));
    serveraddr.sin_family = AF_INET;
    serveraddr.sin_port = htons(port);
    bcopy((char *)hp->h_addr_list[0], (char *)&serveraddr.sin_addr.s_addr,
        hp->h_length);

    if (connect(sfd, (struct sockaddr *)&serveraddr, sizeof(serveraddr)) < 0) {
        perror("connect"); exit(1);
    }

    printf("> ");
    fgets(buf, MAXLINE, stdin);
    write(sfd, buf, strlen(buf));

    msg_size = read(sfd, bufin, MAXLINE);
    bufin[msg_size] = '\0';
    printf("<- %s", bufin);

    close(sfd);
    return 0;
}
```

이 프로그램은 명령행 인수로 호스트 이름과 포트 번호를 받는다. IP주소는 기억하기 어려우므로 호스트 이름을 대신 사용하며, 다음과 같은 gethostbyname 함수를 사용하여 호스트 이름을 IP주소로 변환할 수 있다.

```
#include <netdb.h>
struct hostent *gethostbyname(const char *name);

name이 가리키는 호스트 이름에 대한 IP 주소 리스트 정보를 포함하는 구조체 포인터를 반환한다. 에러이면 NULL 포인터를 반환한다.
```

gethostbyname 함수는 호스트 이름을 DNS(domain name system) 서버의 서비스를 사용하여 IP주소로 변환하며, IP주소 정보를 제공하는 다음과 같은 구조체의 포인터를 반환한다.

```
struct hostent {
    char  *h_name;           /* official name of host */
    char **h_aliases;        /* alias list */
    int    h_addrtype;       /* host address type */
    int    h_length;         /* length of address */
    char **h_addr_list;      /* list of addresses */
}
#define h_addr h_addr_list[0] /* for backward compatibility */
```

하나의 호스트 이름에 대해서 여러 개의 IP주소가 부여될 수 있으므로, 반환되는 포인터가 가리키는 구조체 hostent는 IP주소 정보들에 대한 포인터 배열의 주소 h_addr_list와 IP주소 정보의 길이 h_length를 포함한다. 그림 12.10은 이에 대한 자료구조를 그림으로 나타낸 것이다.

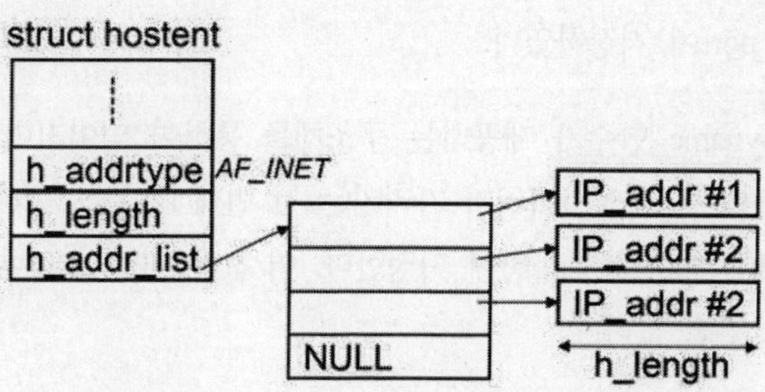

그림 12.10 hostent 구조체와 IP주소 자료구조

socket 함수를 사용하여 소켓을 생성한 후 connect 함수 호출에 사용하기 위하여 sockaddr_in 구조체 변수 serveraddr에 서버 소켓 주소를 설정한다. 이 구조체의 멤버 sin_family는 인터넷 주소를 나타내는 AF_INET를 지정하고, 멤버 sin_port는 포트 번호를, 멤버 sin_addr는 IP주소를 지정한다. connect 함수를 수행할 때 클라이언트 소켓의 자체 포트 번호가 동적으로 부여되며, 서버로 연결 요청을 보낼 때 IP주소와 함께 클라이언트의 소켓 주소에 포함되어 서버로 전달된다.

16비트 포트 번호 sin_port와 32비트 IP주소 sin_addr은 최상위 바이트를 먼저 배치하는 **네트워크 바이트 순서**로 지정해야 한다. x86 계열 컴퓨터를 포함하여 컴퓨터에서 사용하는 **호스트 바이트 순서**가 네트워크 바이트 순서와 반대인 경우가 많이 있으며, 다음 함수를 사용하여 호스트 바이트 순서와 네트워크 바이트 순서 간의 변환을 할 수 있다.

```
#include <arpa/inet.h>
uint32_t htonl(uint32_t hostlong);
uint16_t htons(uint16_t hostshort);
uint32_t ntohl(uint32_t netlong);
uint16_t ntohs(uint16_t netshort);

htonl 함수는 long 자료형의 호스트 바이트 순서 값을 네트워크 바이트 순서로
변환한다.
htons 함수는 short 자료형의 호스트 바이트 순서 값을 네트워크 바이트 순서
로 변환한다.
ntohl 함수는 long 자료형의 네트워크 바이트 순서 값을 호스트 바이트 순서로
변환한다.
ntohs 함수는 short 자료형의 네트워크 바이트 순서 값을 호스트 바이트 순서
로 변환한다.
```

위의 프로그램에서는 포트번호 port를 htons 함수를 사용하여 네트워크 바이트 순서로 변환하여 구조체 멤버 sin_port에 저장하였다.

IP주소는 gethostbyname 함수가 제공하는 구조체를 통하여 얻어지며 구조체의 배열 멤버 h_addr_list의 첫째 원소 h_addr_list[0]가 가리키는 첫 번째 IP주소를 bcopy 함수를 사용하여 구조체 멤버 sin_addr.s_addr로 복사하여 지정한다. 이 값은 네트워크 바이트 순서로 되어 있으므로 순서 변환이 필요 없다.

구조체 변수 sockaddr에 서버의 소켓 주소를 지정한 후 connect 함수를 호출하여 서버에 연결을 요청한다. 서버와 연결이 이루어지면 한 줄의 입력을 받아서 write 함수를 사용하여 서버로 전송하고 read 함수를 사용하여 서버로부터의 응답을 받아 출력한다. read 함수에서

받은 입력 데이터는 널 문자로 종료되지 않으므로 문자열 출력을 위하여 뒤에 '\0'을 추가한 후 출력하였다.

다음은 에코 서비스를 제공하는 서버 프로그램이다. 이 프로그램은 클라이언트에서 보낸 메시지를 입력받아서 바로 클라이언트로 출력하는 에코 동작을 수행한다.

```
/* isock_srv.c */
#include <sys/types.h>
#include <sys/stat.h>
#include <sys/socket.h>
#include <netinet/in.h>
#include <stdlib.h>
#include <stdio.h>
#include <unistd.h>
#include <string.h>

#define MAXLINE 1024

int main(int argc, char *argv[])
{
    struct sockaddr_in clientaddr, serveraddr;
    int server_fd, client_fd;
    int client_len, msg_size;
    char buf[MAXLINE];

    if (argc != 2) {
        printf("Usage : %s port_number\n", argv[0]);
        exit(1);
    }

    server_fd = socket(AF_INET, SOCK_STREAM, 0);
    if (server_fd  < 0) { perror("socket"); exit(1); }

    bzero(&serveraddr, sizeof(serveraddr));
    serveraddr.sin_family = AF_INET;
    serveraddr.sin_port = htons(atoi(argv[1]));
    serveraddr.sin_addr.s_addr = htonl(INADDR_ANY);j

    if (bind(server_fd , (struct sockaddr *)&serveraddr, sizeof(serveraddr)) < 0) {
        perror("bind"); exit(1);
    }

    if (listen(server_fd, 5) < 0) { perror("listen"); exit(1); }

    while (1) {
        client_fd = accept(server_fd, (struct sockaddr *)&clientaddr, &client_len);
```

```
        if (client_fd < 0) { perror("accept"); exit(1); }

        printf("server: a client is connected\n");

        msg_size = read(client_fd, buf, MAXLINE-1); /* receive cliend data */
        if (msg_size < 0) { close(client_fd); exit(1); }
        buf[msg_size] = '\0';
        printf("RECV-> %s\n", buf);

        write(client_fd, buf, msg_size);    /* send echo */
        close(client_fd);
    }
    close(server_fd);
}
```

실행

... 서버 프로그램 실행 (먼저 실행)	... 클라이언트 프로그램 실행
$ ./isock_srv 10000 server: a client is connected RECV-> first server: a client is connected RECV-> second ^C $	$ ./isock_cli localhost 10000 > *first* ... 입력 -> first $ ./isock_cli localhost 10000 > *second* ... 입력 -> second $

이 프로그램은 명령행 인수로 포트 번호를 받는다. 서버는 IP주소를 자신의 주소로 설정하므로 호스트 이름을 제공할 필요가 없다.

socket 함수를 사용하여 소켓을 생성한 후 bind, listen, accept 함수 호출에 계속하여 사용하기 위하여 sockadd_in 구조체 변수 serveraddr에 서버 소켓 주소를 설정한다. 이 구조체 멤버 sin_family는 AF_INET를 지정하고, 포트 번호는 첫째 인수 argv[1]을 atoi를 사용하여 정수로 변환한 후 htons 함수를 사용하여 네트워크 바이트 순서로 변환하여 구조체 멤버 sin_port에 저장한다. 한 컴퓨터가 여러 개의 IP주소를 가질 수 있으며 특정 주소 대신에 INADDR_ANY를 사용하면 자신의 모든 IP주소를 사용할 수 있다. 구조체 멤버 sin_addr.s_addr에는 이 값을 네트워크 바이트 순서로 변환하여 지정한다.

서버 소켓 주소를 설정한 후 bind 함수를 호출하여 서버 소켓에 소켓 주소를 지정하고, listen 함수를 호출하여 이 소켓 주소에 대한 클라이언트 요청을 위한 대기 큐를 만든다. 그리고 accept를 호출하여 클라이언트 요청을 받아들여서 필요한 처리를 할 수 있게 한다. accept 함수는 클라이언트와의 통신을 위한 연결 소켓을 생성하여 반환하며, 서버는 이 소켓을 사용하여 클라이언트와 대화를 한다. 이 서버 프로그램은 클라이언트 메시지를 그대로 클라이언트로 보내는 에코 서비스를 수행하며 에코 서비스를 완료한 후 클라이언트와의 연결 소켓을 닫고 다음 요청을 처리하기 위하여 accept 함수 호출부터의 동작을 무한히 반복한다. 무한 루프를 수행하므로 Ctrl-C를 눌러서 서버 동작을 종료해야 한다. 서버 프로그램에서 동작 확인용으로 출력을 했으며, read 함수를 사용하여 클라이언트에서 받은 입력 메시지는 널 문자로 종료되지 않으므로 뒤에 '\0'을 추가한 후 문자열 출력을 하였다.

앞에서 작성한 클라이언트-서버 프로그램의 실행은 먼저 서버 프로그램을 실행시킨 후 클라이언트 프로그램을 실행해야 한다. 클라이언트 프로그램을 실행할 때마다 서버가 응답하며, 클라이언트는 응답받은 후 종료하지만, 서버는 다음 요청을 받기 위해 대기한다. 실행 예에서 호스트 이름으로 자신을 나타내는 localhost를 사용하였고, 포트 번호는 임의로 10000을 사용하였다. 동작 확인을 위해서는 서버와 클라이언트 프로그램은 각각 별도의 터미널 창에서 수행하는 것이 좋다.

위의 에코 서버 프로그램에서는 포트 번호를 임의로 10000을 사용하였지만 잘 알려진 서비스에 대해서는 0～1023번의 공인된 포트 번호를 사용하며, 1024～49151번은 등록된 포트 번호 용도로 권고된다. 그리고 49152～65535번은 동적으로 부여되는 포트 번호로 사용된다.

유닉스 소켓 프로그래밍

인터넷 소켓과 비슷하게 유닉스 소켓을 사용하여 같은 호스트 내에서 클라이언트-서버 모델의 프로그램을 작성할 수 있다. 유닉스 소켓을 생성하면 소켓 파일이 만들어지며, 이 파일을 통하여 프로세스 간의 양방향 통신이 이루어진다.

다음은 유닉스 소켓을 사용하는 에코 클라이언트 프로그램이다.

```
/* usock_cli.c */
#include <sys/types.h>
#include <sys/stat.h>
#include <sys/socket.h>
#include <sys/un.h>
#include <stdlib.h>
#include <stdio.h>
#include <unistd.h>

#define MAXLINE 1024

int main(int argc, char *argv[])
```

```
{
    char *sockname;
    int client_fd;
    int len, msg_size;
    struct sockaddr_un serveraddr;

    FILE *fp_in;
    char buf[MAXLINE], bufin[MAXLINE];

    if (argc != 2) {
        printf("Usage : %s [socket_file]\n", argv[0]);
        return 0;
    }
    sockname = argv[1];     /* socket file name */

    client_fd = socket(AF_UNIX, SOCK_STREAM, 0);
    if (client_fd == -1) {
        perror("socket"); exit(1);
    }

    bzero(&serveraddr, sizeof(serveraddr));
    serveraddr.sun_family = AF_UNIX;
    strcpy(serveraddr.sun_path, sockname);
    len = sizeof(serveraddr);
    if (connect(client_fd, (struct sockaddr *)&serveraddr, len) < 0) {
        perror("connect"); exit(1);
    }
    printf("> ");
    fgets(buf, MAXLINE, stdin);
    write(client_fd, buf, strlen(buf));     /* send input string */

    msg_size = read(client_fd, bufin, MAXLINE-1);   /* receive echo string */
    bufin[msg_size] = '\0';
    printf("<- %s", bufin);

    close(client_fd);
    return 0;
}
```

서버와의 통신을 위한 소켓 파일 이름을 명령행 인수로 전달받는다. socket 함수를 사용하여 유닉스 소켓을 생성한 후 connect 함수 호출에 사용하기 위하여 sockaddr_un 구조체 변수 serveraddr에 인수로 제공된 소켓 파일 이름을 서버 소켓 주소로 설정한다. 소켓 파일 이름은 strcpy 함수를 사용하여 구조체 변수 serveraddr의 sun_path 멤버에 복사한다. 그리고 connect 함수를 호출하여 서버에 연결을 요청한다. 서버와 연결이 이루어지면 인터넷 소켓을 사용한 에코 클라이언트와 같은 동작을 수행한다. 소켓 파일이 없다면 연결이 실패한다.

다음은 유닉스 소켓을 사용한 에코 서버 프로그램이다.

```
/* usock_srv.c */
#include <sys/types.h>
#include <sys/stat.h>
#include <sys/socket.h>
#include <sys/un.h>
#include <stdlib.h>
#include <stdio.h>
#include <unistd.h>

#define MAXLINE 1024

int main(int argc, char **argv)
{
    int server_fd, client_fd;
    int len, msg_size;
    pid_t pid;

    FILE *fp;
    struct sockaddr_un clientaddr, serveraddr;

    char buf[MAXLINE];

    if (argc != 2) {
        printf("Usage : %s [socket_file]\n", argv[0]);
        exit(1);
    }

    if (access(argv[1], F_OK) == 0) {
        unlink(argv[1]);      /* if the socket file exist, delete it */
    }

    len = sizeof(clientaddr);
    if ((server_fd = socket(AF_UNIX, SOCK_STREAM, 0)) < 0) {
        perror("socket"); exit(1);
    }

    bzero(&serveraddr, sizeof(serveraddr));
    serveraddr.sun_family = AF_UNIX;
    strcpy(serveraddr.sun_path, argv[1]);
    if (bind(server_fd , (struct sockaddr *)&serveraddr,
      sizeof(serveraddr)) < 0) {
        perror("bind"); exit(1);
    }
```

```
    if (listen(server_fd, 5) < 0) {
        perror("listen"); exit(1);
    }

    while(1) {
        client_fd = accept(server_fd, (struct sockaddr *)&clientaddr, &len);
         if (client_fd < 0) {
            perror("accept"); exit(1);
        }
        msg_size =  read(client_fd, buf, MAXLINE-1);    /* receive client data */
        if (msg_size < 0) {
            close(client_fd); exit(1);
        }
        buf[msg_size] = '\0';
        printf("RECV-> %s\n", buf);

        write(client_fd, buf, msg_size);    /* send echo */
        close(client_fd);
    }
    close(server_fd);
}
```

실행	... 서버 프로그램 실행 (먼저 실행)	... 클라이언트 프로그램 실행
	$ ./usock_srv mysock RECV-> Hello RECV-> Network Program ^C $	$ ./usock_cli mysock > Hello <- Hello $ ./usock_cli mysock > Network Program <- Network Program $

에코 서버 프로그램은 서버에 대한 소켓 파일 이름을 명령행 인수로 전달받는다. 소켓 파일은 다음과 같이 확인할 수 있는 양방향 통신을 위한 특수 파일로서 서버에서 생성한다.

```
$ ls -l mysock
srwxrwxr-x 1 skyun skyun 0  9월 25 09:58 mysock          ... 맨 앞에 s가 출력
```

같은 이름의 소켓 파일이 이미 존재한다면 소켓 파일을 생성할 수 없으므로 access 함수로 파일이 존재 여부를 확인하여 존재한다면 unlink 함수를 사용하여 삭제한다.

socket 함수를 사용하여 소켓을 생성한 후 bind, listen, accept 함수 호출에 계속하여 사용하기 위하여 sockaddr_un 구조체 변수 serveraddr에 인수로 제공된 소켓 파일 이름을 서버 소

켓 주소로 설정한다. 이 구조체 멤버 sun_family는 AF_UNIX로 설정하고, 소켓 파일 이름은 strcpy 함수를 사용하여 구조체 멤버 sun_path로 복사한다. 서버 소켓 주소를 설정한 후 bind, listen, accept를 차례대로 호출하여 클라이언트의 연결 요청을 받아들여서 에코 서비스를 제공하는 과정은 인터넷 소켓을 사용하는 예와 같다.

클라이언트-서버 프로그램의 실행은 앞에서와 마찬가지로 먼저 소켓 파일 이름을 인수로 사용하여 서버 프로그램을 실행시킨 후 같은 소켓 파일 이름을 인수로 사용하여 클라이언트 프로그램을 실행시켜서 서로 통신을 수행한다.

수정된 인터넷 소켓 클라이언트 프로그램

인터넷을 통해 전송되는 데이터는 전송 단위의 차이 또는 전송 과정의 오류로 인한 재전송 등으로 인해서 원하는 크기의 데이터를 한 번에 받을 수 없는 경우가 발생한다. 앞에서 예로 든 에코 서버 프로그램에서 클라이언트가 한 번에 전송한 데이터가 한 번에 전송하였을지라도 데이터가 크면 실제로 여러 번에 걸쳐서 전송될 수 있다. 그러므로 에코 클라이언트 프로그램은 에코 서버가 전송한 데이터를 모두 받기 위하여 read를 여러 번 호출해야 할 필요가 있을 수 있다.

다음은 인터넷 소켓을 사용한 에코 클라이언트 프로그램을 필요에 따라서 read를 여러 번 호출할 수 있도록 수정한 프로그램이다.

```
/* isock_cli2.c */
#include <sys/types.h>
#include <sys/stat.h>
#include <sys/socket.h>
#include <netinet/in.h>
#include <netdb.h>
#include <stdlib.h>
#include <stdio.h>
#include <unistd.h>
#include <string.h>

#define MAXLINE 1024

int main(int argc, char *argv[])
{
    char *hostname;
    int port;
    struct hostent *hp;
    struct sockaddr_in serveraddr;
    int sfd;
```

```
    char buf[MAXLINE], bufin[MAXLINE];
    int len, msg_size;      /* 수정: len 추가 */

    if (argc != 3) {
        printf("Usage : %s host_name port_number\n", argv[0]);
        exit(1);
    }
    hostname = argv[1];     /* 호스트이름 */
    port = atoi(argv[2]);   /* 포트번호를 정수로 변환 */
    hp = gethostbyname(hostname);   /* 호스트 이름을 IP 주소 리스트로 변환 */
    if (hp == NULL) { perror("gethostbyname"); exit(1); }

    sfd = socket(AF_INET, SOCK_STREAM, 0);
    if (sfd < 0) { perror("socket"); exit(1); }

    bzero(&serveraddr, sizeof(serveraddr));
    serveraddr.sin_family = AF_INET;
    serveraddr.sin_port = htons(port);
    bcopy((char *)hp->h_addr_list[0], (char *)&serveraddr.sin_addr.s_addr,
        hp->h_length);

    if (connect(sfd, (struct sockaddr *)&serveraddr, sizeof(serveraddr)) < 0) {
        perror("connect"); exit(1);
    }

    printf("> ");
    fgets(buf, MAXLINE, stdin);
    write(sfd, buf, strlen(buf));
    /* 수정된 부분 */
    len = 0;
    msg_size = 0;
    do {
        len += msg_size;
        msg_size = read(sfd, &bufin[len], MAXLINE-len);
        if (msg_size < 0) { perror("read"); exit(1); }
        printf("msg_size = %d\n", msg_size);  /* 동작 확인용 */
    } while (msg_size > 0 && bufin[len+msg_size-1] != '\n');

    bufin[len + msg_size] = '\0';
    printf("<- %s", bufin);

    close(sfd);
    return 0;
}
```

메시지는 보통 줄 단위로 전송되므로 메시지의 마지막에는 '\n'이 포함된다. 따라서 메시지 길이가 0이 되거나 메시지 마지막에 '\n'이 포함될 때까지 read 함수 호출을 반복하여 모든 메시지를 받을 수 있도록 수정할 수 있다. 모든 입력 메시지는 bufin 버퍼에 저장되는 데 입력 메시지를 이어서 저장해야 하므로, 변수 len에 현재까지 입력한 메시지 길이를 저장하고 다음에 호출하는 read 함수가 사용하는 버퍼 위치를 &bufin[len]로 설정하여 이어서 저장할 수 있도록 하였다. 그리고 읽은 데이터 길이를 msg_size에 저장하면 마지막 문자가 bufin[len+msg_size-1]이 되며, 이 값이 '\n'인지 확인하여 반복을 종료할 수 있다.

그런데 실제로 앞에서 언급한 서버가 한 번에 보낸 데이터가 실제로 여러 번에 걸쳐서 전송되는 상황은 빈번히 발생하지 않으므로 이러한 동작을 만들기 위하여 에코 서버 프로그램을 한 번에 8바이트 단위로 쪼개어 전송하도록 다음과 같이 프로그램을 수정하였다.

```
/* isock_srv2.c */
#include <sys/types.h>
#include <sys/stat.h>
#include <sys/socket.h>
#include <netinet/in.h>
#include <stdlib.h>
#include <stdio.h>
#include <unistd.h>
#include <string.h>

#define MAXLINE 1024

int main(int argc, char *argv[])
{
    struct sockaddr_in clientaddr, serveraddr;
    int server_fd, client_fd;
    int client_len, msg_size;
    char buf[MAXLINE];
    int i;    /* 수정 : 추가 */

    if (argc != 2) {
        printf("Usage : %s port_number\n", argv[0]);
        exit(1);
    }

    server_fd = socket(AF_INET, SOCK_STREAM, 0);
    if (server_fd  < 0) { perror("socket"); exit(1); }

    bzero(&serveraddr, sizeof(serveraddr));
    serveraddr.sin_family = AF_INET;
    serveraddr.sin_port = htons(atoi(argv[1]));
    serveraddr.sin_addr.s_addr = htonl(INADDR_ANY);
```

```
    if (bind(server_fd , (struct sockaddr *)&serveraddr, sizeof(serveraddr)) < 0) {
        perror("bind"); exit(1);
    }

    if (listen(server_fd, 5) < 0) { perror("listen"); exit(1); }

    while (1) {
        client_fd = accept(server_fd, (struct sockaddr *)&clientaddr, &client_len);
        if (client_fd < 0) { perror("accept"); exit(1); }

        printf("server: a client is connected\n");

        msg_size = read(client_fd, buf, MAXLINE-1); /* receive cliend data */
        if (msg_size < 0) { close(client_fd); exit(1); }
        buf[msg_size] = '\0';
        printf("RECV-> %s\n", buf);
    /* 수정된 부분 */
        for (i=0; i<msg_size; i += 8) { /* send echo in small unit (8 bytes) */
            write(client_fd, &buf[i], (msg_size-i < 8) ?  msg_size-i : 8);
        }
        close(client_fd);
    }
    close(server_fd);
}
```

<table>
<tr><td rowspan="1">실행</td><td><pre>... 서버 프로그램 실행 (먼저 실행)

$ ./isock_srv2 10000
server: a client is connected
RECV-> hello

server: a client is connected
RECV-> long message long message
long message long message long
message long message</pre></td><td><pre>... 클라이언트 프로그램 실행

$ ./isock_cli localhost 10000
> hello
<- hello
$ ./isock_cli localhost 10000
> long message long message long
message long message long
message long message
<- long message lon$</pre></td></tr>
<tr><td>실행</td><td><pre>... 서버 프로그램 실행 (먼저 실행)

$ ./isock_srv2 10000
server: a client is connected
RECV-> hello

server: a client is connected
RECV-> long message long message
long message long message long
message long message</pre></td><td><pre>... 클라이언트 프로그램 실행

$ ./isock_cli2 localhost 10000
> hello
msg_size = 6
<- hello
$ ./isock_cli2 localhost 10000
> long message long message long
message long message long
message long message
msg_size = 16
msg_size = 8</pre></td></tr>
</table>

```
msg_size = 8
msg_size = 8
msg_size = 38
<-  long  message  long  message
long message long message long
message long message
$
```

수정된 에코 서버 프로그램은 8바이트 단위로 에코 메시지를 보내는 데 내부에서 여러 메시지를 합하여 전송할 수 있으므로 실제로 전송되는 단위는 이 크기와 다를 수 있다. 위의 첫 번째 실행 예는 수정된 에코 서버에 대하여 기존의 에코 클라이언트 프로그램을 수행한 것이다. 실행 결과에서 긴 메시지를 보낸 다음에 받은 에코 메시지가 완전하지 않음을 확인할 수 있다.

두 번째 실행 예는 수정된 에코 클라이언트 프로그램을 수행한 것이다. 실행 결과에서 긴 메시지를 보낸 다음에 받은 에코 메시지가 여러 번에 걸쳐서 전송되었으며 모두 잘 받았음을 확인할 수 있다. 한 번에 수신되는 메시지 크기는 실행할 때마다 달라져서 위의 결과와 다를 수 있다.

12.5 프로세스 생성과 네트워크 병행 서버

Linux

프로세스 생성

프로세스란 실행 중인 프로그램을 의미한다. 리눅스에서는 다음과 같은 fork 시스템 호출 함수를 사용하여 새로운 프로세스를 생성한다.

```
#include <sys/types.h>
#include <unistd.h>

pid_t fork(void);

현재 프로세스의 내용을 복사하여 새로운 자식 프로세스를 생성한다. 자식 프로세스에는 0을 반환하고, 원래의 부모 프로세스에는 자식 프로세스의 ID를 반환한다. 프로세스 생성이 실패하면 -1을 반환한다.
```

fork() 함수를 호출하게 되면 현재 프로세스의 이미지를 복사하여 새로운 프로세스를 만들어 준다. fork() 함수를 호출한 프로세스를 부모 프로세스라 하고 새로 생성된 프로세스를 자식 프로세스라 한다. 내용이 같은 부모와 자식의 두 프로세스를 구분하기 위해서는 fork() 함수를 호출했을 때의 반환값을 통해 구분한다. 이러한 과정은 그림 12.11에 나타나 있다. 자식 프로세스의 fork() 함수의 리턴값은 항상 0이며 부모 프로세스의 fork() 함수의 리턴값은 자식 프로세스의 PID 값이 된다. 또한 fork() 함수 실행이 실패하면 -1을 반환하며 자식 프로세스는 생성되지 않는다. 부모와 자식 프로세스는 각각 별도의 메모리 영역을 가지고 있으므로 두 내용이 같을지라도 모든 변수도 각각 따로 가지고 있다.

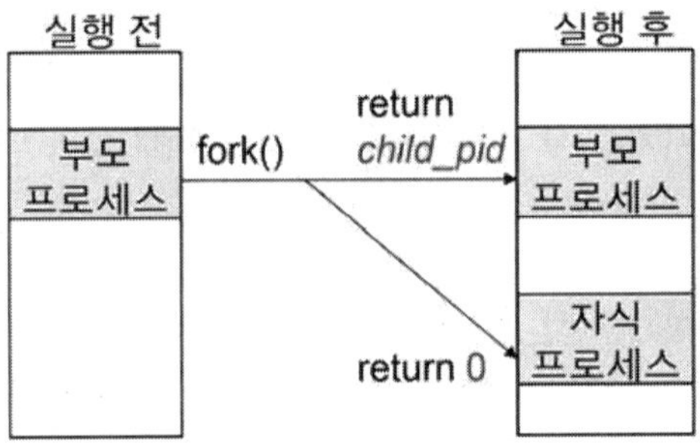

그림 12.11 fork를 사용한 자식 프로세스 생성 과정

fork를 호출하여 프로세스가 생성된 이후에 부모 프로세스와 생성된 자식 프로세스는 각각 fork 함수가 반환되는 위치부터 독립적으로 실행을 계속한다. 다음은 fork를 사용하여 프로세스를 생성하는 프로그램의 예이다.

```
// fork.c
#include <stdio.h>
#include <sys/types.h>
#include <unistd.h>
#include <stdlib.h>

int main()
{
        int pid;

        pid = fork();
        if (pid == 0) {       // 자식 프로세스
                printf("Child process %d, pid = %d\n", getpid(), pid);
        } else if (pid > 0) { // 부모 프로세스
                printf("Parent process %d, pid = %d\n", getpid(), pid);
        } else {
                perror("fork");
                exit(1);
```

```
    }
}
```

실행

```
$ ./fork
Parent process 1950, pid = 1952
Child process 1952, pid = 0
```

이 예에서 자식 프로세스는 fork 함수의 반환 위치부터 부모 프로세스와 같은 프로그램을 실행하지만 두 프로세스는 fork 함수의 반환값이 저장된 변수인 pid의 값이 서로 다르다. getpid 함수는 현재 프로세스의 ID를 얻는 데 사용되며, 부모 프로세스의 fork 함수 반환값인 pid값과 자식 프로세스의 ID가 같음을 확인할 수 있다.

현재 프로세스와 부모 프로세스의 ID는 다음과 같이 getpid 함수와 getppid 함수를 사용하여 확인할 수 있다.

```
#include <sys/types.h>
#include <unistd.h>

pid_t getpid(void);
pid_t getppid(void);

getpid 함수는 이 함수를 호출하는 프로세스의 ID를 반환한다.
getppid는 이 함수를 호출하는 프로세스의 부모 프로세스의 ID를 반환한다.
```

프로그램 실행

리눅스에서 새로운 프로그램을 실행하기 위해서는 자신을 복제하여 자식 프로세스를 생성한 후에, 자식 프로세스에서 exec 계열 시스템 호출 함수를 사용하여 자식 프로세스의 내용을 새로운 프로그램으로 교체하여 수행한다. 자식 프로세스가 새로운 프로그램으로 교체되더라도 프로세스 ID는 그대로 유지된다. 그림 12.12는 이러한 과정을 보여주고 있다.

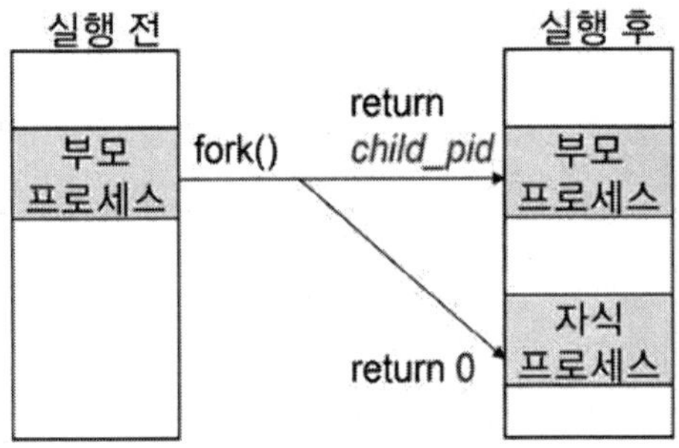

그림 12.12 exec를 사용한 프로그램 실행

exec 계열 함수는 다음과 같이 execl, execv, execle, execve, execlp, execvp가 있으며 인수로 실행 파일 경로 이름 또는 실행 파일 이름, 프로그램에 전달할 인자, 환경변수를 사용한다.

```
#include <unistd.h>
extern char **environ;

int execl(const char *path, const char *arg, ...  , NULL);
int execlp(const char *file, const char *arg, ...  , NULL);
int execle(const char *path, const char *arg, ... , NULL, char *const
envp[]);
int execv(const char *path, char *const argv[]);
int execvp(const char *file, char *const argv[]);
int execvpe(const char *file, char *const argv[], char *const envp[]);
```

함수 이름에서 l은 list 형태의 인자, v는 vector 형태의 인자, p는 실행파일을 path에서 검색, e는 환경변수 인자를 받는 함수임을 각각 의미한다.

exec 계열 함수들의 사용 예는 다음과 같다. 이 예는 'ls -l' 명령어를 실행하는 것이다.

```
execl("/bin/ls", "ls", "-l", NULL);

execlp("ls", "ls", "-l", NULL);

char *argv[ ] = { "ls", "-l", NULL };
execv("/bin/ls", argv);

char *argv[ ] = { "ls", "-l", NULL };
execvp("ls", argv);
```

다음은 fork() 함수 호출하여 자식 프로세스를 만든 후 자식 프로세스에서 execl() 함수를 호출하여 "ls -l"를 수행하는 프로그램이다.

```
// fork-exec.c
#include <stdio.h>
#include <sys/types.h>
#include <unistd.h>
#include <stdlib.h>

int main()
{
        int pid;
        char *argv[] ={ "ls", "-l", NULL };          // for execv, execvp

        pid = fork();
        if (pid == 0) { // 자식 프로세스
                execl("/bin/ls", "ls", "-l", NULL);
                //execlp("ls",  "ls", "-l", NULL);
                //execv("/bin/ls", argv);
                //execvp("ls", argv);

                printf("After exec : 실패\n");
        } else if (pid < 0) {
                perror("fork");
                exit(1);
        }
        printf("End of parent process\n");
}
```

실행

```
$ ./fork-exec
End of parent process                             ... 부모 프로세스 출력
$ 합계 32                                          ... 자식 프로세스 출력
-rwxrwxr-x 1 skyun skyun 8472 12월 12 18:18 fork
-rwxrwxr-x 1 skyun skyun 8528 12월 12 18:18 fork-exec
-rw-rw-r-- 1 skyun skyun  479 12월 12 18:18 fork-exec.c
-rw-rw-r-- 1 skyun skyun  369 12월 12 18:18 fork.c
```

이 프로그램을 실행하면 위와 같이 부모 프로세스와 자식 프로세스의 출력이 모두 나타난다. 이 프로그램에 네 종류의 호출이 모두 포함되어 있으며, 세 종류의 호출은 주석 처리가 되어 있다. exec 계열 함수가 실행되면 프로그램 내용이 교체되므로 현재의 프로그램에서 반환되지 않는다. 그렇지만 인수를 잘못 사용하면 제대로 실행되지 않아서 반환될 수 있으며, exec 계열 함수 다음에 있는 printf 문이 실행되어 실패 메시지가 출력된다.

프로세스 종료 대기

부모 프로세스는 다음과 같은 wait 시스템 호출 함수를 사용하여 자식 프로세스가 종료될 때까지 대기할 수 있다.

```
#include <sys/types.h>
#include <sys/wait.h>

pid_t wait(int *wstatus);
pid_t waitpid(pid_t pid, int *wstatus, int options);

wait 함수는 자식 프로세스 중 하나가 종료할 때까지 대기한 후, 종료한 자식 프로세스의 상태를 *wstatus에 저장하고, 종료한 자식 프로세스의 ID를 반환한다.
waitpid 함수는  자식 프로세스 pid가 종료할 때까지 대기한 후, 종료한 자식 프로세스 pid의 상태를 *wstatus에 저장한다. option은 부모 프로세스의 대기 방법을 지정하는 데 보통 0이 사용된다.
```

프로세스의 실행이 끝나면 바로 없어지지 않고 좀비 상태라고 부르는 상태로 남아 있게 되며, 부모 프로세스가 wait 함수를 호출할 때 부모 프로세스에 종료 상태를 전달한 후 제거된다. 종료 코드는 wait 함수의 인수를 통하여 전달되는 종료 상태의 세 번째 바이트에 저장되며, 종료 코드는 wait 함수에서 얻은 종료 상태 status에 대하여 (status>>8) 연산 또는 미리 정의된 매크로인 WEXITSTATUS(status)를 사용하여 얻을 수 있다. 종료 상태를 사용할 필요가 없다면 wait(NULL)과 같이 인수로 NULL을 사용하여 호출한다.

다음은 부모 프로세스에서 wait 함수를 호출하여 자식 프로세스가 끝나기를 기다리는 프로그램이다. 이 프로그램에서 자식 프로세스는 종료 코드 2로 종료하였고, 부모 프로세스에서 이 값을 출력하였다.

```
// fork-wait.c
#include <stdio.h>
#include <sys/types.h>
#include <unistd.h>
#include <stdlib.h>
#include <sys/wait.h>

int main()
{
        int pid;
        int status;

        pid = fork();
```

```
        if (pid == 0) { // 자식 프로세스
                printf("Child process\n");
                exit(2);
        } else if (pid < 0) { // 프로세스 생성 오류/
                perror("fork");
                exit(1);
        }
        //wait(NULL);              // 종료상태 사용하지 않음
        wait(&status);             // 종료상태 status에 저장
        printf("child status = %x, exit code = %d\n", status, WEXITSTATUS(status));
        printf("End of parent process\n");
}
```

실행

```
$ $ ./fork-wait
Child process                             ... 자식 프로세스 출력
child status = 200, exit code = 2         ... 부모 프로세스 출력
End of parent process
```

프로세스 생성을 사용한 네트워크 병행 서버

12.4절에서 소개한 네트워크 서버는 여러 클라이언트의 요청이 대기하는 경우에 먼저 도착한 클라이언트 요청을 처리한 후에 다음 클라이언트의 연결 요청을 수락하여 처리하는 방식으로 순차적으로 서비스를 제공한다. 클라이언트의 요청을 처리하는 데 어느 정도 시간이 소요되는 경우에 클라이언트 처리 동작을 자식 프로세스를 생성하여 자식 프로세스에서 수행하도록 하는 병행 서버로 구현하면 클라이언트가 연결 요청 수락에 대기하는 시간을 줄일 수 있으며, 각 클라이언트 처리 동작도 병행 처리를 할 수 있다.

TCP 서버는 각 클라이언트에 대한 연결 요청이 accept() 함수가 수락하면 fork() 함수를 호출하여 원래 서버의 동반 서버인 자식 프로세스를 생성하고 자식 프로세스가 연결된 클라이언트와의 통신을 담당하게 된다. 그림 12.13은 이러한 과정을 보여준다.

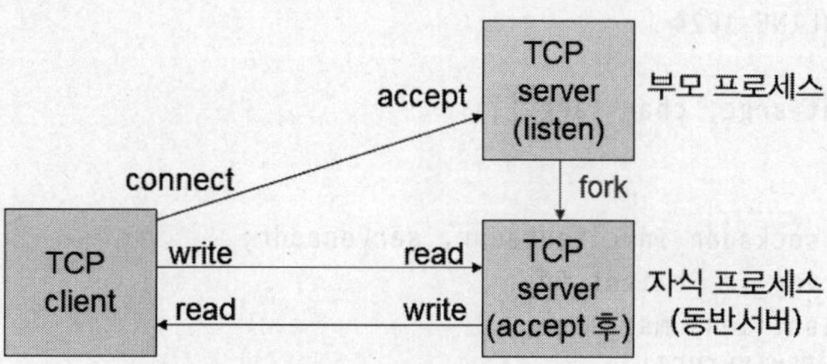

그림 12.13 네트워크 병행 서버의 동작

여러 개의 클라이언트가 비슷한 시기에 접속하게 되면 그림 12.14와 같이 여러 개의 프로세스가 동반 서버로 생성되어 병행하여 동작하게 된다. 원래의 서버는 새로운 클라이언트의 연결 요청 수락을 전담하며, 클라이언트 요청에 대한 처리는 각 클라이언트에 대한 동반 서버가 담당한다.

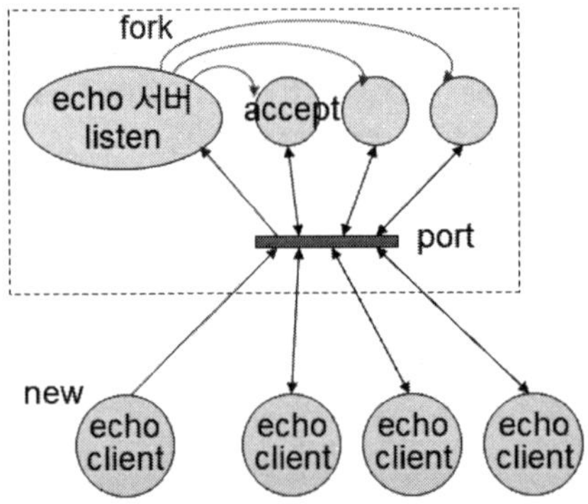

그림 12.14 여러 클라이언트가 연결된 병행 서버

다음은 12.4절에서 작성한 에코 서버 프로그램을 fork 함수를 사용하여 병행 서버로 수정하여 작성한 것이다.

```
// isock_srv_m.c
#include <sys/types.h>
#include <sys/stat.h>
#include <sys/socket.h>
#include <netinet/in.h>
#include <stdlib.h>
#include <stdio.h>
#include <unistd.h>
#include <string.h>

#define MAXLINE 1024

int main(int argc, char *argv[])
{

    struct sockaddr_in clientaddr, serveraddr;
    int server_fd, client_fd;
    int client_len, msg_size;
    char buf[MAXLINE];

    if (argc != 2) {
        printf("Usage : %s port_number\n", argv[0]);
```

```
        exit(1);
    }

    server_fd = socket(AF_INET, SOCK_STREAM, 0);
    if (server_fd  < 0) { perror("socket"); exit(1); }

    bzero(&serveraddr, sizeof(serveraddr));
    serveraddr.sin_family = AF_INET;
    serveraddr.sin_port = htons(atoi(argv[1]));
    serveraddr.sin_addr.s_addr = htonl(INADDR_ANY);

    if (bind(server_fd , (struct sockaddr *)&serveraddr, sizeof(serveraddr)) < 0) {
        perror("bind"); exit(1);
    }

    if (listen(server_fd, 5) < 0) { perror("listen"); exit(1); }

    while (1) {
        pid_t pid;

        client_fd = accept(server_fd, (struct sockaddr *)&clientaddr, &client_len);
        if (client_fd < 0) { perror("accept"); exit(1); }
        printf("server: a client is connected\n");
        pid = fork();
        if (pid == 0) {              // child process: accept server
            close(server_fd);

            msg_size = read(client_fd, buf, MAXLINE-1);      /* receive cliend data */
            if (msg_size < 0) { close(client_fd); exit(1); }
            buf[msg_size] = '\0';
            printf("RECV-> %s\n", buf);
            write(client_fd, buf, msg_size);               /* send echo */
            close(client_fd);
            exit(0);
        }
        close(client_fd);
    }
    close(server_fd);
}
```

실행

$ isock_srv_m 40000 server: a client is connected server: a client is connected RECV-> Hello RECV-> Network	$ ./isock_cli localhost 40000 > Hello <- Hello $ ./isock_cli localhost 40000 > Network <- Network

이 프로그램은 세 개의 터미널에서 실행한 것으로서 두 개의 클라이언트가 동시에 연결된 상태를 확인할 수 있다. 클라이언트는 메시지를 입력하면 서버로 전송하고, 에코 메시지를 받아서 출력한 후 종료한다. 클라이언트가 서버에 연결된 후 메시지를 입력하지 않으면 연결이 지속되며, 이러한 상태에서 12.4절의 isock_srv.c 프로그램은 새로운 클라이언트의 연결을 수락할 수 없지만 병행 서버로 작성하면 이전 클라이언트의 서비스가 종료되지 않더라도 새로운 클라이언트의 연결을 수락하여 서비스를 진행할 수 있다.

Linux 복습문제

1. 리눅스 시스템 호출 함수는 에러가 발생할 때, 어떻게 정보를 제공하는가? 그리고 에러에 대한 설명을 출력하는 데 사용되는 함수는 무엇인가?

2. 시그널이란 무엇이며, 시그널 처리 함수 등록에 사용되는 함수는 무엇인가?

3. Ctrl-C, Ctrl-Z, abort 함수, alarm 함수에 의해서 발생되는 시그널 이름은 각각 무엇인가?

4. 비지역성 점프란 무엇인가? 그리고 비지역성 점프를 어떻게 구현하는가?

5. 파일 열기를 수행하는 fopen 함수의 오픈 모드 "r", "w", "a"에 대한 open 함수에서의 이에 대응되는 플래그 구성을 적고, 그 의미를 설명하시오.

6. read 함수와 write 함수의 반환값은 무엇을 의미하며, 입출력 전송을 요청한 크기와 어떤 관계가 있는가?

7. 파일 메타데이터란 무엇이며, 이것을 접근하기 위해서 어떤 함수를 사용할 수 있는가?

8. 파일 입출력 방향 전환을 구현하는 방법을 알아보시오.

9. 표준 출력 함수 fputs, fprintf, fputc 등과 시스템 레벨 출력 함수 write 함수와의 동작 관계에 대해서 알아보시오.

10. 소켓 프로그래밍 절차에 대해서 알아보시오.

11. 리눅스에서 새로운 프로그램을 실행시키기 위한 과정에 대해서 알아보시오.

12. 네트워크 병행 서버 동작에 대해서 알아보시오.

찾아보기

(D)

(E)

(F)

(G)